ÁLGEBRA LINEAR

CB028085

EMPRESA CIDADÃ

ÁLGEBRA LINEAR

Neide Bertoldi Franco

Pearson

abdr
ASSOCIAÇÃO BRASILEIRA DE DIREITOS REPROGRÁFICOS
Respeite o direito autoral

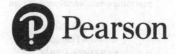

©2017 by Pearson Education do Brasil Ltda.

Todos os direitos reservados. Nenhuma parte desta publicação poderá ser reproduzida ou transmitida de qualquer modo ou por qualquer outro meio, eletrônico ou mecânico, incluindo fotocópia, gravação ou qualquer outro tipo de sistema de armazenamento e transmissão de informação, sem prévia autorização por escrito da Pearson Education do Brasil.

Diretora de produtos Gabriela Diuana
Supervisora de produção editorial Silvana Afonso
Coordenador de produção editorial Vinícius Souza
Editora de texto Sabrina Levensteinas
Editora assistente Karina Ono
Preparação Renata Siqueira Campos
Revisão Equipe Pearson
Capa Natália Gaio
Imagem da capa Shuoshu/ iStock
Diagramação Helcio Hirao

Dados Internacionais de Catalogação na Publicação (CIP)
(Câmara Brasileira do Livro, SP, Brasil)

Franco, Neide
Álgebra linear / Neide Franco. -- São Paulo: Pearson Education do Brasil, 2016.

ISBN: 978-85-430-1915-4

1. Álgebra linear 2. Álgebra linear - Estudo e ensino 3. Cálculo vetorial 4. Sistemas lineares I. Título.

16-05614 CDD-512.507

Índice para catálogo sistemático:
1. Álgebra linear : Matemática : Estudo e ensino 512.507

Direitos exclusivos cedidos à
Pearson Education do Brasil Ltda.,
uma empresa do grupo Pearson Education
Avenida Francisco Matarazzo, 1400
Torre Milano – 7o andar
CEP: 05033-070 -São Paulo-SP-Brasil
Telefone 19 3743-2155
pearsonuniversidades@pearson.com

Distribuição
Grupo A Educação
www.grupoa.com.br
Fone: 0800 703 3444

Para aqueles que me inspiram todos os dias...
Meu esposo, Wilson, e meus filhos, Juliana, Renata e Fabio.

Sumário

Prefácio

O objetivo principal deste livro é a apresentação dos conceitos matemáticos envolvidos nesta área da matemática, e isto se deve ao fato de que os resultados da álgebra linear, em geral, e da teoria dos espaços vetoriais, em particular, são tão grandes que estudo pormenorizado desses assuntos cada vez mais se justifica.

Infelizmente, para a grande maioria dos alunos, qualquer livro de matemática é usado única e exclusivamente como uma fonte de exercícios para serem resolvidos. Entretanto, através de ilustrações e de linguagem simples, acreditamos que poderemos motivá-los a se servirem do texto, acostumando-os a estudar a teoria envolvida em cada assunto abordado. Assim, uma motivação para a realização deste trabalho é permitir que o aluno tenha acesso irrestrito ao conteúdo ministrado em sala de aula, de forma a facilitar o estudo individual e trabalhos extraclasse. Além disso, acreditamos que o conteúdo deste livro pode auxiliar profissionais da área de ciências exatas, bem como alunos de pós-graduação que necessitem de suporte desta área da matemática.

Apresentamos a teoria com o rigor necessário, ilustrando-a através de exemplos resolvidos, de forma que o estudante tenha consciência de que a compreensão dos conceitos é mais importante do que a simples memorização de fórmulas.

Este livro é composto de seis capítulos. Nos três primeiros apresentamos alguns conceitos básicos, muitos deles já conhecidos do leitor, que irão facilitar a compreensão dos demais capítulos que compõem este livro. Os demais capítulos são constituídos de tópicos que geralmente compõem a ementa da disciplina de álgebra linear dos cursos de graduação nas áreas de exatas e engenharias. Apresentamos alguns exercícios ao final de cada seção, cuja finalidade é a simples aplicação do conteúdo exposto anteriormente, e uma lista de exercícios complementares ao final de cada capítulo, cujo objetivo é induzir o aluno a pensar em todo o capítulo estudado, e não apenas em uma seção específica. As respostas dos exercícios sugeridos encontram-se ao final de cada capítulo.

É importante salientar que os capítulos deste livro são apresentados de forma que o conhecimento dos tópicos dos três primeiros é de extrema importância para o entendimento do quarto, e este, para a compreensão dos seguintes. Assim, se os alunos já possuem um bom conhecimento dos três primeiros capítulos, o professor pode iniciar seu curso a partir do quarto capítulo. Entretanto, se o conhecimento dos alunos não é tão bom assim, sugerimos que professor escolha quais tópicos abordar dos três primeiros capítulos para cobrir as exigências e interesses do seu curso.

Material de Apoio

No Site de Apoio deste livro (www.grupoa.com.br), professores podem acessar o seguinte material adicional a qualquer momento:

Para professores:

- Apresentações em PowerPoint

Esse material é de uso exclusivo para professores e está protegido por senha. Para ter acesso a ele, os professores que adotam o livro devem entrar em contato através do e-mail divulgacao@grupoa.com.br

Matrizes e determinantes

1

1.1 Introdução

Pretendemos, neste capítulo, relembrar alguns conceitos básicos sobre matrizes e determinantes, bem como acrescentar alguns ainda desconhecidos do leitor. As matrizes são de grande utilidade em quase todos os ramos das ciências exatas e das engenharias, e aparecem em um grande número de problemas executados pelos computadores. Assim, um estudo mais detalhado sobre matrizes cada vez mais se justifica. Por outro lado, o cálculo do determinante de uma matriz é de grande importância não só para garantir a existência da matriz inversa como, também, para a classificação de sistemas lineares.

A fim de introduzir matrizes, observe a Tabela 1, onde se encontram relacionadas a quantidade ideal de calorias, em função da idade e do peso, para homens que possuem atividade física moderada e vivem a uma temperatura ambiente de 20° C.

Tabela 1

i / p	25	45	65
50	2500	2350	1950
60	2850	2700	2250
70	3200	3000	2550
80	3550	3350	2800

Da Tabela 1 extraímos a quantidade de calorias, que podemos representar na seguinte forma:

$$\begin{pmatrix} 2500 & 2350 & 1950 \\ 2850 & 2700 & 2250 \\ 3200 & 3000 & 2550 \\ 3550 & 3350 & 2800 \end{pmatrix}. \tag{1.1}$$

Assim, obtemos uma tabela com 4 linhas (horizontais) e 3 colunas (verticais), a qual chamamos de matriz. Com base neste exemplo, fica fácil definirmos formalmente uma matriz.

Definição 1.1 *Sejam m e n inteiros, onde $m \geq 1$ e $n \geq 1$. Uma* **matriz real** $m \times n$ *(lê-se "m por n") é uma tabela de m vezes n números reais dispostos em m linhas e n colunas.*

A cada número da matriz chamamos de **elemento**. Assim, (1.1) é uma matriz com $(4)(3) = 12$ elementos.

As matrizes aparecem nas formas mais variadas possíveis, por exemplo:

$$\begin{pmatrix} 2 & 5 & 9 \\ -8 & 4 & 1 \end{pmatrix}, \quad \begin{pmatrix} 2 & 5 & 9 & -1 & 2 \end{pmatrix}, \quad \begin{pmatrix} 2 \\ -1 \\ 3 \\ 2 \end{pmatrix}, \quad \begin{pmatrix} 2 & 5 \\ 4 & -1 \end{pmatrix}, \quad \begin{pmatrix} 2 \end{pmatrix},$$

são, respectivamente, matrizes 2×3, 1×5, 4×1, 2×2 e 1×1.

Geralmente representamos uma matriz por uma letra maiúscula e todos os seus elementos pela mesma letra minúscula com dois índices. Assim, uma matriz A, $m \times n$, será representada por:

$$A = \begin{pmatrix} a_{11} & a_{12} & \dots & a_{1n} \\ a_{21} & a_{22} & \dots & a_{2n} \\ \vdots & \vdots & \ddots & \vdots \\ a_{m1} & a_{m2} & \dots & a_{mn} \end{pmatrix} = (a_{ij})_{m \times n},$$

onde em cada elemento a_{ij} o índice i indica a linha e j, a coluna em que o elemento se encontra. Por exemplo, na matriz:

$$\begin{pmatrix} 1 & 2 & 3 \\ 4 & 5 & 6 \\ 7 & 8 & 9 \end{pmatrix},$$

o elemento que se encontra na 2ª linha e 3ª coluna é o elemento $a_{23} = 6$.

Denotaremos por $\mathcal{M}_{m \times n}$ o conjunto de todas as matrizes $m \times n$.

1.2 Tipos Especiais de Matrizes

Algumas matrizes aparecem tão frequentemente na prática que recebem nomes especiais. Consideremos que as matrizes envolvidas nos exemplos a seguir pertencem ao conjunto $\mathcal{M}_{m \times n}$.

- **Matriz nula**: é aquela onde $a_{ij} = 0$ para todo i e todo j. Por exemplo:

$$\begin{pmatrix} 0 & 0 & 0 \\ 0 & 0 & 0 \\ 0 & 0 & 0 \end{pmatrix}, \quad \begin{pmatrix} 0 & 0 & 0 \\ 0 & 0 & 0 \end{pmatrix}, \quad \begin{pmatrix} 0 & 0 \\ 0 & 0 \\ 0 & 0 \\ 0 & 0 \end{pmatrix}, \quad \begin{pmatrix} 0 & 0 \\ 0 & 0 \end{pmatrix}.$$

Denotaremos a matriz nula por Θ.

- **Matriz linha**: é aquela que possui uma única linha, isto é, $m = 1$. Por exemplo:

$$\begin{pmatrix} 1 & -1 & 3 \end{pmatrix}, \quad \begin{pmatrix} 2 & 5 & 7 & -3 \end{pmatrix}, \quad \begin{pmatrix} 1 & 2 \end{pmatrix}.$$

- **Matriz coluna**: é aquela que possui uma única coluna, isto é, $n = 1$. Por exemplo:

$$\begin{pmatrix} 1 \\ 2 \\ 5 \\ 3 \end{pmatrix}, \quad \begin{pmatrix} -1 \\ 0 \\ 2 \end{pmatrix}, \quad \begin{pmatrix} 1 \\ 2 \end{pmatrix}.$$

- **Matriz quadrada**: é aquela onde o número de linhas é igual ao número de colunas, isto é, $m = n$. Por exemplo:

$$\begin{pmatrix} -1 & 5 & 3 \\ 2 & 0 & 4 \\ -2 & -1 & 5 \end{pmatrix}, \quad \begin{pmatrix} 5 & 3 \\ -1 & 5 \end{pmatrix}.$$

Observe que, quando $m = n$, dizemos que a matriz possui **ordem** m (ou **ordem** n).

- **Matriz retangular**: é aquela onde o número de linhas é diferente do número de colunas, isto é, $m \neq n$. Por exemplo:

$$\begin{pmatrix} -1 & 2 & 3 \\ 2 & 0 & 1 \end{pmatrix}, \quad \begin{pmatrix} 5 & 3 \\ -1 & 5 \\ 5 & 2 \end{pmatrix}.$$

- **Matriz diagonal**: é uma matriz quadrada onde $a_{ij} = 0, \; i \neq j$. Por exemplo:

$$\begin{pmatrix} -1 & 0 & 0 & 0 \\ 0 & 3 & 0 & 0 \\ 0 & 0 & 5 & 0 \\ 0 & 0 & 0 & 2 \end{pmatrix}, \quad \begin{pmatrix} -6 & 0 & 0 \\ 0 & 2 & 0 \\ 0 & 0 & 7 \end{pmatrix}.$$

- **Matriz identidade**: é uma matriz diagonal onde $a_{ij} = 1, \; i = j$. Por exemplo:

$$\begin{pmatrix} 1 & 0 & 0 & 0 \\ 0 & 1 & 0 & 0 \\ 0 & 0 & 1 & 0 \\ 0 & 0 & 0 & 1 \end{pmatrix}, \quad \begin{pmatrix} 1 & 0 & 0 \\ 0 & 1 & 0 \\ 0 & 0 & 1 \end{pmatrix}.$$

Denotaremos a matriz identidade por I.

- **Matriz triangular inferior**: é uma matriz quadrada onde $a_{ij} = 0, \; i < j$. Por exemplo:

$$\begin{pmatrix} 1 & 0 & 0 & 0 \\ 2 & 4 & 0 & 0 \\ 3 & 3 & 2 & 0 \\ 4 & 0 & 1 & -1 \end{pmatrix}, \quad \begin{pmatrix} 1 & 0 & 0 \\ 2 & 3 & 0 \\ -1 & 3 & 4 \end{pmatrix}.$$

- **Matriz triangular superior**: é uma matriz quadrada onde $a_{ij} = 0,\ i > j$. Por exemplo:

$$\begin{pmatrix} 1 & 3 & 5 & 7 \\ 0 & 4 & 0 & -1 \\ 0 & 0 & 2 & 3 \\ 0 & 0 & 0 & 1 \end{pmatrix}, \quad \begin{pmatrix} 1 & 2 & 5 \\ 0 & 3 & 2 \\ 0 & 0 & 1 \end{pmatrix}.$$

- **Matriz simétrica**: é uma matriz quadrada onde $a_{ij} = a_{ji}$. Por exemplo:

$$\begin{pmatrix} 1 & 3 & 5 & 7 \\ 3 & 4 & 0 & 4 \\ 5 & 0 & 2 & 3 \\ 7 & 4 & 3 & 1 \end{pmatrix}, \quad \begin{pmatrix} 1 & 2 & 5 \\ 2 & 3 & 2 \\ 5 & 2 & 1 \end{pmatrix}.$$

Observação:

Para uma matriz A de ordem n, a diagonal principal e a diagonal secundária de A são definidas da seguinte maneira:

- **diagonal principal** de $A = (a_{ij})$ é o conjunto de todos os elementos a_{ij}, tais que $i = j$;
- **diagonal secundária** de $A = (a_{ij})$ é o conjunto de todos os elementos a_{ij}, tais que $i + j = n + 1$.

Assim, se A é uma matriz de ordem 3, temos:

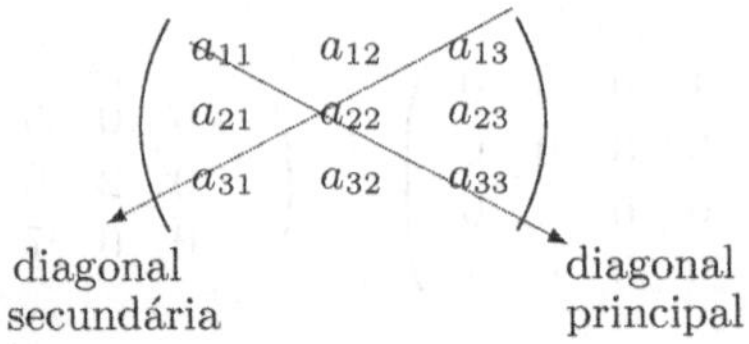

1.3 Operações com Matrizes

Para aplicações futuras, precisamos desenvolver uma "aritmética matricial". Porém, antes de definirmos operações com matrizes, vejamos quando duas matrizes são iguais.

Definição 1.2 *Se* $A = (a_{ij})$ *e* $B = (b_{ij}) \in \mathcal{M}_{m\times n}$, *então* $A = B$ *se e somente se seus elementos correspondentes são iguais, isto é,* $a_{ij} = b_{ij},\ 1 \leq i \leq m$ *e* $1 \leq j \leq n$.

Exemplo 1.1 *Considere as matrizes:*

$$A = \begin{pmatrix} x & 2 \\ -1 & y \end{pmatrix} \quad e \quad B = \begin{pmatrix} 5 & z \\ w & 3 \end{pmatrix}.$$

Determine os valores de x, y, z *e* w *para que a matriz* A *seja igual à matriz* B.

Solução: Temos que: $A = B$ se e somente se os elementos que ocupam a mesma posição são iguais, isto é:

$$A = \begin{pmatrix} x & 2 \\ -1 & y \end{pmatrix} = \begin{pmatrix} 5 & z \\ w & 3 \end{pmatrix} = B$$

se e somente se $x = 5$, $2 = z, -1 = w$ e $y = 3$. Portanto, os valores de x, y, z e w para os quais A é igual a B são, respectivamente, 5, 3, 2 e -1.

Exemplo 1.2 *Determine os valores de x, y, z e w, tais que:*

$$\begin{pmatrix} x+2 & 2y-6 \\ z-3 & x+y \\ w+1 & 2w \end{pmatrix} = \begin{pmatrix} 2x+y & -2 \\ -z+w & 2-y \\ x+2z & x \end{pmatrix}.$$

Solução: A igualdade é válida se e somente se os elementos que ocupam a mesma posição são iguais, isto é, se e somente se:

$$\begin{aligned} x+2 &= 2x+2y \\ 2y-6 &= -2 \\ z-3 &= -z+w \\ x+y &= 2-y \\ w+1 &= x+2z \\ 2w &= x \end{aligned}$$

Da 2ª equação, obtemos: $2y = 4 \to y = 2$. Da 1ª equação, temos: $x + 2y = 2 \to x = 2 - 2y$ e, portanto, $x = -2$. Observe que estes valores para x e y satisfazem a 4ª equação. Substituindo o valor de x na última equação, tiramos que: $w = -1$. Da 3ª equação, temos: $2z = w + 3$. Assim, substituindo o valor de w, obtemos: $z = 1$. Observe que os valores obtidos para z e w satisfazem a 5ª equação. Assim, $x = -2$, $y = 2, z = 1$ e $w = -1$ são os valores que satisfazem a igualdade.

Definição 1.3 *Se $A = (a_{ij})$ e $B = (b_{ij}) \in \mathcal{M}_{m\times n}$, então $A + B$ é uma matriz $C = (c_{ij}) \in \mathcal{M}_{m\times n}$ obtida somando-se os elementos correspondentes de A e B, isto é, $c_{ij} = a_{ij} + b_{ij}$, $1 \leq i \leq m$ e $1 \leq j \leq n$.*

Exemplo 1.3 *Considere as matrizes:*

$$A = \begin{pmatrix} 1 & 2 & -3 \\ 2 & 5 & 4 \end{pmatrix}, \quad B = \begin{pmatrix} 1 & 3 & 0 \\ -2 & 5 & 3 \end{pmatrix},$$

$$C = \begin{pmatrix} 1 & -1 & 2 \\ 0 & 3 & 2 \\ 1 & 2 & -2 \end{pmatrix} \quad e \quad D = \begin{pmatrix} 1 & 3 & 1 \\ -1 & 4 & 2 \\ 2 & 2 & -2 \end{pmatrix}.$$

Calcule $A + B$ e $C + D$.

Solução: As matrizes $A+B$ e $C+D$ são obtidas adicionando-se os elementos que ocupam a mesma posição, nas matrizes A e B, e nas matrizes C e D, respectivamente, isto é:

$$A+B=\begin{pmatrix} 1+1 & 2+3 & -3+0 \\ 2+(-2) & 5+5 & 4+3 \end{pmatrix}=\begin{pmatrix} 2 & 5 & -3 \\ 0 & 10 & 7 \end{pmatrix},$$

$$C+D=\begin{pmatrix} 1+1 & -1+3 & 2+1 \\ 0+(-1) & 3+4 & 2+2 \\ 1+2 & 2+2 & -2+(-2) \end{pmatrix}=\begin{pmatrix} 2 & 2 & 3 \\ -1 & 7 & 4 \\ 3 & 4 & -4 \end{pmatrix}.$$

Definição 1.4 *Se* $A=(a_{ij})\in\mathcal{M}_{m\times n}$ *e* $\alpha\in I\!R$, *então* αA *é uma matriz* $A'=(a'_{ij})\in\mathcal{M}_{m\times n}$ *obtida multiplicando-se os elementos de* A *por* α, *isto é,* $a'_{ij}=\alpha a_{ij}$, $1\le i\le m$ *e* $1\le j\le n$.

Exemplo 1.4 *Considere as matrizes:*

$$A=\begin{pmatrix} 1 & 2 \\ -1 & 3 \\ 2 & -3 \end{pmatrix} \quad e \quad B=\begin{pmatrix} 2 & 3 & 2 \\ 1 & 2 & 3 \\ -2 & -3 & -1 \end{pmatrix}.$$

Calcule αA *e* βB, *onde* $\alpha=-2$ *e* $\beta=3$.

Solução: As matrizes αA e βB são obtidas multiplicando-se cada elemento da matriz A por α e cada elemento da matriz B por β, respectivamente, isto é:

$$\alpha A=-2\;A=\begin{pmatrix} (-2)(1) & (-2)(2) \\ (-2)(-1) & (-2)(3) \\ (-2)(2) & (-2)(-3) \end{pmatrix}=\begin{pmatrix} -2 & -4 \\ 2 & -6 \\ -4 & 6 \end{pmatrix},$$

$$\beta B=3\;B=\begin{pmatrix} (3)(2) & (3)(3) & (3)(2) \\ (3)(1) & (3)(2) & (3)(3) \\ (3)(-2) & (3)(-3) & (3)(-1) \end{pmatrix}=\begin{pmatrix} 6 & 9 & 6 \\ 3 & 6 & 9 \\ -6 & -9 & -3 \end{pmatrix}.$$

Observe que, se $\alpha=-1$, então $(-1)A$ será denotada por $-A$ e será chamada **matriz oposta** de A. Decorre disto que, para subtrairmos uma matriz de outra matriz não precisamos definir diferença entre matrizes, isto é, para calcular $A-B$ basta calcularmos $A+(-B)$.

Exemplo 1.5 *Considere as matrizes:*

$$A=\begin{pmatrix} 1 & 2 & -3 \\ 2 & 5 & 4 \\ -3 & 4 & 2 \end{pmatrix}, \quad B=\begin{pmatrix} 1 & 3 & 0 \\ -2 & 5 & 3 \\ -2 & 4 & 3 \end{pmatrix},$$

$$C=\begin{pmatrix} 1 & -3 \\ 5 & 2 \\ -1 & 4 \end{pmatrix} \quad e \quad D=\begin{pmatrix} -2 & 1 \\ 5 & 3 \\ 1 & -1 \end{pmatrix}.$$

Calcule $A-B$ *e* $C-D$.

Solução: As matrizes $A-B$ e $C-D$ são obtidas somando-se os elementos que ocupam a mesma posição da primeira matriz com a matriz oposta da segunda, isto é:

$$A - B = \begin{pmatrix} 1+(-1) & 2+(-3) & -3+0 \\ 2+(2) & 5+(-5) & 4+(-3) \\ -3+(2) & 4+(-4) & 2+(-3) \end{pmatrix} = \begin{pmatrix} 0 & -1 & -3 \\ 4 & 0 & 1 \\ -1 & 0 & -1 \end{pmatrix},$$

$$C - D = \begin{pmatrix} 1+(2) & -3+(-1) \\ 5+(-5) & 2+(-3) \\ -1+(-1) & 4+(1) \end{pmatrix} = \begin{pmatrix} 3 & -4 \\ 0 & -1 \\ -2 & 5 \end{pmatrix}.$$

Observe que todas as operações com matrizes apresentadas até agora só podem ser realizadas se as matrizes envolvidas possuem o mesmo tamanho. Veremos que o mesmo não ocorre com a multiplicação de matrizes.

Definição 1.5 *Se $A = (a_{ij}) \in \mathcal{M}_{m\times p}$ e $B = (b_{ij}) \in \mathcal{M}_{p\times n}$, então AB é uma matriz $C = (c_{ij}) \in \mathcal{M}_{m\times n}$ obtida multiplicando-se ordenadamente cada linha i de A por cada coluna j de B e somando-se as parcelas, isto é,*

$$c_{ij} = \sum_{k=1}^{p} a_{ik}b_{kj}, \; 1 \leq i \leq m \text{ e } 1 \leq j \leq n.$$

Observe que multiplicar ordenadamente a linha i pela coluna j significa multiplicar o 1º elemento da linha i pelo 1º da coluna j, 2º× 2º, ...

Exemplo 1.6 *Considere as matrizes:*

$$A = \begin{pmatrix} 1 & 2 & -3 \\ 2 & 5 & -4 \\ -3 & 0 & 2 \end{pmatrix} \quad e \quad B = \begin{pmatrix} 1 & 3 & 0 \\ -2 & 2 & 3 \\ 2 & -4 & 1 \end{pmatrix}.$$

Calcule AB.

Solução: O produto de duas matrizes é obtido multiplicando-se ordenadamente cada linha da matriz A por cada coluna da matriz B e somando-se as parcelas, isto é:

$$AB = \begin{pmatrix} 1(1)+2(-2)+(-3)(2) & 1(3)+2(2)+(-3)(-4) & 1(0)+2(3)+(-3)(1) \\ 2(1)+5(-2)+(-4)(2) & 2(3)+5(2)+(-4)(-4) & 2(0)+5(3)+(-4)(1) \\ (-3)(1)+0(-2)+2(2) & (-3)(3)+0(2)+2(-4) & (-3)(0)+0(3)+2(1) \end{pmatrix}$$

$$= \begin{pmatrix} 1-4-6 & 3+4+12 & 0+6-3 \\ 2-10-8 & 6+10+16 & 0+15-4 \\ -3+0+4 & -9+0-8 & 0+0+2 \end{pmatrix} = \begin{pmatrix} -9 & 19 & 3 \\ -16 & 32 & 11 \\ 1 & -17 & 2 \end{pmatrix}.$$

Exemplo 1.7 *Considere as matrizes:*

$$A = \begin{pmatrix} 1 & 3 \\ -2 & 5 \\ 1 & -1 \end{pmatrix} \quad e \quad B = \begin{pmatrix} 1 & 2 & 0 \\ 3 & 1 & 2 \end{pmatrix}.$$

Calcule AB e BA.

Solução: Do mesmo modo do Exemplo 1.6, obtemos:

$$AB = \begin{pmatrix} 1(1)+3(3) & 1(2)+3(1) & 1(0)+3(2) \\ -2(1)+5(3) & -2(2)+5(1) & -2(0)+5(2) \\ 1(1)+(-1)(3) & 1(2)+(-1)(1) & 1(0)+(-1)(2) \end{pmatrix} = \begin{pmatrix} 10 & 5 & 6 \\ 13 & 1 & 10 \\ -2 & 1 & -2 \end{pmatrix},$$

$$BA = \begin{pmatrix} 1(1)+2(-2)+0(1) & 1(3)+2(5)+0(-1) \\ 3(1)+1(-2)+2(1) & 3(3)+1(5)+2(-1) \end{pmatrix} = \begin{pmatrix} -3 & 13 \\ 3 & 12 \end{pmatrix}.$$

Observe que o produto de duas matrizes A e B, tomadas nesta ordem, só está definido se o número de colunas da matriz A é igual ao número de linhas da matriz B. Além disso, a matriz produto pertence ao conjunto das matrizes que possuem o número de linhas da matriz A e o número de colunas da matriz B. No Exemplo 1.7, A é 3×2, B é 2×3 e, assim, AB é 3×3 e BA é 2×2.

Estamos agora em condições de resolver equações matriciais envolvendo todas as operações com matrizes.

Exemplo 1.8 *Considere as matrizes:*

$$A = \begin{pmatrix} a & b \\ c & d \end{pmatrix}, \quad B = \begin{pmatrix} a & 6 \\ -1 & 2d \end{pmatrix} \quad e \quad C = \begin{pmatrix} 4 & a+b \\ c+d & 3 \end{pmatrix}.$$

Determine a, b, c e d tal que a equação matricial $3A = B + C$ seja verdadeira.

Solução: Temos:

$$3A = B + C \Leftrightarrow 3\begin{pmatrix} a & b \\ c & d \end{pmatrix} = \begin{pmatrix} a & 6 \\ -1 & 2d \end{pmatrix} + \begin{pmatrix} 4 & a+b \\ c+d & 3 \end{pmatrix}$$

$$\Rightarrow \begin{pmatrix} 3a & 3b \\ 3c & 3d \end{pmatrix} = \begin{pmatrix} a+4 & 6+a+b \\ -1+c+d & 2d+3 \end{pmatrix}.$$

Assim, igualando os elementos que ocupam a mesma posição, segue que:

$$\begin{aligned} 3a &= a+4 \Rightarrow 2a = 4 \Rightarrow a = 2, \\ 3b &= 6+a+b \Rightarrow 2b = 6+a \Rightarrow b = 4, \\ 3c &= -1+c+d \Rightarrow 2c = -1+d, \\ 3d &= 2d+3 \Rightarrow d = 3. \end{aligned}$$

Como $d = 3$, substituindo este valor em $2c = -1 + d$, obtemos: $c = 1$.

Portanto, os valores que satisfazem a equação matricial dada são: $a = 2, b = 4, c = 1$ e $d = 3$.

Exemplo 1.9 *Determine x, y, z e w tal que a equação matricial:*

$$\begin{pmatrix} 3 & 2 \\ 1 & 4 \end{pmatrix}\begin{pmatrix} x & y \\ z & w \end{pmatrix} = 3\begin{pmatrix} -x & 2y \\ z & w \end{pmatrix} + \begin{pmatrix} 8 & 4 \\ 0 & -3 \end{pmatrix}$$

seja verdadeira.

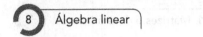

Solução: Fazendo as operações indicadas, segue que:

$$\Rightarrow \begin{pmatrix} 3x+2z & 3y+2w \\ x+4z & y+4w \end{pmatrix} = \begin{pmatrix} -3x+8 & 6y+4 \\ 3z & 3w-3 \end{pmatrix}.$$

Assim, igualando os elementos que ocupam a mesma posição, obtemos:

$$\begin{aligned} 3x+2z &= -3x+8 \Rightarrow 6x+2z=8, \\ x+4z &= 3z \Rightarrow x+z=0, \\ 3y+2w &= 6y+4 \Rightarrow -3y+2w=4, \\ y+4w &= 3w-3 \Rightarrow y+w=-3. \end{aligned}$$

Para determinar os valores de x, y, z e w, basta resolver os sistemas lineares, dados por:

$$I) \begin{cases} 6x + 2z = 8 \\ x + z = 0 \end{cases} \text{ e } II) \begin{cases} -3y + 2w = 4 \\ y + w = -3 \end{cases}$$

Da 2ª equação do sistema $I)$, segue que: $x = -z$. Substituindo na 1ª equação, obtemos: $-4z = 8 \rightarrow z = -2$. Assim, a solução do sistema linear $I)$ é $x = 2$ e $z = -2$.

Para resolver o sistema $II)$, podemos multiplicar a 2ª equação por -2 e, assim, obtemos o sistema linear:

$$\begin{cases} -3y + 2w = 4 \\ -2y - 2w = 6 \end{cases}$$

Somando as duas equações, obtemos: $-5y = 10 \rightarrow y = -2$. Substituindo este valor em $y + w = -3 \rightarrow w = -1$. Assim, a solução do sistema linear $II)$ é $y = -2$ e $w = -1$. Portanto, os valores que satisfazem a equação matricial dada são: $x = 2, y = -2, z = -2$ e $w = -1$.

Exercícios

1.1 *Considere as seguintes matrizes:*

$$A = \begin{pmatrix} 1 & 2 & 3 \\ 4 & 5 & 6 \\ 7 & 8 & 9 \end{pmatrix} \quad e \quad B = \begin{pmatrix} 1 & 2 & 0 \\ 3 & 1 & 2 \\ -2 & 0 & -2 \end{pmatrix}.$$

Calcular:

a) $A + B$,

b) $A - B$,

c) $2A - B$,

d) $A - 3B$,

e) AB,

f) BA.

1.2 *Sejam A e B matrizes 4×5 e C, D e E matrizes 5×2, 4×2 e 5×4, respectivamente. Determinar quais das seguintes expressões estão definidas. Para as definidas, dar o tamanho da matriz resultante.*

a) AE,

b) EA,

c) $AB + B$,

d) $AC + D$,

e) $EA + D$,

f) $ED + C$,

g) $E(AC)$,

h) $E(A + B)$,

i) $AE + B$.

1.3 *Escrever uma matriz $A = (a_{ij})$ e uma matriz $B = (b_{ij})$, onde ambas pertencem a $\mathcal{M}_{3\times 3}$, definidas do seguinte modo:*

$$a_{ij} = \begin{cases} i^j, & \text{se } i = j \\ \dfrac{i}{j}, & \text{se } i \neq j \end{cases}, \qquad b_{ij} = \begin{cases} (i+1)^j, & \text{se } i = j \\ \dfrac{i}{j+1}, & \text{se } i \neq j \end{cases}$$

Calcular $6A - 12B$.

1.4 *Calcular x e y, sabendo que:*

$$(3x - 1 \quad x + y) = (y \quad 35).$$

1.5 *Determinar x, y, z e w tal que a equação matricial:*

$$2\begin{pmatrix} x & y \\ z & -w \end{pmatrix} - \begin{pmatrix} 3 & x - y \\ z + w & 6 + y \end{pmatrix} = \begin{pmatrix} x + y & 5 \\ 2z & 2w - z \end{pmatrix}$$

seja verdadeira.

1.3.1 Propriedades das Operações com Matrizes

Veremos agora algumas propriedades que as operações de matrizes satisfazem, as quais podem facilitar os cálculos com elas.

Teorema 1.1 *Supondo que as matrizes envolvidas permitam as operações de adição e multiplicação, são válidas as seguintes propriedades:*

a) $A + B = B + A$ *(comutativa da adição),*

b) $(A + B) + C = A + (B + C)$ *(associativa da adição),*

c) $(AB)C = A(BC)$ *(associativa da multiplicação),*

d) $A(B + C) = AB + AC$ *(distributiva),*

e) $(A + B)C = AC + BC$ *(distributiva),*

f) $\alpha(B + C) = \alpha B + \alpha C$,

g) $(\alpha + \beta)A = \alpha A + \beta A$,

h) $(\alpha\beta)A = \alpha(\beta A)$,

i) $\alpha(AB) = (\alpha A)B = A(\alpha B)$,

j) *Se* $A = B \rightarrow AC = BC$ *(a volta desta propriedade não é válida).*

Prova: Apesar do resultado da propriedade ser, na prática, mais importante do que a prova de sua veracidade, provaremos algumas das propriedades para que o leitor interessado saiba como desenvolver tais demonstrações. As demais ficam como exercício.

a) Devemos mostrar que: $A + B = B + A$.

Sejam $A = (a_{ij})$ e $B = (b_{ij}) \in M_{m\times n}$ e sejam $A + B = C$ e $B + A = D$ com C e $D \in M_{m\times n}$.

Seja c_{ij} um elemento genérico de $A + B$, então: $c_{ij} = a_{ij} + b_{ij}$.

Seja agora d_{ij} um elemento genérico de $B + A$, então: $d_{ij} = b_{ij} + a_{ij}$.

Assim, $c_{ij} = a_{ij} + b_{ij} = b_{ij} + a_{ij} = d_{ij}$, desde que a_{ij} e b_{ij} são números reais e, para números reais, a propriedade comutativa é válida.

Portanto, $A + B = B + A$.

c) Devemos mostrar que: $(AB)C = A(BC)$.

Sejam $A = (a_{ij}) \in M_{m\times p}$, $B = (b_{ij}) \in M_{p\times q}$, $C = (c_{ij}) \in M_{q\times n}$.

Seja d_{il} um elemento genérico de AB, então:

$$d_{il} = \left(\sum_{k=1}^{p} a_{ik} b_{kl} \right)_{m\times q},$$

e seja e_{ij} um elemento genérico de $(AB)C$, então:

$$e_{ij} = \left(\sum_{l=1}^{q} d_{il} c_{lj} \right) = \left(\sum_{l=1}^{q} \left(\sum_{k=1}^{p} a_{ik} b_{kl} \right) c_{lj} \right)_{m\times n}. \quad (1.2)$$

Por outro lado, considere que f_{kj} seja um elemento genérico de BC, então:

$$f_{kj} = \left(\sum_{l=1}^{q} b_{kl}c_{lj}\right)_{p\times n}$$

e, que g_{ij} seja um elemento genérico de $A(BC)$, então:

$$g_{ij} = \left(\sum_{k=1}^{p} a_{ik}f_{kj}\right) = \left(\sum_{k=1}^{p} a_{ik}\left(\sum_{l=1}^{q} b_{kl}c_{lj}\right)\right)_{m\times n}.$$

Mas a ordem na adição é arbitrária, isto é:

$$g_{ij} = \left(\sum_{k=1}^{p} a_{ik}\left(\sum_{l=1}^{q} b_{kl}c_{lj}\right)\right)_{m\times n} = \left(\sum_{l=1}^{q}\left(\sum_{k=1}^{p} a_{ik}b_{kl}\right)c_{lj}\right)_{m\times n}. \tag{1.3}$$

Comparando (1.2) com (1.3), vemos que: $e_{ij} = g_{ij}$.

Portanto, $(AB)C = A(BC)$.

d) Devemos mostrar que: $A(B+C) = AB + AC$.

Sejam $A = (a_{ij}) \in M_{m\times p}$, $B = (b_{ij})$ e $C = (c_{ij}) \in M_{p\times n}$.

Seja d_{kj} um elemento genérico de $B + C$, então:

$$d_{kj} = (b_{kj} + c_{kj})_{p\times n}$$

e seja e_{ij} um elemento genérico de $A(B+C)$, então:

$$e_{ij} = \left(\sum_{k=1}^{p} a_{ik}\left(b_{kj} + c_{kj}\right)\right)_{m\times n}. \tag{1.4}$$

Por outro lado, sejam f_{ij} e g_{ij} um elemento genérico de AB e AC, respectivamente, isto é:

$$f_{ij} = \left(\sum_{k=1}^{p} a_{ik}b_{kj}\right)_{m\times n} \quad \text{e} \quad g_{ij} = \left(\sum_{k=1}^{p} a_{ik}c_{kj}\right)_{m\times n}.$$

Assim, um elemento genérico h_{ij} de $AB + AC$ é dado por:

$$\begin{aligned} h_{ij} = f_{ij} + g_{ij} &= \left(\sum_{k=1}^{p} a_{ik}b_{kj} + \sum_{k=1}^{p} a_{ik}c_{kj}\right)_{m\times n} \\ &= \left(\sum_{k=1}^{p} a_{ik}\left(b_{kj} + c_{kj}\right)\right)_{m\times n}, \end{aligned} \tag{1.5}$$

desde que a_{ik} é um elemento comum em ambas as parcelas. Comparando (1.4) com (1.5), segue que: $e_{ij} = h_{ij}$.

Portanto, $A(B+C) = AB + AC$.

f) Devemos mostrar que: $\alpha(A+B) = \alpha A + \alpha B$.

Sejam $A = (a_{ij})$ e $B = (b_{ij}) \in M_{m \times n}$.

Seja c_{ij} um elemento genérico de $\alpha(A+B)$, isto é:

$$c_{ij} = (\alpha\,(a_{ij} + b_{ij}))_{m \times n}.$$

Por outro lado, seja d_{ij} um elemento genérico de $\alpha A + \alpha B$, isto é:

$$d_{ij} = (\alpha a_{ij} + \alpha b_{ij})_{m \times n}.$$

Mas α, a_{ij} e $b_{ij} \in \mathbb{R}$, isto é, são números reais e, assim:

$$c_{ij} = (\alpha\,(a_{ij} + b_{ij})) = (\alpha a_{ij} + \alpha b_{ij}) = d_{ij},$$

desde que para números reais a propriedade distributiva é válida.

Portanto, $\alpha(A+B) = \alpha A + \alpha B$.

Pelo Teorema 1.1, vemos que, para matrizes, vale a maioria das propriedades dos números reais. Entretanto, algumas das propriedades que são válidas para números reais não são válidas para matrizes, como mostrado a seguir.

Observações:

1) Quem resolveu o Exercício 1.1, itens **e)** e **f)** (e quem não resolveu deve fazê-lo), pôde observar que a propriedade comutativa na multiplicação de matrizes não é válida. Em geral, esta propriedade não é válida pelos seguintes motivos:

a) $\exists AB$, mas $\nexists BA$.

b) $\exists AB$, $\exists BA$, mas são de tamanhos diferentes.

c) $\exists AB$, $\exists BA$, são do mesmo tamanho, mas o resultado é diferente.

Para exemplificar os itens acima, considere:

Para o item **a)**: Sejam $A_{2\times3}$ e $B_{3\times4}$. Então, $\exists\ (AB)_{2\times4}$, mas $\nexists\ BA$.

Para o item **b)**: Sejam $A_{2\times3}$ e $B_{3\times2}$. Então, $\exists\ (AB)_{2\times2}$ e $\exists\ (BA)_{3\times3}$, mas são de tamanhos diferentes.

Para o item **c)**: Sejam $A = \begin{pmatrix} 1 & 2 \\ 0 & 3 \end{pmatrix}_{2\times2}$ e $B = \begin{pmatrix} 3 & 0 \\ 1 & 2 \end{pmatrix}_{2\times2}$.
Então, $\exists\ AB = \begin{pmatrix} 5 & 4 \\ 3 & 6 \end{pmatrix}_{2\times2}$, $\exists\ BA = \begin{pmatrix} 3 & 6 \\ 1 & 8 \end{pmatrix}_{2\times2}$, mas $AB \neq BA$.

2) Para matrizes, não é válida a lei do cancelamento (volta da propriedade **j)**) do Teorema 1.1. (Note que, para números reais, se $ab = ac$, então $b = c$.) Além disso, o produto de duas matrizes não nulas pode resultar na matriz nula. (Note que, para números reais, se $ab = 0$, então $a = 0$ ou $b = 0$.)

Exemplo 1.10 *Considere as seguintes matrizes:*

$$A = \begin{pmatrix} 0 & 1 \\ 0 & 2 \end{pmatrix}, \quad B = \begin{pmatrix} 1 & 1 \\ 3 & 4 \end{pmatrix} \quad e \quad C = \begin{pmatrix} 2 & 5 \\ 3 & 4 \end{pmatrix}.$$

Calcule AB *e* AC.

Solução: Temos: $AB = \begin{pmatrix} 3 & 4 \\ 6 & 8 \end{pmatrix} = AC$, com $B \neq C$ e $A \neq \Theta$.

Exemplo 1.11 *Considere as seguintes matrizes:*

$$A = \begin{pmatrix} 1 & 2 & 0 \\ 1 & 1 & 0 \\ -1 & 4 & 0 \end{pmatrix}, \quad B = \begin{pmatrix} 1 & 2 & 3 \\ 1 & 1 & -1 \\ 2 & 2 & 2 \end{pmatrix} \quad e \quad C = \begin{pmatrix} 1 & 2 & 3 \\ 1 & 1 & -1 \\ 1 & 1 & 1 \end{pmatrix}.$$

Calcule AB *e* AC.

Solução: Temos: $AB = \begin{pmatrix} 3 & 4 & 1 \\ 2 & 3 & 2 \\ 3 & 2 & -7 \end{pmatrix} = AC$, com $B \neq C$ e $A \neq \Theta$.

Exemplo 1.12 *Considere as seguintes matrizes:*

$$A = \begin{pmatrix} 3 & 1 \\ 6 & 2 \end{pmatrix}, \quad B = \begin{pmatrix} -1 & 3 \\ 3 & -9 \end{pmatrix}, \quad C = \begin{pmatrix} 1 & 2 & 0 \\ 1 & 1 & 0 \\ -1 & 4 & 0 \end{pmatrix} \quad e \quad D = \begin{pmatrix} 0 & 0 & 0 \\ 0 & 0 & 0 \\ 1 & 4 & 9 \end{pmatrix}.$$

Calcule AB *e* CD.

Solução: Temos: $AB = \begin{pmatrix} 0 & 0 \\ 0 & 0 \end{pmatrix}$, com $A \neq \Theta$ e $B \neq \Theta$ e $CD = \begin{pmatrix} 0 & 0 & 0 \\ 0 & 0 & 0 \\ 0 & 0 & 0 \end{pmatrix}$, com $C \neq \Theta$ e $D \neq \Theta$.

Teorema 1.2 *Para matrizes nas condições do Teorema 1.1, vale:*

a) $A + \Theta = A$,

b) $A - A = \Theta$,

c) $\Theta - A = -A$,

d) $A\Theta = \Theta$,

e) $AI = IA = A$.

Prova: A prova fica como exercício.

Pelo Teorema 1.2, vemos que, para matrizes, valem as mesmas propriedades dos números reais, isto é, existe o elemento nulo da adição, que é a matriz nula (Θ), e existe o elemento nulo da multiplicação, que é a matriz identidade (I). Além disso, existe o elemento oposto, que é $-A$.

Daremos agora algumas definições importantes sobre matrizes de ordem n.

Definição 1.6 *Seja A uma matriz de ordem n. Os* **menores principais de** *A, denominados A_k, de ordens $k = 1, 2, \ldots n$, são definidos pelas submatrizes de A e obtidos eliminando-se as k primeiras linhas e k primeiras colunas de A, isto é:*

$$A_k = \begin{pmatrix} a_{11} & a_{12} & \ldots & a_{1k} \\ a_{21} & a_{22} & \ldots & a_{2k} \\ \vdots & \vdots & \ddots & \vdots \\ a_{k1} & a_{k2} & \ldots & a_{kk} \end{pmatrix}, \quad k = 1, 2, \ldots n.$$

Assim, se A é uma matriz de ordem 3, temos:

$$A_1 = \begin{pmatrix} a_{11} \end{pmatrix}, \; A_2 = \begin{pmatrix} a_{11} & a_{12} \\ a_{21} & a_{22} \end{pmatrix} \text{ e } A_3 = \begin{pmatrix} a_{11} & a_{12} & a_{13} \\ a_{21} & a_{22} & a_{23} \\ a_{31} & a_{32} & a_{33} \end{pmatrix} = A,$$

são os menores principais de A de ordens $1, 2$ e 3, respectivamente.

Definição 1.7 *Dada uma matriz A de ordem n, chama-se* **traço de** *A — em símbolo, $tr(A)$ — a soma dos elementos da diagonal principal de A, isto é:*

$$tr(A) = \sum_{i=1}^{n} a_{ii}.$$

Assim, se A é uma matriz de ordem 3, temos:

$$tr(A) = a_{11} + a_{22} + a_{33}.$$

Definição 1.8 *Uma matriz A de ordem n é* **estritamente diagonalmente dominante** *se:*

$$\sum_{\substack{j=1 \\ j \neq i}}^{n} |a_{ij}| < |a_{ii}|, \quad i = 1, 2, \ldots, n. \tag{1.6}$$

Assim, se A é uma matriz de ordem 3, para A ser estritamente diagonalmente dominante, devemos ter:

$$\begin{aligned} |a_{12}| + |a_{13}| &< |a_{11}|, \\ |a_{21}| + |a_{23}| &< |a_{22}|, \\ |a_{31}| + |a_{32}| &< |a_{33}|. \end{aligned}$$

Exemplo 1.13 *Considere as matrizes:*

$$A = \begin{pmatrix} 2 & 1 & 0 \\ -1 & 4 & 2 \\ 3 & 2 & -6 \end{pmatrix} \; e \; B = \begin{pmatrix} 1 & 2 & 0 & 3 \\ -1 & 1 & 2 & -1 \\ 1 & 0 & -3 & 1 \\ 4 & 2 & 1 & 10 \end{pmatrix}.$$

Para cada matriz dada:

a) *Determine os menores principais.*

b) *Calcule o traço.*

c) *Verifique se são estritamente diagonalmente dominante.*

Solução: Para a matriz A:

a) $A_1 = \begin{pmatrix} 2 \end{pmatrix}$, $A_2 = \begin{pmatrix} 2 & 1 \\ -1 & 4 \end{pmatrix}$ e $A_3 = \begin{pmatrix} 2 & 1 & 0 \\ -1 & 4 & 2 \\ 3 & 2 & -6 \end{pmatrix} = A.$

b) $tr(A) = 2 + 4 - 6 = 0.$

c) A matriz A é estritamente diagonalmente dominante, pois:

$$|1| + |0| < |2|,$$
$$|-1| + |2| < |4|,$$
$$|3| + |2| < |-6|.$$

Para a matriz B:

a) $B_1 = \begin{pmatrix} 1 \end{pmatrix}$, $B_2 = \begin{pmatrix} 1 & 2 \\ -1 & 1 \end{pmatrix}$,

$$B_3 = \begin{pmatrix} 1 & 2 & 0 \\ -1 & 1 & 2 \\ 1 & 0 & -3 \end{pmatrix} \text{ e } B_4 = \begin{pmatrix} 1 & 2 & 0 & 3 \\ -1 & 1 & 2 & -1 \\ 1 & 0 & -3 & 1 \\ 4 & 2 & 1 & 10 \end{pmatrix} = B.$$

b) $tr(B) = 1 + 1 - 3 + 10 = 9.$

c) A matriz B não é estritamente diagonalmente dominante, pois, apesar da relação (1.6) ser válida para as duas últimas linhas, isto é:

$$|1| + |0| + |1| < |-3|,$$
$$|4| + |2| + |1| < |10|,$$

não é válida para as duas primeiras linhas de B, isto é:

$$|2| + |0| + |3| \not< |1|,$$
$$|-1| + |2| + |-1| \not< |1|.$$

Observe que, basta uma das linhas da matriz não satisfazer a relação (1.6), para que a matriz não seja estritamente diagonalmente dominante.

Exercícios

1.6 *Provar as propriedades dadas nos itens* **b)**, **e)**, **g)**, **h)**, **i)** *e* **j)** *do Teorema 1.1.*

1.7 *Provar as propriedades dadas no Teorema 1.2.*

1.8 *Considere as matrizes:*

$$A = \begin{pmatrix} 1 & 2 \\ 3 & 1 \\ -1 & 2 \end{pmatrix}, \quad B = \begin{pmatrix} 1 & 2 & 3 \\ 4 & 0 & 1 \end{pmatrix}, \quad C = \begin{pmatrix} 2 & 3 \\ 1 & -1 \\ 0 & 1 \end{pmatrix} \quad e \quad D = \begin{pmatrix} 1 & 2 & 0 \\ -1 & 1 & 2 \end{pmatrix}.$$

Calcular $AB + AD$ e $BA + BC$. (Antes de resolver este exercício você deve rever as propriedades de matrizes.)

1.9 *Considere as matrizes:*

$$A = \begin{pmatrix} 0 & 0 & 0 \\ 1 & 0 & 0 \\ 0 & 1 & 0 \end{pmatrix}, \quad B = \begin{pmatrix} 0 & 0 & 0 \\ 0 & 0 & 0 \\ 1 & 0 & 0 \end{pmatrix} \quad e \quad C = \begin{pmatrix} 0 & 0 & 0 \\ 2 & 0 & 0 \\ 1 & 2 & 0 \end{pmatrix}.$$

Verificar que $AB = BA$, $AC = CA$ e $BC = CB$.

1.10 *Determinar o valor de x para que o produto:*

$$\begin{pmatrix} 2 & 0 & 7 \\ 0 & 1 & 0 \\ 1 & 2 & 1 \end{pmatrix} \begin{pmatrix} -x & -14x & 7x \\ 0 & 1 & 0 \\ x & 4x & -2x \end{pmatrix},$$

seja igual à matriz identidade.

1.11 *Considere as matrizes:*

$$A = \begin{pmatrix} 1 & 3 \\ -2 & 2 \end{pmatrix} \quad e \quad B = \begin{pmatrix} 4 & x \\ y & 3 \end{pmatrix}.$$

Determinar x e y para que as matrizes A e B comutem.

1.12 *Considere as matrizes:*

$$A = \begin{pmatrix} 10 & 2 & 1 \\ -2 & 12 & 8 \\ 5 & 4 & -12 \end{pmatrix} \quad e \quad B = \begin{pmatrix} 20 & 2 & 5 & 3 \\ -3 & 15 & 8 & -1 \\ 6 & 0 & -18 & 8 \\ 5 & 2 & 1 & 10 \end{pmatrix}.$$

Para cada matriz dada:

a) *Determinar os menores principais.*

b) *Calcular o traço.*

c) *Verificar se são estritamente diagonalmente dominante.*

Além das matrizes que possuem nomes especiais, existem mais algumas, a saber, a matriz transposta e a matriz inversa, as quais passamos a estudar agora, e a matriz de Vandermonde, matriz de rotação e matriz ortogonal, que serão apresentadas ao final deste capítulo.

1.4 Matriz Transposta

Vamos agora definir a matriz transposta de uma matriz dada, bem como dar algumas de suas propriedades.

Definição 1.9 *Se $A = (a_{ij}) \in \mathcal{M}_{m \times n}$, chama-se* **matriz transposta** *de A a matriz $A^t = (b_{ij}) \in \mathcal{M}_{n \times m}$, onde $b_{ij} = a_{ji}$, $1 \leq i \leq m$ e $1 \leq j \leq n$.*

Exemplo 1.14 *Considere as matrizes:*

$$A = \begin{pmatrix} 3 & 2 & -1 \\ -2 & 4 & 5 \end{pmatrix} \quad e \quad B = \begin{pmatrix} 1 & 2 & 3 \\ 4 & 5 & 6 \\ 7 & 8 & 9 \end{pmatrix}.$$

Calcule A^t *e* B^t.

Solução: Pela definição, o que é linha na matriz dada deve passar a ser coluna na matriz transposta. Assim:

$$A^t = \begin{pmatrix} 3 & -2 \\ 2 & 4 \\ -1 & 5 \end{pmatrix} \quad e \quad B^t = \begin{pmatrix} 1 & 4 & 7 \\ 2 & 5 & 8 \\ 3 & 6 & 9 \end{pmatrix}.$$

1.4.1 Propriedades da Matriz Transposta

No próximo teorema encontram-se as propriedades da matriz transposta.

Teorema 1.3 *Se* A *e* B *são matrizes nas condições do Teorema 1.1, então são válidas as seguintes propriedades:*

a) $(A + B)^t = A^t + B^t$,

b) $(A^t)^t = A$,

c) $(\alpha A)^t = \alpha A^t$,

d) $(AB)^t = B^t A^t$.

Prova: Provaremos apenas o item **d)**. Os demais ficam como exercício.

Devemos mostrar que: $(AB)^t = B^t A^t$.

Sejam A e B matrizes de ordem m. Sejam $(a_{i1}\ a_{i2}\ \dots\ a_{im})$ a i-ésima linha da matriz A e $\begin{pmatrix} b_{1j} \\ b_{2j} \\ \vdots \\ b_{mj} \end{pmatrix}$, a j-ésima coluna da matriz B.

Assim, um elemento genérico c_{ij} da matriz AB é dado por:

$$c_{ij} = a_{i1}b_{1j} + a_{i2}b_{2j} + \ldots + a_{im}b_{mj}, \tag{1.7}$$

isto é, este elemento encontra-se na i-ésima linha e j-ésima coluna da matriz AB.

Logo, (1.7) é o elemento que se encontra na j-ésima linha e i-ésima coluna da matriz $(AB)^t$, isto é, é o elemento c_{ji}.

Por outro lado, a j-ésima linha de B^t consiste dos elementos da j-ésima coluna de B, isto é:

$$(b_{1j}\ b_{2j}\ \dots\ b_{mj}). \tag{1.8}$$

Além disso, a i-ésima coluna de A^t consiste dos elementos da i-ésima linha de A, isto é:

$$\begin{pmatrix} a_{i1} \\ a_{i2} \\ \vdots \\ a_{i3} \end{pmatrix}. \tag{1.9}$$

Portanto, o elemento que se encontra na j-ésima linha e i-ésima coluna da matriz B^tA^t é o elemento d_{ji}, o qual é dado por:

$$d_{ji} = b_{1j}a_{i1} + b_{2j}a_{i2} + \ldots + b_{mj}a_{im}. \tag{1.10}$$

Comparando (1.7) com (1.10), segue que: $c_{ji} = d_{ji}$ desde que a_{ij} e b_{ij} são números reais, e para números reais vale a propriedade comutativa na multiplicação.

Portanto, $(AB)^t = B^tA^t$.

Exercícios

1.13 *Provar as propriedades dadas nos itens* **a)**, **b)** *e* **c)** *do Teorema 1.3.*

1.14 *Considere as matrizes:*

$$A = \begin{pmatrix} 2 & 1 & -1 \\ 3 & 0 & 4 \end{pmatrix} \quad e \quad B = \begin{pmatrix} 1 & 0 \\ -2 & 1 \\ 3 & 5 \end{pmatrix}.$$

Verificar que $(AB)^t = B^tA^t$.

1.15 *Mostrar que: se A e B são matrizes $n \times 1$, então $A^tB = B^tA$.*

1.16 *Considere as matrizes:*

$$A = \begin{pmatrix} 1 & 2 & 3 \\ 4 & 5 & 6 \\ 7 & 8 & 9 \end{pmatrix} \quad e \quad B = \begin{pmatrix} 1 & 0 & -1 \\ -1 & 0 & 1 \\ -2 & 0 & 1 \end{pmatrix}.$$

Calcular:

a) AB^t,

b) BB^t,

c) $A(B + B^t)$,

d) $A(B - B^t)$,

e) $AB - AB^t$,

f) $A^2 - B^2(B^t)^2$.

1.17 *Escrever uma matriz* $A = (a_{ij}) \in \mathcal{M}_{2\times 3}$ *e uma matriz* $B = (b_{ij}) \in \mathcal{M}_{3\times 2}$, *definidas do seguinte modo:*

$$a_{ij} = \begin{cases} 0, \text{ se } i = j \\ i + j - 1, \text{ se } i \neq j \end{cases}, \quad b_{ij} = (-1)^{i+j}.$$

Calcular $A + B^t$.

1.18 *Considere as matrizes:*

$$A = \begin{pmatrix} 2 & x \\ y & 1 \end{pmatrix} \quad e \quad B = \begin{pmatrix} 4 & -3x \\ 14 - y & 2 \end{pmatrix}.$$

Determinar os valores de x *e* y, *sabendo que:* $A + A^t = B$.

1.19 *Considere a seguinte matriz:*

$$A = \begin{pmatrix} 30 & x + y & 12z \\ 12 - x & 20 & 2x - y \\ 6z & -3 - x + y & 10 \end{pmatrix}.$$

Determinar os valores de x, y *e* z, *sabendo que:* $A = A^t$.

1.20 *Mostrar que: se* A *é de ordem* n, *então* $A = A^t$ *se e somente se* A *é simétrica.*

1.21 *Mostrar que: o produto* AA^t, *onde* A *é uma matriz de ordem* n, *é sempre uma matriz simétrica.*

Até agora foi razoavelmente fácil fazer as operações com as matrizes, no sentido de se obter o que é solicitado. Entretanto, para se obter a matriz inversa de uma matriz dada não é tão imediato assim.

1.5 Matriz Inversa

Nesta seção, definimos e analisamos as propriedades da matriz inversa; mais adiante, apresentamos um algoritmo para se calcular tal matriz.

Definição 1.10 *Seja* A *uma matriz de ordem* n. *Dizemos que* A *é* **inversível** *se existe uma matriz* B *de ordem* n, *tal que* $AB = BA = I$, *onde* I *é a matriz identidade de ordem* n.

Teorema 1.4 *Sejam* A, B *e* C *matrizes de ordem* n. *Se* B *e* C *são inversas de* A, *então* $B = C$.

Prova: Se B é inversa de A, então $AB = BA = I$.

Por outro lado, se C é inversa de A, então $AC = CA = I$.

Portanto, usando as propriedades de matrizes, temos:

$$B = BI = B(AC) = (BA)C = IC = C.$$

Pelo Teorema 1.4, segue que: se A é inversível, a inversa é única.

Denotaremos a **matriz inversa** de uma matriz A por A^{-1}.

Assim, usando a definição e a notação para matriz inversa, obtemos:

$$AA^{-1} = A^{-1}A = I.$$

1.5.1 Propriedades da Matriz Inversa

Nos próximos teoremas encontram-se algumas propriedades da matriz inversa.

Teorema 1.5 *Se $A = (a_{ij})$ e $B = (a_{ij}) \in \mathcal{M}_{n\times n}$ são matrizes inversíveis, então AB é inversível e*

$$(AB)^{-1} = B^{-1}A^{-1}.$$

Prova: Sabemos que: $(AB)(AB)^{-1} = (AB)^{-1}(AB) = I$.

Assim, para provar que $(AB)^{-1} = B^{-1}A^{-1}$, basta provar que:

$$(AB)(B^{-1}A^{-1}) = (B^{-1}A^{-1})(AB) = I.$$

Temos:

$$(AB)(B^{-1}A^{-1}) = A(BB^{-1})A^{-1} = AIA^{-1} = AA^{-1} = I,$$

desde que a propriedade associativa é válida. Por outro lado,

$$(B^{-1}A^{-1})(AB) = B^{-1}(A^{-1}A)B = A^{-1}IA = I.$$

Portanto, $(AB)^{-1} = B^{-1}A^{-1}$.

Observe que o Teorema 1.5 vale para qualquer que seja o número de matrizes envolvidas no produto, isto é:

$$(A_1\ A_2\ \ldots\ A_k)^{-1} = A_k^{-1}\ \ldots\ A_2^{-1}\ A_1^{-1}.$$

Teorema 1.6 *Se $A = (a_{ij}) \in \mathcal{M}_{n\times n}$ é inversível, então A^t é inversível e*

$$(A^t)^{-1} = (A^{-1})^t.$$

Prova: Para provar este teorema, vamos fazer uso das propriedades da matriz transposta e da inversa. Para tanto, seja:

$$X = (A^t)^{-1}. \tag{1.11}$$

Portanto, $A^tX = I$. Calculando a transposta em ambos os membros, segue que:

$$(A^tX)^t = I^t \Rightarrow X^t(A^t)^t = I \Rightarrow X^tA = I \Rightarrow X^t = A^{-1}.$$

Calculando, novamente, a transposta em ambos os membros da última expressão, obtemos que: $(X^t)^t = (A^{-1})^t$ e, assim:

$$X = (A^{-1})^t \tag{1.12}$$

Comparando (1.11) com (1.12), segue que: $(A^t)^{-1} = (A^{-1})^t$.

Definição 1.11 *Se A é uma matriz de ordem n, então:*

a) $A^k = \underbrace{AA\ldots A}_{k\ vezes}$, *se $k \geq 1$, k inteiro.*

b) $A^0 = I$.

Teorema 1.7 *Se* $A = (a_{ij}) \in \mathcal{M}_{n\times n}$ *é inversível, então:*

a) A^{-1} *é inversível e* $(A^{-1})^{-1} = A$.

b) A^k *é inversível e* $(A^k)^{-1} = (A^{-1})^k$.

c) *Se* $\alpha \neq 0$, αA *é inversível e* $(\alpha A)^{-1} = \alpha^{-1}A^{-1} = \frac{1}{\alpha}A^{-1}$.

Prova: Provaremos apenas o item **b)**, os demais ficam como exercício.

Sabemos que: $A^k(A^k)^{-1} = (A^k)^{-1}A^k = I$.

Assim, para provar que $(A^k)^{-1} = (A^{-1})^k$, basta provar que:

$$A^k(A^{-1})^k = (A^{-1})^k A = I.$$

Temos:

$$A^k(A^{-1})^k = \underbrace{AA\dots A}_{k \text{ vezes}}\underbrace{A^{-1}A^{-1}\dots A^{-1}}_{k \text{ vezes}} = \underbrace{AA\dots A}_{k-1 \text{ vezes}} I \underbrace{A^{-1}A^{-1}\dots A^{-1}}_{k-1 \text{ vezes}} = \dots = AIA^{-1} = I,$$

desde que a propriedade associativa é válida. Por outro lado,

$$(A^{-1})^k A^k = \underbrace{A^{-1}A^{-1}\dots A^{-1}}_{k \text{ vezes}}\underbrace{AA\dots A}_{k \text{ vezes}} = \underbrace{A^{-1}A^{-1}\dots A^{-1}}_{k-1 \text{ vezes}} I \underbrace{AA\dots A}_{k-1 \text{ vezes}} = \dots = A^{-1}IA = I.$$

Portanto, $(A^k)^{-1} = (A^{-1})^k$.

Exercícios

1.22 *Provar os itens* **a)** *e* **c)** *do Teorema 1.7.*

1.23 *Mostrar que: se uma matriz* A *de ordem* n *é inversível e satisfaz a equação:* $A^3 + 6A^2 - 2A = I$, *então* $A^{-1} = A^2 + 6A - 2I$.

1.24 *Mostrar que: se uma matriz* A *de ordem* n *é inversível e satisfaz a equação:* $5A^4 - 3A^3 - A^2 = \Theta$, *então* $5A^2 - 3A = I$.

1.6 Escalonamento de Matrizes

Para aplicações futuras, deveremos ser capazes da calcular a inversa de uma matriz A. Assim, nosso objetivo agora será dar subsídios para isso.

Definição 1.12 *Uma matriz está na forma* **escalonada por linhas** *se:*

a) *Cada elemento principal, não nulo, de uma linha está à direita do elemento principal, não nulo, da linha precedente.*

b) *Todas as linhas nulas, se existirem, estão na base da matriz (últimas linhas).*

Exemplo 1.15 *Considere as seguintes matrizes:*

$$A = \begin{pmatrix} 1 & 2 & 3 & 4 & 5 & 6 \\ 0 & 1 & 4 & 3 & -2 & 5 \\ 0 & 0 & 0 & 3 & 2 & 3 \\ 0 & 0 & 0 & 0 & 0 & -3 \end{pmatrix}, \; B = \begin{pmatrix} 1 & 2 & 3 & 4 \\ 0 & 2 & 2 & 3 \\ 0 & 0 & 0 & 3 \\ 0 & 0 & 0 & 0 \end{pmatrix}, \; C = \begin{pmatrix} 1 & 2 & 3 & 4 & 5 \\ 0 & 1 & 4 & 3 & -2 \\ 0 & 0 & 0 & 3 & 2 \\ 0 & 0 & 0 & 1 & 3 \end{pmatrix}$$

$$D = \begin{pmatrix} 1 & 2 & 3 & 4 \\ 0 & 2 & 2 & 3 \\ 0 & 0 & 3 & 3 \\ 0 & 0 & 0 & 4 \end{pmatrix}, \; E = \begin{pmatrix} 1 & 2 & 3 & 4 & 5 & 6 \\ 0 & 1 & 4 & 3 & -2 & 5 \\ 0 & 0 & 0 & 0 & 0 & 0 \\ 0 & 0 & 0 & 1 & 3 & 2 \end{pmatrix} \text{ e } F = \begin{pmatrix} 1 & 2 & 3 & 4 & 5 \\ 0 & 1 & 4 & 3 & -2 \\ 0 & 0 & 2 & 3 & 2 \\ 0 & 0 & 0 & 0 & 0 \end{pmatrix}.$$

Dizer quais matrizes estão na forma escalonada por linhas.

Solução: As matrizes A, B, D e F estão na forma escalonada por linhas, pois todas satisfazem as condições da Definição 1.12. De fato:

$$A = \begin{pmatrix} \mathbf{1} & 2 & 3 & 4 & 5 & 6 \\ 0 & \mathbf{1} & 4 & 3 & -2 & 5 \\ 0 & 0 & 0 & \mathbf{3} & 2 & 3 \\ 0 & 0 & 0 & 0 & 0 & \mathbf{-3} \end{pmatrix}, \; B = \begin{pmatrix} \mathbf{1} & 2 & 3 & 4 \\ 0 & \mathbf{2} & 2 & 3 \\ 0 & 0 & 0 & \mathbf{3} \\ 0 & 0 & 0 & 0 \end{pmatrix},$$

$$D = \begin{pmatrix} \mathbf{1} & 2 & 3 & 4 \\ 0 & \mathbf{2} & 2 & 3 \\ 0 & 0 & \mathbf{3} & 3 \\ 0 & 0 & 0 & \mathbf{4} \end{pmatrix} \text{ e } F = \begin{pmatrix} \mathbf{1} & 2 & 3 & 4 & 5 \\ 0 & \mathbf{1} & 4 & 3 & -2 \\ 0 & 0 & \mathbf{2} & 3 & 2 \\ 0 & 0 & 0 & 0 & 0 \end{pmatrix}.$$

As matrizes:

$$C = \begin{pmatrix} \mathbf{1} & 2 & 3 & 4 & 5 \\ 0 & \mathbf{1} & 4 & 3 & -2 \\ 0 & 0 & 0 & \mathbf{3} & 2 \\ 0 & 0 & 0 & \mathbf{1} & 3 \end{pmatrix} \text{ e } E = \begin{pmatrix} \mathbf{1} & 2 & 3 & 4 & 5 & 6 \\ 0 & \mathbf{1} & 4 & 3 & -2 & 5 \\ 0 & 0 & 0 & 0 & 0 & 0 \\ 0 & 0 & 0 & \mathbf{1} & 3 & 2 \end{pmatrix}$$

não estão na forma escalonada por linhas, pois, para a matriz C, o elemento $c_{44} = 1$ não está à direita do elemento $c_{34} = 3$ e, para a matriz E, a linha de zeros não está na última linha da matriz.

Observe que uma matriz A de ordem n está na forma escalonada por linhas se os elementos das colunas, abaixo da diagonal principal, são iguais a zero, isto é, se A é uma matriz triangular superior.

1.6.1 Operações Elementares sobre as Linhas de uma Matriz

As operações elementares sobre as linhas de uma matriz são importantes, não só para o cálculo da matriz inversa, como também serão úteis na resolução de sistemas lineares. As operações elementares são utilizadas para reduzir uma matriz dada na forma escalonada e, neste caso, o procedimento é chamado de **escalonamento**.

Definição 1.13 *São chamadas* **operações elementares** *as seguintes operações sobre as linhas de uma matriz:*

a) *Multiplicar a i-ésima linha por uma constante* $\alpha \neq 0$.

b) *Permutar a i-ésima linha com a j-ésima linha.*

c) *Substituir a i-ésima linha por* α *vezes a j-ésima linha somada com a i-ésima linha, onde* $\alpha \neq 0$.

As mesmas operações são válidas sobre as colunas, mas aqui só utilizaremos as operações sobre as linhas.

Definição 1.14 *Uma matriz de ordem n é chamada* **matriz elementar** *se ela pode ser obtida da matriz identidade de ordem n, através de uma única operação elementar sobre as linhas de I.*

Exemplo 1.16 *Considere as seguintes matrizes:*

$$A = \begin{pmatrix} 5 & 0 \\ 0 & 1 \end{pmatrix}, \; B = \begin{pmatrix} 1 & 0 & 0 \\ 0 & 0 & 1 \\ 0 & 1 & 0 \end{pmatrix}, \; C = \begin{pmatrix} 1 & 5 & 0 \\ 0 & 1 & 0 \\ 0 & 0 & 1 \end{pmatrix} \; e \; D = \begin{pmatrix} 1 & 3 & 0 \\ 0 & 0 & 1 \\ 0 & 1 & 0 \end{pmatrix}.$$

Dizer quais matrizes são elementares.

Solução: As matrizes A, B e C são elementares, pois a matriz A é obtida da matriz identidade multiplicando-se a 1ª linha de I por 5.

A matriz B é obtida da matriz identidade permutando-se a 2ª com a 3ª linha e, finalmente, a matriz C é obtida da matriz identidade, substituindo-se L_1 por $L_1 + 5L_2$, onde L_i indica a linha i da matriz I.

A matriz D não é elementar, pois foram efetuadas duas operações elementares sobre as linhas de I: permutou-se a 2ª com a 3ª linha e substituiu-se L_1 por $L_1 + 3L_2$.

Definição 1.15 *Se uma matriz B pode ser obtida de uma matriz A através de um número finito de operações elementares sobre as linhas de A, dizemos que A é* **equivalente** *a B — em símbolo,* $A \sim B$ *—, ou que A e B são* **ℓ-equivalentes.**

Definição 1.16 *Seja B a matriz obtida de A após o escalonamento. O* **posto** *de A — em símbolo,* $p(A)$ *—, é o número de linhas não nulas da matriz B.*

Observações:

1) Se uma matriz A é pré-multiplicada por uma matriz elementar, então o resultado desta operação é equivalente ao de executar uma operação elementar sobre as linhas de A. (Ver Exemplo 1.17.)

2) Se várias operações elementares são efetuadas em uma matriz A e se a cada operação realizada associarmos uma matriz elementar E_k, então o resultado das operações elementares é equivalente a pré-multiplicarmos a matriz A por uma sequência de matrizes elementares. (Ver Exemplo 1.18.)

3) Se uma operação elementar sobre as linhas da matriz identidade I é realizada para produzir uma matriz elementar E, então existe uma operação, chamada **operação elementar inversa**, que aplicada em E produz a matriz identidade I. Por exemplo, se em I de ordem n:

a) multiplicamos a 2ª linha por α para obter E, então basta multiplicar E por $\frac{1}{\alpha}$ para obter I,

b) trocamos a 2ª com a 3ª linha para obter E, então basta trocar a 2ª com a 3ª linha de E para obter I,

c) substituímos a 2ª linha por α vezes a 1ª linha somada com a 2ª linha para obter E, então basta substituir a 2ª linha por $-\alpha$ vezes a 1ª linha somada com a 2ª linha de E para obter I.

4) Toda matriz elementar é inversível e sua inversa é também uma matriz elementar.

Daremos a seguir alguns exemplos.

Exemplo 1.17 *Considere a matriz:*

$$A = \begin{pmatrix} 1 & 2 & 3 \\ 4 & 5 & 6 \\ 7 & 8 & 9 \end{pmatrix}$$

e sejam:

$$E_1 = \begin{pmatrix} 1 & 0 & 0 \\ 0 & 1 & 0 \\ -7 & 0 & 1 \end{pmatrix}, \quad E_2 = \begin{pmatrix} 1 & 0 & 0 \\ 0 & 0 & 1 \\ 0 & 1 & 0 \end{pmatrix} \quad e \quad E_3 = \begin{pmatrix} 1 & 0 & 0 \\ 0 & 2 & 0 \\ 0 & 0 & 1 \end{pmatrix}$$

três matrizes elementares.

a) *Calcule E_1A e verifique que este produto é equivalente à operação elementar: substituir na matriz A a 3ª linha por -7 vezes a 1ª linha somada com a 3ª linha.*

b) *Calcule E_2A e verifique que este produto é equivalente à operação elementar: permutar na matriz A a 2ª linha com a 3ª linha.*

c) *Calcule E_3A e verifique que este produto é equivalente à operação elementar: multiplicar a 2ª linha de A por 2.*

Solução: Fazendo os cálculos, obtemos:

$$E_1A = \begin{pmatrix} 1 & 2 & 3 \\ 4 & 5 & 6 \\ 0 & -6 & -12 \end{pmatrix}, \quad E_2A = \begin{pmatrix} 1 & 2 & 3 \\ 7 & 8 & 9 \\ 4 & 5 & 6 \end{pmatrix} \text{ e } E_3A = \begin{pmatrix} 1 & 2 & 3 \\ 8 & 10 & 12 \\ 4 & 5 & 6 \end{pmatrix}.$$

Por outro lado, usando as operações elementares descritas no enunciado, segue que:

$$A \sim \begin{pmatrix} 1 & 2 & 3 \\ 4 & 5 & 6 \\ 0 & -6 & -12 \end{pmatrix} \leftarrow -7L_1 + L_3 \quad , A \sim \begin{pmatrix} 1 & 2 & 3 \\ 7 & 8 & 9 \\ 4 & 5 & 6 \end{pmatrix} \begin{matrix} \\ \leftarrow L_3 \\ \leftarrow L_2 \end{matrix}$$

$$\text{e } A \sim \begin{pmatrix} 1 & 2 & 3 \\ 8 & 10 & 12 \\ 4 & 5 & 6 \end{pmatrix} \leftarrow 2L_2,$$

onde colocamos ao lado da linha que foi substituída a operação que foi realizada.

Observe que as matrizes obtidas do produto de uma matriz elementar por uma matriz são idênticas às matrizes que se obtém usando operações elementares.

Exemplo 1.18 *Considere as matrizes do Exemplo 1.17. Efetue na matriz A as 3 operações do Exemplo 1.17 dadas nos itens* **a)**, **b)** *e* **c)**, *nesta ordem, e compare com o resultado $E_3E_2E_1A$.*

Solução: Fazendo os cálculos, obtemos:

$$A \sim \begin{pmatrix} 1 & 2 & 3 \\ 4 & 5 & 6 \\ 0 & -6 & -12 \end{pmatrix} \leftarrow -7L_1 + L_3 \quad \sim \begin{pmatrix} 1 & 2 & 3 \\ 0 & -6 & -12 \\ 4 & 5 & 6 \end{pmatrix} \begin{matrix} \\ \leftarrow L_3 \\ \leftarrow L_2 \end{matrix}$$

$$\sim \begin{pmatrix} 1 & 2 & 3 \\ 0 & -12 & -24 \\ 4 & 5 & 6 \end{pmatrix} \leftarrow 2L_2 \ .$$

Por outro lado, obtemos: $E_3E_2E_1A = \begin{pmatrix} 1 & 0 & 0 \\ -14 & 0 & 2 \\ 0 & 1 & 0 \end{pmatrix} A = \begin{pmatrix} 1 & 2 & 3 \\ 0 & -12 & -24 \\ 4 & 5 & 6 \end{pmatrix}.$

Podemos dizer que o produto de uma matriz elementar (ou de matrizes elementares) por uma matriz está mais nos conceitos que são introduzidos em seu estudo do que em sua eficiência de cálculo, isto é, matrizes elementares são mais utilizadas quando estudamos os aspectos teóricos do que os práticos.

Faremos agora alguns exemplos usando as operações elementares, com o objetivo de escrever matrizes dadas na forma escalonada.

Exemplo 1.19 *Escalonar as seguintes matrizes:*

$$A = \begin{pmatrix} 3 & 1 & 2 \\ 4 & -1 & 3 \\ 5 & 2 & 1 \end{pmatrix}, \ B = \begin{pmatrix} -4 & 3 & 2 \\ 5 & -4 & 0 \\ 2 & -1 & -6 \end{pmatrix} \ e \ C = \begin{pmatrix} 3 & 6 & 1 \\ 2 & 4 & 3 \\ -1 & 0 & 5 \end{pmatrix},$$

usando operações elementares sobre as linhas e dar o posto de cada uma delas.

Solução: Vamos resolver este exemplo usando, para cada matriz, três maneiras distintas de fazer o escalonamento, deixando para o leitor escolher o modo de sua preferência. Assim, para a matriz A, temos:

1º modo:

$$A=\begin{pmatrix}3 & 1 & 2\\ 4 & -1 & 3\\ 5 & 2 & 1\end{pmatrix} \sim \begin{pmatrix}1 & 1/3 & 2/3\\ 4 & -1 & 3\\ 5 & 2 & 1\end{pmatrix} \begin{matrix}\leftarrow \frac{1}{3}L_1\\ \\ \\ \end{matrix}$$

$$\sim \begin{pmatrix}1 & 1/3 & 2/3\\ 0 & -7/3 & 1/3\\ 0 & 1/3 & -7/3\end{pmatrix} \begin{matrix} \\ \leftarrow -4L_1+L_2\\ \leftarrow -5L_1+L_3\end{matrix} \sim \begin{pmatrix}1 & 1/3 & 2/3\\ 0 & 1 & -1/7\\ 0 & 1/3 & -7/3\end{pmatrix} \begin{matrix} \\ \leftarrow -\frac{3}{7}L_2\\ \\ \end{matrix}$$

$$\sim \begin{pmatrix}1 & 1/3 & 2/3\\ 0 & 1 & -1/7\\ 0 & 0 & -48/21\end{pmatrix} \begin{matrix} \\ \\ \leftarrow -\frac{1}{3}L_2+L_3\end{matrix} \sim A'$$

e, portanto, $p(A) = 3$.

2º modo:

$$A=\begin{pmatrix}3 & 1 & 2\\ 4 & -1 & 3\\ 5 & 2 & 1\end{pmatrix} \sim \begin{pmatrix}3 & 1 & 2\\ 0 & -7/3 & 1/3\\ 0 & 1/3 & -7/3\end{pmatrix} \begin{matrix} \\ \leftarrow -\frac{4}{3}L_1+L_2\\ \leftarrow -\frac{5}{3}L_1+L_3\end{matrix}$$

$$\sim \begin{pmatrix}3 & 1 & 2\\ 0 & -7/3 & 1/3\\ 0 & 0 & -48/21\end{pmatrix} \begin{matrix} \\ \\ \leftarrow \frac{1}{7}L_2+L_3\end{matrix} \sim A'$$

e, portanto, $p(A) = 3$.

3º modo:

$$A=\begin{pmatrix}3 & 1 & 2\\ 4 & -1 & 3\\ 5 & 2 & 1\end{pmatrix} \sim \begin{pmatrix}3 & 1 & 2\\ 0 & -7 & 1\\ 0 & 1 & -7\end{pmatrix} \begin{matrix} \\ \leftarrow -4L_1+3L_2\\ \leftarrow -5L_1+3L_3\end{matrix}$$

$$\sim \begin{pmatrix}3 & 1 & 2\\ 0 & -7 & 1\\ 0 & 0 & -48\end{pmatrix} \begin{matrix} \\ \\ \leftarrow L_2+7L_3\end{matrix} \sim A'$$

e, portanto, $p(A) = 3$.

Para a matriz B, temos:

1º modo:

$$B=\begin{pmatrix}-4 & 3 & 2\\ 5 & -4 & 0\\ 2 & -1 & -6\end{pmatrix} \sim \begin{pmatrix}1 & -3/4 & -1/2\\ 5 & -4 & 0\\ 2 & -1 & -6\end{pmatrix} \begin{matrix}\leftarrow -\frac{1}{4}L_1\\ \\ \\ \end{matrix}$$

$$\sim \begin{pmatrix}1 & -3/4 & -1/2\\ 0 & -1/4 & 5/2\\ 0 & 1/2 & -5\end{pmatrix} \begin{matrix} \\ \leftarrow -5L_1+L_2\\ \leftarrow -2L_1+L_3\end{matrix} \sim \begin{pmatrix}1 & -3/4 & -1/2\\ 0 & 1 & -10\\ 0 & 1/2 & 5\end{pmatrix} \begin{matrix} \\ \leftarrow -4L_2\\ \\ \end{matrix}$$

$$\sim \begin{pmatrix} 1 & -3/4 & -1/2 \\ 0 & 1 & -10 \\ 0 & 0 & 0 \end{pmatrix} \begin{matrix} \\ \\ \leftarrow -\frac{1}{2}L_2 + L_3 \end{matrix} \sim B'$$

e, portanto, $p(B) = 2$.

2º modo:

$$B = \begin{pmatrix} -4 & 3 & 2 \\ 5 & -4 & 0 \\ 2 & -1 & -6 \end{pmatrix} \sim \begin{pmatrix} -4 & 3 & 2 \\ 0 & -1/4 & 5/2 \\ 0 & 1/2 & -5 \end{pmatrix} \begin{matrix} \\ \leftarrow \frac{5}{4}L_1 + L_2 \\ \leftarrow \frac{1}{2}L_1 + L_3 \end{matrix}$$

$$\sim \begin{pmatrix} -4 & 3 & 2 \\ 0 & -1/4 & 5/2 \\ 0 & 0 & 0 \end{pmatrix} \begin{matrix} \\ \\ \leftarrow 2L_2 + L_3 \end{matrix} \sim B'$$

e, portanto, $p(B) = 2$.

3º modo:

$$B = \begin{pmatrix} -4 & 3 & 2 \\ 5 & -4 & 0 \\ 2 & -1 & -6 \end{pmatrix} \sim \begin{pmatrix} -4 & 3 & 2 \\ 0 & -1 & 10 \\ 0 & 2 & -20 \end{pmatrix} \begin{matrix} \\ \leftarrow 5L_1 + 4L_2 \\ \leftarrow 2L_1 + 4L_3 \end{matrix}$$

$$\sim \begin{pmatrix} -4 & 3 & 2 \\ 0 & -1 & 10 \\ 0 & 0 & 0 \end{pmatrix} \begin{matrix} \\ \\ \leftarrow 2L_2 + L_3 \end{matrix} \sim B'$$

e, portanto, $p(B) = 2$.

Para a matriz C, temos:

1º modo:

$$C = \begin{pmatrix} 3 & 6 & 1 \\ 2 & 4 & 3 \\ -1 & 0 & 5 \end{pmatrix} \sim \begin{pmatrix} 1 & 2 & 1/3 \\ 2 & 4 & 3 \\ -1 & 0 & 5 \end{pmatrix} \begin{matrix} \leftarrow \frac{1}{3}L_1 \\ \\ \\ \end{matrix}$$

$$\sim \begin{pmatrix} 1 & 2 & 1/3 \\ 0 & 0 & 7/3 \\ 0 & 2 & 16/3 \end{pmatrix} \begin{matrix} \\ \leftarrow -2L_1 + L_2 \\ \leftarrow L_1 + L_3 \end{matrix} \sim \begin{pmatrix} 1 & 2 & 1/3 \\ 0 & 2 & 16/3 \\ 0 & 0 & 7/3 \end{pmatrix} \begin{matrix} \\ \leftarrow L_3 \\ \leftarrow L_2 \end{matrix} \sim C'$$

e, portanto, $p(C) = 3$.

2º modo:

$$C = \begin{pmatrix} 3 & 6 & 1 \\ 2 & 4 & 3 \\ -1 & 0 & 5 \end{pmatrix} \sim \begin{pmatrix} 3 & 6 & 1 \\ 0 & 0 & 7/3 \\ 0 & 2 & 16/3 \end{pmatrix} \begin{matrix} \\ \leftarrow -\frac{2}{3}L_1 + L_2 \\ \leftarrow \frac{1}{3}L_1 + L_3 \end{matrix}$$

$$\sim \begin{pmatrix} 3 & 6 & 1 \\ 0 & 2 & 16/3 \\ 0 & 0 & 7/3 \end{pmatrix} \begin{matrix} \\ \leftarrow L_3 \\ \leftarrow L_2 \end{matrix} \sim C'$$

e, portanto, $p(C) = 3$.

3º **modo**:

$$C = \begin{pmatrix} 3 & 6 & 1 \\ 2 & 4 & 3 \\ -1 & 0 & 5 \end{pmatrix} \sim \begin{pmatrix} 3 & 6 & 1 \\ 0 & 0 & 7 \\ 0 & 6 & 16 \end{pmatrix} \begin{matrix} \\ \leftarrow -2L_1 + 3L_2 \\ \leftarrow L_1 + 3L_3 \end{matrix}$$

$$\sim \begin{pmatrix} 3 & 6 & 1 \\ 0 & 2 & 16 \\ 0 & 0 & 7 \end{pmatrix} \begin{matrix} \\ \leftarrow L_3 \\ \leftarrow L_2 \end{matrix} \sim C'$$

e, portanto, $p(C) = 3$.

Observações:

1) Como pode ser observado no Exemplo 1.19, ao fazer o escalonamento em uma matriz para zerar os elementos da i-ésima coluna, multiplicamos a linha i, no decorrer do processo, por $\frac{1}{a_{ii}}$ no 1º **modo** e, a seguir, substituímos cada linha $j, j = i+1, i+2, \ldots, n$ por $\alpha_i L_i + L_j$, onde $\alpha_i = -a_{ij}$; no 2º **modo**, para zerar os elementos da i-ésima coluna, substituímos cada linha $j, j = i+1, i+2, \ldots, n$ por $\alpha_i L_i + L_j$, onde $\alpha_i = -\frac{a_{ij}}{a_{ii}}$ e, no 3º **modo**, para zerar os elementos da i-ésima coluna, substituímos cada linha $j, j = i+1, i+2, \ldots, n$ por $-a_{ii}L_j + a_{ij}L_i$.

2) Nos dois primeiros modos, as operações para zerar uma **coluna**, abaixo da diagonal principal, são realizadas multiplicando-se a **linha** correspondente por uma constante e somando-se com a linha que o elemento a ser zerado pertence, isto é, para zerar os elementos da 1ª coluna, abaixo da diagonal principal, multiplicamos por uma constante os elementos da 1ª linha e somamos com os elementos da linha que o elemento a ser zerado pertence; para zerar os elementos da 2ª coluna, abaixo da diagonal principal, multiplicamos por uma constante os elementos da 2ª linha e somamos com os elementos da linha que o elemento a ser zerado pertence, e assim sucessivamente. No 3º **modo**, para zerar os elementos da 1ª coluna, abaixo da diagonal principal, multiplicamos a linha $j, j = 2, \ldots, n$ por $-a_{11}$ e a 1ª linha por a_{1j} e substituímos a linha j pela soma da 1ª linha com a linha j; para zerar os elementos da 2ª coluna, abaixo da diagonal principal, multiplicamos a linha $j, j = 3, \ldots, n$ por $-a_{22}$ e a 2ª linha por a_{2j} e substituímos a linha j pela soma da 2ª linha com a linha j, e assim sucessivamente.

3) Nos dois primeiros modos, as constantes que multiplicam as linhas para zerar um elemento são obtidas dividindo-se o elemento que se deseja zerar pelo elemento que se encontra na diagonal principal da coluna e trocando-se o sinal do resultado, isto é, se desejamos zerar o elemento a_{ij}, então substituímos: $L_i \leftarrow \alpha_i L_j + L_i$, onde $\alpha_i = -\frac{a_{ij}}{a_{ii}}$.

4) No decorrer do escalonamento de uma matriz, podemos utilizar os três modos em conjunto, isto é, podemos zerar os elementos da 1ª coluna usando o 3º **modo**, a 2ª coluna usando 1º **modo**, e assim sucessivamente.

5) O escalonamento não é único. (Compare as matrizes obtidas no Exemplo 1.19, utilizando o três modos.)

6) O escalonamento pode ser aplicado em matrizes retangulares, como mostrado no exemplo a seguir.

Exemplo 1.20 *Escalonar as seguintes matrizes:*

$$A = \begin{pmatrix} 1 & 3 & 2 & 3 & -7 \\ 2 & 6 & 1 & -2 & 5 \\ 1 & 3 & -1 & 0 & 2 \end{pmatrix}, \; B = \begin{pmatrix} 1 & 2 & 1 & 1 \\ 1 & 3 & -1 & 2 \end{pmatrix} \; e \; C = \begin{pmatrix} 1 & -1 & 2 & -1 \\ 2 & 3 & 3 & 1 \\ 3 & 2 & 5 & 0 \end{pmatrix},$$

usando operações elementares sobre as linhas, e dar o posto de cada uma delas.

Solução: Para a matriz A, temos:

$$A = \begin{pmatrix} 1 & 3 & 2 & 3 & -7 \\ 2 & 6 & 1 & -2 & 5 \\ 1 & 3 & -1 & 0 & 2 \end{pmatrix} \sim \begin{pmatrix} 1 & 3 & 2 & 3 & -7 \\ 0 & 0 & -3 & -8 & 19 \\ 0 & 0 & -3 & -3 & 9 \end{pmatrix} \begin{matrix} \\ \leftarrow -2L_1 + L_2 \\ \leftarrow -L_1 + L_3 \end{matrix}$$

Observe que, neste caso, ainda é possível continuar o escalonamento, isto é:

$$\sim \begin{pmatrix} 1 & 3 & 2 & 3 & -7 \\ 0 & 0 & -3 & -8 & 19 \\ 0 & 0 & 0 & 5 & -10 \end{pmatrix} \begin{matrix} \\ \\ \leftarrow -L_2 + L_3 \end{matrix} \sim A'$$

e, portanto, $p(A) = 3$.

Para a matriz B, temos:

$$B = \begin{pmatrix} 1 & 2 & 1 & 1 \\ 1 & 3 & -1 & 2 \end{pmatrix} \sim \begin{pmatrix} 1 & 2 & 1 & 1 \\ 0 & 1 & -2 & 1 \end{pmatrix} \begin{matrix} \\ \leftarrow -L_1 + L_2 \end{matrix} \sim B'$$

e, portanto, $p(B) = 2$.

Para a matriz C, temos:

$$C = \begin{pmatrix} 1 & -1 & 2 & -1 \\ 2 & 3 & 3 & 1 \\ 3 & 2 & 5 & 0 \end{pmatrix} \sim \begin{pmatrix} 1 & -1 & 2 & -1 \\ 0 & 5 & -1 & 3 \\ 0 & 5 & -1 & 3 \end{pmatrix} \begin{matrix} \\ \leftarrow -2L_1 + L_2 \\ \leftarrow -3L_1 + L_3 \end{matrix}$$

$$\sim \begin{pmatrix} 1 & -1 & 2 & -1 \\ 0 & 5 & -1 & 3 \\ 0 & 0 & 0 & 0 \end{pmatrix} \begin{matrix} \\ \\ \leftarrow -L_2 + L_3 \end{matrix} \sim C'$$

e, portanto, $p(C) = 2$.

Exercícios

1.25 *Considere as seguintes matrizes:*

$$A = \begin{pmatrix} 1 & 0 & 0 \\ 1/3 & 1 & 0 \\ 0 & 0 & 1 \end{pmatrix}, \; B = \begin{pmatrix} 1 & 0 & 0 \\ 0 & 1 & 0 \\ 1/3 & 0 & 1 \end{pmatrix} \; e \; C = \begin{pmatrix} 1 & 0 & 0 \\ 0 & 1 & 0 \\ 0 & 1/3 & 1 \end{pmatrix}.$$

Dizer quais matrizes são elementares.

1.26 *Escalonar as seguintes matrizes:*

$$A = \begin{pmatrix} 1 & 3 & 0 \\ 2 & 0 & 1 \\ 0 & 1 & -1 \end{pmatrix}, \quad B = \begin{pmatrix} 1 & 5 & 3 \\ -2 & 6 & 2 \\ 3 & -1 & 1 \end{pmatrix} \quad e \quad C = \begin{pmatrix} 1 & 3 & 0 \\ 2 & 6 & 1 \\ 3 & 1 & 4 \end{pmatrix},$$

usando operações elementares sobre as linhas, e dar o posto de cada uma delas.

1.27 *Escalonar as seguintes matrizes:*

$$A = \begin{pmatrix} 3 & 2 & 3 & 14 \\ 6 & 1 & -2 & -2 \\ 3 & -1 & 0 & -1 \end{pmatrix}, \quad B = \begin{pmatrix} 1 & -2 & 0 & -5 \\ 3 & 1 & 2 & -3 \\ -5 & -4 & -4 & 1 \end{pmatrix} \quad e \quad C = \begin{pmatrix} 1 & -3 \\ 5 & 6 \\ 7 & 0 \end{pmatrix},$$

usando operações elementares sobre as linhas, e dar o posto de cada uma delas.

1.7 Determinante

O cálculo do determinante de uma matriz é de extrema importância para saber se a matriz inversa, de uma matriz dada, existe. Assim, vamos rever alguns conceitos sobre determinantes.

Definição 1.17 *O* **determinante** *de uma matriz é uma função definida no conjunto de todas as matrizes de ordem n, assumindo valores reais.*

Observe que o determinante de uma matriz só está definido se a matriz for quadrada.

Definiremos o valor da função determinante do seguinte modo:

Se $n = 1$, isto é, se A possui apenas um elemento, então o determinante de A, denotado por $det(A)$ ou $|A|$, é dado por:

$$det(A) = a_{11} \in I\!R.$$

Se $A = (a_{ij})$ é uma matriz de ordem 2, então:

$$det(A) = \begin{vmatrix} a_{11} & a_{12} \\ a_{21} & a_{22} \end{vmatrix} = a_{11}a_{22} - a_{12}a_{21} \in I\!R.$$

Se $A = (a_{ij})$ é uma matriz de ordem 3, isto é, se

$$A = \begin{pmatrix} a_{11} & a_{12} & a_{13} \\ a_{21} & a_{22} & a_{23} \\ a_{21} & a_{22} & a_{33} \end{pmatrix},$$

então, para calcular o determinante de A, repetimos as duas primeiras colunas e procedemos da seguinte maneira:

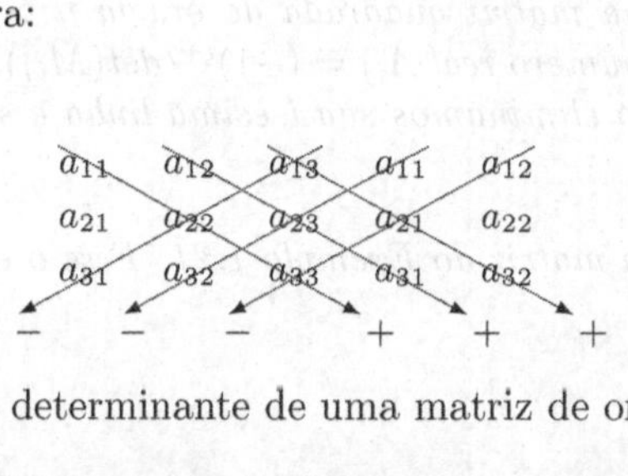

Portanto, o cálculo do determinante de uma matriz de ordem 3 é dado por:

$$\begin{aligned} det(A) &= a_{11}a_{22}a_{33} + a_{12}a_{23}a_{31} + a_{13}a_{21}a_{32} \\ &- a_{13}a_{22}a_{31} - a_{11}a_{23}a_{32} - a_{12}a_{21}a_{33} \in I\!R. \end{aligned} \tag{1.13}$$

O cálculo do determinante usando (1.13) é chamado **regra de Sarrus**.

Com um pouco de prática, é possível calcular o determinante de uma matriz de ordem 3 sem recorrer à repetição das duas primeiras colunas. No diagrama a seguir, o leitor poderá ver como fazer isto.

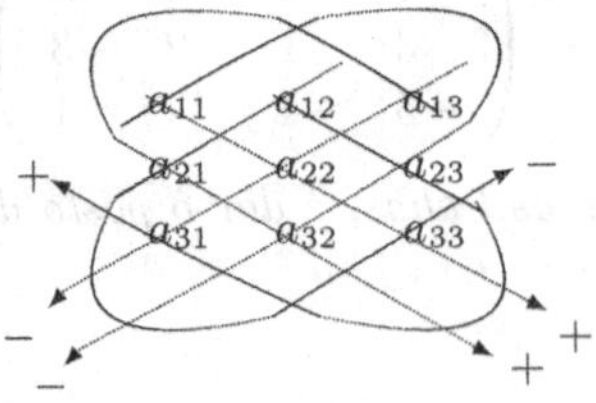

Exemplo 1.21 *Usando a regra de Sarrus, calcular o determinante da matriz A, onde:*

$$A = \begin{pmatrix} 1 & 2 & 3 \\ 2 & -2 & 2 \\ -2 & 2 & 3 \end{pmatrix}.$$

Solução: Formamos a tabela:

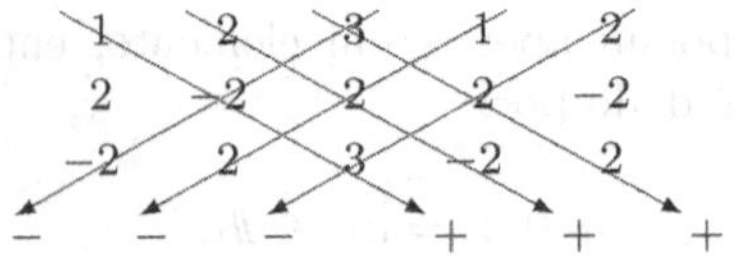

Assim,

$$\begin{aligned} det(A) &= 1(-2)(3) + 2(2)(-2) + 3(2)(2) - 3(-2)(-2) - 1(2)(2) - 2(2)(3) \\ &= -6 - 8 + 12 - 12 - 4 - 12 \\ &= -30. \end{aligned}$$

Quando A é uma matriz de ordem $n > 3$, o cálculo do determinante deve ser realizado utilizando outra técnica. Para desenvolver esta outra técnica, precisamos da noção de cofator de um elemento.

Definição 1.18 *Se A é uma matriz quadrada de ordem $n > 1$, definimos* **cofator** *do elemento a_{ij} como sendo o número real $A_{ij} = (-1)^{i+j} det(M_{ij})$, onde M_{ij} é a matriz que obtemos da matriz A quando eliminamos sua i-ésima linha e sua j-ésima coluna.*

Exemplo 1.22 *Considere a matriz do Exemplo 1.21. Fixe o elemento $a_{23} = 2$ e calcule o cofator deste elemento.*

Solução: Para a matriz do Exemplo 1.21, a matriz M_{23} é dada por:

$$M_{23} = \begin{pmatrix} 1 & 2 \\ -2 & 2 \end{pmatrix} \Rightarrow det(M_{23}) = 6.$$

Assim, o cofator do elemento a_{23} é:

$$A_{23} = (-1)^{2+3} det(M_{23}) = -6.$$

Observe que, da expressão (1.13), podemos escrever:

$$\begin{aligned} det(A) &= a_{11}a_{22}a_{33} - a_{11}a_{23}a_{32} - a_{12}a_{21}a_{33} + a_{12}a_{23}a_{31} + a_{13}a_{21}a_{32} - a_{13}a_{22}a_{31} \\ &= a_{11}(a_{22}a_{33} - a_{23}a_{32}) - a_{12}(a_{21}a_{33} - a_{23}a_{31}) + a_{13}(a_{21}a_{32} - a_{22}a_{31}) \\ &= a_{11}\begin{vmatrix} a_{22} & a_{23} \\ a_{32} & a_{33} \end{vmatrix} - a_{12}\begin{vmatrix} a_{21} & a_{23} \\ a_{31} & a_{33} \end{vmatrix} + a_{13}\begin{vmatrix} a_{21} & a_{22} \\ a_{31} & a_{32} \end{vmatrix}. \end{aligned}$$

Portanto:

$$\begin{aligned} det(A) &= a_{11}det(M_{11}) - a_{12}det(M_{12}) + a_{13}det(M_{13}) \\ &= (-1)^{1+1}a_{11}det(M_{11}) + (-1)^{1+2}a_{12}det(M_{12}) + (-1)^{1+3}a_{13}det(M_{13}) \\ &= a_{11}A_{11} + a_{12}A_{12} + a_{13}A_{13}. \qquad (1.14) \end{aligned}$$

A expressão (1.14) continua válida se A é uma matriz de ordem n, como mostra o próximo teorema.

Teorema 1.8 *O determinante de uma matriz A de ordem n é igual à soma dos produtos dos elementos de uma linha pelos seus respectivos cofatores, isto é, fixando-se a i-ésima linha de A, obtemos:*

$$det(A) = a_{i1}A_{i1} + a_{i2}A_{i2} + \ldots + a_{in}A_{in} = \sum_{j=1}^{n} a_{ij}A_{ij}. \qquad (1.15)$$

O Teorema 1.8 é chamado de **desenvolvimento de Laplace.**

O desenvolvimento de Laplace continua válido se, ao invés de fixarmos a i-ésima linha, fixarmos a j-ésima coluna. Neste caso,

$$det(A) = a_{1j}A_{1j} + a_{2j}A_{2j} + \ldots + a_{nj}A_{nj} = \sum_{i=1}^{n} a_{ij}A_{ij}. \qquad (1.16)$$

Exemplo 1.23 *Considere a matriz do Exemplo 1.21. Usando o desenvolvimento de Laplace, calcule o determinante de A, segundo os elementos da 1ª linha.*

Solução: Os elementos da 1ª linha de A são $a_{11} = 1, a_{12} = 2$ e $a_{13} = 3$. Além disso,

$$M_{11} = \begin{pmatrix} -2 & 2 \\ 2 & 3 \end{pmatrix}, \; M_{12} = \begin{pmatrix} 2 & 2 \\ -2 & 3 \end{pmatrix} \text{ e } M_{13} = \begin{pmatrix} 2 & -2 \\ -2 & 2 \end{pmatrix}.$$

Portanto:

$$\begin{aligned} A_{11} &= (-1)^{1+1}det(M_{11}) \Rightarrow A_{11} = (-1)^2(-6-4) \Rightarrow A_{11} = -10, \\ A_{12} &= (-1)^{1+2}det(M_{12}) \Rightarrow A_{12} = (-1)^3(6+4) \Rightarrow A_{12} = 10, \\ A_{13} &= (-1)^{1+3}det(M_{13}) \Rightarrow A_{13} = (-1)^4(4-4) \Rightarrow A_{13} = 0. \end{aligned}$$

Logo:

$$det(A) = a_{11}A_{11}+a_{12}A_{12}+a_{13}A_{13} \Rightarrow det(A) = 1(-10)+2(-10)+3(0) \Rightarrow det(A) = -30.$$

Definição 1.19 *Seja A uma matriz de ordem n. Dizemos que A é* **não singular** *se $det(A) \neq 0$ e* **singular** *se $det(A) = 0$.*

Definição 1.20 *Uma matriz real simétrica A, $n \times n$, é* **positiva definida** *se, para todos os menores principais A_k, constituídos das k primeiras linhas e k primeiras colunas de A, vale:*

$$det(A_k) > 0 \quad , \quad k = 1, 2, \ldots, n.$$

Definição 1.21 *Uma matriz B é* **similar** *(ou* **semelhante***) a uma matriz A, se $\exists$ uma matriz C não singular, tal que:*

$$B = C^{-1}AC,$$

e dizemos que B foi obtida de A por **transformação de semelhança** *(ou* **transformação de similaridade***).*

1.7.1 Propriedades do Determinante

Como nas propriedades de operações com matrizes, na prática, as propriedades do determinante são mais importantes do que a prova de sua veracidade. Entretanto, provaremos algumas das propriedades para que o leitor interessado saiba como desenvolver tais demonstrações. Para provar algumas das propriedades, usaremos as linhas da matriz, visto que para as colunas a prova é análoga. Para as propriedades que não forem provadas, verificaremos sua veracidade através de exemplo.

Suponha que as matrizes envolvidas sejam matrizes quadradas de ordem n. Então são válidas as seguintes propriedades:

Propriedade 1.1 *Se A tem uma linha (ou uma coluna) de zeros, então $det(A) = 0$.*

Prova: Suponha que a i-ésima linha de A é constituída de zeros. Então, a expansão do determinante através da i-ésima linha, usando a equação (1.15), é:

$$det(A) = a_{i1}A_{i1} + a_{i2}A_{i2} + \ldots + a_{in}A_{in}.$$

Agora como a i-ésima linha de A satisfaz $a_{ij} = 0, j = 1, 2, \ldots, n$, obtemos:

$$det(A) = 0(A_{i1}) + 0(A_{i2}) + \ldots + 0(A_{in}) \rightarrow det(A) = 0.$$

Propriedade 1.2 *Permutando-se duas linhas (ou duas colunas) de A, obtém-se uma matriz B, e $det(B) = -det(A)$.*

Exemplo 1.24 *Seja A a matriz do Exemplo 1.21. Calcule $det(B)$ e $det(C)$, onde B é a matriz que se obtém de A permutando-se a 1ª com a 3ª linha, e C é a matriz que se obtém de A permutando-se a 2ª com a 3ª coluna.*

Solução: Temos que a matriz B é dada por:

$$B = \begin{pmatrix} -2 & 2 & 3 \\ 2 & -2 & 2 \\ 1 & 2 & 3 \end{pmatrix}.$$

Então, $det(B) = 12 + 4 + 12 + 6 - 12 + 8 \rightarrow det(B) = 30.$

A matriz C é:

$$C = \begin{pmatrix} 1 & 3 & 2 \\ 2 & 2 & -2 \\ -2 & 3 & 2 \end{pmatrix}.$$

Então, $det(C) = 4 + 12 + 12 + 8 - 12 + 6 \rightarrow det(C) = 30.$

Compare os resultados com o Exemplo 1.21.

Propriedade 1.3 *Se A tem duas linhas (ou duas colunas) iguais, então $det(A) = 0$.*

Prova: Considere uma matriz A que possua duas linhas iguais. Permutando-se estas duas linhas de posição, obtemos uma matriz B e pela Propriedade 1.2, $det(B) = -det(A)$. Porém, como estas duas linhas são iguais, $det(B) = det(A)$. Então:

$$\left.\begin{array}{rcl} det(B) & = & -det(A) \\ det(B) & = & det(A) \end{array}\right\} \Rightarrow det(A) = -det(A) \Rightarrow det(A) = 0.$$

Propriedade 1.4 *Multiplicando-se uma linha (ou uma coluna) de A por uma constante $\alpha \neq 0$, obtém-se uma matriz B, e $det(B) = \alpha\ det(A)$.*

Prova: Suponha que multiplicamos a i-ésima linha de A por α. Então, obtemos uma matriz B, cujos cofatores da i-ésima linha de B são os próprios cofatores da i-ésima linha de A. Assim, usando a equação (1.15), obtemos:

$$\begin{array}{rcl} det(B) & = & (\alpha a_{i1})A_{i1} + (\alpha a_{i2})A_{i2} + \ldots + (\alpha a_{in})A_{in} \\ & = & \alpha(a_{i1}A_{i1} + a_{i2}A_{i2} + \ldots + a_{in}A_{in}) = \alpha det(A). \end{array}$$

Propriedade 1.5 *Se A tem duas linhas (ou duas colunas) proporcionais, então: $det(A) = 0$.*

Prova: A prova desta propriedade decorre da Propriedade 1.3. De fato, se A possui duas linhas proporcionais, significa que uma delas é igual à outra previamente multiplicada por uma constante α. Colocando-se α em evidência, estas duas linhas tornam-se iguais e, portanto, seu determinante é zero.

Propriedade 1.6 *Se A é uma matriz triangular inferior (ou superior), então o determinante de A é igual ao produto dos elementos da diagonal principal.*

Prova: Seja A uma matriz triangular inferior de ordem n. A expansão do determinante de A, através da 1ª linha, usando (1.15) com $i = 1$, é:

$$det(A) = a_{11}A_{11} + 0A_{12} + \ldots + 0A_{1n} \Rightarrow det(A) = a_{11}A_{11}, \qquad (1.17)$$

onde A_{11} é uma matriz de ordem $n - 1$ obtida eliminando-se a 1ª linha e a 1ª coluna de A. Agora, a expansão do determinante de A_{11} através de sua 1ª linha (que é a 2ª linha da matriz A), usando (1.15), é:

$$det(A_{11}) = a_{22}A_{22} + 0A_{23} + \ldots + 0A_{2n} = a_{22}A_{22}.$$

Assim, substituindo este valor em 1.17, segue que:

$$det(A) = a_{11}a_{22}A_{22}.$$

Continuando desta maneira, obtemos: $det(A) = a_{11}a_{22} \ \ldots \ a_{nn}$.

Observe que a prova para matriz triangular superior é análoga. Além disso, a Propriedade 1.6 continua válida se A é uma matriz diagonal.

Propriedade 1.7 *Se $A \neq \Theta$ e $B \neq \Theta$, então $det(A + B) \neq det(A) + det(B)$.*

Exemplo 1.25 *Considere as matrizes:*

$$A = \begin{pmatrix} -1 & 2 & 0 \\ 2 & -2 & 2 \\ -2 & 0 & 3 \end{pmatrix} \quad e \quad B = \begin{pmatrix} 1 & 0 & 3 \\ 3 & 4 & 3 \\ 0 & 2 & -2 \end{pmatrix}.$$

Calcule $det(A), det(B)$ e $det(A + B)$.

Solução: Fazendo os cálculos, obtemos: $det(A) = -14$ e $det(B) = 4$. Agora:

$$A + B = \begin{pmatrix} 0 & 2 & 3 \\ 5 & 2 & 5 \\ -2 & 2 & 1 \end{pmatrix}$$

e $det(A + B) = 12 \neq -14 + 4 = det(A) + det(B)$.

O próximo exemplo servirá para uma melhor compreensão da Propriedade 1.8.

Exemplo 1.26 *Considere as matrizes:*

$$A = \begin{pmatrix} -1 & 2 & 3 \\ 2 & -2 & 2 \\ -2 & 0 & 3 \end{pmatrix}, \quad B = \begin{pmatrix} 2 & 1 & 0 \\ 2 & -2 & 2 \\ -2 & 0 & 3 \end{pmatrix} \quad e \quad C = \begin{pmatrix} 1 & 3 & 3 \\ 2 & -2 & 2 \\ -2 & 0 & 3 \end{pmatrix}.$$

Calcule $det(A), det(B)$ e $det(C)$.

Solução: Fazendo os cálculos, obtemos:

$$det(A) = -26, det(B) = -22 \text{ e } det(C) = -48.$$

Observe que $det(C) = -48 = -26 + (-22) = det(A) + det(B)$.

Note que a primeira linha das matrizes A, B e C são diferentes, mas as demais linhas são idênticas. Observe ainda que a 1ª linha de C é igual à soma da 1ª linha de A com a 1ª linha de B. Nestas condições, $det(C) = det(A) + det(B)$. Fizemos o exemplo para a 1ª linha, mas este resultado vale para qualquer uma das linhas. Um resultado análogo para as colunas continua válido.

Propriedade 1.8 *Somando-se aos elementos de uma linha (ou uma coluna) de A os elementos de uma outra linha (ou outra coluna) previamente multiplicada por uma constante $\alpha \neq 0$, obtém-se uma matriz B, e $det(B) = det(A)$, isto é, o determinante não se altera.*

Prova: Seja B a matriz obtida de A somando-se aos elementos da 2ª linha de A os elementos da 1ª linha multiplicados por α, isto é:

$$B = \begin{pmatrix} a_{11} & a_{12} & \dots & a_{1n} \\ a_{21} + \alpha a_{11} & a_{22} + \alpha a_{12} & \dots & a_{2n} + \alpha a_{1n} \\ \vdots & \vdots & \ddots & \vdots \\ a_{n1} & a_{n2} & \dots & a_{nn} \end{pmatrix}$$

Queremos mostrar que $det(A) = det(B)$. Pelo Exemplo 1.26, vemos que:

$$det(B) = \begin{vmatrix} a_{11} & a_{12} & \dots & a_{1n} \\ a_{21} & a_{22} & \dots & a_{2n} \\ \vdots & \vdots & \ddots & \vdots \\ a_{n1} & a_{n2} & \dots & a_{nn} \end{vmatrix} + \begin{vmatrix} a_{11} & \alpha a_{12} & \dots & a_{1n} \\ \alpha a_{11} & \alpha a_{12} & \dots & \alpha a_{1n} \\ \vdots & \vdots & \ddots & \vdots \\ a_{n2} & a_{n2} & \dots & a_{nn} \end{vmatrix}.$$

Agora, o primeiro determinante na expressão anterior é o $det(A)$ e o segundo possui duas colunas proporcionais e, portanto, pela Propriedade 1.5, seu valor é zero. Portanto, $det(B) = det(A)$.

Observe que, com esta propriedade, é possível fazer com que alguns elementos de uma matriz sejam iguais a zero. Isso facilita o cálculo do determinante de matrizes de ordem maior que 3. Mais adiante, faremos alguns exemplos.

Propriedade 1.9 $det(A) = det(A^t)$.

Exemplo 1.27 *Seja A a matriz do Exemplo 1.21. Calcule $det(A^t)$.*

Solução: A matriz transposta de A é dada por:

$$A^t = \begin{pmatrix} 1 & 2 & -2 \\ 2 & -2 & 2 \\ 3 & 2 & 3 \end{pmatrix}, \text{ então } det(A^t) = -6 + 12 - 8 - 12 - 12 - 4 \rightarrow det(A^t) = -30.$$

Compare este resultado com o do Exemplo 1.21.

Propriedade 1.10 *Se A e B são matrizes de mesma ordem, então $det(AB) = det(A)det$*

Exemplo 1.28 *Considere as matrizes dadas no Exemplo 1.25. Calcule $det(AB)$ e compare o resultado com $det(A)det(B)$.*

Solução: Multiplicando A por B, segue que:

$$AB = \begin{pmatrix} 5 & 8 & 3 \\ -4 & -4 & -4 \\ -2 & 6 & -12 \end{pmatrix}.$$

Fazendo os cálculos, obtemos: $det(AB) = -56$. Do Exemplo 1.25, temos: $det(A) = -14$ e $det(B) = 4 \rightarrow det(A)det(B) = (-14)(4) = -56$.

Propriedade 1.11 *Se A é não singular, então* $det(A^{-1}) = \frac{1}{det(A)}$.

Prova: Sabemos que: $AA^{-1} = A^{-1}A = I$. Logo,

$$det(AA^{-1}) = det(I) \Rightarrow det(AA^{-1}) = 1,$$

desde que I é uma matriz diagonal com todos elementos diagonais iguais a 1.

Agora, pela Propriedade 1.10, segue que:

$$det(AA^{-1}) = det(A)det(A^{-1}).$$

Portanto,

$$det(A)det(A^{-1}) = 1 \Rightarrow det(A^{-1}) = \frac{1}{det(A)}.$$

Decorre da Propriedade 1.11 que A é inversível se e somente se A é não singular.

Propriedade 1.12 *Matrizes similares possuem o mesmo determinante.*

Prova: Temos que: duas matrizes A e B são similares se existe uma matriz C não singular, tal que $B = C^{-1}AC$.

Portanto: $det(B) = det(C^{-1}AC)$.

Agora, como o determinante do produto é igual ao produto dos determinantes (ver Propriedade 1.10), obtemos: $det(B) = det(C^{-1})det(A)det(C)$.

Mas, pela Propriedade 1.11, $det(C^{-1}) = \frac{1}{det(C)} \Rightarrow det(B) = det(A)$.

Faremos agora dois exemplos, um usando a Propriedade 1.8 combinada com o desenvolvimento de Laplace e o outro usando apenas a Propriedade 1.8.

Exemplo 1.29 *Considere a matriz A do Exemplo 1.21. Calcule o $det(A)$ usando a Propriedade 1.8 combinada com o desenvolvimento de Laplace.*

Solução: A matriz do Exemplo 1.21 é:

$$A = \begin{pmatrix} 1 & 2 & 3 \\ 2 & -2 & 2 \\ -2 & 2 & 3 \end{pmatrix} \text{ e é equivalente a: } \begin{pmatrix} 1 & 2 & 3 \\ 2 & -2 & 2 \\ 0 & 0 & 5 \end{pmatrix} \begin{matrix} \\ \\ \leftarrow L_2 + L_3 \end{matrix} = B.$$

Temos que $det(A) = det(B)$, e o desenvolvimento de Laplace na última linha de B fornece:

$$det(B) = 5(-1)^{3+3}det(M_{33}) = 5(-1)^6 \begin{vmatrix} 1 & 2 \\ 2 & -2 \end{vmatrix} \Rightarrow 5(-2-4) = -30 = det(A).$$

Exemplo 1.30 *Considere a matriz A do Exemplo 1.21. Calcule o $det(A)$ usando apenas a Propriedade 1.8.*

Solução: Temos:

$$A = \begin{pmatrix} 1 & 2 & 3 \\ 2 & -2 & 2 \\ -2 & 2 & 3 \end{pmatrix} \sim \begin{pmatrix} 1 & 2 & 3 \\ 0 & -6 & -4 \\ 0 & 6 & 9 \end{pmatrix} \begin{matrix} \\ \leftarrow -2L_1 + L_2 \\ \leftarrow 2L_1 + L_3 \end{matrix}$$

$$\sim \begin{pmatrix} 1 & 2 & 3 \\ 0 & -6 & -4 \\ 0 & 0 & 5 \end{pmatrix} \begin{matrix} \\ \\ \leftarrow L_2 + L_3 \end{matrix} = B.$$

Como B é matriz triangular superior, então, pela Propriedade 1.6, obtemos que: $det(B) = 1(-6)(5) = -30$.

Exercícios

1.28 *Considere as matrizes:*

$$A = \begin{pmatrix} 5 & 4 & 6 & 8 \\ 1 & 2 & 3 & 4 \\ 2 & 0 & -1 & 1 \\ 1 & 1 & 2 & 1 \end{pmatrix} \quad e \quad B = \begin{pmatrix} 1 & 3 & 0 & -1 \\ 0 & 1 & 4 & -1 \\ 2 & 5 & 1 & 3 \\ -2 & -5 & 2 & 5 \end{pmatrix}.$$

Calcular $det(A)$ e $det(B)$, usando a Propriedade 1.8 e o desenvolvimento de Laplace ou apenas a Propriedade 1.8.

1.29 *Considere a matriz:*

$$A = \begin{pmatrix} 1 & 2 & 3 \\ 4 & 5 & 6 \\ 7 & 8 & 9 \end{pmatrix}.$$

Verificar, sem calcular seu determinante, que $det(A) = 0$.

1.30 *Considere a matriz:*

$$A = \begin{pmatrix} x & 1 & 2 \\ 2 & x & 2 \\ 0 & 1 & 2 \end{pmatrix}.$$

Determinar os valores de x para que a matriz A seja não singular.

1.31 *Determinar os valores de m que tornam as matrizes:*

$$A = \begin{pmatrix} m-1 & -2 \\ 1 & m-4 \end{pmatrix} \quad e \quad B = \begin{pmatrix} 1 & 1 & 2 \\ m-1 & 1 & m-2 \\ m+1 & m-1 & 2 \end{pmatrix}$$

singulares.

1.8 Cálculo da Matriz Inversa

Vimos que uma matriz A é inversível se e somente se A é não singular.

O leitor deve saber que, para calcular a inversa de uma matriz A, basta escrever a transposta da matriz dos cofatores, conhecida como **matriz adjunta**, e dividir seus elementos pelo valor do determinante de A, isto é:

$$\begin{aligned} A^{-1} &= \frac{1}{det(A)}\, cof(A^t) \\ &= \frac{1}{det(A)} \begin{pmatrix} A_{11} & A_{21} & \dots & A_{n1} \\ A_{12} & A_{22} & \dots & A_{n2} \\ \vdots & \vdots & \ddots & \vdots \\ A_{1n} & A_{2n} & \dots & A_{nn} \end{pmatrix}, \end{aligned} \tag{1.18}$$

onde A_{ij} representa a transposta da matriz dos cofatores.

Exemplo 1.31 *Determinar a inversa (se existir) da matriz:*

$$A = \begin{pmatrix} 1 & 3 \\ 2 & -3 \end{pmatrix},$$

usando a técnica descrita pela equação (1.18).

Solução: Temos que: $det(A) = -9 \neq 0$. Logo, existe a matriz inversa de A. Calculando os cofatores de cada um dos elementos da matriz dada, obtemos:

$$\begin{aligned} A_{11} &= (-1)^2(-3) = -3, \quad A_{12} = (-1)^3(2) = -2, \\ A_{21} &= (-1)^3(3) = -3, \quad A_{22} = (-1)^4(1) = 1. \end{aligned}$$

Portanto:

$$A^{-1} = \frac{1}{-9} \begin{pmatrix} -3 & -3 \\ -2 & 1 \end{pmatrix}.$$

A forma de se calcular a matriz inversa, usando a técnica descrita pela equação (1.18), não é eficiente se a matriz dada é de ordem elevada.

Com o estudado nas seções anteriores, estamos agora em condições de calcular a inversa de uma matriz de uma maneira mais eficiente.

Teorema 1.9 *Se A é uma matriz de ordem n, as seguintes afirmações são equivalentes:*

a) *A é inversível (não singular);*

b) *A é equivalente (por linhas) à matriz identidade de ordem n.*

Prova: Observe que, se a matriz A é inversível, então A pode ser reduzida à matriz identidade através de uma sequência de operações elementares sobre suas linhas.

Vimos, anteriormente, que a cada operação elementar está associada uma matriz elementar.

Assim,

$$E_k \dots E_2 E_1 A = I.$$

Para efeito de simplicidade, vamos fazer: $E_k \ldots E_2 E_1 = E \rightarrow EA = I$.

Por outro lado, como toda matriz elementar é inversível, pré-multiplicando ambos os lados desta expressão pela inversa de E, obtemos:

$$\begin{aligned} E^{-1}EA = E^{-1}I \quad &\Rightarrow \quad (E_k \ldots E_2E_1)^{-1}(E_k \ldots E_2E_1)A = (E_k \ldots E_2E_1)^{-1}I \\ &\Rightarrow \quad (E_1^{-1}E_2^{-1} \ldots E_k^{-1})(E_k \ldots E_2E_1)A = (E_1^{-1}E_2^{-1} \ldots E_k^{-1})I. \end{aligned}$$

Aplicando a propriedade associativa, segue que: $A = (E_1^{-1}E_2^{-1} \ldots E_k^{-1}) \rightarrow A = E^{-1}$.

Assim, como A é um produto de matrizes inversíveis, A é inversível.

1.8.1 Algoritmo para Determinar a Matriz Inversa

Apresentamos um algoritmo para determinação da matriz inversa usando escalonamento, que tem por base o resultado do Teorema 1.9.

Seja A uma matriz de ordem n. Então:

1º passo: Formar a matriz aumentada, isto é, formar a matriz $(A \mid I)$, onde I é a matriz identidade de ordem n.

2º passo: Reduzir a matriz aumentada à forma escalonada por linhas. Observe que, se o processo de redução gerar uma linha nula, na parte correspondente à matriz A, a matriz A não terá inversa pois, neste caso, $det(A) = 0$, e o processo deve ser interrompido. Caso contrário, o próximo passo deve ser realizado.

3º passo: Continuar com o processo de escalonamento até que a matriz aumentada fique na forma: $(I \mid B)$.

A matriz B obtida no **3º passo** é a matriz inversa de A, isto é, $B = A^{-1}$.

Observe que o próprio algoritmo mostrará se A possui ou não inversa.

Exemplo 1.32 *Determinar a inversa, se existir, da matriz:*

$$A = \begin{pmatrix} 3 & 0 & 3 \\ 2 & 1 & -1 \\ 1 & 2 & 0 \end{pmatrix}$$

usando escalonamento.

Solução: Aplicando o algoritmo, obtemos:

$$(A_1 \mid I) = \left(\begin{array}{ccc|ccc} 3 & 0 & 3 & 1 & 0 & 0 \\ 2 & 1 & -1 & 0 & 1 & 0 \\ 1 & 2 & 0 & 0 & 0 & 1 \end{array}\right) \sim \left(\begin{array}{ccc|ccc} 1 & 0 & 1 & 1/3 & 0 & 0 \\ 2 & 1 & -1 & 0 & 1 & 0 \\ 1 & 2 & 0 & 0 & 0 & 1 \end{array}\right) \begin{array}{l} \leftarrow \frac{1}{3}L_1 \\ \\ \\ \end{array}$$

$$\sim \left(\begin{array}{ccc|ccc} 1 & 0 & 1 & 1/3 & 0 & 0 \\ 0 & 1 & -3 & -2/3 & 1 & 0 \\ 0 & 2 & -1 & -1/3 & 0 & 1 \end{array}\right) \begin{array}{l} \\ \leftarrow -2L_1 + L_2 \\ \leftarrow -L_1 + L_3 \end{array}$$

$$\sim \left(\begin{array}{ccc|ccc} 1 & 0 & 1 & 1/3 & 0 & 0 \\ 0 & 1 & -3 & -2/3 & 1 & 0 \\ 0 & 0 & 5 & 1 & -2 & 1 \end{array}\right) \leftarrow -2L_2 + L_3$$

$$\sim \left(\begin{array}{ccc|ccc} 1 & 0 & 1 & 1/3 & 0 & 0 \\ 0 & 1 & -3 & -2/3 & 1 & 0 \\ 0 & 0 & 1 & 1/5 & -2/5 & 1/5 \end{array}\right) \leftarrow \frac{1}{5}L_3$$

Observe que até aqui aplicamos o 1º e o 2º passos, isto é, formamos a matriz aumentada e escalonamos a matriz. Além disso, fizemos com que os elementos diagonais ficassem iguais a 1. Para continuar o processo, lembre-se que, para zerar um elemento da 3ª coluna, devemos operar com um elemento da 3ª linha. Para um melhor entendimento, leia novamente as observações **2** e **3**, que estão descritas após o Exemplo 1.19.

$$\sim \left(\begin{array}{ccc|ccc} 1 & 0 & 0 & 2/15 & 2/5 & -1/5 \\ 0 & 1 & 0 & -1/15 & -1/5 & 3/5 \\ 0 & 0 & 1 & 1/5 & -2/5 & 1/5 \end{array}\right) \begin{array}{l} \leftarrow -L_3 + L_1 \\ \leftarrow 3L_3 + L_2 \\ \end{array} = (I \mid B_1).$$

Portanto:

$$A^{-1} = \begin{pmatrix} 2/15 & 2/5 & -1/5 \\ -1/15 & -1/5 & 3/5 \\ 1/5 & -2/5 & 1/5 \end{pmatrix}.$$

Observe que, no Exemplo 1.32, o elemento a_{12} já é zero. Em problemas onde $a_{12} \neq 0$, precisamos aplicar mais uma operação elementar para zerar este elemento, com o objetivo de obter a matriz aumentada $(I \mid B)$.

Exemplo 1.33 *Determinar a inversa, se existir, da matriz:*

$$A = \begin{pmatrix} 1 & 4 & -1 \\ 2 & -1 & -2 \\ -1 & 3 & 1 \end{pmatrix}$$

usando escalonamento.

Solução: Aplicando o algoritmo, obtemos:

$$A = \left(\begin{array}{ccc|ccc} 1 & 4 & -1 & 1 & 0 & 0 \\ 2 & -1 & -2 & 0 & 1 & 0 \\ -1 & 3 & 1 & 0 & 0 & 1 \end{array}\right) \sim \left(\begin{array}{ccc|ccc} 1 & 4 & -1 & 1 & 0 & 0 \\ 0 & -9 & 0 & -2 & 1 & 0 \\ 0 & 7 & 0 & 1 & 0 & 1 \end{array}\right) \begin{array}{l} \\ \leftarrow -2L_1 + L \\ \leftarrow L_1 + L_3 \end{array}$$

$$\sim \left(\begin{array}{ccc|ccc} 1 & 4 & -1 & 1 & 0 & 0 \\ 0 & 1 & 0 & 2/9 & -1/9 & 0 \\ 0 & 7 & 0 & 1 & 0 & 1 \end{array}\right) \leftarrow -\frac{1}{9}L_2$$

$$\sim \left(\begin{array}{ccc|ccc} 1 & 4 & -1 & 1 & 0 & 0 \\ 0 & 1 & 0 & 2/9 & -1/9 & 0 \\ 0 & 0 & 0 & -5/9 & -7/9 & 1 \end{array}\right) \leftarrow -7L_2 + L_3 \ .$$

Neste caso, a matriz dada não admite inversa, pois obtivemos uma linha de zeros na parte correspondente à matriz A. Observe que $det(A) = 0$.

Nos Exemplos 1.32 e 1.33 fomos transformando, durante o processo de escalonamento, a matriz A na matriz identidade. Entretanto, podemos fazer o escalonamento e só ao final multiplicar as linhas da matriz aumentada por $\frac{1}{a_{ii}}$, onde a_{ii} é o elemento diagonal na parte correspondente à matriz A, como mostrado no Exemplo 1.34.

Exemplo 1.34 *Determinar a inversa, se existir, da matriz:*

$$A = \begin{pmatrix} 3 & 1 & 3 \\ 2 & 1 & -1 \\ -1 & 2 & 2 \end{pmatrix}$$

usando escalonamento.

Solução: Aplicando o algoritmo, obtemos:

$$(A_1 \mid I) = \left(\begin{array}{ccc|ccc} 3 & 1 & 3 & 1 & 0 & 0 \\ 2 & 1 & -1 & 0 & 1 & 0 \\ -1 & 2 & 2 & 0 & 0 & 1 \end{array}\right)$$

$$\sim \left(\begin{array}{ccc|ccc} 3 & 1 & 3 & 1 & 0 & 0 \\ 0 & 1/3 & -3 & -2/3 & 1 & 0 \\ 0 & 7/3 & 3 & 1/3 & 0 & 1 \end{array}\right) \begin{array}{l} \\ \leftarrow -\frac{2}{3}L_1 + L_2 \\ \leftarrow \frac{1}{3}L_1 + L_3 \end{array}$$

$$\sim \left(\begin{array}{ccc|ccc} 3 & 1 & 3 & 1 & 0 & 0 \\ 0 & 1/3 & -3 & -2/3 & 1 & 0 \\ 0 & 0 & 24 & 5 & -7 & 1 \end{array}\right) \begin{array}{l} \\ \\ \leftarrow -7L_2 + L_3 \end{array}$$

$$\sim \left(\begin{array}{ccc|ccc} 3 & 1 & 0 & 3/8 & 7/8 & -1/8 \\ 0 & 1/3 & 0 & -1/24 & 1/8 & 1/8 \\ 0 & 0 & 24 & 5 & -7 & 1 \end{array}\right) \begin{array}{l} \leftarrow -\frac{1}{3}L_3 + L_1 \\ \leftarrow \frac{1}{8}L_3 + L_2 \\ \\ \end{array}$$

$$\sim \left(\begin{array}{ccc|ccc} 3 & 0 & 0 & 1/2 & 1/2 & -1/2 \\ 0 & 1/3 & 0 & -1/24 & 1/8 & 1/8 \\ 0 & 0 & 24 & 5 & -7 & 1 \end{array}\right) \begin{array}{l} \leftarrow -3L_2 + L_1 \\ \\ \\ \end{array}$$

$$\sim \left(\begin{array}{ccc|ccc} 1 & 0 & 0 & 1/6 & 1/6 & -1/6 \\ 0 & 1 & 0 & -1/8 & 3/8 & 3/8 \\ 0 & 0 & 1 & 5/24 & -7/24 & 1/24 \end{array}\right) \begin{array}{l} \leftarrow \frac{1}{3}L_1 \\ \leftarrow 3L_2 \\ \leftarrow \frac{1}{24}L_3 \end{array}$$

Portanto:

$$A^{-1} = \begin{pmatrix} 1/6 & 1/6 & -1/6 \\ -1/8 & 3/8 & 3/8 \\ 5/24 & -7/24 & 1/24 \end{pmatrix}.$$

Exercícios

1.32 *Determinar a matriz inversa, se existir, das seguintes matrizes:*

$$A = \begin{pmatrix} 1 & 2 & 3 \\ 2 & 3 & -1 \\ 3 & 2 & 1 \end{pmatrix}, \quad B = \begin{pmatrix} 1 & 3 & 1 \\ 2 & 4 & 3 \\ -1 & 1 & -3 \end{pmatrix} \text{ e } C = \begin{pmatrix} -2 & 1 & -1 \\ 3 & 1 & 2 \\ 1 & -2 & 0 \end{pmatrix}$$

usando escalonamento.

1.33 *Considere que:*

$$A^{-1} = \begin{pmatrix} -40 & 16 & 9 \\ 13 & -5 & -3 \\ 5 & -2 & -1 \end{pmatrix} \quad e \quad B^{-1} = \begin{pmatrix} 0 & -1 & 1 \\ -1 & 0 & 1 \\ 1 & 1 & -1 \end{pmatrix}.$$

Usando escalonamento, calcular A e B.

Para finalizar este capítulo, introduzimos algumas matrizes que possuem características especiais e que aparecem frequentemente na prática. Passamos a descrever agora tais matrizes.

1.9 Matriz e Determinante de Vandermonde

Apresentamos a seguir uma matriz e seu determinante, conhecidos como matriz e determinante de Vandermonde.

Definição 1.22 *Uma matriz de ordem $n+1$ da forma:*

$$V = \begin{pmatrix} 1 & x_0 & x_0^2 \dots & x_0^n \\ 1 & x_1 & x_1^2 \dots & x_1^n \\ 1 & x_2 & x_2^2 \dots & x_2^n \\ \vdots & \vdots & \ddots & \vdots \\ 1 & x_n & x_n^2 \dots & x_n^n \end{pmatrix}, \qquad (1.19)$$

onde $x_i \in I\!R, i = 0, 1, \dots, n$ é chamada **matriz de Vandermonde**.

Observe que os termos de cada linha da matriz (1.19) estão em progressão geométrica. A matriz de Vandermonde também pode ser considerada como a transposta da matriz V, ou seja, as colunas de V estão em progressão geométrica.

O determinante da matriz V, conhecido como **determinante de Vandermonde**, é dado por:

$$det(V) = \begin{vmatrix} 1 & x_0 & x_0^2 \dots & x_0^n \\ 1 & x_1 & x_1^2 \dots & x_1^n \\ 1 & x_2 & x_2^2 \dots & x_2^n \\ \vdots & \vdots & \ddots & \vdots \\ 1 & x_n & x_n^2 \dots & x_n^n \end{vmatrix}. \qquad (1.20)$$

O determinante de Vandermonde possui uma maneira simples de ser calculado, mesmo para matrizes de ordem elevada. O determinante dado por (1.20), como facilmente se verifica, depende dos pontos $x_0, x_1, x_2, \ldots, x_n$. Assim, podemos escrever:

$$det(V) = V(x_0, x_1, x_2, \ldots, x_n).$$

Para calcular o determinante dado por (1.20), procedemos da seguinte maneira: consideremos a função $V(x)$ definida por:

$$V(x) \;=\; V\;(x_0, x_1, \ldots, x_{n-1}, x) \;=\; \begin{vmatrix} 1 & x_0 & \ldots & x_0^n \\ 1 & x_1 & \ldots & x_1^n \\ \ldots & \ldots & \ldots & \ldots \\ 1 & x_{n-1} & \ldots & x_{n-1}^n \\ 1 & x & \ldots & x^n \end{vmatrix}. \qquad (1.21)$$

A função $V(x)$ é, como facilmente se verifica, um polinômio em x de grau menor ou igual a n (para verificar, use o desenvolvimento de Laplace segundo os elementos da última linha). Além disso, $V(x)$ se anula em $x_0, x_1, \ldots, x_{n-1}$. (Ver Propriedade 1.3.) Podemos, então, escrever:

$$V\,(x_0, x_1, \ldots, x_{n-1}, x) \;=\; A(x - x_0)\;(x - x_1) \ldots (x - x_{n-1})\,, \qquad (1.22)$$

onde A, coeficiente do termo de maior grau, depende de $x_0, x_1, \ldots, x_{n-1}$. Para calcular A, desenvolvemos (1.21) segundo os elementos da última linha e observamos que o coeficiente de x^n é $V(x_0, x_1, \ldots, x_{n-1})$. Logo, (1.22) pode ser escrito como:

$$V\,(x_0, x_1, \ldots, x_{n-1}, x) \;=\; V\,(x_0, x_1 \ldots, x_{n-1})\,(x - x_0)\,(x - x_1) \ldots (x - x_{n-1})\,. \quad (1.23)$$

Substituindo x por x_n em (1.23), obtemos a seguinte fórmula de recorrência:

$$V\,(x_0, x_1 \ldots, x_{n-1}, x_n) \;=\; V\,(x_0, \ldots, x_{n-1})\,(x_n - x_0)\,(x_n - x_1) \ldots (x_n - x_{n-1})\,. \quad (1.24)$$

De (1.20), temos que: $V(x_0, x_1) = x_1 - x_0$.

Em vista de (1.24), podemos escrever:

$$V(x_0, x_1, x_2) \;=\; (x_1 - x_0)(x_2 - x_0)(x_2 - x_1).$$

Por aplicações sucessivas de (1.24), obtemos:

$$V\,(x_0, x_1, \ldots, x_n) \;=\; \prod_{i>j} (x_i - x_j)\,, \qquad (1.25)$$

onde $\prod$ indica o produto dos termos da forma $(x_i - x_j)$.

Observe que, se os números $x_0, x_1, \ldots, x_n$ são distintos, então: $det(V) \neq 0$.

Exemplo 1.35 *Calcule o determinante da matriz de Vandermonde, onde* $x_0 = 1$, $x_1 = 2$, $x_2 = 3$ *e* $x_3 = 4$, *usando a equaçao (1.25).*

Solução: Temos que a matriz de Vandermonde para estes dados é dada por:

$$V = \begin{pmatrix} 1 & 1 & 1 & 1 \\ 1 & 2 & 4 & 8 \\ 1 & 3 & 9 & 27 \\ 1 & 4 & 16 & 64 \end{pmatrix}.$$

Assim, usando (1.25), obtemos que:

$$\begin{aligned} det(V) &= (x_1 - x_0)(x_2 - x_1)(x_2 - x_0)(x_3 - x_2)(x_3 - x_1)(x_3 - x_0) \\ &= (2-1)(3-2)(3-1)(4-3)(4-2)(4-1) = 12. \end{aligned}$$

1.10 Matriz de Rotação e Matriz Ortogonal

Vamos, inicialmente, apresentar matrizes conhecidas como matrizes de rotação.

No $I\!R^2$, as matrizes:

$$\begin{pmatrix} cos\,\varphi & sen\,\varphi \\ -sen\,\varphi & cos\,\varphi \end{pmatrix} \text{ e } \begin{pmatrix} cos\,\varphi & -sen\,\varphi \\ sen\,\varphi & cos\,\varphi \end{pmatrix} \tag{1.26}$$

rotacionam cada vetor do $I\!R^2$, no sentido horário e anti-horário, respectivamente, de um ângulo φ e, por esse motivo, são chamadas de **matrizes de rotação**.

No $I\!R^3$, a matriz:

$$\begin{pmatrix} cos\,\varphi & 0 & sen\,\varphi \\ 0 & 1 & 0 \\ -sen\,\varphi & 0 & cos\,\varphi \end{pmatrix}$$

é uma matriz de rotação, no sentido horário, de um ângulo φ no plano xz.

No $I\!R^n$, a matriz:

$$U = \begin{pmatrix} 1 & & & & & & & & \\ & \ddots & & & & & & & \\ & & 1 & & & & & & \\ & & & cos\,\varphi & 0 & \dots & 0 & sen\,\varphi & \\ & & & & 1 & & & & \\ & & & & \vdots & \ddots & & & \\ & & & & & & 1 & & \\ & & & -sen\,\varphi & 0 & \dots & 0 & cos\,\varphi & \\ & & & & & & & \ddots & \\ & & & & & & & & 1 \end{pmatrix}, \tag{1.27}$$

onde:

$$\begin{cases} u_{pp} = u_{qq} = cos\varphi, \\ u_{pg} = -u_{qp} = sen\varphi, \\ u_{ij} = 1, i \neq p, i \neq q, \\ uij = 0, \text{ no resto.} \end{cases}$$

é uma matriz de rotação de um ângulo φ no plano dos eixos p e q.

Definição 1.23 *Uma* **matriz ortogonal** *A é caracterizada por:*

$$A^t A = A A^t = I,$$

onde I: matriz identidade.

Observe que matrizes ortogonais satisfazem: $A^t = A^{-1}$. Além disso, matrizes de rotação são matrizes ortogonais.

1.10.1 Propriedades da Matriz Ortogonal

Matrizes ortogonais possuem as seguintes propriedades:

1) As linhas de A satisfazem:

$$\sum_{j=1}^{n} (a_{ij})^2 = 1 \text{ (produto de uma linha por ela mesma),}$$

$$\sum_{\substack{j=1 \\ i \neq k}}^{n} a_{ij}\, a_{kj} = 0 \text{ (produto de duas linhas distintas).}$$

2) $\| Ax \| = \| x \|, \ \forall x \in I\!R^n$.

3) Uma transformação ortogonal não muda os ângulos entre dois vetores. Portanto, uma transformação ortogonal ou é uma rotação ou é uma reflexão.

4) Os autovalores de A são: 1 ou -1.

5) O determinante de A é: 1 ou -1.

A prova destas propriedades encontra-se nos Capítulos 5 e 6.

1.11 Exercícios Complementares

1.34 *Determinar x e y, tais que:*

$$\begin{pmatrix} x^2 & y \\ x & y^2 \end{pmatrix} = \begin{pmatrix} 1 & -1 \\ -1 & 1 \end{pmatrix}.$$

1.35 *Determinar x, y, z e w, tais que:*

$$\begin{pmatrix} x+3 & 2y-8 \\ z+1 & 4x+6 \\ w-3 & 3w \end{pmatrix} = \begin{pmatrix} 0 & -6 \\ -3 & 2x \\ 2w+4 & -21 \end{pmatrix}.$$

1.36 *Determinar x, y, z e w, tais que:*

$$\begin{pmatrix} 3x & 2y \\ z/2 & 2w-3 \end{pmatrix} = \begin{pmatrix} x-1 & y^2 \\ z+2 & 13 \end{pmatrix}.$$

1.37 *Dadas as matrizes:*

$$A = \begin{pmatrix} 1 \\ 5 \\ -2 \end{pmatrix} \quad e \quad B = \begin{pmatrix} 2 \\ 4 \\ 14 \end{pmatrix},$$

determinar matrizes X e Y que satisfaçam ao sistema linear:

$$\begin{cases} 2X + Y = A \\ X - Y = B \end{cases}$$

1.38 *Considere as matrizes:*

$$A = \begin{pmatrix} 2 & 1 & -3 \\ 1 & 0 & 4 \end{pmatrix}, \quad B = \begin{pmatrix} 3 & 0 & 5 \\ 8 & 9 & -1 \end{pmatrix} \quad e \quad C = \begin{pmatrix} 5 & -1 & 0 \\ 7 & 8 & -1 \end{pmatrix}.$$

Calcular:

a) $2A - B + C$,

b) $3A - 4B - 2C$,

c) $7A - 2(B - C)$,

d) $3(A - 2B + 3C)$.

Nos Exercícios 1.39 a 1.42, dizer quais das afirmações são verdadeiras. Para as falsas, dizer como seria o correto.

1.39 *Sejam A e B matrizes* 3×4 *e C, D, E e F matrizes* 4×3, 4×5, 3×5 *e* 5×4, *respectivamente. Então:*

a) AC *e* $(A + B)C$ *são matrizes de ordem* 3.

b) $(B - A)D$ *é uma matriz* 3×4.

c) $CE + D$ *é uma matriz* 4×5.

d) DFC *é uma matriz de ordem* 4.

1.40 *Sejam* $A = \begin{pmatrix} 2 & 3 \\ -1 & 2 \end{pmatrix}$, $B = \begin{pmatrix} 1 & -1 \\ 3 & 2 \end{pmatrix}$ *e* $C = \begin{pmatrix} 2 \\ -3 \end{pmatrix}$. *Então:*

a) $AB = \begin{pmatrix} 11 & 4 \\ 5 & 4 \end{pmatrix}$.

b) $AC = (-1)\begin{pmatrix} 5 \\ 8 \end{pmatrix}$.

c) $BA = \begin{pmatrix} 3 & 1 \\ 4 & 13 \end{pmatrix}$.

d) $(A + B)C = \begin{pmatrix} 0 \\ 8 \end{pmatrix}$.

1.41 *Seja A uma matriz quadrada de ordem 2.*

a) *Se A tem duas linhas idênticas, então A^2 tem duas linhas idênticas.*

b) *Se A tem uma linha ou uma coluna de zeros, então necessariamente A^2 tem, respectivamente, uma linha ou uma coluna de zeros.*

c) *Se A tem uma linha ou uma coluna de zeros, então $A^2 = A$.*

d) *Se A é uma matriz elementar, então A^2 é uma matriz elementar.*

e) *Se Θ é a matriz nula de ordem 2, então existe $A \neq \Theta$, tal que $A^2 = \Theta$.*

1.42 *Sejam A e B duas matrizes dadas. Então:*

a) *Se $AB+BA$ estiver definida, então A e B devem ser matrizes quadradas de mesma ordem.*

b) *Se a primeira linha da matriz A tiver todos os elementos iguais a zero, e se AB estiver definida, então o produto AB terá todos os elementos da primeira linha iguais a zero.*

c) *Se a primeira coluna da matriz A tiver todos os elementos iguais a zero, e se AB estiver definida, então o produto AB terá todos os elementos da primeira coluna iguais a zero.*

d) *Se A e B são matrizes de ordem n, A é inversível e $AB = \Theta$, então $B = \Theta$.*

1.43 *Considere as matrizes:*

$$A = \begin{pmatrix} 2 & -2 & 4 \end{pmatrix}, \quad B = \begin{pmatrix} 0 & 1 & 2 \end{pmatrix}, \quad C = \begin{pmatrix} 5 \\ 0 \\ 1 \end{pmatrix} \quad e \quad D = \begin{pmatrix} -1 \\ -1 \\ 2 \end{pmatrix}.$$

Calcular:

a) $5CA$,

b) $(5D)(3B)$,

c) $5AC - 2(A - B)D$,

d) $AC + BD$,

e) $(C - D)(A + B)$,

f) $(A + B)(C - D)$.

1.44 *Considere as matrizes:*

$$B = \begin{pmatrix} 1 & 2 & 3 \\ 0 & 1 & 2 \\ 0 & 0 & 1 \end{pmatrix} \quad e \quad C = \begin{pmatrix} 1 & 0 & 0 \\ 0 & 0 & 0 \\ 0 & 0 & 1 \end{pmatrix}.$$

Determinar uma matriz A, tal que: $-2(A+B) = 3A + C$.

1.45 *Considere as matrizes:*

$$B = \begin{pmatrix} 2 & 2 & 2 \\ 2 & 1 & -3 \\ -1 & 0 & 4 \end{pmatrix}, \quad C = \begin{pmatrix} 3 & 3 & 3 \\ 3 & 0 & 5 \\ 6 & 9 & -1 \end{pmatrix} \quad e \quad D = \begin{pmatrix} 4 & 4 & 4 \\ 5 & -1 & 0 \\ 7 & 8 & -1 \end{pmatrix}.$$

Determinar uma matriz A, tal que as seguintes afirmações sejam verdadeiras:

a) $\frac{1}{2}(A+B) = 3(A - (2A + C)) + D$.

b) $2(A+C) = 3(A + \frac{1}{2}(A+B)) + D$.

1.46 *Considere as matrizes:*

$$A = \begin{pmatrix} x & -w \\ -z & y \end{pmatrix}, \quad B = \begin{pmatrix} z & y \\ x & w \end{pmatrix} \quad e \quad C = \begin{pmatrix} 5 & 3 \\ 1 & -1 \end{pmatrix}.$$

Determinar A e B, tal que: $A + B = C$.

1.47 *Considere as matrizes:*

$$A = \begin{pmatrix} 1 & -1 \\ 0 & 2 \end{pmatrix}, \quad B = \begin{pmatrix} 1 & -1 & 0 \\ 4 & 0 & 1 \end{pmatrix} \quad e \quad C = \begin{pmatrix} 1 \\ 2 \\ 3 \end{pmatrix}.$$

Verificar a propriedade: $(AB)C = A(BC)$.

1.48 *Considere as seguintes matrizes:*

$$A = \begin{pmatrix} 2 & 1 \\ -1 & 3 \\ 1 & -1 \end{pmatrix}, \quad C = \begin{pmatrix} 0 & 2 & -2 \\ 1 & 0 & 0 \end{pmatrix} \quad e \quad D = \begin{pmatrix} -4 & 14 & -14 \\ -5 & 14 & -14 \\ 1 & -2 & 2 \end{pmatrix}.$$

Determinar uma matriz B, tal que: $ABC = D$.

1.49 *Escrever uma matriz $A = (a_{ij}) \in \mathcal{M}_{2\times3}$ e uma matriz $B = (b_{ij}) \in \mathcal{M}_{3\times3}$, definidas do seguinte modo:*

$$a_{ij} = 2i + 3j - 4, \qquad b_{ij} = \begin{cases} 2i + j, & \text{se } i = j \\ 2i - j, & \text{se } i \neq j \end{cases}$$

Calcular AB. É possível calcular BA?

1.50 *Verificar que: se $A = \begin{pmatrix} 0 & 0 & 0 \\ 1 & 0 & 0 \\ 0 & 1 & 0 \end{pmatrix}$, então $A^3 = \Theta$.*

1.51 *Considere a matriz:*

$$A = \begin{pmatrix} 0 & x \\ 1/x & 0 \end{pmatrix}.$$

Determinar os valores de x para os quais $A^2 = I$.

1.52 *Considere as matrizes:*

$$A = \begin{pmatrix} 0 & 1 \\ 1 & 0 \end{pmatrix}, \quad B\begin{pmatrix} 0 & 1 \\ -1 & 0 \end{pmatrix} \quad e \quad C = \begin{pmatrix} 1 & 0 \\ 0 & 0 \end{pmatrix}.$$

Considere as fórmulas:

a) $A(B+C) = AB + AC.$

b) $(B+C)A = BA + CA.$

c) $A(B+C) = AB + CA.$

d) $(B+C)A = BA + AC.$

Quais são verdadeiras e quais são falsas? Para as verdadeiras, efetue o produto.

1.53 *Sejam A e B matrizes de ordem n. Que condições devemos impor para que se tenha:*

a) $(A+B)^2 = A^2 + 2AB + B^2.$

b) $(A+B)(A-B) = A^2 - B^2.$

1.54 *Considere as matrizes:*

$$A = \begin{pmatrix} 2 & 1 \\ 3 & -1 \end{pmatrix} \quad e \quad B = \begin{pmatrix} x & y \\ 6 & -1 \end{pmatrix}.$$

Calcular x e y para que as matrizes A e B comutem.

1.55 *Considere as matrizes:*

$$A = \begin{pmatrix} 1 & 1 & 0 \\ 0 & 1 & 1 \\ 0 & 0 & 1 \end{pmatrix} \quad e \quad B = \begin{pmatrix} 3 & 2 & 1 \\ 0 & 3 & 2 \\ 0 & 0 & 3 \end{pmatrix}.$$

Verificar se as matrizes A e B comutam.

1.56 *Encontrar matrizes da forma:* $\begin{pmatrix} x & y \\ z & w \end{pmatrix}$ *que comutam com* $\begin{pmatrix} 1 & 1 \\ 0 & 1 \end{pmatrix}$.

1.57 *Dadas as matrizes:*

$$A = \begin{pmatrix} 1 & 0 \\ 2 & 1 \end{pmatrix} \quad e \quad B = \begin{pmatrix} 1 \\ 4 \end{pmatrix},$$

obter uma matriz X, tal que $AX = B$.

1.58 *Determinar uma matriz real A de ordem 3, tal que:*

$$A\begin{pmatrix} x \\ y \\ z \end{pmatrix} = \begin{pmatrix} x+2y-3z \\ x-y \\ 2x-2y+2z \end{pmatrix},$$

para qualquer escolha de x, y *e* z.

1.59 *Considere as matrizes:*

$$A = \begin{pmatrix} 5 & 1 & 2 \\ -1 & 4 & 2 \\ -3 & -2 & -8 \end{pmatrix} \quad e \quad B = \begin{pmatrix} 5 & 2 & 0 & 1 \\ 0 & 4 & 2 & -1 \\ 1 & 0 & -5 & 1 \\ 3 & 2 & 1 & 7 \end{pmatrix}.$$

Para cada matriz dada:

a) *Determinar os menores principais.*

b) *Calcular o traço.*

c) *Verificar se são estritamente diagonalmente dominante.*

1.60 *Mostrar que: se A é uma matriz real, simétrica, positiva definida, então necessariamente temos:*

a) $a_{ii} > 0, \ i = 1, 2, \ldots, n.$

b) $a_{ik}^2 < a_{ii}\, a_{kk}$, *para todo* $i \neq k$.

c) *o maior elemento de A em módulo está sob a diagonal.*

1.61 *Considere as matrizes:*

$$A = \begin{pmatrix} 1 & -3 & 2 \\ 1 & 2 & 1 \end{pmatrix} \quad e \quad B = \begin{pmatrix} 1 \\ 2 \\ 1 \end{pmatrix}.$$

Calcular $(AB)^t$ *e* $B^t A^t$.

1.62 *Considere as matrizes:*

$$A = \begin{pmatrix} 0 & 0 \\ 1 & 0 \end{pmatrix} \quad e \quad B = \begin{pmatrix} 1 & 0 \\ 0 & 0 \end{pmatrix}.$$

Verificar que $AB = A$, *mas que* $BA = \Theta$.

1.63 *Mostrar que: para todas as matrizes A e B da forma:*

$$A = \begin{pmatrix} a & b \\ -b & a \end{pmatrix} \quad e \quad B = \begin{pmatrix} c & d \\ -d & c \end{pmatrix},$$

onde a, b, c *e* d *são números reais, obtém-se que:* $AB = BA$.

1.64 *Mostrar que: se* $A = \begin{pmatrix} ab & b^2 \\ -a^2 & -ab \end{pmatrix}$, *onde* a *e* b *são números reais, então* $A^2 = \Theta$.

1.65 *Considere a matriz:*

$$A = \begin{pmatrix} 3 & -4 \\ 1 & -1 \end{pmatrix}.$$

Verificar que: $A^2 - 2A + I = \Theta$. *A matriz transposta de* A *também satisfaz esta equação?*

1.66 *Seja* $A = (a_{ij}) \in \mathcal{M}_{2\times 2}$, *definida por:*

$$a_{ij} = \begin{cases} i^j, & \text{se } i = j \\ \frac{i}{j}, & \text{se } i \neq j \end{cases}$$

Determinar uma matriz B, *tal que:* $B = A - A^t + I$.

1.67 *Considere as matrizes:*

$$A = \begin{pmatrix} 2 & x \\ y & 1 \end{pmatrix} \quad e \quad B = \begin{pmatrix} 4 & -3x \\ 14 - y & 2 \end{pmatrix}.$$

Calcular x *e* y *de tal modo que:* $A + A^t = B$.

1.68 *Escalonar as seguintes matrizes:*

$$A = \begin{pmatrix} 2 & 1 & -4 \\ 0 & 1 & 3 \\ 2 & 3 & 2 \end{pmatrix}, \quad B = \begin{pmatrix} 6 & 2 & 7 \\ 2 & 4 & 7 \\ 3 & 2 & 13 \end{pmatrix}, \quad C = \begin{pmatrix} 3 & 3 & 7 \\ 2 & 2 & 3 \\ 1 & -1 & 5 \end{pmatrix},$$

$$D = \begin{pmatrix} 2 & 4 & 6 & 1 \\ 1 & -3 & -1 & 2 \\ 2 & 1 & 3 & -1 \\ 4 & -2 & 1 & -4 \end{pmatrix} \quad e \quad E = \begin{pmatrix} 2 & 1 & -1 & 0 & 3 \\ 1 & 0 & 2 & 3 & 4 \\ 4 & 1 & -1 & 2 & 7 \end{pmatrix},$$

usando operações elementares sobre as linhas. Dar o posto de cada uma delas.

1.69 *Considere as seguintes matrizes:*

$$A = \begin{pmatrix} x & -2 & 1 \\ 0 & x+1 & 3 \\ 1 & -5 & 1 \end{pmatrix}, \quad B = \begin{pmatrix} x & 1 & 1 \\ 2 & x & 3 \\ -1 & 5 & x \end{pmatrix} \quad e \quad C = \begin{pmatrix} x^2 & 2x \\ 10 & x \end{pmatrix}.$$

Resolva as seguintes equações:

a) $det(A) = 9$.

b) $det(B) = det(C)$.

1.70 *Mostrar que: se* A *é uma matriz triangular inferior de ordem* n *com* $a_{ii} = 1$, $i = 1, 2, \ldots, n$, *e* B *é uma matriz qualquer de ordem* n, *então* $det(AB) = det(B)$.

1.71 *Considere as matrizes:*

$$A = \begin{pmatrix} 2 & 1 & 1 \\ 3 & -3 & 0 \\ 1 & -1 & 2 \end{pmatrix} \quad e \quad B = \begin{pmatrix} 1 & 5 & 0 \\ 3 & -5 & 0 \\ 0 & 0 & 2 \end{pmatrix}.$$

Calcular:

a) $det(A)$ *e* $det(B)$.

b) *O cofator dos elementos* a_{32} *e* b_{23}.

c) $det(AB)$.

d) $det(A^{-1})$ *e* $det(B^{-1})$.

1.72 *Usando o desenvolvimento de Laplace, calcular o determinante da matriz:*

$$A = \begin{pmatrix} 2 & 7 & 9 & -1 & 1 \\ 2 & 8 & 3 & 1 & 0 \\ -1 & 0 & 4 & 3 & 0 \\ 2 & 0 & 0 & -1 & 0 \\ 1 & 0 & 0 & 0 & 0 \end{pmatrix}.$$

1.73 *Determinar os valores de t para os quais as matrizes:*

$$A = \begin{pmatrix} t^2 & t+4 \\ 2 & 3 \end{pmatrix}, \quad B = \begin{pmatrix} 3-t & 4 \\ 2 & 1-t \end{pmatrix} \quad e \quad C = \begin{pmatrix} 1 & -2 & t \\ t & 2 & 1 \\ 2 & 4 & -2 \end{pmatrix}$$

não admitem inversa.

1.74 *Para que valores de x e y a matriz:*

$$\begin{pmatrix} 4 & x & 1 \\ y & 4 & 1 \\ 1 & 1 & 1 \end{pmatrix}$$

é positiva definida?

1.75 *Considere as matrizes:*

$$A = \begin{pmatrix} x & 1 \\ x^2 & -1 \end{pmatrix} \quad e \quad B = \begin{pmatrix} 2 & 1 \\ -5 & -2 \end{pmatrix}.$$

a) *Determinar os valores de x para que a matriz A seja não singular.*

b) *Faça* $x = 1$ *em A e calcule* $det(A)$.

c) *Calcular* B^{-1}.

d) *Calcular* $B^{-1}AB$, *com* $x = 1$ *em A.*

e) *Calcular o determinante da matriz obtida em* **d)**. *O resultado é igual ao obtido em* **b)**? *Deveria ser? Justifique.*

1.76 *Seja A uma matriz não singular de ordem n e sejam u e v matrizes $n \times 1$ e $1 \times n$, respectivamente.*

a) *Mostre que, se $(A-uv)^{-1}$ existe, então:*

$$(A-uv)^{-1} = A^{-1} + \alpha A^{-1}uvA^{-1} \quad \text{com} \quad \alpha = \frac{1}{1 - vA^{-1}u}.$$

b) *Dê condições para a existência da inversa: $(A-uv)^{-1}$.*

c) *Se A^{-1} é conhecida e B é uma matriz que coincide com A, exceto em uma linha, podemos escolher u e v para obter B^{-1} (se existir), aplicando a fórmula dada no item* **a**). *Sabendo que:*

$$A = \begin{pmatrix} 12 & -4 & 7 \\ -4 & 1 & -2 \\ 7 & -2 & 4 \end{pmatrix}, \quad A^{-1} = \begin{pmatrix} 0 & -2 & -1 \\ -2 & 1 & 4 \\ -1 & 4 & 4 \end{pmatrix}$$

e que B coincide com A, exceto que em vez de 12 temos 5, calcule B^{-1}.

1.77 *Calcular x, sabendo que a matriz:*

$$A = \begin{pmatrix} x & 1 & 3 \\ 1 & 3 & 4 \\ 1 & 1 & x \end{pmatrix}$$

não possui inversa.

1.78 *Considere a matriz:*

$$A = \begin{pmatrix} 1 & x & -3 \\ 2 & 1 & x \\ 1 & 0 & 1 \end{pmatrix}.$$

Calcular x para que se tenha $det(A^{-1}) = \frac{1}{7}$.

1.79 *Sabendo que a inversa de $5A$ é a matriz:*

$$\begin{pmatrix} 5 & 10 \\ 15 & 20 \end{pmatrix},$$

calcular a matriz A.

1.80 *Usando escalonamento, calcular a matriz inversa, se existir, das seguintes matrizes:*

$$A = \begin{pmatrix} 2 & 1 & 0 \\ 1 & 1 & 1 \\ 1 & 0 & 1 \end{pmatrix}, \quad B = \begin{pmatrix} 2 & 1 & -1 \\ 1 & 10 & 2 \\ -1 & 2 & 4 \end{pmatrix},$$

$$C = \begin{pmatrix} 1 & 0 & 1 \\ -1 & 1 & 1 \\ 0 & 1 & 1 \end{pmatrix}, \quad D = \begin{pmatrix} 2 & 1 & -1 \\ 1 & 0 & 2 \\ 4 & -1 & 3 \end{pmatrix},$$

$$E = \begin{pmatrix} 2 & 4 & 6 \\ 1 & -3 & -1 \\ 2 & 1 & 1 \end{pmatrix}, \quad F = \begin{pmatrix} 1 & 0 & 1 \\ 0 & 1 & 1 \\ 1 & 1 & 0 \end{pmatrix},$$

$$G = \begin{pmatrix} 2 & -1 & 1 \\ -3 & 2 & -2 \\ -2 & 1 & 0 \end{pmatrix} \quad e \quad H = \begin{pmatrix} 1 & 2 & 5 \\ 0 & 1 & 3 \\ 0 & 0 & 1 \end{pmatrix}.$$

1.12 Respostas dos Exercícios

1.1 a) $\begin{pmatrix} 2 & 4 & 3 \\ 7 & 6 & 8 \\ 5 & 8 & 7 \end{pmatrix}$, **b)** $\begin{pmatrix} 0 & 0 & 3 \\ 1 & 4 & 4 \\ 9 & 8 & 11 \end{pmatrix}$, **c)** $\begin{pmatrix} 1 & 2 & 6 \\ 5 & 9 & 10 \\ 16 & 16 & 20 \end{pmatrix}$,

d) $\begin{pmatrix} -2 & -4 & 3 \\ -5 & 2 & 0 \\ 13 & 8 & 15 \end{pmatrix}$, **e)** $\begin{pmatrix} 1 & 4 & -2 \\ 7 & 13 & -2 \\ 13 & 22 & -2 \end{pmatrix}$ e **f)** $\begin{pmatrix} 9 & 12 & 15 \\ 21 & 27 & 33 \\ -16 & -20 & -24 \end{pmatrix}$.

1.2 a) 4×4, **b)** 5×5, **d)** 4×2, **f)** 5×2, **g)** 5×2 e **h)** 5×5.

1.3 $6A - 12B = \begin{pmatrix} -18 & -1 & -1 \\ 0 & -84 & -2 \\ 0 & -3 & -606 \end{pmatrix}$.

1.4 $x = 9$ e $y = 26$.

1.5 $x = 7, y = 4, z = 2$ e $w = -2$.

1.8 $AB + AD = A(B + D) = \begin{pmatrix} 8 & 6 & 9 \\ 9 & 13 & 12 \\ 4 & -2 & 3 \end{pmatrix}$,

$BA + BC = B(A + C) = \begin{pmatrix} 8 & 14 \\ 11 & 23 \end{pmatrix}$.

1.9 $AB = BA = \Theta$, $AC = CA = \begin{pmatrix} 0 & 0 & 0 \\ 0 & 0 & 0 \\ 2 & 0 & 0 \end{pmatrix}$ e $BC = CB = \Theta$.

1.10 $x = \dfrac{1}{5}$.

1.11 $x = -3$ e $y = 2$.

1.12 Para a matriz A:

a) $A_1 = \begin{pmatrix} 10 \end{pmatrix}$, $A_2 = \begin{pmatrix} 10 & 2 \\ -2 & 12 \end{pmatrix}$ e $A_3 = \begin{pmatrix} 10 & 2 & 1 \\ -2 & 12 & 8 \\ 5 & 4 & -12 \end{pmatrix} = A$.

b) $tr(A) = 10$.

c) A matriz A é estritamente diagonalmente dominante, pois:

$|2| + |1| < |10|, \quad |-2| + |8| < |12| \quad \text{e} \quad |5| + |4| < |-12|.$

Para a matriz B:

a) $B_1 = \begin{pmatrix} 20 \end{pmatrix}$, $B_2 = \begin{pmatrix} 20 & 2 \\ -3 & 15 \end{pmatrix}$,

$$B_3 = \begin{pmatrix} 20 & 2 & 5 \\ -3 & 15 & 8 \\ 6 & 0 & -18 \end{pmatrix} \text{ e } B_4 = \begin{pmatrix} 20 & 2 & 5 & 3 \\ -3 & 15 & 8 & -1 \\ 6 & 0 & -18 & 8 \\ 5 & 2 & 1 & 10 \end{pmatrix} = B.$$

b) $tr(B) = 27$.

c) A matriz B é estritamente diagonalmente dominante, pois:

$$|2| + |5| + |3| < |20|, \quad |-3| + |8| + |-1| < |15|, \quad |6| + |0| + |8| < |-18|$$
$$\text{e} \quad |5| + |2| + |1| < |10|.$$

1.14 $(AB)^t = \begin{pmatrix} -3 & 15 \\ -4 & 20 \end{pmatrix} = B^t A^t$.

1.16 a) $\begin{pmatrix} -2 & 2 & 1 \\ -2 & 2 & -2 \\ -2 & 2 & -5 \end{pmatrix}$, **b)** $\begin{pmatrix} 2 & -2 & -3 \\ -2 & 2 & 3 \\ -3 & 3 & 5 \end{pmatrix}$, **c)** $\begin{pmatrix} -9 & 2 & 5 \\ -15 & 2 & 5 \\ -21 & 2 & 5 \end{pmatrix}$,

d) $\begin{pmatrix} -5 & -2 & 3 \\ -11 & -2 & 9 \\ -17 & -2 & 15 \end{pmatrix}$ = **e)** e **f)** $\begin{pmatrix} 17 & 49 & 60 \\ 79 & 68 & 78 \\ 120 & 108 & 125 \end{pmatrix}$.

1.17 $A + B^t = \begin{pmatrix} 1 & 1 & 4 \\ 1 & 1 & 3 \end{pmatrix}$.

1.18 $x = -2$ e $y = 8$.

1.19 $x = 3, y = 6$ e $z = 0$.

1.25 As matrizes A, B e C são elementares. Para a matriz A, a única operação elementar foi: $L_2 \leftarrow (1/3)L_1 + L_2$; para a matriz B, a única operação elementar foi: $L_3 \leftarrow (1/3)L_1 + L_3$ e, para a matriz C, a única operação elementar foi: $L_3 \leftarrow (1/3)L_2 + L_3$.

1.26 $A \sim \begin{pmatrix} 1 & 3 & 0 \\ 0 & -6 & 1 \\ 0 & 0 & -5/6 \end{pmatrix}$ e $p(A) = 3$, $B \sim \begin{pmatrix} 1 & 5 & 3 \\ 0 & 16 & 8 \\ 0 & 0 & 0 \end{pmatrix}$ e $p(B) = 2$,

$C \sim \begin{pmatrix} 1 & 3 & 0 \\ 0 & -8 & 4 \\ 0 & 0 & 1 \end{pmatrix}$ e $p(C) = 3$.

1.27 $A \sim \begin{pmatrix} 3 & 2 & 3 & 14 \\ 0 & -3 & -8 & -30 \\ 0 & 0 & 5 & 15 \end{pmatrix}$ e $p(A) = 3$,

$B \sim \begin{pmatrix} 1 & -2 & 0 & -5 \\ 0 & 7 & 2 & 12 \\ 0 & 0 & 0 & 0 \end{pmatrix}$ e $p(B) = 2$,

$C \sim \begin{pmatrix} 1 & -3 \\ 0 & 21 \\ 0 & 0 \end{pmatrix}$ e $p(C) = 2$.

1.28 Usando apenas a Propriedade 1.8, obtemos:

$$A \sim \begin{pmatrix} 5 & 4 & 6 & 8 \\ 0 & 6/5 & 9/5 & 12/5 \\ 0 & 0 & -1 & 1 \\ 0 & 0 & 0 & -3/2 \end{pmatrix} \Rightarrow det(A) = 9.$$

Para a matriz B, usando a Propriedade 1.8 para zerar os elementos a_{41} e a_{42} e, em seguida, o desenvolvimento de Laplace na última linha da matriz, obtemos:

$$det(B) = (-1)^7(3)\begin{vmatrix} 1 & 3 & -1 \\ 0 & 1 & -1 \\ 2 & 5 & 3 \end{vmatrix} + (-1)^8(8)\begin{vmatrix} 1 & 3 & 0 \\ 0 & 1 & 4 \\ 2 & 5 & 1 \end{vmatrix} \Rightarrow det(B) = 28.$$

1.29 Observe que, na matriz dada, $L_3 = 2L_2 - L_1$. Portanto, pela Propriedade 1.5, seu determinante é igual a zero.

1.30 Para $x \neq 0$ e $x \neq 1$.

1.31 Para a matriz A, $m = 2$ ou $m = 3$ e, para a matriz B, $m = 0$ ou $m = 3$.

1.32 $A^{-1} = \dfrac{1}{20}\begin{pmatrix} -5 & -4 & 11 \\ 5 & 8 & -7 \\ 5 & -4 & 1 \end{pmatrix}$, $\nexists\, B^{-1}$ e $C^{-1} = \begin{pmatrix} 4 & 2 & 3 \\ 2 & 1 & 1 \\ -7 & -3 & -5 \end{pmatrix}$.

1.33 $A = \begin{pmatrix} 1 & 2 & 3 \\ 2 & 5 & 3 \\ 1 & 0 & 8 \end{pmatrix}$ e $B = \begin{pmatrix} 1 & 0 & 1 \\ 0 & 1 & 1 \\ 1 & 1 & 1 \end{pmatrix}$.

1.34 $x = y = -1$.

1.35 $x = -3$, $y = 1$, $z = -4$ e $w = -7$.

1.36 $x = -\dfrac{1}{2}$, $y = 0$ ou $y = 2$, $z = -4$ e $w = 8$.

1.37 $X = \begin{pmatrix} 1 \\ 3 \\ 4 \end{pmatrix}$ e $Y = \begin{pmatrix} -1 \\ -1 \\ -10 \end{pmatrix}$.

1.38 **a)** $\begin{pmatrix} 6 & 1 & -11 \\ 1 & -1 & 8 \end{pmatrix}$, **b)** $\begin{pmatrix} -16 & 5 & -29 \\ -43 & -52 & 18 \end{pmatrix}$,

c) $\begin{pmatrix} 18 & 5 & -31 \\ 5 & -2 & 28 \end{pmatrix}$ e **d)** $\begin{pmatrix} 33 & -6 & -39 \\ 18 & 18 & 9 \end{pmatrix}$.

1.39 Os itens **a)** e **c)** são verdadeiros.

Para o item **b)**, a matriz é 3×5.

Para o item **d)**, a matriz é 4×3.

1.40 b) e **c)** são verdadeiras.

Para o item **a)**, $AB = \begin{pmatrix} 11 & 4 \\ 5 & 5 \end{pmatrix}$.

Para o item **d)**, $(A+B)C = \begin{pmatrix} 0 \\ -8 \end{pmatrix}$.

1.41 Todas as afirmações são verdadeiras. Para visualizar o item **e)**, considere $A = \begin{pmatrix} a & -a \\ a & -a \end{pmatrix}$.

1.42 Os itens **a)**, **b)** e **d)** são verdadeiros. Apenas o item **c)** é falso. Para visualizar, faça um exemplo numérico.

1.43 a) $\begin{pmatrix} 50 & -50 & 100 \\ 0 & 0 & 0 \\ 10 & -10 & 20 \end{pmatrix}$, **b)** $\begin{pmatrix} 0 & -15 & -30 \\ 0 & -15 & -30 \\ 0 & 30 & 60 \end{pmatrix}$, **c)** 60,

d) (17), **e)** $\begin{pmatrix} 12 & -6 & 36 \\ 2 & -1 & 6 \\ -2 & 1 & -6 \end{pmatrix}$ e **f)** (5).

1.44 $A = \frac{1}{5}\begin{pmatrix} -3 & -4 & -6 \\ 0 & -2 & -4 \\ 0 & 0 & -3 \end{pmatrix}$.

1.45 a) $A = \frac{1}{7}\begin{pmatrix} -12 & -12 & -12 \\ -10 & -3 & -27 \\ -21 & -38 & 0 \end{pmatrix}$. **b)** $A = \frac{1}{5}\begin{pmatrix} -2 & -2 & -2 \\ -4 & -1 & 29 \\ 13 & 20 & -14 \end{pmatrix}$.

1.46 $A = \begin{pmatrix} 3 & 2 \\ -2 & 1 \end{pmatrix}$ e $B = \begin{pmatrix} 2 & 1 \\ 3 & -2 \end{pmatrix}$.

1.47 $(AB)C = \begin{pmatrix} -8 \\ 14 \end{pmatrix} = A(BC)$.

1.48 $B = \begin{pmatrix} 2 & -1 \\ 3 & -2 \end{pmatrix}$.

1.49 $AB = \begin{pmatrix} 50 & 52 & 66 \\ 72 & 72 & 84 \end{pmatrix}$. Não é possível calcular BA.

1.51 $A^2 = I, \ \forall x \in I\!R$.

1.52 As fórmulas **a)** e **b)** são verdadeiras. As fórmulas **c)** e **d)** são falsas.

a) $A(B+C) = \begin{pmatrix} -1 & 1 \\ 1 & 0 \end{pmatrix} = AB + AC$.

b) $(B+C)A = \begin{pmatrix} 1 & 1 \\ 0 & -1 \end{pmatrix} = BA + CA$.

1.53 a) $AB = BA$. **b)** $AB = BA$.

1.54 $x = 5$ e $y = 2$.

1.55 Sim. $AB = BA = \begin{pmatrix} 3 & 5 & 3 \\ 0 & 3 & 5 \\ 0 & 0 & 3 \end{pmatrix}$.

1.56 São matrizes da forma: $\begin{pmatrix} x & y \\ 0 & x \end{pmatrix}, \forall x, \forall y \in I\!R$.

1.57 $X = \begin{pmatrix} 1 \\ 2 \end{pmatrix}$.

1.58 $A = \begin{pmatrix} 1 & 2 & -3 \\ 1 & -1 & 0 \\ 2 & -2 & 2 \end{pmatrix}$.

1.59 Para a matriz A:

a) $A_1 = \begin{pmatrix} 5 \end{pmatrix}$, $A_2 = \begin{pmatrix} 5 & 1 \\ -1 & 4 \end{pmatrix}$ e $A_3 = \begin{pmatrix} 5 & 1 & 2 \\ -1 & 4 & 2 \\ -3 & -2 & -8 \end{pmatrix} = A$.

b) $tr(A) = 1$.

c) A matriz A é estritamente diagonalmente dominante, pois:

$|1| + |2| < |5|, \quad |-1| + |2| < |4| \quad$ e $\quad |-3| + |-2| < |-8|$.

Para a matriz B:

a) $B_1 = \begin{pmatrix} 5 \end{pmatrix}$, $B_2 = \begin{pmatrix} 5 & 2 \\ 0 & 4 \end{pmatrix}$,

$B_3 = \begin{pmatrix} 5 & 2 & 0 \\ 0 & 4 & 2 \\ 1 & 0 & -5 \end{pmatrix}$ e $B_4 = \begin{pmatrix} 5 & 2 & 0 & 1 \\ 0 & 4 & 2 & -1 \\ 1 & 0 & -5 & 1 \\ 3 & 2 & 1 & 7 \end{pmatrix} = B$.

b) $tr(B) = 11$.

c) A matriz B é estritamente diagonalmente dominante, pois:

$|2| + |1| < |5|, \quad |2| + |-1| < |4|, \quad |1| + |1| < |-5| \quad$ e $\quad |3| + |2| + |1| < |7|$.

1.61 $(AB)^t = \begin{pmatrix} -3 & 6 \end{pmatrix} = B^t A^t$.

1.63 $AB = \begin{pmatrix} ac - bd & ad + bc \\ -bc - ad & -bd + ac \end{pmatrix} = \begin{pmatrix} ca - db & cb + da \\ -da - cb & -db + ca \end{pmatrix} = BA$, desde que a, b, c e d são números reais.

1.65 Sim, a matriz transposta de A também satisfaz a equação.

1.66 $B = \begin{pmatrix} 1 & -3/2 \\ 3/2 & 1 \end{pmatrix}$.

1.67 $x = -2$ e $y = 8$.

1.68 $A = \begin{pmatrix} 2 & 1 & -4 \\ 0 & 1 & 3 \\ 0 & 0 & 0 \end{pmatrix}$, $p(A) = 2$, $B = \begin{pmatrix} 6 & 2 & 7 \\ 0 & 10/3 & 14/3 \\ 0 & 0 & 81/10 \end{pmatrix}$, $p(B) = 3$,

$C = \begin{pmatrix} 3 & 3 & 7 \\ 0 & -2 & 8/3 \\ 0 & 0 & -5/3 \end{pmatrix}$, $p(C) = 3$,

$D = \begin{pmatrix} 2 & 4 & 6 & 1 \\ 0 & -5 & -4 & 3/2 \\ 0 & 0 & -3/5 & -29/10 \\ 0 & 0 & 0 & 11/2 \end{pmatrix}$, $p(D) = 4$ e

$E = \begin{pmatrix} 2 & 1 & -1 & 0 & 3 \\ 0 & -1/2 & 5/2 & 3 & 5/2 \\ 0 & 0 & -4 & -4 & -4 \end{pmatrix}$, $p(E) = 3$.

1.69 a) $x = 1$ ou $x = -16$. **b)** $x = -7/4$.

1.71 a) $det(A) = -18$ e $det(B) = -40$.

b) O cofator de a_{32} é -3 e de b_{23} é zero.

c) $det(AB) = 720$.

d) $det(A^{-1}) = -\dfrac{1}{18}$ e $det(B^{-1}) = -\dfrac{1}{40}$.

1.72 $det(A) = 32$.

1.73 Para matriz A: $t = 2$ ou $t = -\dfrac{4}{3}$.

Para matriz B: $t = 5$ ou $t = -1$.

Para matriz C: $t = -1$ ou $t = 3$.

1.74 Para $-2 < x = y < 4$.

1.75 a) $x \neq 0$ e $x \neq -1$.

b) $det(A) = -2$.

c) $\begin{pmatrix} -2 & -1 \\ 5 & 2 \end{pmatrix}$.

d) $\begin{pmatrix} -1 & -1 \\ -1 & 1 \end{pmatrix}$.

e) $det(B^{-1}AB) = -2$. Sim. Basta usar as Propriedades 1.10 e 1.11.

1.76 b) $vA^{-1}u \neq 1$.

c) $B^{-1} = \begin{pmatrix} 0 & -2 & -1 \\ -2 & 29 & 18 \\ -1 & 18 & 11 \end{pmatrix}$.

1.77 $x = 2$ ou $x = -\dfrac{1}{3}$.

1.78 $x = 3$ ou $x = -1$.

1.79 $A = \dfrac{1}{50}\begin{pmatrix} -4 & 2 \\ 3 & -1 \end{pmatrix}$.

1.80 $A^{-1} = \dfrac{1}{2}\begin{pmatrix} 1 & -1 & 1 \\ 0 & 2 & -2 \\ -1 & 1 & 1 \end{pmatrix}$, $B^{-1} = \dfrac{1}{54}\begin{pmatrix} 36 & -6 & 12 \\ -6 & 7 & -5 \\ 12 & -5 & 19 \end{pmatrix}$,

$$C^{-1} = \begin{pmatrix} 0 & -1 & 1 \\ -1 & -1 & 2 \\ 1 & 1 & -1 \end{pmatrix}, \quad D^{-1} = \frac{1}{10}\begin{pmatrix} 2 & -2 & 2 \\ 5 & 10 & -5 \\ -1 & 6 & -1 \end{pmatrix},$$

$$E^{-1} = \frac{1}{130}\begin{pmatrix} 208 & 94 & -70 \\ 26 & -2 & -40 \\ -65 & -30 & 50 \end{pmatrix}, \quad F^{-1} = \frac{1}{2}\begin{pmatrix} 1 & -1 & 1 \\ -1 & 1 & 1 \\ 1 & 1 & -1 \end{pmatrix},$$

$$G^{-1} = \begin{pmatrix} 2 & 1 & 0 \\ 4 & 2 & 1 \\ 1 & 0 & 1 \end{pmatrix} \text{ e } H^{-1} = \begin{pmatrix} 1 & -2 & 1 \\ 0 & 1 & -3 \\ 0 & 0 & 1 \end{pmatrix}.$$

Vetores

2

2.1 Introdução

Pretendemos, neste capítulo, recordar alguns conceitos sobre vetores já conhecidos de vocês; introduzir os vetores em um espaço de dimensão maior do que 3, bem como a notação que usaremos para eles.

Os vetores podem ser representados geometricamente por segmentos orientados, ou flechas, nos espaços bi e tridimensionais. A direção, o sentido e o comprimento da flecha indicam, respectivamente, a direção, o sentido e o valor do vetor. Os vetores são, usualmente, denotados por letras minúsculas; por exemplo, $u, v, w, \ldots$.

Considere o vetor u dado na Figura 2.1:

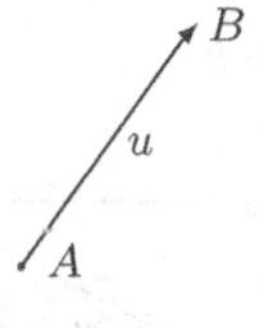

Figura 2.1

Chamamos de A o ponto inicial e de B o ponto final (ou terminal) do vetor u. Assim, podemos denotar o vetor u por AB ou por $B - A$.

Definição 2.1 *Se um conjunto de vetores possuem a mesma direção, o mesmo sentido e o mesmo comprimento, dizemos que eles são* **equivalentes**.

Na Figura 2.2, os vetores são equivalentes.

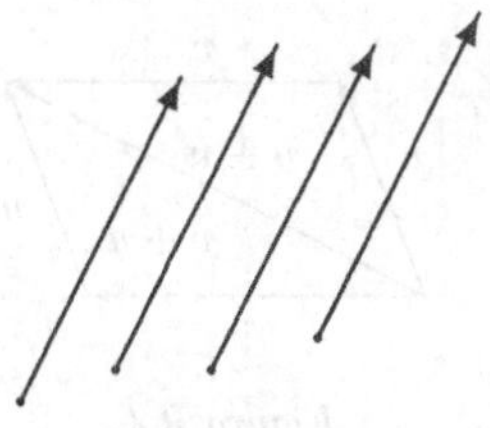

Figura 2.2

Definição 2.2 *Chamamos de* **vetor nulo** *o vetor cujo ponto inicial coincide com o ponto final, isto é, vetores cujo comprimento é igual a zero.*

Denotaremos o vetor nulo por θ.

2.2 Operações com Vetores

Vamos relembrar as operações com os vetores. Antes de definirmos tais operações, vejamos quando dois vetores são iguais.

Como desejamos que os vetores sejam determinados pela direção, pelo sentido e pelo comprimento, os vetores u e v serão considerados iguais mesmo que estejam localizados em posições diferentes, isto é, dois vetores são iguais se e somente se eles são vetores equivalentes.

Definição 2.3 *Se u e v são dois vetores quaisquer, então $u + v$ é o vetor determinado do seguinte modo: posiciona-se o vetor v até que seu ponto inicial coincida com o ponto terminal de u. O vetor $u + v$ será então representado pelo vetor construído a partir do ponto inicial de u até o ponto terminal de v.*

Considere os vetores u e v, dados por:

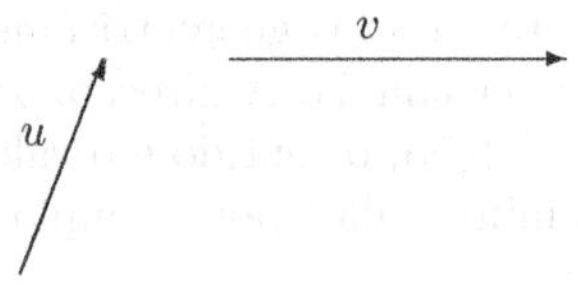

A Figura 2.3 ilustra a operação $u + v$.

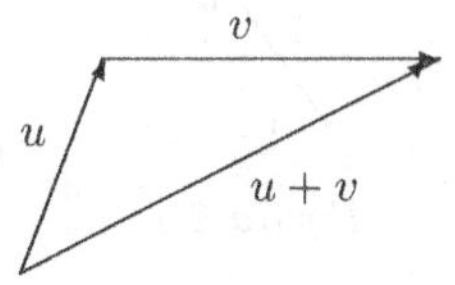

Figura 2.3

Observe, na Figura 2.4, que: $u + v = v + u$. Além disso, $u + v$ é a diagonal do paralelogramo formado por u e v.

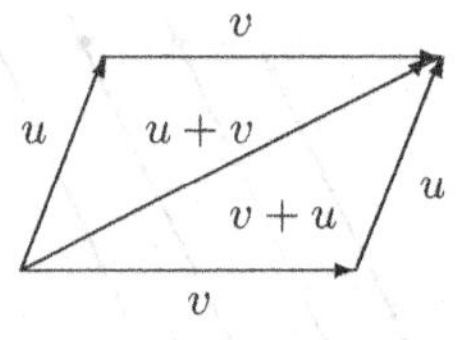

Figura 2.4

Definição 2.4 *Definimos:* $\theta + u = u + \theta = u$, *para qualquer vetor* u.

Observe que, como não existe uma direção e não existe um sentido natural para o vetor nulo, podemos adotar livremente uma direção qualquer, bem como um sentido qualquer, de acordo com a conveniência para o problema considerado.

Definição 2.5 *Se* u *é um vetor não nulo qualquer, então o único vetor* v *que satisfaz* $u + v = \theta$ *é o vetor que tem a mesma direção e comprimento de* u*, porém possui sentido contrário de* u*. Tal vetor é chamado de* **vetor oposto** *e será denotado por* $-u$.

A Figura 2.5 ilustra o vetor oposto de um vetor u.

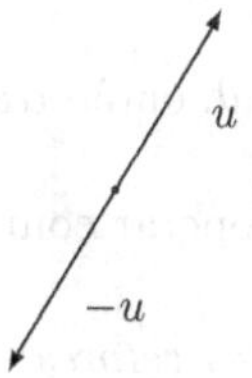

Figura 2.5

Definição 2.6 *Se* u *e* v *são dois vetores quaisquer, então* $u - v$ *é o vetor determinado do seguinte modo: posiciona-se o vetor* v *até que seu ponto inicial coincida com o ponto inicial de* u*. O vetor* $u - v$ *será então representado pelo vetor construído a partir do ponto terminal de* v *até o ponto terminal de* u.

Considere os vetores u e v, dados por:

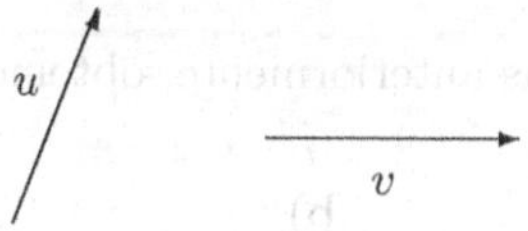

Observe que podemos construir a diferença de dois vetores u e v usando a definição 2.6, como mostrado na Figura 2.6*(a)*, ou adicionando o vetor u ao oposto do vetor v, isto é, calculando $u + (-v)$, como mostrado na Figura 2.6*(b)*.

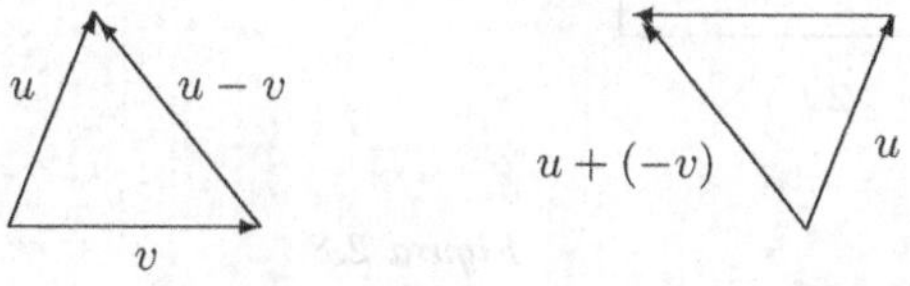

Figura 2.6

Definição 2.7 *Se* u *é um vetor não nulo e* $\alpha \neq 0$ *é um escalar (número real), então definimos o produto* αu *como sendo um vetor cuja direção é a mesma de* u*, o comprimento é* $|\alpha|$ *vezes o comprimento de* u *e o sentido é o mesmo de* u *se* $\alpha > 0$*, e contrário de* u *se* $\alpha < 0$.

Na Figura 2.7, ilustramos o produto αu, para alguns valores de α.

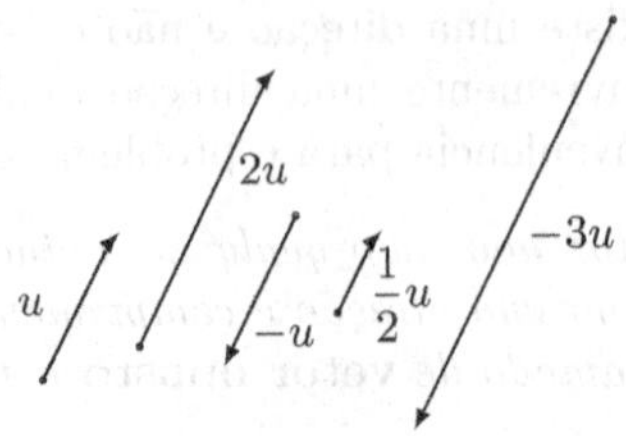

Figura 2.7

Observe que, se $\alpha = 0$ ou se $u = \theta$, então $\alpha u = \theta$.

Estamos agora em condições de operar com vetores.

Exemplo 2.1 *Considere os seguintes vetores:*

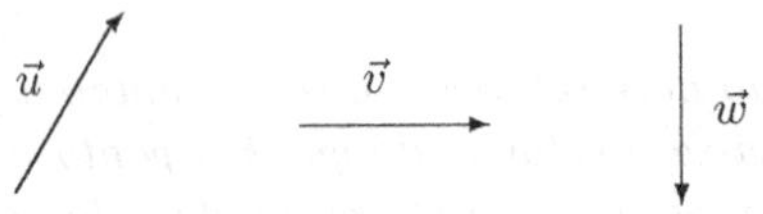

Determine:

a) $u + 2v - 3w$,

b) $-u - \frac{3}{2}v + \frac{1}{2}w$.

Solução: Usando as definições dadas anteriormente, obtemos a Figura 2.8:

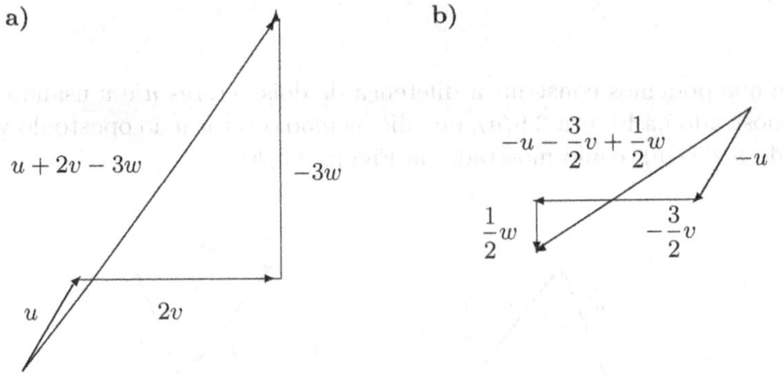

Figura 2.8

Exercícios

2.1 *Considere os seguintes vetores:*

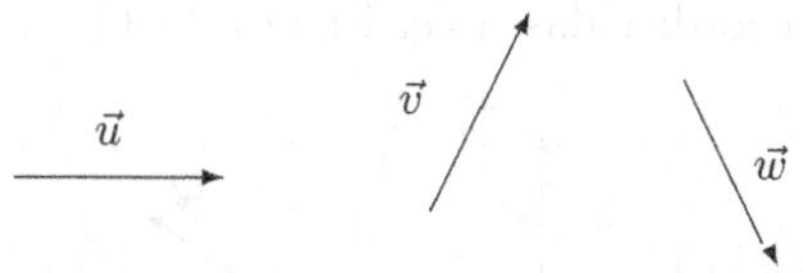

Determine:

a) $u + v - w$,

b) $-u - v + w$.

2.2 *Determine o vetor w que satisfaz a equação:*

$$2(w - u) = 10(w + v).$$

2.3 *Determine os vetores u e v que satisfazem o seguinte sistema linear:*

$$\begin{cases} u + v &= w \\ 3u - 2v &= 2w + s \end{cases}$$

2.3 Vetores no Plano

Os problemas envolvendo vetores podem ser bastante simplificados, caso se introduza um sistema de coordenadas cartesianas. Um sistema de coordenadas no plano é formado por duas retas orientadas perpendiculares entre si, que se cruzam no ponto O, o qual é a origem de ambos os eixos. O eixo horizontal é chamado eixo das abscissas e o vertical é chamado eixo das ordenadas. Os dois eixos dividem o plano em quatro ângulos retos, chamados **quadrantes**, e que são enumerados conforme a Figura 2.9.

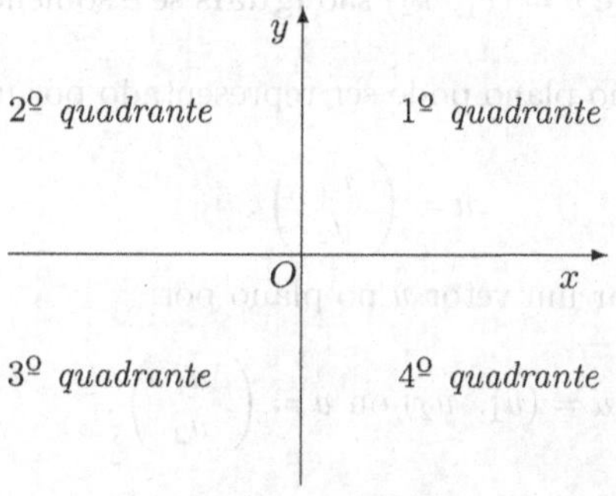

Figura 2.9

Observe, na Figura 2.9, que as setas indicam o sentido positivo de cada eixo, a partir do ponto O.

Para qualquer vetor PQ no plano, existe outro equivalente a este, cujo ponto inicial é a origem do sistema de coordenadas. (Ver Figura 2.10.)

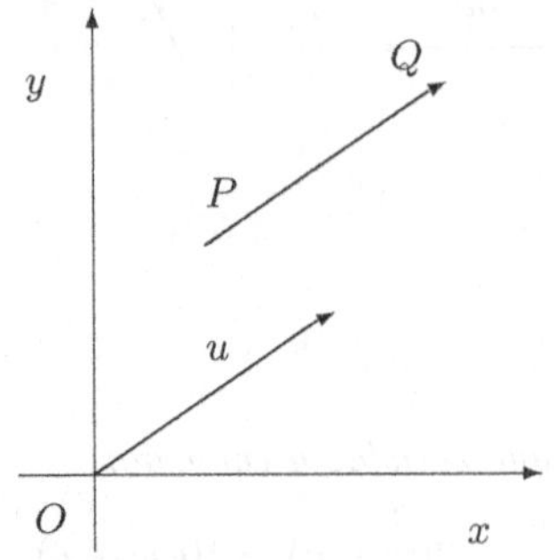

Figura 2.10

Assim, podemos considerar apenas os vetores com ponto inicial na origem do sistema de coordenadas, denominados **vetores no plano**.

Seja u um vetor qualquer no plano. Chamamos de **componentes** de u as coordenadas $(u_1,\ u_2)$ do ponto terminal de u e denotamos por $u = (u_1,\ u_2)$. (Ver Figura 2.11.)

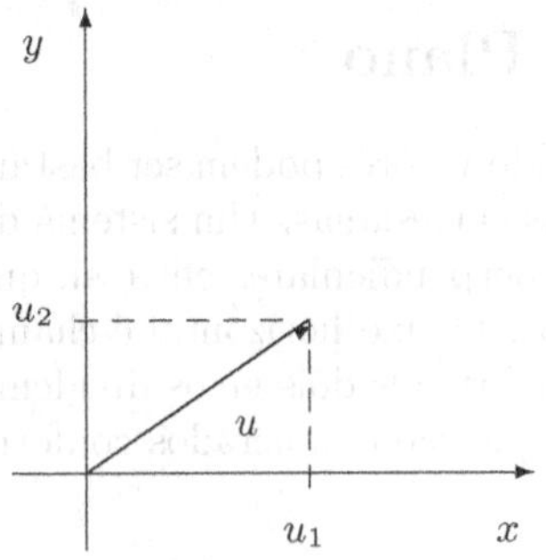

Figura 2.11

Dois vetores $u = (u_1,\ u_2)$ e $v = (v_1,\ v_2)$ são **iguais** se e somente se $u_1 = v_1$ e $u_2 = v_2$.

Observe que um vetor u no plano pode ser representado por uma matriz coluna, isto é:

$$u = \begin{pmatrix} u_1 \\ u_2 \end{pmatrix}.$$

Logo, podemos representar um vetor u no plano por:

$$u = (u_1,\ u_2) \text{ ou } u = \begin{pmatrix} u_1 \\ u_2 \end{pmatrix}.$$

À origem do sistema de coordenadas fica associado um único vetor, que tem os pontos inicial e final coincidentes com esta. Chamaremos tal vetor de **vetor nulo** e ele será representado por:

$$\theta = (0,\ 0) \text{ ou } \theta = \begin{pmatrix} 0 \\ 0 \end{pmatrix}.$$

No início deste capítulo, dissemos que um vetor u pode ser denotado por AB ou simplesmente por $B - A$. O vetor $u = AB$ é representado no plano com ponto inicial em A e terminal em B. O vetor $u = B - A$ obriga que o vetor u tenha sua origem coincidente com a origem do sistema de coordenadas, como pode ser observado no Exemplo 2.2.

Exemplo 2.2 *Considere os pontos:* $A = (1,\ 3)$ *e* $B = (4,\ 5)$. *Coloque no plano o vetor* $u = AB$ *e o vetor* $u = B - A$.

Solução: Na Figura 2.12, ilustramos o vetor u dado por AB, isto é, com ponto inicial em $(1,\ 3)$ e ponto terminal em $(4,\ 5)$ e o vetor $u = B - A = (4,\ 5) - (1,\ 3) = (3,\ 2)$.

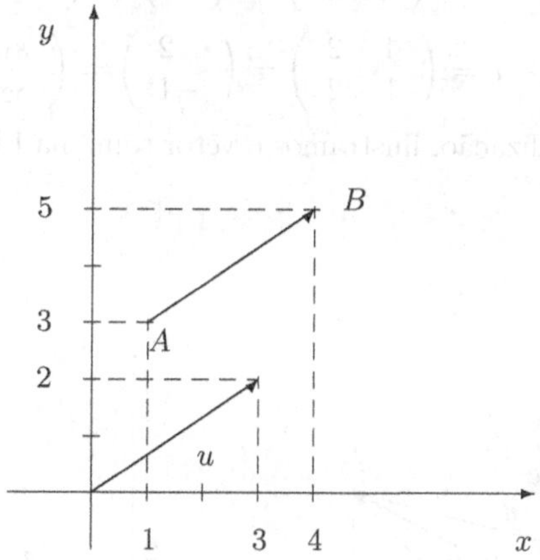

Figura 2.12

2.3.1 Operações com Vetores no Plano

As operações de adição e subtração de vetores, bem como a multiplicação de um escalar por um vetor, também são muito mais fáceis de serem efetuadas em termos de coordenadas.

Assim, se

$$u = \begin{pmatrix} u_1 \\ u_2 \end{pmatrix} \text{ e } v = \begin{pmatrix} v_1 \\ v_2 \end{pmatrix},$$

então o vetor $w = u + v$, será dado por:

$$w = \begin{pmatrix} w_1 \\ w_2 \end{pmatrix} = \begin{pmatrix} u_1 + v_1 \\ u_2 + v_2 \end{pmatrix} \text{ ou } w = (w_1,\ w_2) = (u_1 + v_1,\ u_2 + v_2),$$

o vetor $s = u - v$, será dado por:

$$s = \begin{pmatrix} s_1 \\ s_2 \end{pmatrix} = \begin{pmatrix} u_1 - v_1 \\ u_2 - v_2 \end{pmatrix} \text{ ou } s = (s_1,\ s_2) = (u_1 - v_1,\ u_2 - v_2)$$

e o vetor $q = \alpha u$ será dado por:

$$q = \begin{pmatrix} q_1 \\ q_2 \end{pmatrix} = \begin{pmatrix} \alpha u_1 \\ \alpha u_2 \end{pmatrix} \text{ ou } q = (q_1,\ q_2) = (\alpha u_1,\ \alpha u_2).$$

Retornemos à Figura 2.11. Observe que o vetor u pode ser interpretado geometricamente como a soma do vetor $(u_1,\ 0)$ com o vetor $(0,\ u_2)$. Além disso, u_1 pode ser interpretado como a **projeção ortogonal** do vetor u sobre o eixo x e u_2 a **projeção ortogonal** do vetor u sobre o eixo y.

Exemplo 2.3 *Considere os vetores* $u = (4,\ 1)$ *e* $v = (2,\ 2)$. *Calcule:* $w = u + v$, $s = u - v$, *e esboce no plano os vetores* u, v, w *e* s.

Solução: Temos:

$$w = u + v = \begin{pmatrix} 4+2 \\ 1+2 \end{pmatrix} = \begin{pmatrix} 6 \\ 3 \end{pmatrix} = \begin{pmatrix} w_1 \\ w_2 \end{pmatrix},$$

$$s = u - v = \begin{pmatrix} 4-2 \\ 1-2 \end{pmatrix} = \begin{pmatrix} 2 \\ -1 \end{pmatrix} = \begin{pmatrix} s_1 \\ s_2 \end{pmatrix}.$$

Para uma melhor visualização, ilustramos o vetor soma na Figura 2.13*(a)* e na Figura 2.13*(b)*, o vetor diferença.

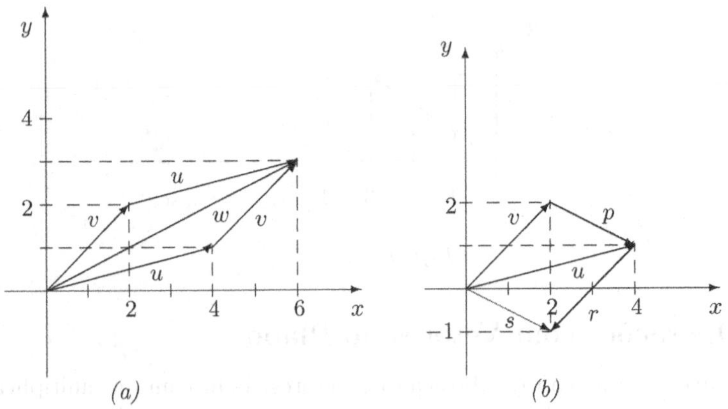

Figura 2.13

Observe, na Figura 2.13, que:

a) Representamos na Figura 2.13*(a)* os vetores u e v sem ter o ponto inicial coincidente com a origem do sistema de coordenadas, com o objetivo de mostrar que a adição de dois vetores, em termos de coordenadas, não fere a definição de adição de vetores, isto é, $u + v = v + u$ (Definição 2.3). Além disso, na Figura 2.13*(a)*, o vetor $w = u + v$ é a diagonal do paralelogramo formado por u e v.

b) No vetor diferença, acrescentamos os vetores p e r sem ter o ponto inicial coincidente com a origem do sistema de coordenadas, onde $p = u - v$ e $r = -v$, com o objetivo de mostrar que a diferença de dois vetores, em termos de coordenadas, não fere a definição de diferença de vetores, isto é, $u - v = u + (-v)$ (Definição 2.6). Além disso, na Figura 2.13*(b)*, $p = u - v$ é equivalente a $u + (-v) = s$.

Exemplo 2.4 *Considere o vetor* $u = (2,\ 1)$ *e os escalares* $\alpha = 3$ *e* $\beta = -\dfrac{1}{2}$. *Calcule os vetores* $v = \alpha u$ *e* $w = \beta u$. *Esboce no plano os vetores* u, v *e* w.

Solução: Temos:

$$v = \alpha u \Rightarrow v = 3u \Rightarrow v = 3\begin{pmatrix} 2 \\ 1 \end{pmatrix} \Rightarrow v = \begin{pmatrix} 6 \\ 3 \end{pmatrix} = \begin{pmatrix} v_1 \\ v_2 \end{pmatrix}$$

e

$$w = \beta u \Rightarrow w = -\frac{1}{2}\begin{pmatrix} 2 \\ 1 \end{pmatrix} = \begin{pmatrix} -1 \\ -\frac{1}{2} \end{pmatrix} = \begin{pmatrix} w_1 \\ w_2 \end{pmatrix}.$$

Colocando os vetores u, v e w no mesmo gráfico, obtemos a Figura 2.14.

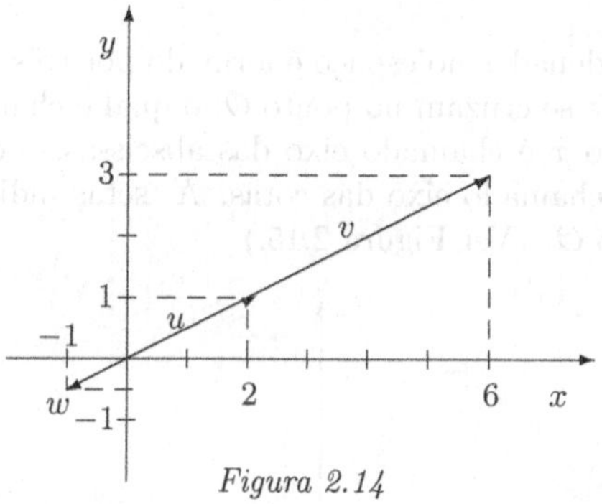

Figura 2.14

Observe, na Figura 2.14, que o produto de um escalar por um vetor, em termos de coordenadas, não fere a Definição 2.7, pois os vetores v e w alteram o comprimento ou o sentido do vetor u, nunca sua direção.

Se chamarmos de V o conjunto de todos os pares ordenados, podemos identificar V como sendo o conjunto:

$$V = \{(u_1,\ u_2),\ u_i \in I\!R,\ i = 1, 2\} = I\!R \times I\!R = I\!R^2.$$

Exercícios

2.4 *Fazer o esboço no plano de cada um dos vetores:*

a) $u = (2,\ 5)$.

b) $v = (-4,\ 2)$.

c) $w = (-4,\ -2)$.

d) $s = (2,\ -5)$.

2.5 *Dados os vetores* $u = (3,\ -4)$ *e* $v = (-\frac{9}{4},\ 3)$, *verifique se existem números a e b, tais que* $u = av$ *e* $v = bu$.

2.6 *Sabendo que:* $u = (2,\ -3)$ *e* $v = (3,\ 4)$, *determine o vetor w que satisfaz a equação:*

$$2(w - u) = 10(w + v).$$

2.7 *Sabendo que:* $w = (2,\ 1)$ *e* $s = (3,\ -2)$, *determine os vetores* u *e* v *que satisfazem o seguinte sistema linear:*

$$\begin{cases} u + v & = & w \\ 3u - 2v & = & 2w + s \end{cases}$$

2.4 Vetores no Espaço

Podemos considerar vetores no espaço, usando coordenadas cartesianas, da mesma forma que fizemos com vetores no plano.

Um sistema de coordenadas no espaço é formado por três retas orientadas, perpendiculares duas a duas, que se cruzam no ponto O, o qual é chamado de origem do sistema de coordenadas. O eixo x é chamado eixo das abscissas, o eixo y é chamado eixo das ordenadas e o eixo z é chamado eixo das cotas. As setas indicam o sentido positivo dos eixos, a partir do ponto O. (Ver Figura 2.15.)

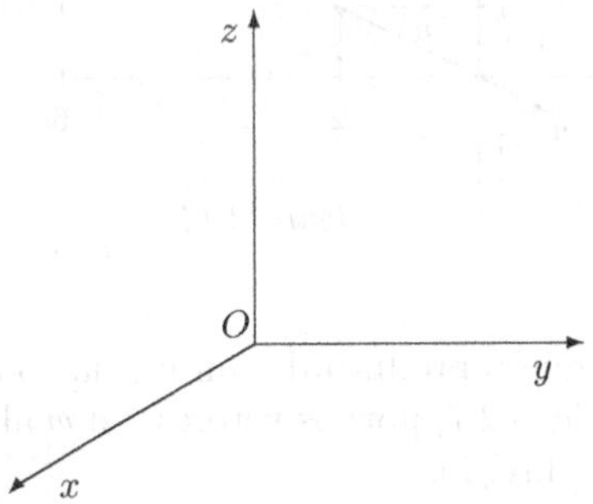

Figura 2.15

Chamamos de **vetores no espaço** todos os vetores cujo ponto inicial coincide com a origem do sistema de coordenadas.

Assim, se u é um vetor qualquer no espaço, chamamos de **componentes** de u as coordenadas $(u_1,\ u_2,\ u_3)$ do ponto terminal de u e denotamos por $u = (u_1,\ u_2,\ u_3)$. (Ver Figura 2.16.)

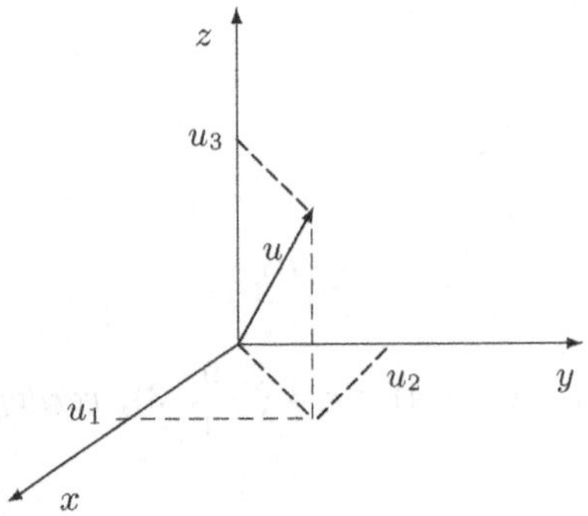

Figura 2.16

Na Figura 2.17, ilustramos o vetor $u = (2,\ 3,\ 4)$.

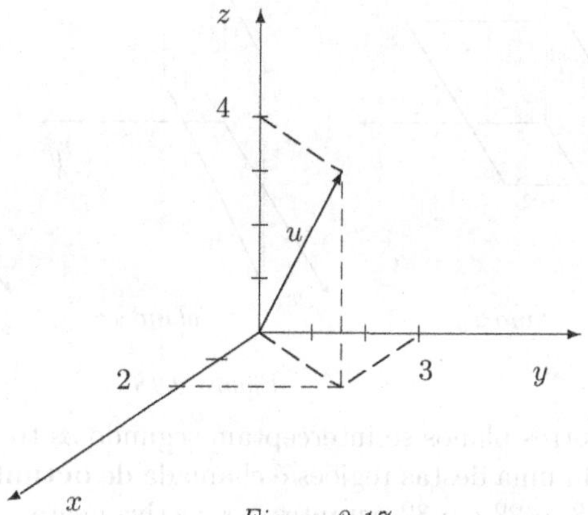

Figura 2.17

Dois vetores $u = (u_1,\ u_2,\ u_3)$ e $v = (v_1,\ v_2,\ v_3)$ são **iguais** se e somente se $u_1 = v_1,\ u_2 = v_2$ e $u_3 = v_3$.

Observe que um vetor u no espaço pode, também, ser representado por uma matriz coluna, isto é:

$$u = \begin{pmatrix} u_1 \\ u_2 \\ u_3 \end{pmatrix}.$$

Logo, podemos representar um vetor u no espaço por:

$$u = (u_1,\ u_2,\ u_3) \text{ ou } u = \begin{pmatrix} u_1 \\ u_2 \\ u_3 \end{pmatrix}.$$

À origem do sistema de coordenadas fica associado um único vetor que tem os pontos inicial e final coincidentes com esta. Chamaremos tal vetor de **vetor nulo** e ele será representado por:

$$\theta = (0,\ 0,\ 0) \text{ ou } \theta = \begin{pmatrix} 0 \\ 0 \\ 0 \end{pmatrix}.$$

Observe que cada dupla de eixos determina um plano. Portanto, temos três planos. Na Figura 2.18, representamos estes três planos.

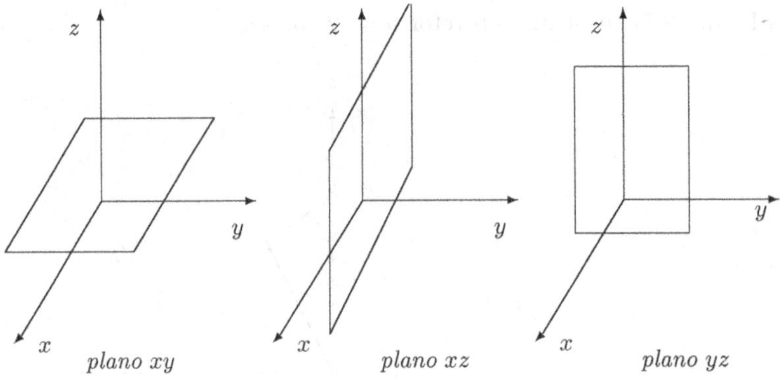

Figura 2.18

Além disso, estes três planos se interceptam segundo os três eixos dividindo o espaço em oito regiões. Cada uma destas regiões é chamada de **octante**. Na Figura 2.19*(a)*, *(b)* e *(c)*, ilustramos o 1º, o 2º e o 3º octantes, respectivamente.

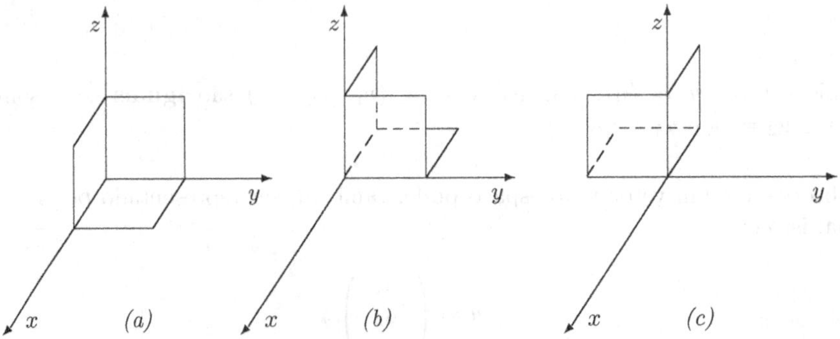

Figura 2.19

A visualização dos pontos no espaço é importante para a compreensão de transformações lineares que serão abordadas no Capítulo 5. O próximo exemplo ilustra a posição de pontos no espaço.

Exemplo 2.5 *Considere os pontos A, B, C, D, E, F, G e H dados na Figura 2.20. Diga qual é a coordenada de cada um destes pontos e onde cada um se encontra.*

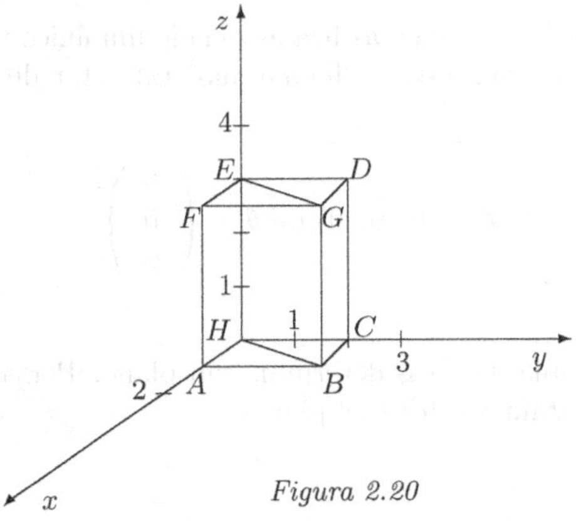

Figura 2.20

Solução: Observando a Figura 2.20, notamos que:

$A = (1,\ 0,\ 0)$ e encontra-se no eixo x,

$B = (1,\ 2,\ 0)$ e encontra-se no plano xy,

$C = (0,\ 2,\ 0)$ e encontra-se no eixo y,

$D = (0,\ 2,\ 3)$ e encontra-se no plano yz,

$E = (0,\ 0,\ 3)$ e encontra-se no eixo z,

$F = (1,\ 0,\ 3)$ e encontra-se no plano xz,

$G = (1,\ 2,\ 3)$ e encontra-se no espaço,

$H = (0,\ 0,\ 0)$ e coincide com a origem do sistema de coordenadas.

Podemos dizer então que: um ponto está no eixo se duas das suas coordenadas são zero; que está no plano se uma das suas coordenadas é zero e, finalmente, que o ponto está no espaço se nenhuma de suas coordenadas é nula. Observe ainda, na Figura 2.20, que os pontos B, D e F correspondem à **projeção ortogonal** do ponto G sobre os planos xy, yz e xz, respectivamente.

2.4.1 Operações com Vetores no Espaço

No espaço, as operações de adição e subtração de vetores, bem como a multiplicação de um escalar por um vetor, em termos de componentes, são efetuadas do mesmo modo que os vetores no plano.

Assim, se $u = (u_1,\ u_2,\ u_3)$ e $v = (v_1,\ v_2,\ v_3)$, então:

$$\begin{aligned} u+v &= (u_1+v_1,\ u_2+v_2,\ u_3+v_3), \\ u-v &= (u_1-v_1,\ u_2-v_2,\ u_3-v_3), \\ \alpha u &= (\alpha u_1,\ \alpha u_2,\ \alpha u_3). \end{aligned}$$

Além disso, podemos representar estes vetores como matrizes colunas, isto é,

$$u+v = \begin{pmatrix} u_1+v_1 \\ u_2+v_2 \\ u_3+v_3 \end{pmatrix}, \quad u-v = \begin{pmatrix} u_1-v_1 \\ u_2-v_2 \\ u_3-v_3 \end{pmatrix} \text{ e } \alpha u = \begin{pmatrix} \alpha u_1 \\ \alpha u_2 \\ \alpha u_3 \end{pmatrix}.$$

Portanto, as operações com vetores no plano ou no espaço são realizadas da mesma forma, isto é, do plano para o espaço, a única diferença é que temos uma coordenada a mais.

Retornemos à Figura 2.16. Observe que o vetor u pode ser interpretado geometricamente como a soma do vetor $(u_1,\ 0,\ 0)$ com o vetor $(0,\ u_2,\ 0)$, adicionando ao vetor resultante o vetor $(0,\ 0,\ u_3)$. Além disso, u_1 pode ser interpretado como a **projeção ortogonal** do vetor u sobre o eixo x, u_2, a **projeção ortogonal** do vetor u sobre o eixo y e u_3, a **projeção ortogonal** do vetor u sobre o eixo z.

Exemplo 2.6 *Considere os vetores* $u = (-1,\ 4,\ 1)$ *e* $v = (2,\ 0,\ 1)$ *e os escalares* $\alpha = 2$ *e* $\beta = -3$. *Calcule:* $w = u + v$, $s = u - v$ *e* $p = \alpha u + \beta v$.

Solução: Temos:

$$w = u + v = \begin{pmatrix} -1+2 \\ 4+0 \\ 1+1 \end{pmatrix} = \begin{pmatrix} 1 \\ 4 \\ 2 \end{pmatrix} = \begin{pmatrix} w_1 \\ w_2 \\ w_3 \end{pmatrix},$$

$$s = u - v = \begin{pmatrix} -1-2 \\ 4-0 \\ 1-1 \end{pmatrix} = \begin{pmatrix} -3 \\ 4 \\ 0 \end{pmatrix} = \begin{pmatrix} s_1 \\ s_2 \\ s_3 \end{pmatrix},$$

$$p = 2u - 3v = 2\begin{pmatrix} -1 \\ 4 \\ 1 \end{pmatrix} - 3\begin{pmatrix} 2 \\ 0 \\ 1 \end{pmatrix} = \begin{pmatrix} -8 \\ 8 \\ -1 \end{pmatrix} = \begin{pmatrix} p_1 \\ p_2 \\ p_3 \end{pmatrix}.$$

Se chamarmos de V o conjunto de todas as ternas ordenadas, podemos identificar V como sendo o conjunto:

$$V = \{(u_1,\ u_2,\ u_3),\ u_i \in I\!R,\ i = 1, 2, 3\} = I\!R \times I\!R \times I\!R = I\!R^3.$$

Exercícios

2.8 *Fazer o esboço no espaço de cada um dos vetores:*

a) $u = (2,\ 5,\ 1)$.

b) $v = (0,\ 0,\ -2)$.

c) $w = (0,\ 2,\ 3)$.

d) $s = (2,\ 0,\ 0)$.

2.9 *Sabendo que:* $u = (1,\ 2,\ 3)$ *e* $v = (2,\ -3,\ 1)$, *determine o vetor* w *que satisfaz a equação:*

$$2(w - u) = 10(w + v).$$

2.10 *Sabendo que:* $w = (1,\ 2,\ -3)$ *e* $s = (0,\ 3,\ 2)$, *determine os vetores* u *e* v *que satisfazem o seguinte sistema linear:*

$$\begin{cases} \vec{u} + \vec{v} &= \vec{w} \\ 3\vec{u} - 2\vec{v} &= 2\vec{w} + \vec{s} \end{cases}$$

2.5 Vetores no $\mathbb{R}^n$

Considere agora que, em vez de pares ou ternas ordenadas, tenhamos $n-$uplas ordenadas. Se chamarmos de V o conjunto de todas as $n-$uplas ordenadas, podemos identificar V como sendo o conjunto:

$$V = \{(u_1,\ u_2,\ \ldots,\ u_n),\ u_i \in \mathbb{R}, i = 1, 2, \ldots, n\} = \underbrace{\mathbb{R} \times \mathbb{R} \times \mathbb{R} \ldots \times \mathbb{R}}_{n \text{ vezes}} = \mathbb{R}^n.$$

É claro que, neste caso, perdemos a visão geométrica de vetores. Entretanto, dois vetores $u = (u_1,\ u_2,\ \ldots,\ u_n)$ e $v = (v_1,\ v_2,\ \ldots,\ v_n)$ são **iguais** se e somente se $u_i = v_i,\ i = 1, 2, \ldots, n$.

Além disso, as operações de adição e subtração de vetores, bem como a multiplicação de um escalar por um vetor, em termos de componentes, são efetuadas do mesmo modo que os vetores no plano ou no espaço.

Assim, se $u = (u_1,\ u_2,\ \ldots,\ u_n)$ e $v = (v_1,\ v_2,\ \ldots,\ v_n)$, então:

$$\begin{aligned} u + v &= (u_1 + v_1,\ u_2 + v_2,\ \ldots,\ u_n + v_n), \\ u - v &= (u_1 - v_1,\ u_2 - v_2,\ \ldots,\ u_n - v_n), \\ \alpha u &= (\alpha u_1,\ \alpha u_2,\ \ldots,\ \alpha u_n). \end{aligned}$$

Podemos representar os vetores acima como matrizes colunas, isto é,

$$u + v = \begin{pmatrix} u_1 + v_1 \\ u_2 + v_2 \\ \vdots \\ u_n + v_n \end{pmatrix}, \quad u - v = \begin{pmatrix} u_1 - v_1 \\ u_2 - v_2 \\ \vdots \\ u_n - v_n \end{pmatrix} \text{ e } \alpha u = \begin{pmatrix} \alpha u_1 \\ \alpha u_2 \\ \vdots \\ \alpha u_n \end{pmatrix}.$$

Chamaremos de **vetor nulo** o vetor que tem as n coordenadas iguais a zero e ele será representado por:

$$\theta = (0,\ 0,\ \ldots,\ 0) \text{ ou } \theta = \begin{pmatrix} 0 \\ 0 \\ \vdots \\ 0 \end{pmatrix}.$$

Portanto, as operações com vetores no $\mathbb{R}^n$ são realizadas da mesma forma que as operações com vetores no plano ou no espaço; a única diferença é que temos mais coordenadas.

Exemplo 2.7 *Sejam u e v vetores do $\mathbb{R}^5$, onde $u = (1,\ 2,\ 3,\ 4,\ 5)$, $v = (-1,\ 0,\ 1,\ 3,\ 2)$ e $\alpha = -3$. Calcule: $u + v$, $u - v$ e αv.*

Solução: Temos:

$$u + v = \begin{pmatrix} 1 + (-1) \\ 2 + 0 \\ 3 + 1 \\ 4 + 3 \\ 5 + 2 \end{pmatrix} \Rightarrow u + v = \begin{pmatrix} 0 \\ 2 \\ 4 \\ 7 \\ 7 \end{pmatrix},$$

$$u - v = \begin{pmatrix} 1-(-1) \\ 2-0 \\ 3-1 \\ 4-3 \\ 5-2 \end{pmatrix} \Rightarrow u + v = \begin{pmatrix} 2 \\ 2 \\ 2 \\ 1 \\ 3 \end{pmatrix}$$

e

$$\alpha u = -3u = \begin{pmatrix} -3(-1) \\ -3(0) \\ -3(1) \\ -3(3) \\ -3(2) \end{pmatrix} \Rightarrow -3u = \begin{pmatrix} 3 \\ 0 \\ -3 \\ -9 \\ -6 \end{pmatrix}.$$

Observe que, neste caso, o vetor nulo é: $\theta = (0,\ 0,\ 0,\ 0,\ 0)$.

Exercícios

2.11 *Sabendo que:* $u = (-1,\ 1,\ 2,\ 0,\ 3)$ *e* $v = (2,\ 0,\ -3,\ 1,\ 2)$, *determinar o vetor* w *que satisfaz:*

$$2(w - u) = 10(w + v).$$

2.12 *Sabendo que:* $w = (1,\ 2,\ -3,\ 2,\ 2,\ 0)$ *e* $s = (0,\ 3,\ 2,\ -1,\ 2,\ 1)$, *determine os vetores* u *e* v *que satisfazem o seguinte sistema linear:*

$$\begin{cases} \vec{u} + \vec{v} &= \vec{w} \\ 3\vec{u} - 2\vec{v} &= 2\vec{w} + \vec{s} \end{cases}$$

2.6 Propriedades das Operações com Vetores

Veremos, agora, algumas propriedades que as operações com vetores satisfazem, as quais podem facilitar os cálculos com eles. Observe que todas as operações com vetores vistas até agora só podem ser realizadas se os vetores envolvidos pertencem a um mesmo conjunto V.

Teorema 2.1 *Sejam* u, v *e* w *vetores pertencentes a um mesmo conjunto* V, *e* α *e* β, *escalares quaisquer. Então são válidas as seguintes propriedades:*

a) $u + v = v + u$ *(comutativa da adição),*

b) $(u + v) + w = u + (v + w)$ *(associativa da adição),*

c) $\exists \theta \in V \ / \ \forall u \in V,\ u + \theta = \theta + u = u$ *(elemento neutro da adição),*

d) $\forall u \in V, \exists - u \in V \ / \ u + (-u) = \theta$ *(elemento oposto da adição),*

e) $\alpha(u + v) = \alpha u + \alpha v$,

f) $(\alpha + \beta)u = \alpha u + \beta u$,

g) $(\alpha\beta)u = \alpha(\beta u)$,

h) $1.u = u, \forall u$.

Prova: A prova, por ser semelhante à do Teorema 1.1, fica como exercício.

Vale ressaltar que os vetores são de grande importância no estudo sobre espaços vetoriais, que abordaremos mais adiante.

2.7 Exercícios Complementares

2.13 *Esboce no plano os vetores:* $u = (-1,\ 2)$, $v = (4,\ -3)$ *e* $w = (3,\ 0)$.

2.14 *Considere os vetores:* $u = (-2,\ 4)$, $v = (2,\ 3)$ *e* $w = (4,\ 2)$ *e os escalares* $\alpha = -1, \beta = 2$ *e* $\gamma = 1/2$. *Calcule:*

a) $u + v$,

b) $v + w$,

c) $\alpha u + \gamma w$,

d) $\gamma u + \alpha v + \beta w$.

2.15 *Esboce no espaço os vetores:* $u = (-2,\ 4,\ 2)$, $v = (3,\ -3,\ 2)$ *e* $w = (3,\ 4,\ -2)$.

2.16 *Considere os vetores:* $u = (-2,\ 4,\ 2)$, $v = (2,\ 3, 1)$ *e* $w = (4,\ 2,\ -1)$ *e os escalares* $\alpha = -2, \beta = -1$ *e* $\gamma = 4$. *Calcule:*

a) $u + v$,

b) $v + w$,

c) $\alpha u + \gamma w$,

d) $\gamma u + \alpha v + \beta w$,

e diga onde cada vetor resultante se encontra.

2.17 *Considere os vetores:* $u = (-1,\ 0,\ 2)$, $v = (4,\ -3,\ 0)$ *e* $w = (0,\ 3,\ -2)$. *Calcule* $s = u + v + w$ *e diga onde o vetor* s *se encontra.*

2.18 *Sejam* $u = (1,\ 2,\ 3), v = (2,\ -3,\ 1)$ *e* $w = (3,\ 2,\ -1)$. *Determinar as componentes do vetor* s *que satisfaz:* $2u + v + s = 7s + w$.

2.19 *Sejam* $u = (-1,\ 1,\ 2,\ 0), v = (2,\ 0,\ -3,\ 1)$ *e* $w = (2,\ 3,\ 1,\ 2)$. *Determinar as componentes do vetor* s *que satisfaz:* $2u + 3v - s = 4s + 2w$.

2.20 *Sejam* $u = (-1,\ 1,\ 2,\ 0,\ 3), v = (2,\ 0,\ -3,\ 1,\ 2)$ *e* $w = (2,\ 3,\ 1,\ 2,\ -1)$. *Determinar as componentes do vetor* s *que satisfaz:* $2u + 3v - s = 4s + 2w$.

2.8 Respostas dos Exercícios

2.1 Usando as definições dadas, obtemos a Figura 2.21:

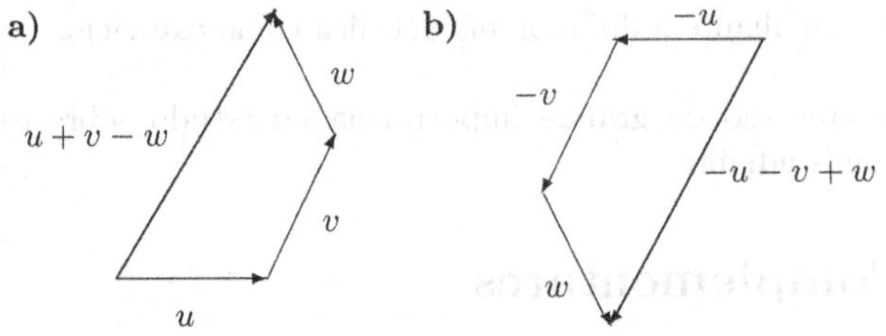

Figura 2.21

2.2 $w = \dfrac{-u-5v}{4}$.

2.3 $u = \dfrac{4w+s}{5}$ e $v = \dfrac{w-s}{5}$.

2.4 Colocando todos os vetores em um mesmo gráfico, obtemos a Figura 2.22:

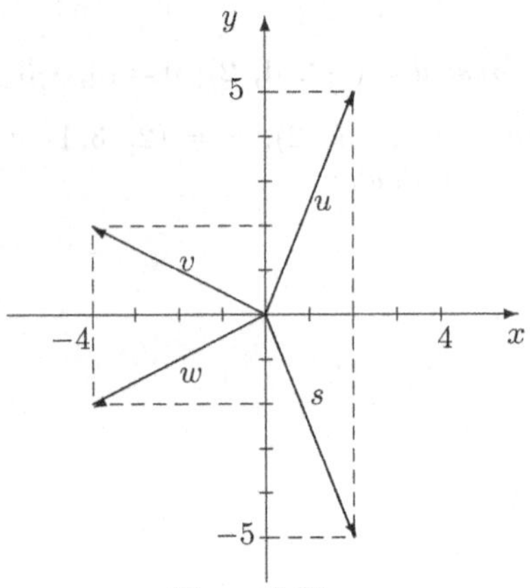

Figura 2.22

2.5 $a = -\dfrac{4}{3}$ e $b = -\dfrac{3}{4}$.

2.6 $w = (-17/4,\ -17/4)$.

2.7 $u = \left(\dfrac{11}{5}, \dfrac{2}{5}\right)$ e $v = \left(-\dfrac{1}{5}, \dfrac{3}{5}\right)$.

2.8 Colocando todos os vetores em um mesmo gráfico, obtemos a Figura 2.23:

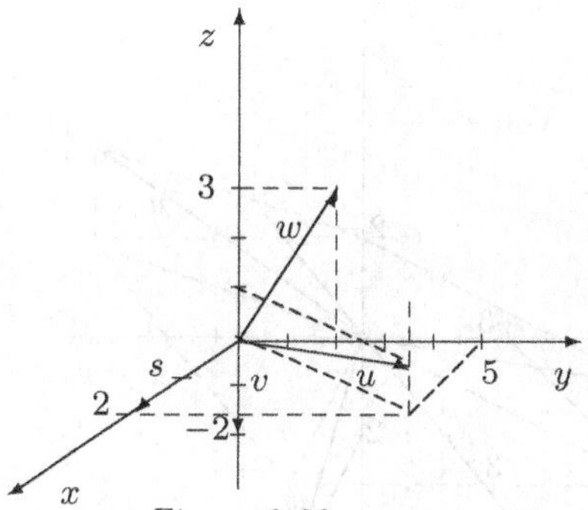

Figura 2.23

2.9 $w = \left(-\frac{11}{4},\ \frac{13}{4},\ -2\right)$.

2.10 $u = \left(\frac{4}{5},\ \frac{11}{5},\ -2\right)$ e $v = \left(\frac{1}{5},\ -\frac{1}{5},\ -1\right)$.

2.11 $w = \frac{1}{4}(-9,\ -1,\ 13,\ -5,\ -13)$.

2.12 $u = \left(\frac{4}{5},\ \frac{11}{5},\ -2,\ \frac{7}{5},\ 2,\ \frac{1}{5}\right)$ e $v = \left(\frac{1}{5},\ -\frac{1}{5},\ -1,\ \frac{3}{5},\ 0,\ -\frac{1}{5}\right)$.

2.13 Colocando todos os vetores em um mesmo gráfico, obtemos a Figura 2.24:

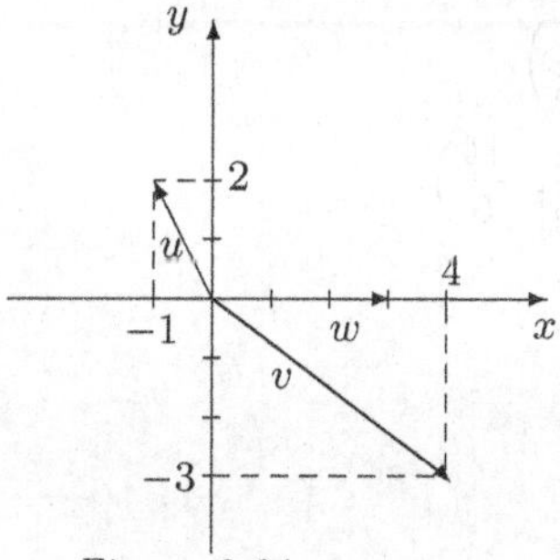

Figura 2.24

2.14 a) $u + v = (0,\ 7)$,

b) $v + w = (6,\ 5)$,

c) $-u + \frac{1}{2}w = (4,\ -3)$,

d) $\frac{1}{2}u - v + 2w = (5,\ 3)$.

2.15 Colocando todos os vetores no mesmo gráfico, obtemos a Figura 2.25:

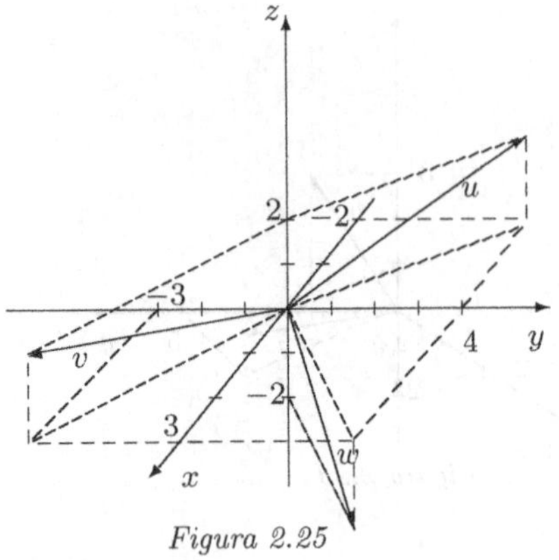

Figura 2.25

2.16 a) $u + v = (0,\ 7,\ 3)$ e encontra-se no plano yz.

b) $v + w = (6,\ 5,\ 0)$ e encontra-se no plano xy.

c) $-2u + 4w = (20,\ 0,\ -8)$ e encontra-se no plano xz.

d) $4u - 2v - w = (-16,\ 8,\ 7)$ e encontra-se no espaço.

2.17 $s = (3,\ 0,\ 0)$ e encontra-se no eixo x.

2.18 $s = \left(\frac{1}{6},\ -\frac{1}{6},\ \frac{4}{3}\right)$.

2.19 $s = \left(0,\ -\frac{4}{5},\ -\frac{7}{5},\ -\frac{1}{5}\right)$.

2.20 $s = \left(0,\ -\frac{4}{5},\ -\frac{7}{5},\ -\frac{1}{5},\ \frac{14}{5}\right)$.

Sistemas de Equações Lineares

3

3.1 Introdução

Vários problemas de engenharia podem ser resolvidos através da análise linear. Entre eles, podemos citar: determinação do potencial em redes elétricas, cálculo da tensão na estrutura metálica da construção civil, cálculo da razão de escoamento em um sistema hidráulico com derivações, previsão da concentração de reagentes sujeitos a reações químicas simultâneas, lançamento de mísseis, satélites etc. O problema matemático, em todos estes casos, se reduz ao problema de resolver um sistema de equações lineares simultâneas. Além disso, a solução de sistemas lineares será útil na resolução de alguns problemas, relacionados a espaços vetoriais.

3.2 Equação Linear

Daremos, inicialmente, o conceito de equação linear.

Definição 3.1 *Uma* **equação linear** *nas variáveis (ou incógnitas)* $x_1, x_2, \ldots, x_n$ *é uma equação na forma:*

$$a_1x_1 + a_2x_2 + \ldots + a_nx_n = b, \tag{3.1}$$

onde $a_i, i = 1, 2, \ldots, n$ *e* b*, são números reais.*

Assim, uma equação é *linear* se: cada termo contém não mais do que uma variável e cada variável aparece na primeira potência.

Por exemplo,

$$3x_1 + 4x_2 - 10x_3 = -3 \text{ e } 2x_1 + 3x_2 + 4x_3 - 5x_4 = 10$$

são equações lineares, mas:

$$x_1x_2 - 3x_3 = -3, \;\; x_1^3 + x_2 - x_3 = 0, \;\; \sqrt{x_1} + x_2 = 2 \text{ e } x_2 - sen\, x_1 = 0$$

são equações não lineares.

Definição 3.2 *Uma* **solução** *de (3.1) é uma n-upla* $(s_1,\ s_2,\ \ldots,\ s_n)$ *de números reais, tal que:*

$$a_1s_1 + a_2s_2 + \ldots + a_ns_n = b.$$

Assim, uma solução de (3.1) é um conjunto de valores das incógnitas $x_1 = s_1$, $x_2 = s_2, \ldots, x_n = s_n$ com a propriedade de que, quando substituídas na equação (3.1), a tornam uma verdade. Dizemos, então, que este conjunto satisfaz a equação.

Definição 3.3 *Chama-se* **conjunto solução** *o conjunto de todas as soluções da equação (3.1).*

Por exemplo, dada a equação:

$$x_1 - 5x_2 + 3x_3 - 2x_4 = 14, \tag{3.2}$$

é fácil verificar que $x = (2,\ -1,\ 1,\ -2)$ é uma solução, pois:

$$(2) - 5(-1) + 3(1) - 2(-2) = 14.$$

Observe agora que, dada uma equação linear, podemos isolar uma das variáveis, obtendo assim uma equação onde esta variável depende das outras. Na equação (3.2), se isolarmos a variável x_1, obtemos:

$$x_1 = 14 + 5x_2 - 3x_3 + 2x_4.$$

Atribuindo valores arbitrários para as variáveis x_2, x_3 e x_4, isto é, fazendo, $x_2 = s$, $x_3 = t$ e $x_4 = w$ para $\forall\ s, t, w \in I\!R$, obtemos: $x_1 = 14 + 5s - 3t + 2w$. Assim, a solução de (3.2) é:

$$x = (14 + 5s - 3t + 2w,\ s,\ t,\ w). \tag{3.3}$$

O vetor dado por (3.3) é chamado de **solução geral** da equação (3.2). Para obter uma **solução particular**, basta atribuir valores para s, t e w. Se tomarmos, por exemplo, $s = t = w = 1$, obtemos que: $x_1 = 18$. Neste caso, uma solução para a equação (3.2) é: $x = (18,\ 1,\ 1,\ 1)$.

As variáveis para as quais atribuímos valores arbitrários são chamadas de **variáveis livres** da equação.

Assim, de um modo geral, se em uma equação linear da forma (3.1), o coeficiente $a_i \neq 0$ para algum $i, 1 \leq i \leq n$, isolamos a incógnita x_i e, portanto,

$$x_i = \frac{1}{a_i}(b - (a_1x_1 + a_2x_2 + \ldots + a_{i-1}x_{i-1} + a_{i+1}x_{i+1} + \ldots + a_nx_n)). \tag{3.4}$$

Logo, a **solução geral** de (3.1) é $x = (x_1,\ x_2,\ \ldots,\ x_i, \ldots,\ x_n)$, com x_i dado por (3.4).

Atribuindo valores arbitrários para as variáveis $x_1, x_2, \ldots .x_{i-1}, x_{i+1}, \ldots, x_n$, obtemos um valor para x_i, e esta solução será uma **solução particular** de (3.1). Como os valores para as variáveis livres são arbitrários, vemos que cada equação linear da forma (3.1) possui infinitas soluções. Entretanto, se a equação linear é da forma:

$$ax = b, \tag{3.5}$$

onde a e $b \in I\!R$ e x é uma variável, então a equação (3.5):

- tem uma única solução se $a \neq 0$, pois: $ax = b \Leftrightarrow x = \dfrac{b}{a}$.
- tem infinitas soluções se $a = 0$ e $b = 0$, pois: $0x = 0$ é satisfeita para qualquer valor de $x \in \mathbb{R}$.
- não admite solução se $a = 0$ e $b \neq 0$, pois: não existe $x \in \mathbb{R}$ tal que $0x = b$ com $b \neq 0$.

Exercícios

3.1 *Considere as seguintes equações lineares:*

I) $x_1 + 2x_2 - x_3 = 4$,

II) $2x_1 - 3x_2 + x_3 + 3x_4 = 9$,

III) $5x_1 - 2x_2 - 3x_3 + 3x_4 - x_5 = 14$.

Para cada uma delas, determine:

a) *a solução geral,*

b) *uma solução particular, fazendo as variáveis livres iguais a* 1.

3.2 *Associe cada uma das equações lineares com sua respectiva solução:*

I) $x_1 + x_2 + x_3 = 0$ **a)** $x = (-1, 2, -2)$,

II) $2x_1 - x_2 + 3x_3 = 8$ **b)** $x = (6, 8, 10)$,

III) $3x_1 + 2x_2 - 5x_3 = 11$ **c)** $x = (2, 3, -5)$,

IV) $x_1 + x_2 - 2x_3 = -6$ **d)** $x = \left(1, -4, \dfrac{2}{3}\right)$.

3.3 *Determine* α *para que* $x = (1, 4, 1, 6)$ *seja uma solução da equação linear:*

$$\alpha^2 x_1 + x_2 + 3\alpha x_3 - 2x_4 = 2.$$

3.3 Sistemas Lineares

Vamos considerar agora um conjunto de m equações lineares com n variáveis (incógnitas).

Definição 3.4 *Um conjunto de* m *equações lineares nas variáveis* $x_1, x_2, \ldots, x_n$ *é chamado* **sistema linear** *e será representado por:*

$$\left\{\begin{array}{ccccccccccc} a_{11}\,x_1 & + & a_{12}\,x_2 & + & a_{13}\,x_3 & + & \ldots & + & a_{1n}\,x_n & = & b_1 \\ a_{21}\,x_1 & + & a_{22}\,x_2 & + & a_{23}\,x_3 & + & \ldots & + & a_{2n}\,x_n & = & b_2 \\ a_{31}\,x_1 & + & a_{32}\,x_2 & + & a_{33}\,x_3 & + & \ldots & + & a_{2n}\,x_n & = & b_3 \\ \ldots\ \ldots & & & & & & & & & & \\ a_{m1}\,x_1 & + & a_{m2}\,x_2 & + & a_{m3}\,x_3 & + & \ldots & + & a_{mn}\,x_n & = & b_m \end{array}\right. \qquad (3.6)$$

Definição 3.5 *Uma solução de um sistema linear da forma (3.6) é uma n-upla* $(s_1, s_2, \ldots, s_n)$ *de números reais que satisfaz simultaneamente a todas as equações.*

Assim, uma solução para (3.6) consiste de valores para as n variáveis, com a propriedade de que, quando substituídas nas equações de (3.6), todas elas são satisfeitas simultaneamente.

Por exemplo, dado o sistema linear:

$$\left\{\begin{array}{rcrcrcl} x_1 & + & x_2 & - & x_3 & = & 3 \\ 2x_1 & + & x_2 & - & 4x_3 & = & 7 \end{array}\right. \qquad (3.7)$$

temos que $x = (1,\ 1,\ -1)$ é uma solução, pois:

$$\left\{\begin{array}{l} 1+1-(-1)=3 \\ 2+1-4(-1)=7 \end{array}\right.$$

Entretanto, $x = (10,\ -5,\ 2)$ e $x = (7,\ -3,\ 1)$ também são soluções de (3.7). O leitor pode verificar a validade das duas soluções substituindo as variáveis por estes valores de x, no sistema linear dado.

Porém, nem todo sistema linear tem solução. Por exemplo, o sistema linear:

$$\left\{\begin{array}{rcrcl} x_1 & + & x_2 & = & 3 \\ 3x_1 & + & 3x_2 & = & 2 \end{array}\right.$$

não admite solução, pois, multiplicando a segunda equação por $\frac{1}{3}$, obtemos:

$$\left\{\begin{array}{rcrcl} x_1 & + & x_2 & = & 3 \\ x_1 & + & x_2 & = & \frac{2}{3} \end{array}\right.$$

e, assim, não é possível encontrar valores para x_1 e x_2 de tal forma que as duas equações sejam satisfeitas simultaneamente.

Antes de desenvolvermos alguns métodos específicos, discutiremos o que queremos dizer com uma solução e as condições sob as quais a solução existe, pois não adianta tentar obter uma solução se não há nenhuma.

Assim, dado um sistema linear arbitrário, não podemos afirmar, sem investigar, que há uma solução ou, se houver, que seja única. Como pode ser observado a seguir, existem três e apenas três possibilidades de se classificar um sistema linear.

3.3.1 Classificação de um Sistema Linear

A classificação de um sistema linear é feita em função do número de soluções que ele admite, da seguinte maneira:

a) **Sistema Possível ou Consistente**: É todo sistema linear que possui pelo menos uma solução. Um sistema linear possível é:

(a.1) determinado, se admite uma única solução,

(a.2) **indeterminado**, se admite mais de uma solução.

b) **Sistema Impossível ou Inconsistente**: É todo sistema linear que não admite solução.

O próximo exemplo ilustra a classificação de um sistema linear.

Exemplo 3.1 *Classificar os seguintes sistemas lineares:*

$$(I)\begin{cases} x_1 + x_2 = 6 \\ x_1 - x_2 = 2 \end{cases}$$

$$(II)\begin{cases} x_1 + x_2 = 1 \\ 2\,x_1 + 2\,x_2 = 2 \end{cases}$$

$$(III)\begin{cases} x_1 + x_2 = 1 \\ x_1 + x_2 = 4 \end{cases}$$

Solução: Consideremos o sistema linear (I). Colocando as duas retas no mesmo gráfico, obtemos a Figura 3.1. Observe que, geometricamente, as retas $x_1 + x_2 = 6$ e $x_1 - x_2 = 2$ se interceptam no ponto $(4,\ 2)$ e, nenhum outro par de valores de x_1 e x_2 satisfaz ambas as equações. Qualquer ponto da reta r_1 tem coordenadas que satisfazem a primeira das equações em (I). Do mesmo modo, todos os pontos em r_2 satisfazem a segunda equação de (I). Os pontos que satisfazem ambas as equações devem localizar-se em ambas as retas. Há somente um ponto assim. As coordenadas deste ponto são a solução que procuramos. Logo, o sistema linear (I) admite como única solução o par $(4,\ 2)$. Portanto, (I) é um sistema linear **possível e determinado**.

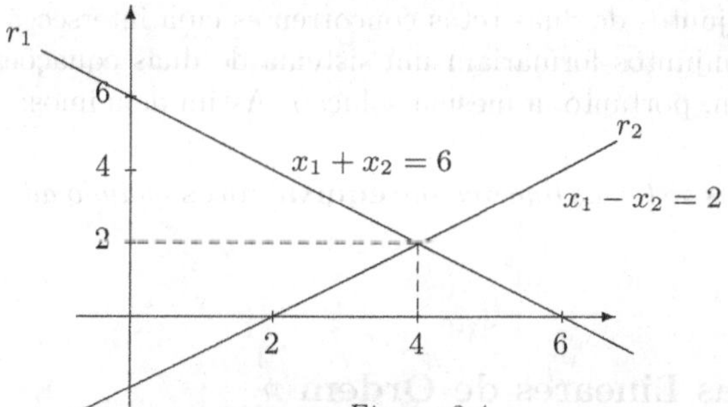

Figura 3.1

Consideremos agora o sistema linear (II). A Figura 3.2 mostra o gráfico dessas duas retas.

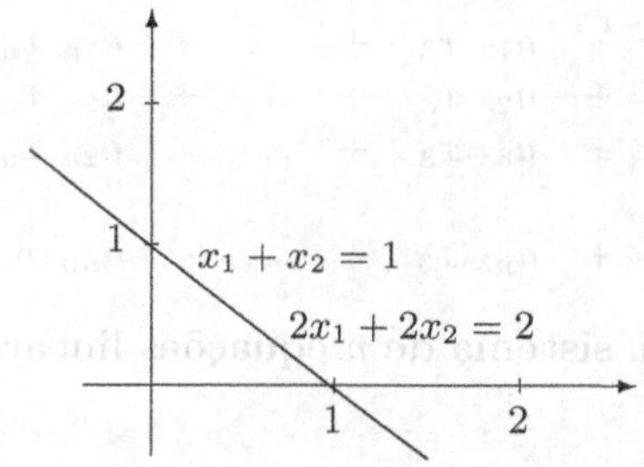

Figura 3.2

Observe que, geometricamente, as retas $x_1 + x_2 = 1$ e $2\,x_1 + 2\,x_2 = 2$ são coincidentes. Assim, para o sistema linear (II), temos que os pares (0, 1); (1, 0); (0.5, 0.5); ..., são soluções, isto é, o sistema linear admite infinitas soluções. Logo, (II) é um sistema linear **possível e indeterminado**.

Finalmente, consideremos o sistema linear (III).

Novamente, colocando as duas retas no mesmo gráfico, obtemos a Figura 3.3.

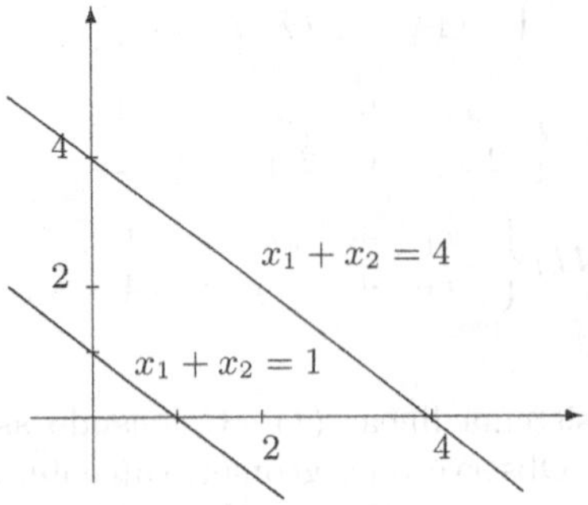

Figura 3.3

Observe que, geometricamente, as duas retas são paralelas. Assim, para o sistema linear *(III)*, as duas equações são *contraditórias*, isto é, não é possível que se tenha simultaneamente $x_1 + x_2 = 1$ e $x_1 + x_2 = 4$. Logo, *(III)* é um sistema linear **impossível**.

Voltemos ao Exemplo 3.1. Observando a Figura 3.1, vemos facilmente que poderíamos traçar infinitos conjuntos de duas retas concorrentes cuja intersecção fosse o par (4, 2). Cada um desses conjuntos formariam um sistema de duas equações lineares com duas variáveis que teriam, portanto, a mesma solução. Assim definimos:

Definição 3.6 *Dois sistemas lineares são* **equivalentes** *quando admitem a mesma soluç*

3.3.2 Sistemas Lineares de Ordem n

Estamos interessados em determinar a solução de um sistema linear com n equações e n incógnitas, isto é, sistemas lineares da forma:

$$\begin{cases} a_{11}\,x_1 & + & a_{12}\,x_2 & + & a_{13}\,x_3 & + & \dots & + & a_{1n}\,x_n & = & b_1 \\ a_{21}\,x_1 & + & a_{22}\,x_2 & + & a_{23}\,x_3 & + & \dots & + & a_{2n}\,x_n & = & b_2 \\ a_{31}\,x_1 & + & a_{32}\,x_2 & + & a_{33}\,x_3 & + & \dots & + & a_{2n}\,x_n & = & b_3 \\ \dots\ \dots \\ a_{n1}\,x_1 & + & a_{n2}\,x_2 & + & a_{n3}\,x_3 & + & \dots & + & a_{nn}\,x_n & = & b_n \end{cases} \qquad (3.8)$$

e vamos nos referir a eles como um **sistema de n equações lineares** ou, simplesmente, **sistema linear de ordem n.**

O sistema linear (3.8) pode ser representado na forma matricial, da seguinte maneira:

$$\begin{pmatrix} a_{11} & a_{12} & \dots & a_{1n} \\ a_{21} & a_{22} & \dots & a_{2n} \\ \vdots & \vdots & \ddots & \vdots \\ a_{n1} & a_{n2} & \dots & a_{nn} \end{pmatrix} \begin{pmatrix} x_1 \\ x_2 \\ \vdots \\ x_n \end{pmatrix} = \begin{pmatrix} b_1 \\ b_2 \\ \vdots \\ b_n \end{pmatrix}, \tag{3.9}$$

ou, simplesmente:

$$Ax = b, \tag{3.10}$$

onde $A = (a_{ij})$ é uma matriz de ordem n; x e b são vetores do $\mathbb{R}^n$. A matriz A é chamada **matriz dos coeficientes**, b é o **vetor do termo independente** e x é o **vetor solução**.

3.3.3 Sistemas Lineares Triangulares

Mais adiante, precisaremos resolver sistemas lineares cuja matriz dos coeficientes é uma matriz triangular superior. Resolver sistemas lineares triangulares superiores é muito fácil. Entretanto, apresentaremos aqui a solução de tais sistemas com o objetivo de auxiliar em sua resolução.

Um sistema linear de ordem n é **triangular superior** se tiver a forma:

$$\begin{cases} a_{11}x_1 + a_{12}x_2 + a_{13}x_3 + \dots + a_{1n}x_n = b_1 \\ \qquad\quad a_{22}x_2 + a_{23}x_3 + \dots + a_{2n}x_n = b_2 \\ \qquad\qquad\qquad a_{33}x_3 + \dots + a_{3n}x_n = b_3 \\ \qquad\qquad\qquad\qquad\qquad \dots\dots \quad \vdots \\ \qquad\qquad\qquad\qquad\qquad a_{nn}x_n = b_n \end{cases}$$

onde $a_{ii} \neq 0$; $i = 1, 2, \dots, n$. Assim, a solução de um sistema triangular superior é obtida por retrossubstituição, isto é, determinamos o valor de x_n na última equação, substituímos este valor na penúltima equação e determinamos o valor de x_{n-1}, e assim por diante. Algebricamente, podemos resolvê-lo pelas fórmulas:

$$\begin{cases} x_n = \dfrac{b_n}{a_{nn}}, \\ x_i = \dfrac{b_i - \displaystyle\sum_{j=i+1}^{n} a_{ij}\, x_j}{a_{ii}}, \quad i = n-1, \dots, 1. \end{cases} \tag{3.11}$$

Observe que existem sistemas lineares triangulares inferiores, cuja solução é obtida por substituição direta, isto é, determinamos x_1 na primeira equação, substituímos este valor na segunda equação e determinamos o valor de x_2, e assim por diante.

3.4 Solução de Sistemas Lineares

Estamos em condições de resolver sistemas lineares de ordem n. Veremos, nesta seção, alguns métodos para obter a solução de tais sistemas.

3.4.1 Regra de Cramer

Um modo de se calcular a solução de um sistema linear de ordem n, já conhecido do leitor, é a chamada regra de Cramer.

Para descrever a regra de Cramer, considere que seja dado um sistema linear $Ax = b$ de ordem n. Seja A_i a matriz obtida de A substituindo-se a i-ésima coluna de A por b. Sejam $D = det(A)$ e $D_i = det(A_i)$, $i = 1, 2, \ldots, n$.

Teorema 3.1 *O sistema linear $Ax = b$ de ordem n tem solução única se e somente se $det(A) \neq 0$ e, neste caso, a solução é dada por:*

$$x_i = \frac{D_i}{D}, \; i = 1, 2, \ldots, n.$$

Prova: Consideremos o sistema linear $Ax = b$ de ordem n. Devemos provar que tal equação matricial admite uma única solução. Por hipótese, $det(A) \neq 0$. Logo, A é não singular e, portanto, $\exists A^{-1}$.

Seja $x = A^{-1}b$ solução de $Ax = b$. Vamos provar que x existe e é única.

De fato:

$$Ax = A(A^{-1}b) = (AA^{-1})b = Ib = b,$$

o que prova que existe a solução $x = A^{-1}b$.

Para provar que $x = A^{-1}b$ é solução única, suponhamos que $Ax = b$ admita uma outra solução $y \neq x$, isto é, $Ay = b$. Assim,

$$y = Iy = (A^{-1}A)y = A^{-1}(Ay) = A^{-1}b = x.$$

Logo, x é solução única de $Ax = b$.

Por outro lado, sabemos que A^{-1} pode ser calculada pela fórmula (1.18), isto é:

$$\begin{aligned} A^{-1} &= \frac{1}{det(A)} \, cof(A^t) \\ &= \frac{1}{det(A)} \begin{pmatrix} A_{11} & A_{21} & \ldots & A_{n1} \\ A_{12} & A_{22} & \ldots & A_{n2} \\ \vdots & \vdots & \ddots & \vdots \\ A_{1n} & A_{2n} & \ldots & A_{nn} \end{pmatrix}. \end{aligned}$$

Logo,

$$x = A^{-1}b = \frac{1}{D} \begin{pmatrix} A_{11} & A_{21} & \ldots & A_{n1} \\ A_{12} & A_{22} & \ldots & A_{n2} \\ \vdots & \vdots & \ddots & \vdots \\ A_{1n} & A_{2n} & \ldots & A_{nn} \end{pmatrix} \begin{pmatrix} b_1 \\ b_2 \\ \vdots \\ b_n \end{pmatrix}.$$

Agora, desde que:

$$x = \begin{pmatrix} x_1 \\ x_2 \\ \vdots \\ x_n \end{pmatrix},$$

obtemos:

$$\begin{aligned} x_i &= \frac{1}{D}\left(A_{1i}b_1 + A_{2i}b_2 + \ldots + A_{ni}b_n\right) \\ &= \frac{1}{D}\sum_{k=1}^{n} A_{ki}b_k. \end{aligned}$$

Mas, $\sum_{j=1}^{n} A_{ki}b_k = det(A_i)$. Portanto:

$$x_i = \frac{D_i}{D}. \quad i = 1, 2, \ldots, n.$$

O Teorema 3.1 é conhecido como **Regra de Cramer**.

Daremos, a seguir, alguns exemplos.

Exemplo 3.2 *Usando a regra de Cramer, determine a solução do seguinte sistema linear:*

$$\begin{pmatrix} 1 & 2 & 3 \\ 2 & 3 & -1 \\ 3 & 2 & 1 \end{pmatrix} \begin{pmatrix} x_1 \\ x_2 \\ x_3 \end{pmatrix} = \begin{pmatrix} 2 \\ -2 \\ 2 \end{pmatrix}.$$

Solução: Temos, fazendo os cálculos, que:

$$D = det(A) = \begin{vmatrix} 1 & 2 & 3 \\ 2 & 3 & -1 \\ 3 & 2 & 1 \end{vmatrix} = -20 \neq 0.$$

Portanto, o sistema linear dado admite uma única solução. Além disso:

$$D_1 = det(A_1) = \begin{vmatrix} 2 & 2 & 3 \\ -2 & 3 & -1 \\ 2 & 2 & 1 \end{vmatrix} = -20,$$

$$D_2 = det(A_2) = \begin{vmatrix} 1 & 2 & 3 \\ 2 & -2 & -1 \\ 3 & 2 & 1 \end{vmatrix} = 20,$$

$$D_3 = det(A_3) = \begin{vmatrix} 1 & 2 & 2 \\ 2 & 3 & -2 \\ 3 & 2 & 2 \end{vmatrix} = -20.$$

Assim,

$$x_1 = \frac{D_1}{D} \Rightarrow x_1 = \frac{-20}{-20} \Rightarrow x_1 = 1.$$

$$x_2 = \frac{D_2}{D} \Rightarrow x_2 = \frac{20}{-20} \Rightarrow x_2 = -1.$$

$$x_3 = \frac{D_3}{D} \Rightarrow x_3 = \frac{-20}{-20} \Rightarrow x_3 = 1.$$

Logo, a solução do sistema linear dado é: $x = \begin{pmatrix} 1 \\ -1 \\ 1 \end{pmatrix}$.

Exemplo 3.3 *Considere o sistema linear:*

$$\begin{cases} x_1 + x_2 + x_3 = 1 \\ x_1 + 2\,x_2 + 4\,x_3 = 4 \\ x_1 + 3\,x_2 + 9\,x_3 = 9 \end{cases}$$

Determine sua solução usando a regra de Cramer.

Solução: Temos que a matriz dos coeficientes e o vetor dos termos independentes são, respectivamente:

$$A = \begin{pmatrix} 1 & 1 & 1 \\ 1 & 2 & 4 \\ 1 & 3 & 9 \end{pmatrix} \text{ e } b = \begin{pmatrix} 1 \\ 4 \\ 9 \end{pmatrix}.$$

Assim,

$$D = det(A) = \begin{vmatrix} 1 & 1 & 1 \\ 1 & 2 & 4 \\ 1 & 3 & 9 \end{vmatrix} = 2 \neq 0.$$

Portanto, o sistema linear dado admite uma única solução. Além disso:

$$D_1 = det(A_1) = \begin{vmatrix} 1 & 1 & 1 \\ 4 & 2 & 4 \\ 9 & 3 & 9 \end{vmatrix},$$

$$D_2 = det(A_2) = \begin{vmatrix} 1 & 1 & 1 \\ 1 & 4 & 4 \\ 1 & 9 & 9 \end{vmatrix},$$

$$D_3 = det(A_3) = \begin{vmatrix} 1 & 1 & 1 \\ 1 & 2 & 4 \\ 1 & 3 & 9 \end{vmatrix}.$$

Observe que tanto A_1 como A_2 possuem duas colunas iguais e, portanto, pela Propriedade 1.3, o determinante de ambas é igual a zero. Além disso, $D_3 = D$. Assim,

$$x_1 = \frac{D_1}{D} \Rightarrow x_1 = \frac{0}{2} \Rightarrow x_1 = 0.$$

$$x_2 = \frac{D_2}{D} \Rightarrow x_2 = \frac{0}{2} \Rightarrow x_2 = 0.$$

$$x_3 = \frac{D_3}{D} \Rightarrow x_3 = \frac{2}{2} \Rightarrow x_3 = 1.$$

Logo, a solução do sistema linear dado é: $x = \begin{pmatrix} 0 \\ 0 \\ 1 \end{pmatrix}$.

Exemplo 3.4 *Usando a regra de Cramer, determine a solução do seguinte sistema linear:*

$$\begin{pmatrix} 2 & 1 & -4 \\ 0 & 1 & 3 \\ 2 & 3 & 2 \end{pmatrix} \begin{pmatrix} x_1 \\ x_2 \\ x_3 \end{pmatrix} = \begin{pmatrix} 3 \\ -2 \\ 1 \end{pmatrix}.$$

Solução: Fazendo os cálculos, obtemos:

$$D = det(A) = \begin{vmatrix} 2 & 1 & -4 \\ 0 & 1 & 3 \\ 2 & 3 & 2 \end{vmatrix} = 0.$$

Logo, não é possível obter a solução do sistema linear dado usando a regra de Cramer.

Exercícios

3.4 *Considere o sistema linear:*

$$\begin{cases} 5\,x_1 + 2\,x_2 + x_3 = -12 \\ -\,x_1 + 4\,x_2 + 2\,x_3 = 20 \\ 2\,x_1 - 3\,x_2 + 10\,x_3 = 3 \end{cases}$$

Resolva-o usando a regra de Cramer.

3.5 *Resolver o sistema linear $Ax = b$, onde:*

$$A = \begin{pmatrix} 2 & 3 & -1 \\ 1 & 0 & 2 \\ 0 & 3 & -1 \end{pmatrix}, \quad x = \begin{pmatrix} x_1 \\ x_2 \\ x_3 \end{pmatrix} \quad e \quad b = \begin{pmatrix} 4 \\ 3 \\ 2 \end{pmatrix},$$

usando a regra de Cramer.

3.6 *Considere o sistema linear:*

$$\begin{cases} x_1 + (k-1)\,x_2 + 2\,x_3 = -1 \\ k\,x_1 + x_2 = 7 \\ 4\,x_1 + k\,x_2 + 2\,x_3 = 10 \end{cases}$$

a) *Determine o valor de k que torna a matriz dos coeficientes não singular.*

b) *Faça $k = 2$ e resolva o sistema linear resultante usando a regra de Cramer.*

3.7 *Considere os seguintes sistemas lineares:*

$$I)\begin{cases} x_1 + m\,x_2 = -6 \\ m\,x_1 + x_2 = 6 \end{cases} \qquad II)\begin{cases} x_1 + m\,x_2 + 2\,x_3 = 3 \\ -\,x_1 + m\,x_2 + 3\,x_3 = 2 \\ 4\,x_1 + 6\,x_2 + m\,x_3 = 8 \end{cases}$$

a) *Determine o valor de m para que os sistemas lineares admitam uma única solução.*

b) *Faça $m = 4$ e resolva os sistemas lineares resultantes usando a regra de Cramer.*

3.4.2 Utilizando a Matriz Inversa

Veremos, agora, como determinar a solução de um sistema linear de ordem n usando a inversa da matriz dos coeficientes.

Definição 3.7 *Um sistema linear $Ax = b$ de ordem n é um sistema de Cramer se a matriz dos coeficientes é inversível. Neste caso, o sistema linear dado admite uma única solução.*

Pela Definição 3.7, vemos que um sistema linear admite uma única solução se a matriz dos coeficientes possuir inversa. Assim, podemos obter a solução de um sistema linear $Ax = b$ pré-multiplicando esta equação pela inversa de A, isto é, fazendo:

$$Ax = b \Rightarrow A^{-1}Ax = A^{-1}b \Rightarrow x = A^{-1}b.$$

Exemplo 3.5 *Resolver o sistema linear dado no Exemplo 3.2, usando a inversa da matriz dos coeficientes.*

Solução: Formamos a matriz aumentada $(A|I)$ e vamos determinar a inversa de A usando escalonamento. Assim:

$$(A \mid I) = \left(\begin{array}{ccc|ccc} 1 & 2 & 3 & 1 & 0 & 0 \\ 2 & 3 & -1 & 0 & 1 & 0 \\ 3 & 2 & 1 & 0 & 0 & 1 \end{array}\right)$$

$$\sim \left(\begin{array}{ccc|ccc} 1 & 2 & 3 & 1 & 0 & 0 \\ 0 & -1 & -7 & -2 & 1 & 0 \\ 0 & -4 & -8 & -3 & 0 & 1 \end{array}\right) \begin{array}{l} \\ \leftarrow -2L_1 + L_2 \\ \leftarrow -3L_1 + L_2 \end{array}$$

$$\sim \left(\begin{array}{ccc|ccc} 1 & 2 & 3 & 1 & 0 & 0 \\ 0 & 1 & 7 & 2 & -1 & 0 \\ 0 & -4 & -8 & -3 & 0 & 1 \end{array}\right) \begin{array}{l} \\ \leftarrow -L_2 \\ \\ \end{array}$$

$$\sim \left(\begin{array}{ccc|ccc} 1 & 2 & 3 & 1 & 0 & 0 \\ 0 & 1 & 7 & 2 & -1 & 0 \\ 0 & 0 & 20 & 5 & -4 & 1 \end{array}\right) \begin{array}{l} \\ \\ \leftarrow 4L_2 + L_3 \end{array}$$

$$\sim \left(\begin{array}{ccc|ccc} 1 & 2 & 3 & 1 & 0 & 0 \\ 0 & 1 & 7 & 2 & -1 & 0 \\ 0 & 0 & 1 & 5/20 & -4/20 & 1/20 \end{array}\right) \begin{array}{l} \\ \\ \leftarrow \frac{1}{20}L_3 \end{array}$$

$$\sim \left(\begin{array}{ccc|ccc} 1 & 2 & 0 & 5/20 & 12/20 & -3/20 \\ 0 & 1 & 0 & 5/20 & 8/20 & -7/20 \\ 0 & 0 & 1 & 5/20 & -4/20 & 1/20 \end{array}\right) \begin{array}{l} \leftarrow -3L_3 + L_1 \\ \leftarrow -7L_3 + L_2 \\ \\ \end{array}$$

$$\sim \left(\begin{array}{ccc|ccc} 1 & 0 & 0 & -5/20 & -4/20 & 11/20 \\ 0 & 1 & 0 & 5/20 & 8/20 & -7/20 \\ 0 & 0 & 1 & 5/20 & -4/20 & 1/20 \end{array}\right) \begin{array}{l} \leftarrow -2L_2 + L_1 \\ \\ \\ \end{array} = (I \mid A^{-1}).$$

Portanto, como $x = A^{-1}b$, obtemos:

$$\begin{pmatrix} x_1 \\ x_2 \\ x_3 \end{pmatrix} = \begin{pmatrix} -5/20 & -4/20 & 11/20 \\ 5/20 & 8/20 & -7/20 \\ 5/20 & -4/20 & 1/20 \end{pmatrix} \begin{pmatrix} 2 \\ -2 \\ 2 \end{pmatrix} \Rightarrow x = \begin{pmatrix} 1 \\ -1 \\ 1 \end{pmatrix},$$

que é a solução procurada.

Observações:

1) Do mesmo modo que na regra de Cramer, não é possível determinar a solução de um sistema linear $Ax = b$, utilizando a inversa da matriz dos coeficientes, se A é singular.

2) Se $n > 3$, tanto a regra de Cramer como o cálculo da matriz inversa, para resolver sistemas lineares, tornam-se muito trabalhosos.

Exercícios

3.8 *Considere o sistema linear:*

$$\begin{pmatrix} 2 & -3 & 1 \\ 4 & -6 & -1 \\ 1 & 2 & 1 \end{pmatrix} \begin{pmatrix} x_1 \\ x_2 \\ x_3 \end{pmatrix} = \begin{pmatrix} -5 \\ -7 \\ 4 \end{pmatrix}.$$

Resolva-o usando o cálculo da matriz inversa.

3.9 *Usando o cálculo da matriz inversa, resolver o sistema linear:*

$$\begin{cases} 10\,x_1 + x_2 - x_3 = 10 \\ x_1 + 10\,x_2 + x_3 = 12 \\ 2\,x_1 - x_2 + 10\,x_3 = 11 \end{cases}$$

3.10 *Considere os sistemas lineares:*

$$(I) \begin{pmatrix} 1 & 1 & 2 \\ 2 & 3 & 1 \\ 4 & 5 & 2 \end{pmatrix} \begin{pmatrix} x_1 \\ x_2 \\ x_3 \end{pmatrix} = \begin{pmatrix} 4 \\ 3 \\ 5 \end{pmatrix}.$$

$$(II) \begin{pmatrix} 3 & 2 & 1 \\ 3 & 1 & 1 \\ 0 & 1 & 1 \end{pmatrix} \begin{pmatrix} x_1 \\ x_2 \\ x_3 \end{pmatrix} = \begin{pmatrix} 7 \\ 7 \\ 1 \end{pmatrix}.$$

Para cada sistema linear:

a) *determine a inversa da matriz dos coeficientes,*

b) *obtenha a solução do sistema linear, usando a matriz inversa obtida em* **a)**.

3.11 *Considere o sistema linear $Ax = b$:*

$$\begin{pmatrix} k & 0 & 2 \\ 0 & k & 1 \\ 0 & 9 & k \end{pmatrix} \begin{pmatrix} x_1 \\ x_2 \\ x_3 \end{pmatrix} = \begin{pmatrix} 1 \\ -1 \\ -17 \end{pmatrix}.$$

a) *Determine os valores de k para que a matriz A possua inversa.*

b) *Faça $k = 1$ e calcule a inversa da matriz dos coeficientes.*

c) *Resolva o sistema linear resultante com $k = 1$, usando a matriz inversa obtida em* b).

3.4.3 Utilizando Escalonamento

Com base na Definição 3.6, não fica difícil deduzir que uma maneira de obter a solução de um sistema linear é transformá-lo em outro equivalente cuja solução seja facilmente obtida. Em geral, transformamos o sistema original em um sistema linear equivalente, cuja solução é obtida resolvendo-se sistemas lineares triangulares superiores.

Assim, nosso objetivo aqui é saber como transformar um sistema linear de ordem n em um outro, cuja matriz dos coeficientes seja uma matriz triangular superior, usando operações elementares sobre as linhas, isto é, usando escalonamento.

Teorema 3.2 *Se um sistema de equações lineares é obtido de um outro sistema de equações lineares através de uma sequência finita de operações elementares, então os sistemas são equivalentes.*

Prova: É fácil ver que as operações elementares não alteram a solução do sistema. De fato, considere que a solução do sistema linear $Ax = b$ de ordem n, dado por (3.8), seja $(s_1, s_2, \ldots, s_n)$. Então cada equação do sistema linear satisfaz:

$$a_{i1}s_1 + a_{i2}s_2 + \ldots + a_{in}s_n = b_i, i = 1, 2, \ldots, n.$$

Suponha agora que a 1ª equação do sistema original tenha sido multiplicada por uma constante $\alpha \neq 0$. Então:

$$\alpha a_{11}x_1 + \alpha a_{12}x_2 + \ldots + \alpha a_{1n}x_n = \alpha b_1$$

e é claro que $(s_1, s_2, \ldots, s_n)$ continua sendo solução do sistema linear "transformado". Reciprocamente, se

$$\alpha a_{11}s_1 + \alpha a_{12}s_2 + \ldots + \alpha a_{1n}s_n = \alpha b_1,$$

então, multiplicando por $\frac{1}{\alpha}$, obtemos:

$$a_{11}s_1 + a_{12}s_2 + \ldots + a_{1n}s_n = b_1;$$

ou seja, $(s_1, s_2, \ldots, s_n)$ é solução do sistema original.

Analogamente, prova-se as demais operações.

Observe que as operações elementares citadas no Teorema 3.2 são as mesmas operações elementares sobre as linhas de uma matriz, vistas na seção 1.6.1.

Descrição do Algoritmo

O método consiste em, a partir do sistema linear dado, efetuar operações elementares no sentido de transformá-lo em um sistema triangular superior. (Revise operações elementares, Capítulo 1.)

Considere o sistema linear dado por (3.8). Em primeiro lugar, montamos a matriz aumentada colocando $(A|b)$, isto é:

$$\left(\begin{array}{ccccc|c} a_{11}^{(1)} & a_{12}^{(1)} & a_{13}^{(1)} & \dots & a_{1n}^{(1)} & b_1^{(1)} \\ a_{21}^{(1)} & a_{22}^{(1)} & a_{23}^{(1)} & \dots & a_{2n}^{(1)} & b_2^{(1)} \\ a_{31}^{(1)} & a_{32}^{(1)} & a_{33}^{(1)} & \dots & a_{3n}^{(1)} & b_3^{(1)} \\ \dots & \dots & & & & \\ a_{n1}^{(1)} & a_{n2}^{(1)} & a_{n3}^{(1)} & \dots & a_{nn}^{(1)} & b_n^{(1)} \end{array}\right) = (A^{(1)}|b^{(1)}),$$

onde, para $i,\ j = 1, 2, \dots, n$, $a_{ij}^{(1)} = a_{ij}$ e $b_i^{(1)} = b_i$.

1º **Passo**: Considere que $a_{11}^{(1)} \neq 0$. Devemos eliminar a incógnita x_1 da 2ª, 3ª, ..., nª equações, isto é, zerar os elementos da primeira coluna abaixo da diagonal principal, usando operações elementares da forma: $L_i \leftarrow \alpha_i^{(1)} L_1 + L_i, i = 2, 3, \dots, n$ sobre a matriz $(A^{(1)}|b^{(1)})$.

Passamos da matriz inicial à matriz:

$$\left(\begin{array}{ccccc|c} a_{11}^{(1)} & a_{12}^{(1)} & a_{13}^{(1)} & \dots & a_{1n}^{(1)} & b_1^{(1)} \\ & a_{22}^{(2)} & a_{23}^{(2)} & \dots & a_{2n}^{(2)} & b_2^{(2)} \\ & \dots & & & & \vdots \\ & a_{n2}^{(2)} & a_{n3}^{(2)} & \dots & a_{nn}^{(2)} & b_n^{(2)} \end{array}\right) = (A^{(2)}|b^{(2)}),$$

onde

$$\left\{\begin{array}{lcl} a_{ij}^{(2)} & = & \alpha_i^{(1)} a_{1j}^{(1)} + a_{ij}^{(1)}, \\ & & \\ b_i^{(2)} & = & \alpha_i^{(1)} b_1^{(1)} + b_i^{(1)}, \end{array}\right. \qquad \begin{array}{l} i = 2, 3, \dots, n; \\ j = 1, 2, \dots, n. \end{array}$$

Observe que: se $a_{11}^{(1)} = 0$, devemos, antes de iniciar o 1º passo, trocar a 1ª equação com qualquer outra abaixo, cujo coeficiente da incógnita x_1 seja diferente de zero.

2º **Passo**: Considere que $a_{22}^{(2)} \neq 0$. Devemos eliminar a incógnita x_2 da 3ª, 4ª, ..., nª equações, isto é, zerar os elementos da segunda coluna abaixo da diagonal principal, usando operações elementares da forma: $L_i \leftarrow \alpha_i^{(2)} L_2 + L_i, i = 3, \dots, n$ sobre as linhas da matriz $(A^{(2)}|b^{(2)})$. Se $a_{22}^{(2)} = 0$, devemos, antes de iniciar o 2º passo, trocar a 2ª equação com qualquer outra abaixo, cujo coeficiente da incógnita x_2 seja diferente de zero.

Obtemos, então, a matriz:

$$\left(\begin{array}{cccccc|c} a_{11}^{(1)} & a_{12}^{(1)} & a_{13}^{(1)} & \dots & a_{1n}^{(1)} & & b_1^{(1)} \\ & a_{22}^{(2)} & a_{23}^{(2)} & \dots & a_{2n}^{(2)} & & b_2^{(2)} \\ & & a_{33}^{(3)} & \dots & a_{3n}^{(3)} & & b_3^{(3)} \\ & & \dots & & & & \vdots \\ & & a_{n3}^{(3)} & \dots & a_{nn}^{(3)} & & b_n^{(3)} \end{array}\right) = (A^{(3)}|b^{(3)}),$$

onde

$$\begin{cases} a_{ij}^{(3)} = \alpha_i^{(2)} a_{2j}^{(2)} + a_{ij}^{(2)}, & \\ & i = 3, \dots, n; \\ & j = 2, \dots, n; \\ b_i^{(3)} = \alpha_i^{(2)} b_2^{(2)} + b_i^{(2)}, & \end{cases}$$

e assim sucessivamente, até o $(n-1)^{\underline{o}}$ **passo**, isto é, até obtermos a matriz:

$$\left(\begin{array}{cccccc|c} a_{11}^{(1)} & a_{12}^{(1)} & a_{13}^{(1)} & \dots & a_{1,n-1}^{(1)} & a_{1n}^{(1)} & b_1^{(1)} \\ & a_{22}^{(2)} & a_{23}^{(2)} & \dots & a_{2,n-1}^{(2)} & a_{2n}^{(2)} & b_2^{(2)} \\ & & a_{33}^{(3)} & \dots & a_{3,n-1}^{(3)} & a_{3n}^{(3)} & b_3^{(3)} \\ & & \dots & & & & \vdots \\ & & & \dots & a_{n-1,n-1}^{(n-1)} & a_{n-1,n}^{(n-1)} & b_{n-1}^{(n-1)} \\ & & & & & a_{n,n}^{(n)} & b_n^{(n)} \end{array}\right) = (A^{(n)}|b^{(n)}).$$

Assim, podemos montar o sistema linear triangular superior:

$$\begin{cases} a_{11}^{(1)}x_1 + a_{12}^{(1)}x_2 + a_{13}^{(1)}x_3 + \dots + a_{1,n-1}^{(1)}x_{n-1} + a_{1n}^{(1)}x_n = b_1^{(1)} \\ \qquad + a_{22}^{(2)}x_2 + a_{23}^{(2)}x_3 + \dots + a_{2,n-1}^{(2)}x_{n-1} + a_{2n}^{(2)}x_n = b_2^{(2)} \\ \qquad\qquad a_{33}^{(3)}x_3 + \dots + a_{3,n-1}^{(3)}x_{n-1} + a_{3n}^{(3)}x_n = b_3^{(3)} \\ \qquad\qquad \dots\dots \\ \qquad\qquad\qquad a_{n-1,n-1}^{(n-1)}x_{n-1} + a_{n-1,n}^{(n-1)}x_n = b_{n-1}^{(n-1)} \\ \qquad\qquad\qquad\qquad a_{nn}^{(n)}x_n = b_n^{(n)} \end{cases}$$

que é equivalente ao original. Utilizamos as fórmulas (3.11) para resolver este sistema linear.

Observações:

1) Todas as operações elementares dadas na Definição 1.13 podem ser utilizadas para transformar o sistema linear dado em um sistema linear triangular superior.

2) No $2^{\underline{o}}$ **passo**, repetimos o processo como se não existissem a $1^{\underline{a}}$ linha e a $1^{\underline{a}}$ coluna da $2^{\underline{a}}$ matriz, isto é, todas as operações são realizadas em função da $2^{\underline{a}}$ linha da matriz obtida no $1^{\underline{o}}$ **passo**. De um modo geral, no $k^{\underline{o}}$ **passo**, repetimos o processo como se não existissem as $(k-1)$ primeiras linhas e as $(k-1)$ primeiras colunas da k-ésima matriz, isto é, todas as operações são realizadas em função da linha k da matriz obtida no passo $(k-1)$.

Daremos, a seguir, alguns exemplos.

Exemplo 3.6 *Resolver o sistema linear:*

$$\begin{pmatrix} 1 & 2 & 3 \\ 2 & 3 & -1 \\ 3 & 2 & 1 \end{pmatrix} \begin{pmatrix} x_1 \\ x_2 \\ x_3 \end{pmatrix} = \begin{pmatrix} 2 \\ -2 \\ 2 \end{pmatrix}$$

usando escalonamento.

Solução: Do sistema linear dado, segue que:

$$\left(\begin{array}{ccc|c} 1 & 2 & 3 & 2 \\ 2 & 3 & -1 & -2 \\ 3 & 2 & 1 & 2 \end{array}\right) \sim \left(\begin{array}{ccc|c} 1 & 2 & 3 & 2 \\ 0 & -1 & -7 & -6 \\ 0 & -4 & -8 & -4 \end{array}\right) \begin{array}{l} \\ \leftarrow -2L_1 + L_2 \\ \leftarrow -3L_1 + L_3 \end{array}$$

$$\sim \left(\begin{array}{ccc|c} 1 & 2 & 3 & 2 \\ 0 & -1 & -7 & -6 \\ 0 & 0 & 20 & 20 \end{array}\right) . \begin{array}{l} \\ \\ \leftarrow -4L_2 + L_3 \end{array}$$

Obtemos, então, um sistema linear triangular superior equivalente ao sistema linear dado, ou seja:

$$\begin{pmatrix} 1 & 2 & 3 \\ 0 & -1 & -7 \\ 0 & 0 & 20 \end{pmatrix} \begin{pmatrix} x_1 \\ x_2 \\ x_3 \end{pmatrix} = \begin{pmatrix} 2 \\ -6 \\ 20 \end{pmatrix} .$$

Resolvendo este sistema linear, obtemos:

$$20x_3 = 20 \Rightarrow x_3 = 1,$$

$$-x_2 - 7x_3 = -6 \Rightarrow -x_2 = -6 + 7(1) \Rightarrow x_2 = -1,$$

$$x_1 + 2\,x_2 + 3x_3 = 2 \Rightarrow x_1 = 2 - 2(-1) - 3(1) \Rightarrow x_1 = 1.$$

Assim, o sistema linear dado é **possível e determinado**, isto é, a única solução de:

$$\begin{pmatrix} 1 & 2 & 3 \\ 2 & 3 & -1 \\ 3 & 2 & 1 \end{pmatrix} \begin{pmatrix} x_1 \\ x_2 \\ x_3 \end{pmatrix} = \begin{pmatrix} 2 \\ -2 \\ 2 \end{pmatrix} \text{ é } x = \begin{pmatrix} 1 \\ -1 \\ 1 \end{pmatrix} .$$

Exemplo 3.7 *Resolver o sistema linear:*

$$\begin{cases} 2\,x_1 + x_2 - 4\,x_3 = 3 \\ \quad\quad\;\; x_2 + 3\,x_3 = -2 \\ 2\,x_1 + 3\,x_2 + 2\,x_3 = -1 \end{cases}$$

usando escalonamento.

Solução: Do sistema linear dado, segue que:

$$\left(\begin{array}{ccc|c} 2 & 1 & -4 & 3 \\ 0 & 1 & 3 & -2 \\ 2 & 3 & 2 & -1 \end{array}\right) \sim \left(\begin{array}{ccc|c} 2 & 1 & -4 & 3 \\ 0 & 1 & 3 & -2 \\ 0 & 2 & 6 & -4 \end{array}\right) \begin{array}{l} \\ \\ \leftarrow -L_1 + L_3 \end{array}$$

$$\sim \left(\begin{array}{ccc|c} 2 & 1 & -4 & 3 \\ 0 & 1 & 3 & -2 \\ 0 & 0 & 0 & 0 \end{array}\right) . \begin{array}{l} \\ \\ \leftarrow -2L_2 + L_3 \end{array}$$

Obtemos, então, o sistema linear triangular superior equivalente ao sistema linear dado, ou seja:

$$\begin{cases} 2\,x_1 + x_2 - 4\,x_3 = 3 \\ \quad\quad x_2 + 3\,x_3 = -2 \\ \quad\quad\quad 0\,x_3 = 0 \end{cases}$$

Portanto, qualquer valor para $x_3 \in I\!R$ satisfaz a 3ª equação, isto é, x_3 é uma **variável livre**. Assim, da 2ª equação, tiramos que: $x_2 = -2 - 3x_3$ e, da 1ª equação, obtemos:

$$x_1 = \frac{1}{2}(3 - x_2 + 4x_3) \Rightarrow x_1 = \frac{1}{2}(3 - (-2 - 3x_3) + 4x_3),$$

$$\Rightarrow x_1 = \frac{1}{2}(3 + 2 + 3x_3 + 4x_3) \Rightarrow x_1 = \frac{1}{2}(5 + 7x_3).$$

Assim, o sistema linear dado é **possível e indeterminado**. Fazendo $x_3 = s$ para $\forall\, s \in I\!R$, segue que a solução geral do sistema linear:

$$\begin{cases} 2\,x_1 + x_2 - 4\,x_3 = 3 \\ \quad\quad x_2 + 3\,x_3 = -2 \\ 2\,x_1 + 3\,x_2 + 2\,x_3 = -1 \end{cases} \quad \text{é } x = \begin{pmatrix} \frac{1}{2}(5 + 7s) \\ -2 - 3s \\ s \end{pmatrix}.$$

Para obter uma solução particular, basta atribuir um valor qualquer para a variável livre. Assim, por exemplo, se $x_3 = 1$, então $x = (6,\ -5,\ 1)$ é uma solução particular do sistema linear dado.

Exemplo 3.8 *Resolver o sistema linear:*

$$\begin{cases} 2\,x_1 + x_2 - x_3 = 7 \\ 4\,x_1 - 3\,x_2 + 5\,x_3 = -7 \\ 2\,x_1 - 4\,x_2 + 6\,x_3 = -12 \end{cases}$$

usando escalonamento.

Solução: Do sistema linear dado, segue que:

$$\left(\begin{array}{ccc|c} 2 & 1 & -1 & 7 \\ 4 & -3 & 5 & -7 \\ 2 & -4 & 6 & -12 \end{array}\right) \sim \left(\begin{array}{ccc|c} 2 & 1 & -1 & 7 \\ 0 & -5 & 7 & -21 \\ 0 & -5 & 7 & -19 \end{array}\right) \begin{array}{l} \\ \leftarrow -2L_1 + L_2 \\ \leftarrow -L_1 + L_3 \end{array}$$

$$\sim \left(\begin{array}{ccc|c} 2 & 1 & -1 & 7 \\ 0 & -5 & 7 & -21 \\ 0 & 0 & 0 & 2 \end{array}\right) \begin{array}{l} \\ \\ \leftarrow -L_2 + L_3 \end{array}.$$

Obtemos, então, um sistema linear triangular superior equivalente ao sistema linear dado, ou seja:

$$\begin{cases} 2\,x_1 + x_2 - x_3 = 7 \\ \quad\quad - 5\,x_2 + 7\,x_3 = -21 \\ \quad\quad\quad 0\,x_3 = 2 \end{cases}$$

Da 3ª equação, vemos que $0x_3 = 2$, o que é absurdo, pois não existe nenhum número que multiplicado por zero dê 2. Assim, este sistema linear é **inconsistente**, ou seja, não admite solução.

Exemplo 3.9 *Resolver, usando escalonamento, o sistema linear:*

$$\begin{cases} 3\,x_1 & + & 3\,x_2 & + & x_3 & = & 7 \\ 2\,x_1 & + & 2\,x_2 & - & x_3 & = & 3 \\ x_1 & - & x_2 & + & 5\,x_3 & = & 5 \end{cases}$$

Solução: Montamos a matriz aumentada:

$$\left(\begin{array}{ccc|c} 3 & 3 & 1 & 7 \\ 2 & 2 & -1 & 3 \\ 1 & -1 & 5 & 5 \end{array}\right) \sim \left(\begin{array}{ccc|c} 3 & 3 & 1 & 7 \\ 0 & 0 & -5/3 & -5/3 \\ 0 & -2 & 14/3 & 8/3 \end{array}\right) \begin{array}{l} \\ \leftarrow -\frac{2}{3}L_1 + L_2 \\ \leftarrow -\frac{1}{3}L_1 + L_3 \end{array}.$$

O elemento $a_{22}^{(2)} = 0$, e isso significa que $det(A_2) = 0$. De fato:

$$det(A_2) = \begin{vmatrix} 3 & 3 \\ 2 & 2 \end{vmatrix} = 0.$$

Como o elemento $a_{32}^{(2)} \neq 0$, permutamos a 3ª equação com a 2ª equação e, assim, obtemos a matriz:

$$\left(\begin{array}{ccc|c} 3 & 3 & 1 & 7 \\ 0 & -2 & 14/3 & 8/3 \\ 0 & 0 & -5/3 & -5/3 \end{array}\right),$$

a qual já está na forma triangular. Resolvendo o sistema linear triangular, obtemos que a solução de:

$$\begin{cases} 3\,x_1 & + & 3\,x_2 & + & x_3 & = & 7 \\ 2\,x_1 & + & 2x_2 & - & x_3 & = & 3 \\ x_1 & - & x_2 & + & 5\,x_3 & = & 5 \end{cases} \quad \text{é } x = \begin{pmatrix} 1 \\ 1 \\ 1 \end{pmatrix}.$$

Tendo em vista os resultados dos Exemplos 3.6, 3.7 e 3.8, podemos concluir que:

Dado um sistema linear $Ax = b$ de ordem n, se após o escalonamento o sistema linear triangular superior tiver r equações não nulas, então:

1) se uma equação é da forma:

$$0x_1 + 0x_2 + \cdots + 0x_n = b_k, \; b_k \neq 0,$$

o sistema é inconsistente.

2) caso contrário, sobram duas alternativas:

a) se $r = n$, o sistema é consistente e determinado, isto é, admite uma única solução.

b) se $r < n$, o sistema é consistente e indeterminado, isto é, admite infinitas soluções.

Observe que o número r de linhas não nulas na matriz dos coeficientes, após o escalonamento, é igual ao posto da matriz A. (Ver Definição 1.16.)

Dados vários sistemas lineares associados a uma mesma matriz, podemos resolvê-los de uma só vez usando escalonamento. (Ver Exemplo 3.10.) Tais sistemas lineares são chamados de **sistemas lineares matriciais.**

Exemplo 3.10 *Usando escalonamento, resolver o sistema linear matricial:*

$$\begin{pmatrix} 5 & 2 & -1 \\ 3 & 1 & 4 \\ 1 & 1 & 3 \end{pmatrix} \begin{pmatrix} x_1 & | & y_1 \\ x_2 & | & y_2 \\ x_3 & | & y_3 \end{pmatrix} = \begin{pmatrix} 0 & | & 6 \\ -7 & | & 7 \\ -5 & | & 4 \end{pmatrix}.$$

Solução: Montamos a matriz, 3×5:

$$\begin{pmatrix} 5 & 2 & 1 & | & 0 & | & 6 \\ 3 & 1 & 4 & | & -7 & | & 7 \\ 1 & 1 & 3 & | & -5 & | & 4 \end{pmatrix} \sim \begin{pmatrix} 5 & 2 & 1 & | & 0 & | & 6 \\ 0 & -1/5 & 17/5 & | & -7 & | & 17/5 \\ 0 & 3/5 & 14/5 & | & -5 & | & 14/5 \end{pmatrix} \begin{matrix} \\ \leftarrow -\frac{3}{5}L_1 + L_2 \\ \leftarrow -\frac{1}{5}L_1 + L_3 \end{matrix}$$

$$\sim \begin{pmatrix} 5 & 2 & 1 & | & 0 & | & 6 \\ 0 & -1/5 & 17/5 & | & -7 & | & 17/5 \\ 0 & 0 & 13 & | & -26 & | & 13 \end{pmatrix} \begin{matrix} \\ \\ \leftarrow 3L_2 + L_3 \end{matrix}.$$

Assim, resolvendo os sistemas lineares:

a) $$\begin{pmatrix} 5 & 2 & 1 \\ 0 & -1/5 & 17/5 \\ 0 & 0 & 13 \end{pmatrix} \begin{pmatrix} x_1 \\ x_2 \\ x_3 \end{pmatrix} = \begin{pmatrix} 0 \\ -7 \\ -26 \end{pmatrix}; \text{ obtemos } x = \begin{pmatrix} 0 \\ 1 \\ -2 \end{pmatrix}$$

e

b) $$\begin{pmatrix} 5 & 2 & 1 \\ & -1/5 & 17/5 \\ 0 & & 13 \end{pmatrix} \begin{pmatrix} y_1 \\ y_2 \\ y_3 \end{pmatrix} = \begin{pmatrix} 6 \\ 17/5 \\ 13 \end{pmatrix}; \text{ obtemos } y = \begin{pmatrix} 1 \\ 0 \\ 1 \end{pmatrix}.$$

Portanto, a solução do sistema linear matricial:

$$\begin{pmatrix} 5 & 2 & 1 \\ 3 & 1 & 4 \\ 1 & 1 & 3 \end{pmatrix} \begin{pmatrix} x_1 & | & y_1 \\ x_2 & | & y_2 \\ x_3 & | & y_3 \end{pmatrix} = \begin{pmatrix} 0 & | & 6 \\ -7 & | & 7 \\ -5 & | & 4 \end{pmatrix} \text{ é } (x|y) = \begin{pmatrix} 0 & | & 1 \\ 1 & | & 0 \\ -2 & | & 1 \end{pmatrix}.$$

Ao contrário da regra de Cramer e do cálculo da matriz inversa para resolver sistemas lineares (em ambos os casos, válidos apenas para sistemas lineares de ordem n), o escalonamento pode ser usado para resolver sistemas lineares retangulares.

Daremos, a seguir, alguns exemplos.

Exemplo 3.11 *Resolver, usando escalonamento, o sistema linear:*

$$\begin{cases} x_1 + 2x_2 + x_3 + x_4 = 1 \\ x_1 + 3x_2 - x_3 + 2x_4 = 3 \end{cases}$$

Solução: Montamos a matriz aumentada:

$$\left(\begin{array}{cccc|c} 1 & 2 & 1 & 1 & 1 \\ 1 & 3 & -1 & 2 & 3 \end{array}\right) \sim \left(\begin{array}{cccc|c} 1 & 2 & 1 & 1 & 1 \\ 0 & 1 & -2 & 1 & 2 \end{array}\right) \begin{array}{l} \\ \leftarrow -L_1 + L_2 \end{array}.$$

Assim, o sistema linear dado é equivalente ao sistema linear:

$$\left\{\begin{array}{rcrcrcrcr} x_1 & + & 2\,x_2 & + & x_3 & + & x_4 & = & 1 \\ & & x_2 & - & 2\,x_3 & + & x_4 & = & 2 \end{array}\right.$$

Da 2ª equação, podemos escrever que:

$$x_2 = 2 + 2x_3 - x_4$$

e, portanto, x_3 e x_4 são variáveis livres. Da 1ª equação, segue que:

$$x_1 = 1 - 2x_2 - x_3 - x_4.$$

Substituindo o valor de x_2, obtemos:

$$x_1 = -3 - 5x_3 + x_4.$$

Fazendo $x_3 = s$ e $x_4 = t$, para $\forall\ s, t \in I\!R$, segue que a solução geral do sistema linear:

$$\left\{\begin{array}{rcrcrcrcr} x_1 & + & 2\,x_2 & + & x_3 & + & x_4 & = & 1 \\ & & x_2 & - & 2\,x_3 & + & x_4 & = & 2 \end{array}\right. \quad \text{é} \quad x = \begin{pmatrix} -3 - 5s + t \\ 2 + 2s - t \\ s \\ t \end{pmatrix}.$$

Fazendo $s = t = 1$, segue que uma solução particular do sistema linear dado é: $x = (-7,\ 3,\ 1,\ 1)$.

Exemplo 3.12 *Resolver, usando escalonamento, o sistema linear:*

$$\left\{\begin{array}{rcrcrcrcrcr} x_1 & + & 3\,x_2 & + & 2\,x_3 & + & 3\,x_4 & - & 7\,x_5 & = & 14 \\ 2\,x_1 & + & 6\,x_2 & + & x_3 & - & 2\,x_4 & + & 5\,x_5 & = & -2 \\ x_1 & + & 3\,x_2 & - & x_3 & & & + & 2\,x_5 & = & -1 \end{array}\right.$$

Solução: Montamos a matriz aumentada:

$$\left(\begin{array}{ccccc|c} 1 & 3 & 2 & 3 & -7 & 14 \\ 2 & 6 & 1 & -2 & 5 & -2 \\ 1 & 3 & -1 & 0 & 2 & -1 \end{array}\right) \sim \left(\begin{array}{ccccc|c} 1 & 3 & 2 & 3 & -7 & 14 \\ 0 & 0 & -3 & -8 & 19 & -30 \\ 0 & 0 & -3 & -3 & -9 & -15 \end{array}\right) \begin{array}{l} \\ \leftarrow -2L_1 + L_2 \\ \leftarrow -L_1 + L_3 \end{array}$$

Observe que, neste caso, ainda é possível continuar o escalonamento, isto é,

$$\sim \left(\begin{array}{ccccc|c} 1 & 3 & 2 & 3 & -7 & 14 \\ 0 & 0 & -3 & -8 & 19 & -30 \\ 0 & 0 & 0 & 5 & -10 & 15 \end{array}\right) \begin{array}{l} \\ \\ \leftarrow -L_2 + L_3 \end{array}.$$

Assim, o sistema linear dado é equivalente ao sistema linear:

$$\left\{\begin{array}{rcrcrcrcrcr} x_1 & + & 3\,x_2 & + & 2\,x_3 & + & 3\,x_4 & - & 7\,x_5 & = & 14 \\ & & & - & 3\,x_3 & - & 8\,x_4 & + & 19\,x_5 & = & -30 \\ & & & & & & 5\,x_4 & - & 10\,x_5 & = & 15 \end{array}\right.$$

Da 3ª equação, podemos escrever que:

$$x_4 = 3 + 2x_5$$

e, portanto, x_5 é uma variável livre. Da 2ª equação, segue que:

$$x_3 = \frac{1}{3}(30 - 8x_4 + 19x_5).$$

Substituindo o valor de x_5, obtemos:

$$x_3 = 2 + x_5.$$

Finalmente, da 1ª equação, segue que:

$$x_1 = 14 - 3x_2 - 2x_3 - 3x_4 + 7x_5.$$

Substituindo os valores de x_3 e x_4, obtemos:

$$x_1 = 1 - 3x_2 - x_5.$$

Portanto, x_2 também é uma variável livre. Fazendo $x_2 = s$ e $x_5 = t$, para $\forall\, s, t \in I\!R$, segue que a solução geral do sistema linear:

$$\left\{\begin{array}{rcrcrcrcrcr} x_1 & + & 3\,x_2 & + & 2\,x_3 & + & 3\,x_4 & - & 7\,x_5 & = & 14 \\ 2\,x_1 & + & 6\,x_2 & + & x_3 & - & 2\,x_4 & + & 5\,x_5 & = & -2 \\ x_1 & + & 3\,x_2 & - & x_3 & & & + & 2\,x_5 & = & -1 \end{array}\right. \quad \text{é } x = \begin{pmatrix} 1-3s-t \\ s \\ 2+t \\ 3+2t \\ t \end{pmatrix}.$$

Fazendo $s = t = 1$, segue que uma solução particular do sistema linear dado é: $x = (-3,\ 1,\ 3,\ 5,\ 1)$.

Exemplo 3.13 *Resolver o sistema linear:*

$$\left\{\begin{array}{rcrcr} -4\,x_1 & + & 3\,x_2 & = & 2 \\ 5\,x_1 & - & 4\,x_2 & = & 0 \\ 2\,x_1 & - & x_2 & = & -6 \end{array}\right.$$

usando escalonamento.

Solução: Montamos a matriz aumentada:

$$\left(\begin{array}{rr|r} -4 & 3 & 2 \\ 5 & -4 & 0 \\ 2 & -1 & -6 \end{array}\right) \sim \left(\begin{array}{rr|r} -4 & 3 & 2 \\ 0 & -1/4 & 5/2 \\ 0 & 1/2 & -5 \end{array}\right) \begin{array}{l} \\ \leftarrow \frac{5}{4}L_1 + L_2 \\ \leftarrow \frac{1}{2}L_1 + L_3 \end{array}$$

$$\sim \left(\begin{array}{rr|r} -4 & 3 & 2 \\ 0 & -1/4 & 5/2 \\ 0 & 0 & 0 \end{array}\right) \begin{array}{l} \\ \\ \leftarrow 2L_2 + L_3 \end{array}.$$

Assim, o sistema linear dado é equivalente ao sistema linear:

$$\begin{cases} -4\,x_1 + 3\,x_2 = 2 \\ \quad - 1/4\,x_2 = 10/4 \\ \quad\quad 0\,x_2 = 0 \end{cases}$$

Da 3ª equação, obtemos que x_2 pode assumir qualquer valor, isto é, a 3ª equação é satisfeita para qualquer valor de x_2. Assim, podemos abandoná-la e resolver o sistema linear a partir das duas primeiras equações. Da 2ª equação, obtemos:

$$-\frac{1}{4}x_2 = \frac{10}{4} \Rightarrow x_2 = -10$$

e, assim, $x_2 = -10$. (Observe que este valor para x_2 satisfaz a 3ª equação.)

Substituindo o valor de x_2 na 1ª equação, segue que:

$$x_1 = -\frac{1}{2} + \frac{3}{4}(-10) \Rightarrow x_1 = -8.$$

Logo, a solução do sistema linear:

$$\begin{cases} -4\,x_1 + 3\,x_2 = 2 \\ 5\,x_1 - 4\,x_2 = 0 \\ 2\,x_1 - x_2 = -6 \end{cases} \quad \text{é } x = \begin{pmatrix} -8 \\ -10 \end{pmatrix}.$$

Exercícios

3.12 *Considere o sistema linear:*

$$\begin{pmatrix} 2 & -3 & 1 \\ 4 & -6 & -1 \\ 1 & 2 & 1 \end{pmatrix} \begin{pmatrix} x_1 \\ x_2 \\ x_3 \end{pmatrix} = \begin{pmatrix} -5 \\ -7 \\ 4 \end{pmatrix}.$$

Resolva-o usando escalonamento.

3.13 *Verificar, usando escalonamento, que o sistema linear:*

$$\begin{cases} x_1 + 2\,x_2 + x_3 = 3 \\ 2\,x_1 + 3\,x_2 + x_3 = 5 \\ 3\,x_1 + 5\,x_2 + 2\,x_3 = 1 \end{cases}$$

não tem solução.

3.14 *Resolver, usando escalonamento, o sistema linear:*

$$\begin{cases} x_1 + 2\,x_2 + x_3 - 2\,x_4 = 3 \\ 2\,x_1 + 5\,x_2 + 3\,x_3 - 3\,x_4 = 5 \\ -3\,x_1 - 7\,x_2 - 5\,x_3 + 8\,x_4 = -6 \\ 4\,x_1 + 10\,x_2 + 5\,x_3 - 7\,x_4 = 12 \end{cases}$$

3.15 *Usando escalonamento, determine a solução geral do sistema linear:*

$$\begin{cases} 2\,x_1 + 2\,x_2 - x_3 + x_4 = 4 \\ -x_1 - x_2 + 2\,x_3 - 3\,x_4 = -3 \\ x_1 + x_2 - 2\,x_3 + 4\,x_4 = 4 \end{cases}$$

Faça as variáveis livres iguais a 1 e determine uma solução particular.

3.16 *Considere o sistema linear:*

$$\begin{pmatrix} m & 1 & 1 \\ 2 & -1 & 2 \\ 4 & -1 & 1 \end{pmatrix} \begin{pmatrix} x_1 \\ x_2 \\ x_3 \end{pmatrix} = \begin{pmatrix} 2 \\ 5 \\ 6 \end{pmatrix}.$$

a) *Determine o valor de m para que o sistema linear admita solução única.*

b) *Faça $m = 2$ e resolva o sistema linear resultante usando escalonamento.*

3.17 *Considere o sistema linear:*

$$\begin{pmatrix} k^2 & 3k & -k \\ 2 & 1 & 0 \\ k-2 & k-2 & k-2 \end{pmatrix} \begin{pmatrix} x_1 \\ x_2 \\ x_3 \end{pmatrix} = \begin{pmatrix} -8 \\ 2 \\ 2 \end{pmatrix}.$$

a) *Determine os valores de k para que o sistema linear admita solução única.*

b) *Faça $k = 4$ e resolva o sistema linear resultante usando escalonamento.*

3.18 *Resolver o sistema linear matricial:*

$$\begin{pmatrix} 1 & 0 & 1 \\ 1 & 1 & 0 \\ 0 & 1 & 1 \end{pmatrix} \left(\begin{array}{c|c} x_1 & y_1 \\ x_2 & y_2 \\ x_3 & y_3 \end{array}\right) = \left(\begin{array}{c|c} 4 & 2 \\ 2 & -2 \\ 12 & 14 \end{array}\right).$$

usando escalonamento.

3.19 *Usando escalonamento, determine k de modo que o sistema linear:*

$$\begin{cases} x_1 + 2\,x_2 = 3 \\ 5\,x_1 - 3\,x_2 = 2 \\ 2\,x_1 - 2\,x_2 = k \end{cases}$$

admita solução única.

3.20 *Usando escalonamento, determine a solução do sistema linear:*

$$\begin{cases} 2\,x_1 - x_2 = 3 \\ x_1 + 4\,x_2 = 2 \\ x_1 - 5\,x_2 = 1 \\ 4\,x_1 + 16\,x_2 = 8 \end{cases}$$

3.5 Sistemas Lineares Homogêneos

Veremos agora como resolver sistemas lineares homogêneos.

Definição 3.8 *Um conjunto de m equações lineares nas variáveis $x_1, x_2, \ldots, x_n$, cujo vetor dos termos independentes é o vetor nulo, é chamado de* **sistema linear homogêneo** *e será representado por:*

$$\begin{cases} a_{11}\,x_1 + a_{12}\,x_2 + a_{13}\,x_3 + \ldots + a_{1n}\,x_n = 0 \\ a_{21}\,x_1 + a_{22}\,x_2 + a_{23}\,x_3 + \ldots + a_{2n}\,x_n = 0 \\ a_{31}\,x_1 + a_{32}\,x_2 + a_{33}\,x_3 + \ldots + a_{2n}\,x_n = 0 \\ \ldots\ \ldots \\ a_{m1}\,x_1 + a_{m2}\,x_2 + a_{m3}\,x_3 + \ldots + a_{mn}\,x_n = 0 \end{cases} \quad (3.12)$$

Observe que todo sistema linear homogêneo é consistente, pois $x_1 = x_2 = \ldots, x_n = 0$ será sempre solução, e esta solução é chamada de **solução trivial**. Caso existam outras soluções, além da solução trivial, estas serão chamadas de **soluções não triviais**.

Como um sistema linear homogêneo é sempre consistente, conclui-se que: ou existe apenas a solução trivial ou infinitas soluções. Como uma destas soluções é sempre a trivial, pode-se afirmar que, em um sistema linear homogêneo, exatamente uma das afirmações é verdadeira:

a) o sistema linear homogêneo admite apenas a solução trivial,

b) o sistema linear homogêneo admite soluções não triviais, além da solução trivial.

Para ilustrar os itens **a)** e **b)**, considere o seguinte exemplo.

Exemplo 3.14 *Classificar os seguintes sistemas lineares:*

$$(I)\begin{cases} x_1 + x_2 = 0 \\ x_1 - x_2 = 0 \end{cases}$$

$$(II)\begin{cases} x_1 + x_2 = 0 \\ 2\,x_1 + 2\,x_2 = 0 \end{cases}$$

Solução: Consideremos o sistema linear (I). Colocando as duas retas no mesmo gráfico, obtemos a Figura 3.4. Vemos que a solução é $x_1 = 0$ e $x_2 = 0$; nenhum outro par de valores de x_1 e x_2 satisfaz ambas as equações. Qualquer ponto da reta r_1 tem coordenadas que satisfazem a primeira das equações em (I). Do mesmo modo, todos os pontos em r_2 satisfazem a segunda equação de (I). Os pontos que satisfazem ambas as equações devem localizar-se em ambas as retas. Há somente um ponto assim. As coordenadas deste ponto são a solução que procuramos. Logo, o sistema linear (I) admite como única solução o par (0, 0). Portanto, o sistema linear homogêneo (I) só admite a solução **trivial**.

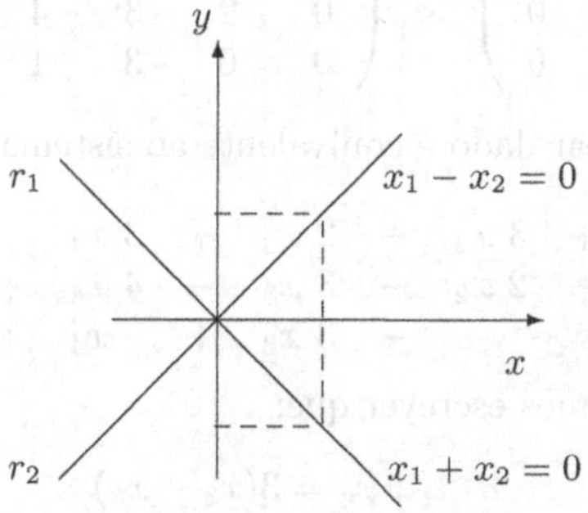

Figura 3.4

Consideremos agora o sistema linear (II). A Figura 3.5 mostra o gráfico dessas duas retas.

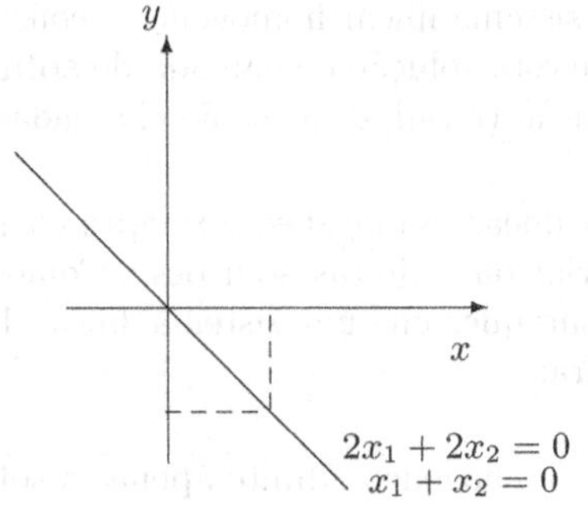

Figura 3.5

Observe que, geometricamente, as retas $x_1+x_2=0$ e $2\,x_1+2\,x_2=0$ são coincidentes. Assim, para o sistema linear (II), temos que os pares $(0,\ 0)$; $(0.5,\ -0.5)$; $(-0.5, 0.5), \ldots$, são soluções, isto é, o sistema linear admite **infinitas** soluções **não triviais**, além da solução **trivial**.

Observe que, em ambos os sistemas, as retas passam pela origem do sistema de coordenadas, pois o ponto $(0,\ 0)$ é sempre solução do sistema linear homogêneo.

3.5.1 Solução de Sistemas Lineares Homogêneos

Veremos agora que a solução de sistemas lineares homogêneos pode ser obtida usando escalonamento, isto é, usando operações elementares sobre as linhas.

Exemplo 3.15 *Resolver o sistema linear homogêneo:*

$$\begin{cases} x_1 + 3\,x_2 + 2\,x_3 + 3\,x_4 - x_5 = 0 \\ 2\,x_1 + 4\,x_2 + x_3 + 2\,x_4 + 3\,x_5 = 0 \\ x_1 + 3\,x_2 - x_3 + 4\,x_4 + 2\,x_5 = 0 \end{cases}$$

usando escalonamento.

Solução: Montamos a matriz aumentada:

$$\left(\begin{array}{ccccc|c} 1 & 3 & 2 & 3 & -1 & 0 \\ 2 & 4 & 1 & 2 & 3 & 0 \\ 1 & 3 & -1 & 4 & 2 & 0 \end{array}\right) \sim \left(\begin{array}{ccccc|c} 1 & 3 & 2 & 3 & -1 & 0 \\ 0 & -2 & -3 & -4 & 5 & 0 \\ 0 & 0 & -3 & 1 & 3 & 0 \end{array}\right) \begin{array}{l} \\ \leftarrow -2L_1 + L_2 \\ \leftarrow -L_1 + L_3 \end{array}.$$

Assim, o sistema linear dado é equivalente ao sistema linear:

$$\begin{cases} x_1 + 3\,x_2 + 2\,x_3 + 3\,x_4 - x_5 = 0 \\ \quad - 2\,x_2 - 3\,x_3 - 4\,x_4 + 5\,x_5 = 0 \\ \quad\quad - 3\,x_3 + x_4 + 3\,x_5 = 0 \end{cases}$$

Da 3ª equação, podemos escrever que:

$$x_4 = 3(x_3 - x_5)$$

e, portanto, x_3 e x_5 são variáveis livres. Da 2ª equação, segue que:

$$x_2 = \frac{1}{2}(-3x_3 - 4x_4 + 5x_5).$$

Substituindo o valor de x_4, obtemos:

$$x_2 = \frac{1}{2}(-15x_3 + 17x_5).$$

Finalmente, da 1ª equação, obtemos:

$$x_1 = -3x_2 - 2x_3 - 3x_4 + x_5.$$

Substituindo os valores de x_2 e x_4, obtemos:

$$x_1 = \frac{1}{2}(23x_3 - 31x_5).$$

Fazendo $x_3 = s$ e $x_5 = t$, para $\forall\ s, t \in I\!R$, segue que a solução geral do sistema linear:

$$\left\{\begin{array}{rcrcrcrcrcl} x_1 & + & 3\,x_2 & + & 2\,x_3 & + & 3\,x_4 & - & x_5 & = & 0 \\ 2\,x_1 & + & 4\,x_2 & + & x_3 & + & 2\,x_4 & + & 3\,x_5 & = & 0 \\ x_1 & + & 3\,x_2 & - & x_3 & + & 4\,x_4 & + & 2\,x_5 & = & 0 \end{array}\right. \quad \text{é } x = \begin{pmatrix} \frac{1}{2}(23s - 31t) \\ \frac{1}{2}(-15s + 17t) \\ s \\ 3s - 3t \\ t \end{pmatrix}$$

Fazendo $s = t = 1$, segue que uma solução particular do sistema linear homogêneo dado é: $x = (-4,\ 1,\ 1,\ 0,\ 1)$.

Exemplo 3.16 *Resolver o sistema linear homogêneo:*

$$\left\{\begin{array}{rcrcrcrcrcl} x_1 & - & x_2 & + & 2\,x_3 & - & x_4 & + & x_5 & = & 0 \\ 3\,x_1 & + & 2\,x_2 & + & 5\,x_3 & & & + & 2\,x_5 & = & 0 \\ 2\,x_1 & + & 3\,x_2 & + & 3\,x_3 & + & x_4 & + & x_5 & = & 0 \end{array}\right.$$

usando escalonamento.

Solução: Montamos a matriz aumentada:

$$\left(\begin{array}{rrrrr|r} 1 & -1 & 2 & -1 & 1 & 0 \\ 3 & 2 & 5 & 0 & 2 & 0 \\ 2 & 3 & 3 & 1 & 1 & 0 \end{array}\right) \sim \left(\begin{array}{rrrrr|r} 1 & -1 & 2 & -1 & 1 & 0 \\ 0 & 5 & -1 & 3 & -1 & 0 \\ 0 & 5 & -1 & 3 & -1 & 0 \end{array}\right) \begin{array}{l} \\ \leftarrow -3L_1 + L_2 \\ \leftarrow -2L_1 + L_3 \end{array}$$

$$\sim \left(\begin{array}{rrrrr|r} 1 & -1 & 2 & -1 & 1 & 0 \\ 0 & 5 & -1 & 3 & -1 & 0 \\ 0 & 0 & 0 & 0 & 0 & 0 \end{array}\right) \begin{array}{l} \\ \\ \leftarrow -L_2 + L_3 \end{array}.$$

Assim, o sistema linear dado é equivalente ao sistema linear:

$$\left\{\begin{array}{rcrcrcrcrcl} x_1 & - & x_2 & + & 2x_3 & - & x_4 & + & x_5 & = & 0 \\ & & 5x_2 & - & x_3 & + & 3x_4 & - & x_5 & = & 0 \end{array}\right.$$

Da 2ª equação, podemos escrever que:

$$x_3 = 5x_2 + 3x_4 - x_5$$

e, portanto, x_2, x_4 e x_5 são variáveis livres. Da 1ª equação, obtemos:

$$x_1 = x_2 - 2x_3 + x_4 - x_5.$$

Substituindo o valor de x_3 na equação anterior, segue que:

$$x_1 = -9x_2 - 5x_4 + x_5.$$

Fazendo $x_2 = s$, $x_4 = t$ e $x_5 = w$, para $\forall\ s, t, w \in I\!R$, segue que a solução geral do sistema linear:

$$\left\{\begin{array}{rcrcrcrcrcl} x_1 & - & x_2 & + & 2\,x_3 & - & x_4 & + & x_5 & = & 0 \\ 3\,x_1 & + & 2\,x_2 & + & 5\,x_3 & & & + & 2\,x_5 & = & 0 \\ 2\,x_1 & + & 3\,x_2 & + & 3\,x_3 & + & x_4 & + & x_5 & = & 0 \end{array}\right. \quad \text{é } x = \begin{pmatrix} -9s - 5t + w \\ s \\ 5s + 3t - w \\ t \\ w \end{pmatrix}.$$

Fazendo $s = t = w = 1$, segue que uma solução particular do sistema linear homogêneo dado é: $x = (-13,\ 1,\ 7,\ 1,\ 1)$.

Tendo em vista os resultados dos Exemplos 3.15, 3.16, podemos concluir que:

a) O sistema linear obtido de um sistema linear homogêneo, por operações elementares, ainda é homogêneo.

b) O número de equações do "novo" sistema linear homogêneo é menor ou igual ao número de equações do sistema linear homogêneo original.

c) Em ambos os casos, os sistemas lineares homogêneos admitem soluções não triviais além da solução trivial.

Assim, podemos enunciar o seguinte Teorema.

Teorema 3.3 *Um sistema linear homogêneo com mais variáveis do que equações sempre admite infinitas soluções.*

Exercícios

3.21 *Considere o seguinte sistema linear homogêneo:*

$$\left\{\begin{array}{rcrcrcrcl} x_1 & + & 2\,x_2 & + & x_3 & + & x_4 & = & 0 \\ x_1 & + & 3\,x_2 & - & x_3 & + & 2\,x_4 & = & 0 \end{array}\right.$$

Usando escalonamento, determine a solução geral. Faça as variáveis livres iguais a 1 e determine uma solução particular.

3.22 *Usando escalonamento, obter a solução geral do seguinte sistema linear homogêneo:*

$$\left\{\begin{array}{rcrcrcrcl} x_1 & + & 2\,x_2 & + & x_3 & + & x_4 & = & 0 \\ x_1 & + & 3\,x_2 & - & x_3 & + & 2\,x_4 & = & 0 \\ 2\,x_1 & - & x_2 & + & 3\,x_3 & - & x_4 & = & 0 \end{array}\right.$$

Faça as variáveis livres iguais a 1 e determine uma solução particular.

3.23 *Considere o seguinte sistema linear homogêneo:*

$$\left\{\begin{array}{rcrcrcrcrcl} x_1 & + & 3\,x_2 & + & 2\,x_3 & + & 3\,x_4 & - & 7\,x_5 & = & 0 \\ 2\,x_1 & + & 6\,x_2 & + & x_3 & - & 2\,x_4 & + & 5\,x_5 & = & 0 \\ x_1 & + & 3\,x_2 & - & x_3 & & & + & 2\,x_5 & = & 0 \end{array}\right.$$

Obter a solução geral usando escalonamento. Dê uma solução particular fazendo as variáveis livres iguais a 1.

3.5.2 Sistemas Lineares Homogêneos de Ordem n

Consideremos agora sistemas lineares homogêneos onde o número de equações é igual ao número de variáveis, isto é, sistemas lineares da forma (3.12) onde $m = n$. Tais sistemas serão chamados de **sistemas lineares homogêneos de ordem** n.

Teorema 3.4 *Um sistema linear homogêneo de ordem n possui infinitas soluções se e somente se a matriz dos coeficientes é singular.*

Do Teorema 3.4, podemos concluir que: um sistema linear homogêneo de ordem n possui apenas a solução trivial se a matriz dos coeficientes for não singular. De fato, um sistema linear homogêneo pode ser escrito na forma matricial, como: $Ax = \theta$. Se A é não singular, então existe A^{-1}. Portanto, pré-multiplicando a equação $Ax = \theta$ por A^{-1}, obtemos: $x = A^{-1}\theta \rightarrow x = \theta$. Logo, a solução trivial é a única solução do sistema linear homogêneo, se A é não singular.

Daremos, a seguir, alguns exemplos.

Exemplo 3.17 *Resolver o sistema linear homogêneo:*

$$\left\{\begin{array}{rcrcrcr} x_1 & + & 2\,x_2 & + & x_3 & = & 0 \\ x_1 & + & 5\,x_2 & + & 4\,x_3 & = & 0 \\ -\,x_1 & + & x_2 & + & 2\,x_3 & = & 0 \end{array}\right.$$

usando escalonamento.

Solução: Montamos a matriz aumentada:

$$\left(\begin{array}{rrr|r} 1 & 2 & 1 & 0 \\ 1 & 5 & 4 & 0 \\ -1 & 1 & 2 & 0 \end{array}\right) \sim \left(\begin{array}{rrr|r} 1 & 2 & 1 & 0 \\ 0 & 3 & 3 & 0 \\ 0 & 3 & 3 & 0 \end{array}\right) \begin{array}{l} \\ \leftarrow -L_1 + L_2 \\ \leftarrow L_1 + L_3 \end{array}$$

$$\sim \left(\begin{array}{rrr|r} 1 & 2 & 1 & 0 \\ 0 & 3 & 3 & 0 \\ 0 & 0 & 0 & 0 \end{array}\right) \begin{array}{l} \\ \\ \leftarrow -L_2 + L_3 \end{array}.$$

Obtemos o sistema linear triangular superior equivalente ao sistema linear dado, ou seja:

$$\left\{\begin{array}{rcrcrcr} x_1 & + & 2\,x_2 & + & x_3 & = & 0 \\ & & 3\,x_2 & + & 3\,x_3 & = & 0 \\ & & & & 0\,x_3 & = & 0 \end{array}\right.$$

Portanto, qualquer valor para x_3 satisfaz a 3ª equação, isto é, x_3 é uma **variável livre**. Assim, da 2ª equação, tiramos que: $x_2 = -x_3$, e da 1ª equação, obtemos: $x_1 = x_3$.

Assim, o sistema linear dado admite infinitas soluções não triviais, além da solução trivial. Fazendo $x_3 = s$, para $\forall\ s \in I\!R$, segue que a solução geral do sistema linear homogêneo:

$$\left\{\begin{array}{rcrcrcr} x_1 & + & 2\,x_2 & + & x_3 & = & 0 \\ x_1 & + & 5\,x_2 & + & 4\,x_3 & = & 0 \\ -\,x_1 & + & x_2 & + & 2\,x_3 & = & 0 \end{array}\right. \quad \text{é } x = \left(\begin{array}{r} s \\ -s \\ s \end{array}\right).$$

Para obter uma solução particular, basta atribuir um valor qualquer para a variável livre. Assim, por exemplo, se $s = 1$, então $x = (1,\ -1,\ 1)$ é uma solução particular do sistema linear dado.

Exemplo 3.18 *Resolver o sistema linear homogêneo:*

$$\begin{cases} x_1 + 3\,x_2 + 4\,x_3 = 0 \\ 3\,x_1 + 2\,x_2 + x_3 = 0 \\ 2\,x_1 + 4\,x_2 + 3\,x_3 = 0 \end{cases}$$

usando escalonamento.

Solução: Montamos a matriz aumentada:

$$\left(\begin{array}{ccc|c} 1 & 3 & 4 & 0 \\ 3 & 2 & 1 & 0 \\ 2 & 4 & 3 & 0 \end{array}\right) \sim \left(\begin{array}{ccc|c} 1 & 3 & 4 & 0 \\ 0 & -7 & -11 & 0 \\ 0 & -2 & -5 & 0 \end{array}\right) \begin{array}{l} \\ \leftarrow -3L_1 + L_2 \\ \leftarrow -2L_1 + L_3 \end{array}$$

$$\sim \left(\begin{array}{ccc|c} 1 & 3 & 4 & 0 \\ 0 & 1 & 11/7 & 0 \\ 0 & -2 & -5 & 0 \end{array}\right) \leftarrow -\frac{1}{7}L_2 \sim \left(\begin{array}{ccc|c} 1 & 3 & 4 & 0 \\ 0 & 1 & 11/7 & 0 \\ 0 & 0 & -13/7 & 0 \end{array}\right) \begin{array}{l} \\ \\ \leftarrow 2L_2 + L_3 \end{array}.$$

Obtemos o sistema linear triangular superior equivalente ao sistema linear dado, ou seja:

$$\begin{cases} x_1 + 3\,x_2 + 4\,x_3 = 0 \\ \qquad x_2 + 11/7\,x_3 = 0 \\ \qquad\qquad -13/7\,x_3 = 0 \end{cases}$$

Da 3ª equação, segue que $x_3 = 0$. Da 2ª equação, tiramos que: $x_2 = 0$, e da 1ª equação, obtemos que: $x_1 = 0$

Assim, o sistema linear homogêneo dado admite apenas a solução trivial, isto é, a única solução de:

$$\begin{cases} x_1 + 3x_2 + 4x_3 = 0 \\ 3x_1 + 2x_2 + x_3 = 0 \\ 2x_1 + 4x_2 + 3x_3 = 0 \end{cases} \quad \text{é } x = \begin{pmatrix} 0 \\ 0 \\ 0 \end{pmatrix}.$$

Observe que, para o sistema linear homogêneo do Exemplo 3.17, $det(A) = 0$, isto é, A é singular e, para o Exemplo 3.18, $det(A) = 13 \neq 0$, isto é, A é não singular.

Exercícios

3.24 *Resolver o sistema linear homogêneo:*

$$\begin{cases} x_1 - 2\,x_2 = 0 \\ 3\,x_1 + x_2 + 2\,x_3 = 0 \\ -5\,x_1 - 4\,x_2 - 4\,x_3 = 0 \end{cases}$$

usando escalonamento.

3.25 *Usando escalonamento, resolver o sistema linear homogêneo:*

$$\begin{pmatrix} 5 & 2 & -1 \\ 3 & 1 & 4 \\ 1 & 1 & 3 \end{pmatrix} \begin{pmatrix} x_1 \\ x_2 \\ x_3 \end{pmatrix} = \begin{pmatrix} 0 \\ 0 \\ 0 \end{pmatrix}.$$

3.26 *Considere o sistema linear homogêneo:*

$$\begin{pmatrix} 2 & 1 & 1 \\ 1 & \alpha & 1 \\ 1 & -1 & 2 \end{pmatrix} \begin{pmatrix} x_1 \\ x_2 \\ x_3 \end{pmatrix} = \begin{pmatrix} 0 \\ 0 \\ 0 \end{pmatrix}.$$

a) *Determine o valor de α para que o sistema linear homogêneo admita infinitas soluções.*

b) *Usando escalonamento e o valor de α obtido em* **a)**, *obtenha a solução geral do sistema.*

c) *Fazendo as variáveis livres iguais a 1, dê uma solução particular do sistema.*

3.6 Exercícios Complementares

3.27 *Considere as equações:*

a) $2x_1 - 3x_2 + 4x_3 = 20$,

b) $x_1 + 5x_2 - 3x_3 + 17x_4 - 2x_5 = -40$,

c) $2x_1 - 3x_2^2 + 4x_3 = 20$,

d) $x_1 + 5x_2 = -5$,

e) $x_1 - x_2 + 4x_3x_4 = 20$,

f) $-2x_1 + 3\sqrt{x_2} - 3x_3 = 10$.

Dizer quais são equações lineares.

3.28 *Considere a equação linear:*

$$2x_1 - 5x_2 + x_3 = 10.$$

Quais valores de x:

a) $x = (1,\ -1,\ 3)$,

b) $x = (2,\ 0,\ 4)$,

c) $x = (5,\ 2,\ 10)$,

d) $x = (-2,\ -2,\ 4)$,

são soluções da equação dada?

3.29 *Considere as seguintes equações lineares:*

$$(I)\ x_1 - x_2 + 3x_3 = 8 \quad \text{e} \quad (II)\ x_1 + x_2 + 2x_3 = -3.$$

Verifique para que valores de x:

a) $x = (2,\ -1,\ 5)$,

b) $x = (0,\ -5,\ 1)$,

c) $x = (1,\ 2,\ -3)$,

d) $x = (-5,\ -4,\ 3)$,

as equações são satisfeitas simultaneamente.

3.30 *Determine os valores de m para que $x = (2,\ 1,\ -3,\ -10)$ seja solução da equação linear:*

$$x_1 - 5mx_2 + x_3 - x_4 = 3 - m^2.$$

3.31 *Considere as seguintes equações lineares:*

$$(I)\ x_1 + 2x_2 - x_3 + 3x_4 - 3x_5 = 2,$$

$$(II)\ 3x_1 + 5x_2 + 10x_3 - 3x_4 - 3x_5 + x_6 = 11 - 2x_1 + 2x_4 + 2x_5.$$

Para cada uma delas, determine:

a) *a solução geral,*

b) *uma solução particular, fazendo as variáveis livres iguais a 1.*

3.32 *Considere a matriz A:*

$$A = \begin{pmatrix} 4 & 2 & -4 \\ 2 & 10 & 4 \\ -4 & 4 & 9 \end{pmatrix}.$$

a) *Verificar se A satisfaz as condições para aplicação da regra de Cramer.*

b) *Resolver, se possível, o sistema linear $Ax = b$, onde $b = (0,\ 6,\ 5)$, usando a regra de Cramer.*

3.33 *Considere as matrizes:*

$$A = \begin{pmatrix} 2 & 1 & -4 \\ 0 & 1 & 3 \\ 2 & 3 & 2 \end{pmatrix} \quad e \quad B = \begin{pmatrix} 3 & 1 & 0 \\ 1 & 3 & 2 \\ 0 & 2 & 1 \end{pmatrix}.$$

Escolha adequadamente e resolva um dos sistemas lineares $Ax = b$ ou $Bx = b$ pela regra de Cramer, onde $b = (4,\ 8,\ 4)$.

3.34 *Mostre que: se o sistema de equações lineares algébricas $Ax = b$, onde A é matriz não singular, é transformado no sistema linear equivalente $Bx = c$, com $B = A^tA$, $c = A^tb$, onde A^t é a transposta de A, então a matriz B é simétrica, positiva definida.*

Aplicar a técnica acima para determinar pela regra de Cramer, a solução do sistema linear:

$$\begin{pmatrix} 1 & 0 & 1 \\ 1 & 1 & 0 \\ 1 & -1 & 0 \end{pmatrix} \begin{pmatrix} x_1 \\ x_2 \\ x_3 \end{pmatrix} = \begin{pmatrix} 2 \\ 2 \\ 0 \end{pmatrix}.$$

3.35 *Considere os seguintes sistemas lineares:*

$$(I) \begin{cases} x_1 + 2\,x_2 - x_3 = -10 \\ 3\,x_1 + 7\,x_2 + 2\,x_3 = -19 \\ 5\,x_1 + 12\,x_2 + 5\,x_3 = -21 \end{cases}$$

$$(II) \begin{cases} 3\,x_1 + x_2 + x_3 = 4 \\ 2\,x_1 - x_2 - x_3 = 6 \\ -4\,x_1 + x_2 - 5\,x_3 = 20 \end{cases}$$

$$(III) \begin{cases} x_1 - 2\,x_2 + 3\,x_3 = -11 \\ -2\,x_1 + 5\,x_2 - 7\,x_3 = 27 \\ 3\,x_1 - 5\,x_2 + 8\,x_3 = -28 \end{cases}$$

a) *Usando escalonamento, classifique os sistemas lineares dados.*

b) *Para aqueles que tiverem solução única, determine sua solução.*

3.36 *Considere a matriz:*

$$A = \begin{pmatrix} 3 & 0 & 3 \\ 2 & -2 & 1 \\ 1 & 2 & 0 \end{pmatrix}.$$

a) *Usando escalonamento, determine a inversa da matriz dos coeficientes.*

b) *Usando o resultado obtido em* **a)**, *calcule a solução do sistema linear* $Ax = b$, *onde* $b = (6,\ 2,\ 4)$.

3.37 *Considere o sistema linear:*

$$\begin{cases} x_1 + 2\,x_2 = -1 \\ 2\,x_1 - 2\,x_2 + x_3 = 5 \\ 3\,x_1 + 3\,x_3 = 6 \end{cases}$$

a) *Usando escalonamento, determine a inversa da matriz dos coeficientes.*

b) *Usando o resultado obtido em* **a)**, *calcule a solução do sistema linear.*

3.38 *Considere o sistema linear:*

$$\begin{cases} x_1 + 3\,x_2 + 4\,x_3 = -5 \\ 3\,x_1 + 2\,x_2 + x_3 = 8 \\ 2\,x_1 + 4\,x_2 + 3\,x_3 = 4 \end{cases}$$

Resolva-o:

a) *pela regra de Cramer,*

b) *pelo cálculo da matriz inversa,*

c) *usando escalonamento.*

3.39 *Resolver o sistema linear matricial:*

$$\begin{pmatrix} 5 & 2 & -1 \\ 3 & 1 & 4 \\ 1 & 1 & 3 \end{pmatrix} \begin{pmatrix} x_1 & | & y_1 \\ x_2 & | & y_2 \\ x_3 & | & y_3 \end{pmatrix} = \begin{pmatrix} 4 & | & 4 \\ -7 & | & 7 \\ -5 & | & 4 \end{pmatrix}$$

usando escalonamento.

3.40 *Usando escalonamento, resolver o sistema linear matricial:*

$$\begin{pmatrix} 2 & -1 & 3 \\ 4 & 1 & 2 \\ 1 & 0 & 10 \end{pmatrix} \begin{pmatrix} x_1 & | & y_1 \\ x_2 & | & y_2 \\ x_3 & | & y_3 \end{pmatrix} = \begin{pmatrix} -4 & | & 4 \\ -7 & | & 6 \\ -11 & | & 20 \end{pmatrix}.$$

3.41 *Considere o sistema linear $Ax = b$, onde*

$$A = \begin{pmatrix} 1 & 1 & 3 \\ 1 & 1 & 4 \\ 5 & 2 & 1 \end{pmatrix}; \quad x = \begin{pmatrix} x_1 \\ x_2 \\ x_3 \end{pmatrix} \quad \text{e} \quad b = \begin{pmatrix} -2 \\ -3 \\ 4 \end{pmatrix}.$$

Resolva-o por método à sua escolha.

3.42 *Considere o sistema linear:*

$$\begin{cases} 2\,x_1 & + & \ldots\, x_2 & - & x_3 & = & 3 \\ x_1 & + & 10\,x_2 & + & \ldots\, x_3 & = & 6 \\ \ldots\, x_1 & + & 2\,x_2 & + & 4\,x_3 & = & -6 \end{cases}$$

a) *Sabendo que a matriz dos coeficientes é uma matriz simétrica, complete adequadamente os espaços pontilhados.*

b) *Resolva o sistema linear usando escalonamento.*

3.43 *Considere os sistemas lineares:*

$$(I) \begin{cases} x_1 & + & 2\,x_2 & - & x_3 & = & 4 \\ 2\,x_1 & + & 13\,x_2 & + & x_3 & = & 35 \\ -\,x_1 & + & x_2 & + & 4\,x_3 & = & 5 \end{cases}$$

$$(II) \begin{cases} 2\,x_1 & + & x_2 & - & 4\,x_3 & = & 3 \\ & & x_2 & + & 3\,x_3 & = & -2 \\ 2\,x_1 & + & 3\,x_2 & + & 2\,x_3 & = & -1 \end{cases}$$

Faça uma escolha adequada para resolver um deles pela regra de Cramer e o outro usando escalonamento. Justifique sua escolha.

3.44 *Para que valor de a o sistema linear:*

$$\begin{cases} x_1 + x_2 + x_3 = 1 \\ 2\,x_1 + 3\,x_2 + 4\,x_3 = a \\ \quad - x_2 - 2\,x_3 = a^2 \end{cases}$$

admite solução?

(Sugestão: use escalonamento.)

3.45 *Considere os seguintes sistemas lineares:*

$$(I)\begin{cases} x_1 + x_2 - 3\,x_3 = b_1 \\ 3\,x_1 + 3\,x_2 - 9\,x_3 = b_2 \\ -2\,x_1 - 2\,x_2 + 6\,x_3 = b_3 \end{cases}$$

$$(II)\begin{cases} x_1 + x_2 - 3\,x_3 = c_1 \\ x_1 - x_2 + 3\,x_3 = c_2 \\ -x_1 + x_2 - 3\,x_3 = c_3 \end{cases}$$

Que condições os vetores $b = (b_1,\ b_2,\ b_3)$ *e* $c = (c_1,\ c_2,\ c_3)$ *devem satisfazer para que os sistemas lineares (I) e (II) sejam consistentes?*

(Sugestão: use escalonamento.)

3.46 *Considere os seguintes sistemas lineares:*

$$(I)\begin{cases} 2\,x_1 + 4\,x_2 + 6\,x_3 = b_1 \\ x_1 - 3\,x_2 - x_3 = b_2 \\ 2\,x_1 + x_2 + x_3 = b_3 \end{cases}$$

$$(II)\begin{cases} 2\,x_1 + x_2 - x_3 = c_1 \\ x_1 + 2\,x_3 = c_2 \\ 4\,x_1 - x_2 + 3\,x_3 = c_3 \end{cases}$$

Que condições os vetores $b = (b_1,\ b_2,\ b_3)$ *e* $c = (c_1,\ c_2,\ c_3)$ *devem satisfazer para que os sistemas lineares (I) e (II) sejam consistentes?*

(Sugestão: use escalonamento.)

3.47 *Resolva o seguinte sistema linear, por escalonamento, usando aritmética complexa.*

$$\begin{cases} (2+3i)\,x_1 + (2-i)\,x_2 = 2+i \\ (4+6i)\,x_1 + (3-6i)\,x_2 = -2-5i \end{cases}$$

3.48 *No Exercício 3.47, escreva* $x_1 = x_{r_1} + i\,x_{i_1}$ *e* $x_2 = x_{r_2} + i\,x_{i_2}$*. Multiplique as partes real e imaginária de cada equação separadamente. Mostre que o resultado é um sistema linear de 4 equações a 4 incógnitas, cuja solução são as partes real e imaginária do Exercício 3.47.*

3.49 *Considere os sistemas lineares:*

$$(I)\ \begin{pmatrix} 3 & 5 \\ 1 & 2 \end{pmatrix}\begin{pmatrix} x_1 \\ x_2 \end{pmatrix} = \begin{pmatrix} -2 \\ -1 \end{pmatrix},$$

$$(II) \quad \begin{pmatrix} 1 & 1 & -1 \\ 3 & 4 & 1 \\ 2 & 3 & 3 \end{pmatrix} \begin{pmatrix} x_1 \\ x_2 \\ x_3 \end{pmatrix} = \begin{pmatrix} 0 \\ 4 \\ 5 \end{pmatrix}.$$

Para cada sistema linear dado:

a) *determine a inversa da matriz dos coeficientes, usando escalonamento,*

b) *obtenha a solução, utilizando a matriz inversa obtida em* **a)**.

3.50 *Seja o sistema linear $Ax = b$, dado por:*

$$\begin{pmatrix} 10 & 7 & 8 \\ 7 & 5 & 6 \\ 8 & 6 & 10 \end{pmatrix} \begin{pmatrix} x_1 \\ x_2 \\ x_3 \end{pmatrix} = \begin{pmatrix} -5 \\ -4 \\ -8 \end{pmatrix}.$$

a) *Determine a inversa da matriz dos coeficientes, usando escalonamento.*

b) *Resolva o sistema linear dado, utilizando a matriz inversa obtida em* **a)**.

3.51 *Considere o sistema linear $Ax = b$, dado por:*

$$\begin{pmatrix} 3 & 2 & 0 \\ 4 & 2 & 1 \\ 1 & 0 & 1 \end{pmatrix} \begin{pmatrix} x_1 \\ x_2 \\ x_3 \end{pmatrix} = \begin{pmatrix} 2 \\ 1 \\ -1 \end{pmatrix}.$$

a) *Usando escalonamento, determine a inversa da matriz dos coeficientes.*

b) *Se possível, resolva o sistema linear dado utilizando a matriz inversa obtida em* **a)**.

3.52 *Considere a matriz:*

$$\begin{pmatrix} 3 & 0 & 3 \\ 2 & -2 & 1 \\ 1 & 2 & 0 \end{pmatrix}.$$

a) *Determine a inversa da matriz dos coeficientes, usando escalonamento.*

b) *Utilizando a matriz inversa obtida em* **a)**, *resolva os sistemas lineares $Ax = b$, nos seguintes casos:*

i) $b = (6,\ 1,\ 3)$,

ii) $b = (6,\ 2,\ 4)$,

iii) $b = (0,\ 1,\ 1)$.

3.53 *Usando escalonamento, verificar que o sistema linear:*

$$\begin{cases} x_1 + 4\,x_2 + \alpha\,x_3 = 6 \\ 2\,x_1 - x_2 + 2\,\alpha x_3 = 3 \\ \alpha\,x_1 + 3\,x_2 + x_3 = 5 \end{cases}$$

possui:

a) *uma única solução quando* $\alpha = 0$,

b) *infinitas soluções quando* $\alpha = 1$ *e*

c) *não tem solução quando* $\alpha = -1$.

(Sugestão: Aplique o escalonamento uma única vez ao sistema linear dado usando α*. Em seguida, avalie a solução com os três valores de* α *dados nos itens* **a)**, **b)** *e* **c)**.*)*

3.54 *Considere o seguinte sistema linear:*

$$\begin{cases} 2\,x_1 + x_2 + x_3 = 6 \\ x_1 + \alpha\,x_3 = 0 \\ x_1 - x_2 = -1 \end{cases}$$

a) *Determine o valor de* α *para que o sistema linear admita uma única solução.*

b) *Faça* $\alpha = 2$ *e, usando escalonamento, obtenha a solução do sistema linear.*

3.55 *Considere o seguinte sistema linear:*

$$\begin{cases} x_1 + k\,x_2 = -3 \\ 2\,x_1 + 4\,x_2 + x_3 = 0 \\ k\,x_1 + 5\,x_2 + 2\,x_3 = 3 \end{cases}$$

a) *Determine os valores de* k *para que o sistema linear admita uma única solução.*

b) *Faça* $k = 4$ *e, usando escalonamento, obtenha a solução do sistema linear.*

3.56 *Considere o seguinte conjunto esparso de equações lineares:*

$$\begin{pmatrix} 2 & -1 & & & & \\ -1 & 2 & -1 & & \bigcirc & \\ & -1 & 2 & -1 & & \\ & & -1 & 2 & -1 & \\ & \bigcirc & & -1 & 2 & -1 \\ & & & & -1 & 2 \end{pmatrix} \begin{pmatrix} x_1 \\ x_2 \\ x_3 \\ x_4 \\ x_5 \\ x_6 \end{pmatrix} = \begin{pmatrix} 2 \\ -1 \\ 7 \\ 5 \\ 4 \\ 3 \end{pmatrix}.$$

a) *Mostre que, usando escalonamento, o sistema linear triangular resultante permanece esparso.*

b) *Determine sua solução.*

Um sistema linear como este é chamado **tridiagonal**. *Tais sistemas lineares aparecem frequentemente na solução de equações diferenciais parciais.*

3.57 *Considere o sistema linear:*

$$\begin{pmatrix} 2 & 5 & 3 \\ 5 & 2 & 1 \\ 1 & 3 & 6 \end{pmatrix} \begin{pmatrix} x_1 \\ x_2 \\ x_3 \end{pmatrix} = \begin{pmatrix} 8 \\ 7 \\ 13 \end{pmatrix}.$$

Resolva-o por método à sua escolha.

3.58 *Considere o sistema linear:*

$$\begin{cases} x_1 + 3\,x_2 + x_3 = 5 \\ 2\,x_1 + 4\,x_2 + 3\,x_3 = 5 \\ -\,x_1 + x_2 + k\,x_3 = 2 \end{cases}$$

Usando escalonamento, responda:

a) *Para que valores de k o sistema possui:*

i) *solução única,*

ii) *infinitas soluções,*

iii) *nenhuma solução.*

b) *Qual é a solução quando $k = 0$?*

3.59 *Usando escalonamento, classifique os seguintes sistemas lineares e resolva os que são possíveis:*

$$(I)\ \begin{pmatrix} 1 & 2 \\ 2 & 1 \\ 4 & -1 \end{pmatrix} \begin{pmatrix} x_1 \\ x_2 \end{pmatrix} = \begin{pmatrix} 5 \\ 4 \\ 2 \end{pmatrix} \qquad (II)\ \begin{pmatrix} 1 & 1 & 2 \\ 2 & 3 & -1 \\ 5 & 2 & 11 \\ 3 & -1 & 12 \end{pmatrix} \begin{pmatrix} x_1 \\ x_2 \\ x_3 \end{pmatrix} = \begin{pmatrix} 16 \\ -4 \\ 90 \\ 63 \end{pmatrix}$$

$$(III)\ \begin{cases} 3x_1 - x_2 = 9 \\ x_1 + x_2 = 6 \\ 7x_1 - x_2 = 10 \end{cases} \qquad (IV)\ \begin{cases} x_1 + 2\,x_2 - x_3 = 0 \\ 3\,x_1 + 7\,x_2 - 2\,x_3 = 3 \\ 2\,x_1 + 6\,x_2 - 3\,x_3 = 0 \\ 4\,x_1 + 10\,x_2 - 5\,x_3 = 0 \end{cases}$$

$$(V)\ \begin{pmatrix} 3 & 2 & -1 \\ 2 & 1 & 2 \\ 7 & 3 & 11 \\ 5 & 4 & -7 \end{pmatrix} \begin{pmatrix} x_1 \\ x_2 \\ x_3 \end{pmatrix} = \begin{pmatrix} 6 \\ 2 \\ 4 \\ 14 \end{pmatrix} \qquad (VI)\ \begin{pmatrix} 1 & -1 & 1 \\ 2 & -1 & 3 \\ 5 & 2 & 4 \\ 3 & 3 & 1 \end{pmatrix} \begin{pmatrix} x_1 \\ x_2 \\ x_3 \end{pmatrix} = \begin{pmatrix} 7 \\ 16 \\ 17 \\ 5 \end{pmatrix}$$

$$(VII)\ \begin{cases} x_1 - x_2 + x_3 = 7 \\ 2\,x_1 - x_2 + 3\,x_3 = 16 \\ 5\,x_1 + 2\,x_2 + 4\,x_3 = 17 \\ 3\,x_1 + 4\,x_2 + 2\,x_3 = 3 \end{cases}$$

3.60 *Considere os seguintes sistemas lineares:*

$$(I)\ \begin{cases} x_1 + 2\,x_2 - x_3 + 2\,x_4 = 1 \\ x_2 + 3\,x_3 - x_4 = 10 \\ x_3 - 2\,x_4 = 3 \end{cases}$$

$$(II)\ \begin{cases} x_1 + 2\,x_2 - 3\,x_3 - 4\,x_4 = 0 \\ x_2 + x_3 - 3\,x_4 = 0 \end{cases}$$

$$(III)\ \begin{cases} x_1 + x_2 - 2\,x_3 + x_4 = 2 \\ 3\,x_1 + 4\,x_2 - 5\,x_3 + 2\,x_4 = 9 \\ 5\,x_1 + 4\,x_2 - 8\,x_3 + 7\,x_4 = 0 \end{cases}$$

Dê a solução geral de cada um dos sistemas lineares dados.

3.61 *Dizer quais das afirmações são verdadeiras. Para as falsas, dizer como seria o correto.*

Considere os sistemas lineares: $Ax = b$ *e* $Ax = \theta$, *onde* A *é uma matriz de ordem* n *e* x, b *e* θ *são vetores do* $\mathbb{R}^n$. *Então:*

a) *Se* A *é não singular, então a solução do sistema linear* $Ax = b$ *pode ser obtida fazendo* $x = A^{-1}b$.

b) *O sistema linear* $Ax = \theta$ *admite apenas a solução trivial se e somente se* A *é singular.*

c) *Um sistema linear* $Ax = \theta$ *com menos variáveis do que equações sempre admite infinitas soluções.*

3.62 *Resolva os seguintes sistemas lineares homogêneos:*

$$(I)\ \begin{cases} x_1 - 7\,x_2 + 3\,x_3 = 0 \\ -2\,x_1 + 15\,x_2 - x_3 = 0 \end{cases}$$

$$(II)\ \begin{cases} x_1 + x_2 - 2\,x_3 - 3\,x_4 - x_5 = 0 \\ 2\,x_1 + 2\,x_2 - x_3 + x_5 = 0 \\ 3\,x_1 + 3\,x_2 - 3\,x_3 - 3\,x_4 = 0 \end{cases}$$

$$(III)\ \begin{cases} 4\,x_1 - 6\,x_2 - x_3 + x_4 = 0 \\ 2\,x_1 - 3\,x_2 + x_3 + 2\,x_4 = 0 \\ x_1 + 2\,x_2 + x_3 + 3\,x_4 = 0 \end{cases}$$

usando escalonamento.

3.63 *Considere os seguintes sistemas lineares homogêneos:*

$$(I)\ \begin{cases} 2\,x_1 + x_2 + x_3 = 0 \\ -x_2 + x_3 = 0 \\ x_1 + 3\,x_3 = 0 \end{cases} \qquad (II)\ \begin{cases} x_1 + 5\,x_2 + 3\,x_3 = 0 \\ -2\,x_1 + 6\,x_2 + 2\,x_3 = 0 \\ 3\,x_1 - x_2 + x_3 = 0 \end{cases}$$

$$(III)\ \begin{cases} 3\,x_1 + 5\,x_2 + 4\,x_3 = 0 \\ x_1 + 2\,x_2 + x_3 = 0 \\ 4\,x_1 + 10\,x_2 + 5\,x_3 = 0 \end{cases} \qquad (IV)\ \begin{cases} x_1 + x_2 + x_3 = 0 \\ 2\,x_1 - 3\,x_2 - x_3 = 0 \\ x_1 + 2\,x_2 + 3\,x_3 = 0 \end{cases}$$

$$(V)\ \begin{cases} 2\,x_1 - 6\,x_2 = 0 \\ -6\,x_1 + 3\,x_2 - 6\,x_3 = 0 \\ 5\,x_2 + 2\,x_3 = 0 \end{cases} \qquad (VI)\ \begin{cases} x_1 + x_2 - x_3 = 0 \\ 3\,x_2 + 3\,x_3 = 0 \\ -x_1 + 3\,x_2 + 3\,x_3 = 0 \end{cases}$$

Resolva-os usando escalonamento. Para os que admitirem soluções não triviais, dê a solução geral e, fazendo as variáveis livres iguais a 1, exiba uma solução particular.

3.64 *Considere os seguintes sistemas lineares homogêneos:*

$$(I)\ \begin{cases} 2\,x_1 + 5\,x_2 + 2\,x_3 = 0 \\ x_1 + x_2 + x_3 = 0 \\ 2\,x_1 + k\,x_3 = 0 \end{cases} \qquad (II)\ \begin{cases} x_1 + x_2 - x_3 = 0 \\ 3\,x_2 + k\,x_3 = 0 \\ -x_1 + k\,x_2 + 3\,x_3 = 0 \end{cases}$$

Encontre os valores de k, *tais que os sistemas lineares homogêneos admitam apenas a solução trivial.*

3.65 *Considere os seguintes sistemas lineares homogêneos:*

$$(I)\begin{cases} 2\,x_1 + k\,x_2 = 0 \\ k\,x_1 + 3\,x_2 + k\,x_3 = 0 \\ \quad + 5\,x_2 + 2\,x_3 = 0 \end{cases} \qquad (II)\begin{cases} x_1 + k\,x_2 + x_3 = 0 \\ x_1 + x_2 + x_3 = 0 \\ k\,x_1 + x_2 + x_3 = 0 \end{cases}$$

Encontre os valores de k, tais que os sistemas lineares homogêneos admitam soluções não triviais.

3.66 *Considere os seguintes sistemas lineares homogêneos:*

$$(I)\begin{cases} (k-3)\,x_1 + x_2 = 0 \\ x_1 + (k-3)\,x_2 = 0 \end{cases}$$

$$(II)\begin{cases} (1-k)\,x_1 + 2\,x_2 = 0 \\ 4\,x_1 + 2\,x_2 + x_3 = 0 \\ x_1 + x_3 = 0 \end{cases}$$

$$(III)\begin{cases} (1-k)\,x_1 + 2\,x_2 = 0 \\ 4\,x_1 + (2-k)\,x_2 + x_3 = 0 \\ x_1 + x_3 = 0 \end{cases}$$

Para cada um deles:

a) *Determine os valores de k para que o sistema linear admita soluções não triviais.*

b) *Usando escalonamento e os valores obtidos em* **a)**, *determine a solução geral do sistema.*

c) *Fazendo as variáveis livres iguais a 1, encontre uma solução particular.*

3.67 *Considere o sistema linear homogêneo:*

$$\begin{pmatrix} 1 & 2 & 2 \\ m-1 & 1 & m-2 \\ m+1 & m-1 & 2 \end{pmatrix}\begin{pmatrix} x_1 \\ x_2 \\ x_3 \end{pmatrix} = \begin{pmatrix} 0 \\ 0 \\ 0 \end{pmatrix}.$$

a) *Determine os valores de m tal que o sistema linear admita apenas a solução trivial.*

b) *Usando escalonamento e um valor para m diferente dos valores obtidos em* **a)**, *verifique que o sistema linear admite apenas a solução nula.*

Os próximos exercícios referem-se a problemas cuja solução depende da resolução de sistemas lineares.

3.68 *Considere o circuito da Figura 3.6 com resistências e baterias tal como indicado; escolhemos arbitrariamente as correntes e os valores da malha.*

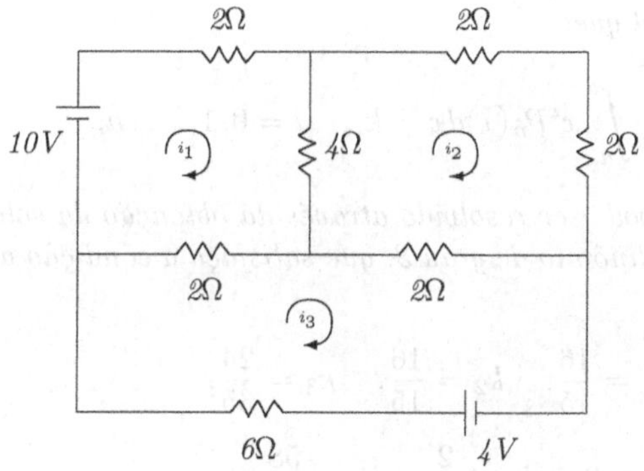

Figura 3.6

Aplicando a Lei de Kirchoff, que diz que a soma algébrica das diferenças de potencial em qualquer circuito fechado é zero, obtemos, para as correntes i_1, i_2, i_3, o seguinte sistema linear:

$$\begin{cases} 2\,i_1 + 4\,(i_1 - i_2) + 2\,(i_1 - i_3) - 10 = 0 \\ 2\,i_2 + 2\,i_2 + 2\,(i_2 - i_3) + 4\,(i_2 - i_1) = 0 \\ 6\,i_3 + 2\,(i_3 - i_1) + 2\,(i_3 - i_2) - 4 = 0 \end{cases}$$

Deseja-se determinar o valor de $i = (i_1,\ i_2,\ i_3)$ que satisfaça o sistema linear anterior.

a) *É possível resolver o sistema linear pela regra de Cramer? Justifique.*

b) *Resolva o sistema linear usando escalonamento.*

3.69 *Representemos por x_1, x_2, x_3 e x_4 o número de quatro produtos que podem ser produzidos no decorrer de uma semana. Para a produção de cada unidade, precisa-se de três tipos diferentes de matéria-prima A, B e C, conforme indicado na Tabela 3.1.*

Tabela 3.1

Matéria-prima *Produto*	*A*	*B*	*C*
(1)	*1*	*2*	*4*
(2)	*2*	*0*	*1*
(3)	*4*	*2*	*3*
(4)	*3*	*1*	*2*

Por exemplo: para produzir uma unidade de (1), precisa-se de 1 unidade de A, 2 de B e 4 de C. Se existem disponíveis 30, 20 e 40 unidades, respectivamente, de A, B e C, quantas unidades de cada produto podemos produzir?

Resolva o sistema linear usando escalonamento. (Lembre-se que as soluções devem ser inteiras e não negativas.)

3.70 *O problema de se determinar um polinômio:*

$$P_n(x) = a_0 + a_1 x + a_2 x^2 + \cdots + a_n x^n,$$

de grau no máximo n, tal que:

$$\int_a^b x^i P_n(x)dx = k_i, \quad i = 0, 1, \ldots, n,$$

onde k_i são constantes, pode ser resolvido através da obtenção da solução de um sistema linear. Determine um polinômio de grau 3, que satisfaça a condição acima, considerando $a = -1$, $b = 1$ e:

a) $k_0 = \frac{8}{3}, \quad k_1 = \frac{16}{15}, \quad k_2 = \frac{16}{15}, \quad k_3 = \frac{24}{35},$

b) $k_0 = 2, \quad k_1 = 2, \quad k_2 = \frac{2}{3}, \quad k_3 = \frac{58}{35},$

resolvendo o sistema linear resultante por método à sua escolha.

3.7 Respostas dos Exercícios

3.1 Para a equação (I):
a) $x = (4 - 2s + t,\ s,\ t)$, para $\forall\ s, t \in I\!R$,

b) $x = (3,\ 1,\ 1)$.

Para a equação (II):
a) $x = (s,\ t,\ 9 - 2s + 3t - 3w,\ w)$, para $\forall\ s, t, w \in I\!R$,

b) $x = (1,\ 1,\ 7,\ 1)$.

Para a equação (III):
a) $x = (s,\ t,\ w,\ p,\ 5s - 2t - 3w + 3p - 14)$, para $\forall\ s, t, w, p \in I\!R$,

b) $x = (1,\ 1,\ 1,\ 1,\ -11)$.

3.2 (I) com **c**), (II) com **d**), (III) com **a**), (IV) com **b**).

3.3 $\alpha = 2$ ou $\alpha = -5$.

3.4 $x = (-4,\ 3,\ 2)$.

3.5 $x = (1,\ 1,\ 1)$.

3.6 a) $k \neq 3$.

b) $x = (2,\ 3,\ -2)$.

3.7 Para o sistema (I):
a) $m \neq -1$ e $m \neq 1$.

b) $x = (2,\ -2)$.

Para o sistema (II):

a) $m \neq -5$ e $m \neq 3$.

b) $x = (1,\ 0,\ 1)$.

3.8 $x = (1,\ 2,\ -1)$.

3.9 $x = (1,\ 1,\ 1)$.

3.10 (I) a) $A^{-1} = \begin{pmatrix} -1/3 & -8/3 & 5/3 \\ 0 & 2 & -1 \\ 2/3 & 1/3 & -1/3 \end{pmatrix}$,

b) $x = (-1,\ 1,\ 2)$.

(II) a) $A^{-1} = \begin{pmatrix} 0 & 1/3 & -1/3 \\ 1 & -1 & 0 \\ -1 & 1 & 1 \end{pmatrix}$,

b) $x = (2,\ 0,\ 1)$.

3.11 a) $k \neq -3$, $k \neq 0$ e $k \neq 3$.

b) $A^{-1} = \begin{pmatrix} 1 & -9/4 & 1/4 \\ 0 & -1/8 & 1/8 \\ 0 & 9/8 & -1/8 \end{pmatrix}$.

c) $x = (-1,\ -2,\ 1)$.

3.12 $x = (1,\ 2,\ -1)$.

3.13 Aplicando escalonamento, obtemos: $0\ x_3 = -7$ e, assim, o sistema linear não tem solução.

3.14 $x = (3,\ 1,\ -2,\ 0)$.

3.15 A solução geral é: $x = (2 - s,\ s,\ 1,\ 1)$, para $\forall\ s \in I\!R$. Fazendo $s = 1$, obtemos: $x = (1,\ 1,\ 1,\ 1)$, que é uma solução particular.

3.16 a) $m \neq -8$.

b) $x = (1,\ -1,\ 1)$.

3.17 a) $k \neq 0$, $k \neq 2$ e $k \neq 3$.

b) $x = (3,\ -4,\ 2)$.

3.18 $x = (-3,\ 5,\ 7)$ e $y = (-7,\ 5,\ 9)$.

3.19 $k = 0$.

3.20 $x = \left(\frac{14}{9},\ \frac{1}{9}\right)$.

3.21 Solução geral: $x = (-5s + t,\ 2s - t,\ s,\ t)$, para $\forall\ s, t \in I\!R$. Fazendo $s = t = 1$, obtemos uma solução particular: $x = (-4,\ 1,\ 1,\ 1)$.

3.22 Solução geral: $x = \left(-\frac{1}{2}s,\ -\frac{5}{2}s,\ s,\ \frac{9}{2}s\right)$, para $\forall\ s \in I\!R$.
Fazendo $s = 1$, obtemos uma solução particular: $x = \left(-\frac{1}{2},\ -\frac{5}{2},\ 1,\ \frac{9}{2}\right)$.

3.23 Solução geral: $x = (-3s - t,\ s,\ t,\ 2t,\ t)$, para $\forall\ s, t \in I\!R$.
Fazendo $s = t = 1$, obtemos uma solução particular: $x = (-4,\ 1,\ 1,\ 2,\ 1)$.

3.24 Solução geral: $x = \left(-\frac{4}{7}s,\ -\frac{2}{7}s,\ s\right)$, para $\forall\ s \in I\!R$.
Fazendo $s = 7$, obtemos uma solução particular: $x = (-4,\ -2,\ 7)$.

3.25 O sistema linear homogêneo admite apenas a solução trivial.

3.26 **a)** $\alpha = 0$.

b) $x = (-s,\ s,\ s)$.

c) $x = (-1,\ 1,\ 1)$.

3.27 Lineares: **a)**, **b)** e **d)**.

3.28 São soluções **a)**, **c)** e **d)**.

3.29 As equações **b)** e **d)**.

3.30 $m = 2$ ou $m = 3$.

3.31 (I) **a)** $x = (2 - 2s + t - 3w + 3p,\ s,\ t,\ w,\ p)$, para $\forall\ s, t, w, p \in I\!R$,

b) $x = (1,\ 1,\ 1,\ 1,\ 1)$.

(II) **a)** Solução geral: $x = (s,\ t,\ w,\ p,\ q,\ 11 - 5s - 5t - 10w + 5p + 5q)$, para $\forall\ s, t, w, p, q \in I\!R$,

b) $x = (1,\ 1,\ 1,\ 1,\ 1,\ 1)$.

3.32 **a)** $det(A) = 36 \neq 0$. **b)** $x = (1,\ 0,\ 1)$.

3.33 $det(A) = 0$. Para $Bx = b$, $det(B) = -4 \neq 0$ e $x = (1,\ 1,\ 2)$.

3.34 $x = (1,\ 1,\ 1)$.

3.35 Para o sistema linear (I), obtemos: $0x_3 = 7$. Portanto, o sistema linear (I) é inconsistente.

Para o sistema linear (II), obtemos: $x = (2,\ 3,\ -5)$. Logo, o sistema linear (II) é possível e determinado.

Para o sistema linear (III), obtemos: $0x_3 = 0$. Assim, o sistema linear (III) é possível e indeterminado.

3.36 a) $A^{-1} = \begin{pmatrix} -1/6 & 1/2 & 1/2 \\ 1/12 & -1/4 & 1/4 \\ 1/2 & -1/2 & -1/2 \end{pmatrix}$.

b) $x = (2,\ 1,\ 0)$.

3.37 a) $A^{-1} = \begin{pmatrix} 1/2 & 1/2 & -1/6 \\ 3/12 & -3/12 & 1/12 \\ -1/2 & -1/2 & 1/2 \end{pmatrix}$.

b) $x = (1,\ -1,\ 1)$.

3.38 $x = (2,\ 3,\ -4)$.

3.39 $x = (0, 1, -2)$ e $y = (1, 0, 1)$.

3.40 $x = (-1,\ -1,\ -1)$ e $y = (0,\ 2,\ 2)$.

3.41 $x = (1,\ 0,\ -1)$.

3.42 a) $\begin{cases} 2x_1 + x_2 - x_3 = 3 \\ x_1 + 10x_2 + 2x_3 = 6 \\ -x_1 + 2x_2 + 4x_3 = -6 \end{cases}$

b) $x = (0,\ 1,\ -2)$.

3.43 O sistema linear (I) pela regra de Cramer, pois a matriz dos coeficientes é não singular. A solução de (I) é: $x = (-2,\ 3,\ 0)$.

O sistema linear (II) usando escalonamento, pois a matriz é singular. A solução geral de (II) é: $x = \left(\frac{1}{2}(5+7s),\ -2-3s,\ s\right)$, para $\forall\ s \in I\!R$. Uma solução particular é: $x = (6,\ -5,\ 1)$.

3.44 $a = -2$ e $a = 1$.

3.45 $b = (b_1,\ 3b_1,\ -2b_1)$, para $\forall\ b_1 \in I\!R$ e $c = (c_1,\ c_2,\ -c_2)$, para $\forall\ c_1,\ c_2 \in I\!R$.

3.46 Neste caso, não há nenhuma restrição para os vetores b e c, pois ambos os sistemas possuem uma única solução.

3.47 $(x,\ y) = (1+i,\ 2-i)$.

3.48 $(x_r,\ x_i,\ y_r,\ y_i) = (1,\ 1,\ 2,\ -1)$.

3.49 (I) a) $A^{-1} = \begin{pmatrix} 2 & -5 \\ -1 & 3 \end{pmatrix}$.

b) $x = (1, -1)$.

(*II*) a) $A^{-1} = \begin{pmatrix} 9 & -6 & 5 \\ -7 & 5 & -4 \\ 1 & -1 & 1 \end{pmatrix}$.

b) $x = (1, 0, 1)$.

3.50 a) $A^{-1} = \begin{pmatrix} 7 & -11 & 1 \\ -11 & 18 & -2 \\ 1 & -2 & 1/2 \end{pmatrix}$.

b) $x = (1, -1, -1)$.

3.51 a) A matriz dos coeficientes não admite inversa.

b) Não é possível resolver o sistema linear usando a inversa da matriz dos coeficientes.

3.52 a) $A^{-1} = \begin{pmatrix} -1/6 & 1/2 & 1/2 \\ 1/12 & -1/4 & 1/4 \\ 1/2 & -1/2 & -1/2 \end{pmatrix}$.

b) i) $x = (1, 1, 1)$,

ii) $x = (2, 1, 0)$,

iii) $x = (1, 0, -1)$.

3.53 Aplicando escalonamento ao sistema dado, obtemos que: $(1-\alpha^2)\, x_3 = 2 - 2\alpha$. Assim:

a) quando $\alpha = 0 \Rightarrow x_3 = 2$ e, portanto, a solução é única,

b) quando $\alpha = 1 \Rightarrow 0\, x_3 = 0$ e, portanto, existem infinitas soluções,

c) quando $\alpha = -1 \Rightarrow 0\, x_3 = 4$ e, portanto, o sistema não admite solução.

3.54 a) $\alpha \neq \frac{1}{3}$.

b) $x = (2, 3, -1)$.

3.55 a) $k \neq 1$ e $k \neq 3$.

b) $x = (1, -1, 2)$.

3.56 a) Aplicando escalonamento, vemos que matriz dos coeficientes continua esparsa. De fato:

$$\left(\begin{array}{cccccc|c} 2 & -1 & & & & & 2 \\ & 3/2 & -1 & & \bigcirc & & 0 \\ & & 4/3 & -1 & & & 7 \\ & & & 5/4 & -1 & & 41/4 \\ & \bigcirc & & & 6/5 & -1 & 61/5 \\ & & & & & 7/6 & 161/14 \end{array}\right).$$

b) A solução do sistema linear é:
$x \simeq (8.7143,\ 15.4286,\ 23.1429,\ 23.8571,\ 19.5714,\ 11.2857)$.

3.57 $x = (1,\ 0,\ 2)$.

3.58 **a)** **i)** $k \neq -3$,

ii) não existe valor de k para que o sistema admita infinitas soluções,

iii) $k = -3$.

b) $x = (0,\ 2,\ -1)$.

3.59 O sistema linear:

(I) é possível e determinado, com $x = (1,\ 2)$,

(II) é impossível,

(III) é impossível,

(IV) é possível e determinado, com $x = (0,\ 1,\ 2)$,

(V) é possível e indeterminado e sua solução geral é: $x = (-2 - 5s,\ 6 + 8s,\ s)$, para $\forall s \in I\!R$,

(VI) é impossível,

(VII) é possível e determinado, com $x = (1,\ -2,\ 4)$.

3.60 Para os sistemas lineares:

(I) $x = (2 + 10s,\ 1 - 5s,\ 3 + 2s,\ s), \forall s \in I\!R$,

(II) $x = (5s - 2t,\ -s + 3t,\ s,\ t), \forall s, t \in I\!R$,

(III) $x = (13 + 9s,\ -4 - 4s,\ s,\ -7 - 3s), \forall s \in I\!R$.

3.61 **a)** verdadeira.

b) O sistema linear $Ax = \theta$ admite apenas a solução trivial se e somente se A é não singular.

c) Um sistema linear $Ax = \theta$ com mais variáveis do que equações sempre admite infinitas soluções.

3.62 A solução geral do sistema linear:

(I) é: $x = (-38s,\ -5s,\ s)$ para $\forall\ s \in I\!R$. Uma solução particular é: $x = (-38,\ -5,\ 1)$.

(II) é: $x = (-s - t - w,\ s,\ -2t - w,\ t,\ w)$ para $\forall\ s, t, w \in I\!R$. Uma solução particular é: $x = (-3,\ 1,\ -3,\ 1,\ 1)$.

(III) é: $x = \left(-\frac{8s}{7},\ -\frac{3s}{7},\ -s,\ s\right)$ para $\forall\ s \in I\!R$. Uma solução particular é: $x = \left(-\frac{8}{7},\ -\frac{3}{7},\ -1,\ 1\right)$.

3.63 Os sistemas lineares homogêneos (I), (III), (IV) e (VI) admitem apenas a solução trivial.

A solução geral de:

(II) é: $x = \left(-\frac{s}{2},\ -\frac{s}{2},\ s\right)$ para $\forall\ s \in I\!R$.
Uma solução particular é: $x = \left(-\frac{1}{2},\ -\frac{1}{2},\ 1\right)$.

(V) é: $x = \left(-\frac{6s}{5},\ -\frac{2s}{5},\ s\right)$ para $\forall\ s \in I\!R$.
Uma solução particular é: $x = \left(-\frac{6}{5},\ -\frac{2}{5},\ 1\right)$.

3.64 Para o sistema linear homogêneo:

(I) $k \neq 2$.

(II) $k \neq 2$ e $k \neq -3$.

3.65 Para o sistema linear homogêneo:

(I) $k = 1$ ou $k = -6$.

(II) $k = 1$.

3.66 Para o sistema linear homogêneo (I):

a) $k = 4$ ou $k = 2$,

b) Para $k = 4$, temos: $x = (-s,\ s), \forall\ s \in I\!R$ e, para $k = 2$, temos: $x = (s,\ s), \forall\ s \in I\!R$,

c) Para $k = 4$, uma solução particular é $x = (-1,\ 1)$ e, para $k = 2$, uma solução particular é $x = (1,\ 1)$.

Para o sistema linear homogêneo (II):

a) $k = -2$,

b) Para $k = -2$, temos: $x = \left(-s,\ \frac{3s}{2},\ s\right), \forall\ s \in I\!R$,

c) Para $k = -2$, uma solução particular é $x = \left(-1,\ \frac{3}{2},\ 1\right)$.

Para o sistema linear homogêneo (III):

a) $k = -1$ ou $k = 4$,

b) Para $k = -1$, temos: $x = (-s,\ s,\ s), \forall\ s \in I\!R$ e, para $k = 4$, temos: $x = \left(-s,\ -\frac{3s}{2},\ s\right), \forall\ s \in I\!R$,

c) Para $k = -1$, uma solução particular é $x = (-1,\ 1,\ 1)$ e, para $k = 4$, uma solução particular é $x = \left(-1,\ -\frac{3}{2},\ 1\right)$.

3.67 a) $m \neq 0$ e $m \neq 3$.

3.68 a) Sim, pois o determinante da matriz dos coeficientes é diferente de zero.

b) $i = (2,\ 1,\ 1)$.

3.69 $x = \left(6,\ 4 - \frac{s}{2},\ 4 - \frac{s}{2},\ s\right)$. Fazendo $s = 2$, obtemos: $x = (6,\ 3,\ 3,\ 2)$.

3.70 a) $P_3(x) = -3 + 21x + 13x^2 - 27x^3$.

b) $P_3(x) = 1 - x^3$.

Espaço Vetorial

4

4.1 Introdução

Pretendemos, neste capítulo, apresentar o tema principal da Álgebra Linear, que é a teoria dos espaços vetoriais.

Para iniciar, vamos examinar dois conjuntos que já estudamos nos Capítulos 1 e 2. O primeiro é o conjunto das matrizes reais $m \times n$; o segundo é o conjunto dos vetores, definidos através de segmentos orientados. À primeira vista, pode parecer que tais conjuntos não possuem nada em comum; mas não é bem assim, conforme mostraremos a seguir.

No conjunto das matrizes está definida uma operação de adição dotada das propriedades associativa, comutativa, admite elemento neutro (matriz nula) e toda matriz tem uma oposta. Podemos também multiplicar uma matriz por um número real. Além disso, essa multiplicação tem as seguintes propriedades:

a) $\alpha(A+B) = \alpha A + \alpha B$,

b) $(\alpha+\beta)A = \alpha A + \beta A$,

c) $(\alpha\beta)A = (\alpha\beta A)$,

d) $1 \cdot A = A$,

onde A, B são matrizes e α, β são escalares quaisquer.

No conjunto dos vetores está definida uma operação de adição dotada das propriedades comutativa, associativa, além da existência do elemento neutro (vetor nulo) e do oposto. Como vemos, o comportamento do conjunto dos vetores e o das matrizes quanto à operação de adição é o mesmo. Mas não param por aí as coincidências. Podemos também multiplicar um vetor por um número real. Essa multiplicação apresenta as mesmas propriedades que as destacadas para o caso das matrizes, ou seja, valem as seguintes igualdades:

a) $\alpha(u+v) = \alpha u + \alpha v$,

b) $(\alpha+\beta)u = \alpha u + \beta u$,

c) $(\alpha\beta)u = (\alpha\beta u)$,

d) $1 \cdot u = u$,

onde u, v são vetores e α, β são escalares quaisquer.

Logo, o conjunto das matrizes e o dos vetores apresentam uma certa coincidência estrutural no que se refere a um par importante de operações definidas sobre eles. Nada então mais lógico que estudar simultaneamente o conjunto dos vetores, das matrizes e todos os conjuntos que apresentem a mesma estrutura acima apontada.

4.2 Espaço Vetorial

Inicialmente, vamos definir o que é um espaço vetorial.

Definição 4.1 *Seja V um conjunto e seja $I\!R$ o conjunto dos números reais. Suponhamos que em V esteja definida uma operação de adição tal que, a todo par de elementos x e $y \in V$, associa-se um terceiro elemento $x + y \in V$, isto é:*

$$(x, y) \in V \times V \rightarrow x + y \in V,$$

e que esteja definida uma operação entre os elementos de $I\!R$ e os elementos de V (chamada multiplicação por escalar) tal que, para cada $\alpha \in I\!R$ e para cada $x \in V$, associa-se um elemento $\alpha x \in V$, isto é:

$$(\alpha, x) \in I\!R \times V \rightarrow \alpha x \in V.$$

Então, V é um **espaço vetorial real**, *em relação a essas operações, se as seguintes condições estiverem satisfeitas:*

$\mathbf{A_1}$) $x + y = y + x, \ \forall x, y \in V$,

$\mathbf{A_2}$) $(x + y) + z = x + (y + z), \ \forall x, y, z \in V$,

$\mathbf{A_3}$) $\exists\ \theta$ (elemento neutro) $\in V \ / \ x + \theta = \theta + x = x, \ \forall x \in V$,

$\mathbf{A_4}$) $\forall x \in V, \ \exists -x \in V \ / \ x + (-x) = \theta$,

$\mathbf{M_1}$) $\alpha(x + y) = \alpha x + \alpha y, \ \forall \alpha \in I\!R, \ \forall x, y \in V$,

$\mathbf{M_2}$) $(\alpha + \beta)x = \alpha x + \beta x, \ \forall \alpha, \beta \in I\!R, \ \forall x, y \in V$,

$\mathbf{M_3}$) $(\alpha\beta)x = (\alpha\beta x), \ \forall\ \alpha, \beta \in I\!R, \ \forall x \in V$,

$\mathbf{M_4}$) $1 \cdot x = x, \ \forall\ x \in V$.

Observações:

1) θ é a notação para o elemento neutro na adição, 1 é a notação para o elemento neutro na multiplicação e $-x$ é a notação para o elemento oposto.

2) Se, na Definição 4.1, tivéssemos considerado o conjunto dos números complexos ($\mathbb{C}$) em vez dos números reais, então V seria um **espaço vetorial complexo**. Além disso, se o conjunto utilizado puder ser tanto o dos números reais como o dos números complexos, então V será denotado por **K-espaço vetorial**. Trabalharemos, neste capítulo, com o conjunto dos números reais, e chamaremos a atenção se algum item mudar no caso do conjunto ser o dos números complexos.

3) Na Definição 4.1, não se especifica nem a natureza dos elementos nem das operações. Assim, qualquer conjunto que satisfaça as oito condições acima especificadas será um espaço vetorial.

4) Daqui em diante, usaremos a palavra **vetor** para designar um elemento de um espaço vetorial.

Teorema 4.1 *Seja V um espaço vetorial real, então:*

a) *para* $\forall \alpha \in \mathbb{R}, \forall \theta \in V \Rightarrow \alpha\theta = \theta$,

b) *para* $0 \in \mathbb{R}, \forall x \in V \Rightarrow 0 \cdot x = \theta$,

c) *se* $\alpha x = \theta \in V$, *com* $\alpha \in \mathbb{R}$ *e* $x \in V$, *então* $\alpha = 0 \in \mathbb{R}$ *ou* $x = \theta \in V$,

d) *para* $\forall \alpha \in \mathbb{R}, \forall x \in V \Rightarrow (-\alpha)x = \alpha(-x) = -\alpha x \in V$.

Prova: A prova das condições fica como exercício.

Daremos, a seguir, exemplos de conjuntos que **são** espaços vetoriais.

Exemplo 4.1 *Seja $V = \mathbb{R}$, isto é, V é o conjunto dos números reais. Verificar se V é espaço vetorial.*

Solução: No conjunto dos números reais está definida uma operação de adição e uma operação de multiplicação, isto é: para $\forall a, b \in V \Rightarrow a + b \in V$ e para $\forall\ \alpha \in \mathbb{R}$ e para $\forall\ a \in V \Rightarrow \alpha\ a \in V$. Agora, desde que a, b e α são números reais, é fácil verificar que a operação de adição satisfaz as condições $A_1 \to A_4$ e que a operação de multiplicação satisfaz as condições $M_1 \to M_4$ e, assim, V é um espaço vetorial.

Exemplo 4.2 *Seja $V = \mathbb{R}^2$, com as operações usuais de adição e multiplicação por escalar, isto é, se $u = (u_1,\ u_2)$ e $v = (v_1,\ v_2)$, então:*

$$u + v = (u_1,\ u_2) + (v_1,\ v_2) = (u_1 + v_1,\ u_2 + v_2)$$

e

$$\alpha u = \alpha(u_1,\ u_2) = (\alpha u_1,\ \alpha u_2),\quad \forall\ \alpha \in \mathbb{R}.$$

Verificar se V é espaço vetorial.

Solução: Apesar de já sabermos que os vetores constituem um espaço vetorial, faremos a verificação para que o leitor se familiarize com a notação.

Pelo enunciado, vemos que em V está definida adição de vetores e multiplicação por escalar. Assim, para verificar se o $I\!R^2$ é um espaço vetorial, basta verificar se as condições da Definição 4.1 estão satisfeitas. Assim,

$$\begin{aligned}
\mathbf{A_1})\quad u+v &= (u_1,\ u_2)+(v_1,\ v_2) = (u_1+v_1,\ u_2+v_2)\\
&= (v_1+u_1,\ v_2+u_2) = (v_1,\ v_2)+(u_1,\ u_2) = v+u,
\end{aligned}$$

$$\begin{aligned}
\mathbf{A_2})\quad (u+v)+w &= [(u_1,\ u_2)+(v_1,\ v_2)]+(w_1,\ w_2)\\
&= (u_1+v_1,\ u_2+v_2)+(w_1,\ w_2)\\
&= (u_1+v_1+w_1,\ u_2+v_2+w_2)\\
&= (u_1,\ u_2)+(v_1+w_1,\ v_2+w_2)\\
&= (u_1,\ u_2)+[(v_1,\ v_2)+(w_1,\ w_2)] = u+(v+w),
\end{aligned}$$

$$\begin{aligned}
\mathbf{A_3})\quad u+\theta &= (u_1,\ u_2)+(0,\ 0) = (u_1+0,\ u_2+0) = (0+u_1,\ 0+u_2)\\
&= (0,\ 0)+(u_1,\ u_2) = \theta+u = u,
\end{aligned}$$

$$\begin{aligned}
\mathbf{A_4})\quad u+(-u) &= (u_1,\ u_2)+(-u_1,\ -u_2) = (u_1-u_1,\ u_2-u_2)\\
&= (0,\ 0) = \theta,
\end{aligned}$$

$$\begin{aligned}
\mathbf{M_1})\quad \alpha(u+v) &= \alpha[(u_1,\ u_2)+(v_1,\ v_2)] = \alpha(u_1+v_1,\ u_2+v_2)\\
&= (\alpha(u_1+v_1),\ \alpha(u_2+v_2)) = (\alpha u_1+\alpha v_1,\ \alpha u_2+\alpha v_2)\\
&= (\alpha u_1,\ \alpha u_2)+(\alpha v_1,\ \alpha v_2) = \alpha(u_1,\ u_2)+\alpha(v_1,\ v_2)\\
&= \alpha u+\alpha v,
\end{aligned}$$

$$\begin{aligned}
\mathbf{M_2})\quad (\alpha+\beta)u &= (\alpha+\beta)(u_1,\ u_2) = ((\alpha+\beta)u_1,\ (\alpha+\beta)u_2)\\
&= (\alpha u_1+\beta u_1,\ \alpha u_2+\beta u_2) = (\alpha u_1,\ \alpha u_2)+(\beta u_1,\ \beta u_2)\\
&= \alpha(u_1,\ u_2)+\beta(u_1,\ u_2) = \alpha u+\beta u,
\end{aligned}$$

$$\begin{aligned}
\mathbf{M_3})\quad (\alpha\beta)u &= (\alpha\beta)(u_1,\ u_2) = ((\alpha\beta)u_1,\ (\alpha\beta)u_2) = \alpha(\beta u_1,\ \beta u_2)\\
&= \alpha(\beta(u_1,\ u_2)) = \alpha(\beta u),
\end{aligned}$$

$$\mathbf{M_4})\quad 1\cdot u = 1(u_1,\ u_2) = (u_1,\ u_2) = u.$$

Portanto, V é espaço vetorial.

Nos próximos exemplos, a verificação de que os conjuntos são exemplos de espaços vetoriais fica como exercício.

Exemplo 4.3 *Seja* $V = I\!R^n$*, com as operações usuais de adição e multiplicação por escalar, isto é, se* $u = (u_1,\ u_2,\ \cdots,\ u_n)$ *e* $v = (v_1,\ v_2,\ \cdots,\ v_n)$*, então:*

$$u+v = (u_1,\ u_2,\ \cdots,\ u_n)+(v_1,\ v_2,\ \cdots,\ v_n) = (u_1+v_1,\ u_2+v_2,\ \cdots,\ u_n+v_n)$$

e

$$\alpha u = \alpha(u_1,\ u_2,\ \cdots,\ u_n) = (\alpha u_1,\ \alpha u_2,\ \cdots,\ \alpha u_n), \forall\ \alpha \in I\!R.$$

Verificar que V *é espaço vetorial.*

Exemplo 4.4 *Seja* $V = \mathcal{M}_{m\times n}$*, com as operações usuais de adição de matrizes e multiplicação de um escalar por uma matriz. Verificar que* V *é espaço vetorial.*

Exemplo 4.5 *Seja* $V = \mathcal{K}_n(x) = \{P_r(x)/r \leq n\} =$ *o conjunto do polinômios de grau menor ou igual a* n*, com as operações usuais de adição de polinômios e multiplicação de um escalar por um polinômio, isto é, se*

$$P_n(x) = a_0 + a_1 x + \ldots + a_n x^n \text{ e } Q_n(x) = b_0 + b_1 x + \ldots + b_n x^n,$$

então:

$$P_n(x) + Q_n(x) = (a_0 + b_0) + (a_1 + b_1)x + \ldots + (a_n + b_n)x^n$$

e

$$\alpha P_n(x) = \alpha a_0 + \alpha a_1 x + \ldots + \alpha a_n x^n, \ \forall \ \alpha \in \mathbb{R}.$$

Verificar que V *é espaço vetorial.*

Exemplo 4.6 *Seja* $V = C[a, b] =$ *o conjunto das funções contínuas reais definidas no intervalo fechado e limitado* $[a, b]$*, com as operações usuais de adição de funções e multiplicação de um escalar por uma função, isto é, se* f *e* $g \in V$*, então:*

$$(f + g)(x) = f(x) + g(x)$$

e

$$(\alpha f)(x) = \alpha f(x), \ \forall \ \alpha \in \mathbb{R}.$$

Verificar que V *é espaço vetorial.*

Daremos, a seguir, exemplos de conjuntos que **não são** espaços vetoriais.

Observe que, para mostrar que algum conjunto não é um espaço vetorial, basta verificar que, pelo menos, uma das condições da Definição 4.1 não é verdadeira.

Exemplo 4.7 *Seja* $V = \mathbb{Z}$*, isto é,* V *é o conjunto dos números inteiros. Verificar se* V *é espaço vetorial.*

Solução: Sabemos que a soma de dois números inteiros é um número inteiro. Entretanto, a condição: $\forall \alpha \in \mathbb{R}, \forall a \in \mathbb{Z} \to \alpha \ a \in \mathbb{Z}$ não é verdadeira, desde que um número real, multiplicado por um número inteiro, nem sempre é um número inteiro. Assim, V não é espaço vetorial.

Exemplo 4.8 *Seja* $V =$ *conjunto dos polinômios de grau 3, com as operações usuais de adição e multiplicação por escalar. Verificar se* V *é espaço vetorial.*

Solução: V não é um espaço vetorial, pois a adição de dois polinômios de grau 3 nem sempre é um polinômio de grau 3. Por exemplo, se:

$$P_3(x) = 2 + x + 2x^2 + 3x^3 \text{ e } Q_3(x) = 2x^2 - 3x^3,$$

então:

$$P_3(x) + Q_3(x) = 2 + x + 4x^2 \notin V.$$

Logo, V não é espaço vetorial.

Exemplo 4.9 *Seja* $V = \{(u_1, \ u_2), u_1, u_2 \in \mathbb{R} \ / \ u_1 \leq 0, u_2 \geq 0\} =$ *conjunto dos vetores do plano que pertencem ao 2º quadrante. Verificar se* V *é espaço vetorial.*

Solução: Neste caso, fica fácil ver que não valem as condições:

a) $\forall \alpha \in I\!R$, $\forall u \in V \to \alpha\, u \in V$, pois, se α for negativo, o vetor resultante estará no 4º quadrante.

b) $\forall u \in V$, $\exists -u \in V \;/\; u + (-u) = \theta$, isto é, o elemento oposto não pertence ao 2º quadrante.

Logo, V não é espaço vetorial.

Exemplo 4.10 *Seja $V = I\!R^2$ com a operação usual de adição, e a operação de multiplicação por escalar definida por:*

$$\alpha u = \alpha(u_1,\, u_2) = (\alpha^2 u_1,\, \alpha u_2),\ \forall\, u \in V,\ \forall\, \alpha \in I\!R.$$

Verificar se V é espaço vetorial.

Solução: Como neste caso a operação de adição é a usual, a prova das condições $A_1 \to A_4$ é idêntica à prova feita no Exemplo 4.2. Assim, devemos verificar as condições $M_1 \to M_4$, isto é:

$$\begin{aligned}
\mathbf{M_1})\quad \alpha(u+v) &= \alpha[(u_1,\, u_2) + (v_1,\, v_2)] = \alpha(u_1 + v_1,\, u_2 + v_2) \\
&= (\alpha^2(u_1 + v_1),\, \alpha(u_2 + v_2)) = (\alpha^2 u_1 + \alpha^2 v_1,\, \alpha u_2 + \alpha v_2) \\
&= (\alpha^2 u_1,\, \alpha u_2) + (\alpha^2 v_1,\, \alpha v_2) = \alpha(u_1,\, u_2) + \alpha(v_1,\, v_2) \\
&= \alpha u + \alpha v,
\end{aligned}$$

$$\begin{aligned}
\mathbf{M_2})\quad (\alpha+\beta)u &= (\alpha+\beta)(u_1,\, u_2) = ((\alpha+\beta)^2 u_1,\, (\alpha+\beta)u_2) \\
&= ((\alpha^2 + 2\alpha\beta + \beta^2)u_1,\, (\alpha+\beta)u_2) \\
&\neq (\alpha^2 u_1,\, \alpha u_2) + (\beta^2 u_1,\, \beta u_2) = \alpha u + \beta u.
\end{aligned}$$

Como a condição M_2 não é satisfeita, V não é espaço vetorial.

Exercícios

4.1 *Prove o Teorema 4.1.*

4.2 *Verificar que os conjuntos definidos nos Exemplos 4.3, 4.4, 4.5 e 4.6 são espaços vetoriais.*

4.3 *Para os conjuntos apresentados a seguir, determinar quais são espaços vetoriais em relação às operações indicadas. Para os que não forem espaços vetoriais, relacionar pelo menos uma das condições que não se verificam.*

a) *O conjunto $\mathcal{Q}$ dos números racionais, com as operações usuais de adição e multiplicação.*

b) *O conjunto de todos os pares de números reais da forma: $(u_1,\, 0)$ com as operações usuais do $I\!R^2$.*

c) *O conjunto de todas as ternas de números reais $(u_1,\, u_2,\, u_3)$ com a operação usual de adição e a operação de multiplicação por escalar definida por:*

$$\alpha u = \alpha(u_1,\, u_2,\, u_3) = (\alpha u_1,\, u_2,\, u_3),\ \forall\, \alpha \in I\!R.$$

4.2.1 Subespaço Vetorial

Muitas vezes precisamos encontrar, dentro de um espaço vetorial V, subconjuntos W que são eles mesmos espaços vetoriais *menores*. Tais conjuntos serão chamados de subespaços vetoriais de V.

Definição 4.2 *Seja V um espaço vetorial e seja W um subconjunto de V. Dizemos que W é um subespaço vetorial de V se:*

a) $\theta \in W$,

b) $\forall x, y \in W \rightarrow x + y \in W$,

c) $\forall \alpha \in I\!R, \forall x \in W \rightarrow \alpha x \in W$.

Observações:

1) Da Definição 4.2, vemos que, se $u \in W$, então $-u \in W$. De fato: se $u \in W$ pela condição **c)**, vemos que, se α for igual a -1, então $-1(u) = -u \in W$.

2) O espaço vetorial V é um subespaço vetorial de V.

Daremos, a seguir, exemplos de conjuntos que **são** subespaços vetoriais.

Exemplo 4.11 *Sejam $V = I\!R^2$ com as operações usuais de adição e multiplicação por escalar e $W = \{(u_1,\ u_2) \in I\!R^2 / u_2 = 2u_1\}$. Verificar se W é um subespaço vetorial de V.*

Solução: Temos que um elemento de W é da forma: $(u_1,\ 2u_1)$. Assim:

a) $(0,\ 0) \in W$, pois u_1 é um número real e pode assumir o valor zero.

b) Se u e $v \in W$, então: $u = (u_1,\ 2u_1)$ e $v = (v_1,\ 2v_1)$. Assim,

$$\begin{aligned} u + v &= (u_1,\ 2u_1) + (v_1,\ 2v_1) = (u_1 + v_1,\ 2u_1 + 2v_1) \\ &= (u_1 + v_1,\ 2(u_1 + v_1)) \Rightarrow u + v \in W. \end{aligned}$$

c) Para $\forall \alpha \in I\!R$ e para $\forall u \in W$, temos que:

$$\alpha u = \alpha(u_1,\ 2u_1) = (\alpha u_1,\ 2(\alpha u_1)) \Rightarrow \alpha u \in W.$$

Logo, W é um subespaço vetorial de V.

Exemplo 4.12 *Sejam $V = I\!R^3$ com as operações usuais de adição e multiplicação por escalar e $W = \{(u_1,\ u_2,\ u_3) \in I\!R^3 / u_3 = 0\}$. Verificar se W é um subespaço vetorial de V.*

Solução: Temos que um elemento de W é da forma: $(u_1,\ u_2,\ 0)$. Assim:

a) $(0,\ 0,\ 0) \in W$, pois u_1 e u_2 são números reais e podem assumir o valor zero.

b) Se u e $v \in W$, então: $u = (u_1,\ u_2,\ 0)$ e $v = (v_1, v_2,\ 0)$. Assim,

$$\begin{aligned} u + v &= (u_1,\ u_2,\ 0) + (v_1,\ v_2,\ 0) = (u_1 + v_1,\ u_2 + v_2,\ 0 + 0) \\ &= (u_1 + v_1,\ u_2 + v_2,\ 0) \Rightarrow u + v \in W. \end{aligned}$$

c) Para $\forall \alpha \in I\!R$ e para $\forall u \in W$, temos que:

$$\alpha u = \alpha(u_1,\ u_2,\ 0) = (\alpha u_1,\ \alpha u_2,\ \alpha 0) = (\alpha u_1,\ \alpha u_2,\ 0) \Rightarrow \alpha u \in W.$$

Logo, W é um subespaço vetorial de V.

Exemplo 4.13 *Seja $V = C[a, b]$ com as operações usuais de adição de funções e multiplicação de um escalar por uma função e $W = \{f(x) \in V / f(2) = 0\}$, isto é, W= conjunto das funções que assumem o valor zero no ponto 2. Verificar se W é um subespaço vetorial de V.*

Solução: Temos que:

a) $\theta \in W$, pois $\theta(2) = 0$. (Aqui, θ denota a função nula.)

b) Se f e $g \in W$, então: $f(2) = 0$ e $g(2) = 0$. Assim,

$$(f + g)(2) \quad = \quad f(2) + g(2) = 0 + 0 = 0 \Rightarrow f + g \in W.$$

c) Para $\forall \alpha \in I\!R$ e para $\forall f \in W$, temos que:

$$(\alpha f)(2) = \alpha(f(2)) = \alpha 0 = 0 \Rightarrow \alpha f \in W.$$

Logo, W é um subespaço vetorial de V.

Exemplo 4.14 *Seja $V = I\!R^n$ com as operações usuais de adição e multiplicação por escalar e W = conjunto das soluções do sistema linear homogêneo com m equações e n variáveis, $m < n$. (Um sistema linear homogêneo é dado por (3.12).) Verificar se W é um subespaço vetorial de V.*

Solução: Em primeiro lugar, observe que qualquer solução do sistema linear homogêneo pertence ao $I\!R^n$.

a) A solução trivial é sempre solução do sistema linear homogêneo. Logo, $\theta \in W$.

b) Se $(s_1,\ s_2,\ \ldots, s_n)$ é solução do sistema linear homogêneo, então:

$$a_{i1}s_1 + a_{i2}s_2 + \ldots + a_{in}s_n = 0, \forall i. \tag{4.1}$$

Se $(r_1,\ r_2,\ \ldots, r_n)$ é outra solução do sistema linear homogêneo, então:

$$a_{i1}r_1 + a_{i2}r_2 + \ldots + a_{in}r_n = 0, \forall i. \tag{4.2}$$

Adicionando as equações (4.1) e (4.2), segue que:

$$a_{i1}(s_1 + r_1) + a_{i2}(s_2 + r_2) + \ldots + a_{in}(s_n + r_n) = 0, \forall i.$$

Logo, $(s_1 + r_1,\ s_2 + r_2,\ \ldots, s_n + r_n)$ também é solução e, portanto, pertence a W.

c) Se $(s_1,\ s_2,\ \ldots, s_n)$ é solução do sistema linear homogêneo, então vale a equação (4.1). Multiplicando a equação (4.1) por α, obtemos:

$$\alpha(a_{i1}s_1 + a_{i2}s_2 + \ldots + a_{in}s_n) = 0, \forall i$$
$$a_{i1}(\alpha s_1) + a_{i2}(\alpha s_2) + \ldots + a_{in}(\alpha s_n) = 0, \forall i$$

Assim, $(\alpha s_1,\ \alpha s_2,\ \ldots, \alpha s_n)$ também é solução e, portanto, pertence a W. Logo, W é um subespaço vetorial de V.

Nos próximos exemplos, a verificação de que os conjuntos são exemplos de subespaços vetoriais fica como exercício.

Exemplo 4.15 *Seja $V = \mathcal{M}_{n\times n}$, isto é, V é o espaço vetorial das matrizes de ordem n, com as operações usuais de adição e multiplicação por escalar. Seja W = conjunto das matrizes triangulares superiores de ordem n. Verificar que W é subespaço vetorial de V.*

Exemplo 4.16 *Seja $V = \mathcal{K}_n(x)$, isto é, V é o espaço vetorial dos polinômios de grau menor ou igual a n, com as operações usuais de adição e multiplicação por escalar. Seja W = conjunto dos polinômios de grau menor ou igual a n que só tem termos de grau par, mais o polinômio nulo. Verificar que W é subespaço vetorial de V.*

Exemplo 4.17 *Sejam $V = C[a, b]$, isto é, V é o conjunto das funções contínuas reais definidas no intervalo fechado e limitado $[a, b]$ com as operações usuais de adição e multiplicação por escalar e $W = \mathcal{K}_n(x)$. Verificar que, para $x \in [a, b]$, W é um subespaço vetorial de V.*

Daremos agora exemplos de conjuntos que **não são** subespaços vetoriais. Como no caso de espaço vetorial, para mostrar que algum conjunto não é um subespaço vetorial, basta verificar que, pelo menos, uma das condições da Definição 4.2 não é verdadeira.

Exemplo 4.18 *Sejam $V = I\!R^2$ com as operações usuais de adição e multiplicação por escalar e $W = \{(u_1,\ u_2) \in I\!R^2 / u_2 = 1\}$. Verificar se W é um subespaço vetorial de V.*

Solução: Não é válida nenhuma das condições. Por se tratar de exemplo, faremos a verificação das três condições. Assim, se $u \in W$, então: $u = (u_1,\ 1)$. Logo,

a) $(0, 0) \notin W$, pois uma das coordenadas está fixada em 1 e, portanto, não pode assumir o valor zero.

b) Se u e $v \in W$, então $u = (u_1,\ 1)$ e $v = (v_1,\ 1)$.

Logo, $u + v = (u_1,\ 1) + (v_1,\ 1) = (u_1 + v_1,\ 1 + 1) = (u_1 + v_1,\ 2) \notin W$.

c) Para $\forall \alpha \in I\!R$ e $\forall u \in W$, $\alpha u = \alpha(u_1, 1) = (\alpha u_1, \alpha) \notin W$.

Portanto, W não é subespaço vetorial de V.

Exemplo 4.19 *Sejam $V = I\!R^3$ com as operações usuais de adição e multiplicação por escalar e $W = \{(u_1,\ u_2,\ u_3) \in I\!R^3 / u_3 = 0,\ u_1^2 + u_2^2 \leq 1\}$. Verificar se W é um subespaço vetorial de V.*

Solução: Observe que o vetor nulo pertence a W. Agora, se u e $v \in W$, então: $u = (u_1,\ u_2,\ 0)$ e $v = (v_1,\ v_2,\ 0)$, com $u_1^2 + u_2^2 \leq 1$ e $v_1^2 + v_2^2 \leq 1$. Para verificar que $u+v \notin W$, basta considerar $u = (1,\ 0,\ 0)$ e $v = (0,\ 1,\ 0)$, onde ambos, u e v, satisfazem a condição para pertencer a W. Mas $u+v = (1,\ 1,\ 0)$ não pertence a W, pois somando-se os quadrados das componentes, isto é, $1^2 + 1^2 = 2 > 1$. Assim, W não é subespaço vetorial de V.

Exemplo 4.20 *Sejam $V = \mathcal{K}_2(x)$ com as operações usuais de adição e multiplicação por escalar e $W = \{a_0 + a_1 x + a_2 x^2\ /\ a_1 = -1\}$. Verificar se W é um subespaço vetorial de V.*

Solução: Observe que o polinômio nulo não pertence a W. Além disso, a soma de dois polinômios de grau ≤ 2, nas condições do exemplo, não tem, necessariamente, -1 no termo em x, o mesmo ocorrendo na multiplicação por um escalar. Logo, W não é subespaço vetorial de V.

Exemplo 4.21 *Sejam $V = \mathcal{M}_{2\times 2}$ com as operações usuais de adição e multiplicação por escalar e $W = \{\begin{pmatrix} a & b \\ c & d \end{pmatrix}\ /\ a = d = 1\}$. Verificar se W é um subespaço vetorial de V.*

Solução: Observe que a matriz nula não pertence a W. Além disso, a soma de duas matrizes pertencentes a W não pertence a W, o mesmo ocorrendo na multiplicação por um escalar. Logo, W não é subespaço vetorial de V.

Exemplo 4.22 *Sejam $V = I\!R^2$ com as operações usuais de adição e multiplicação por escalar e $W = \{(u_1,\ u_2) \in I\!R^2 / u_2 = u_1^2\}$. Verificar se W é um subespaço vetorial de V.*

Solução: Se u e $v \in W$, então $u = (u_1,\ u_1^2)$ e $v = (v_1,\ v_1^2)$. Assim:

a) $(0, 0) \in W$, pois as coordenadas do vetor são números reais e podem assumir o valor zero.

b) Para verificar se $u + v \in W$, observe que:

$u+v = (u_1,\ u_1^2)+(v_1,\ v_1^2) = (u_1+v_1,\ u_1^2+v_1^2) \neq (u_1+v_1,\ (u_1+v_1)^2) \in W$. Portanto, $u + v \notin W$. Logo, W não é subespaço vetorial de V.

Fica como exercício a verificação de que a condição **c)** também não é satisfeita.

Exercícios

4.4 *Verificar que os conjuntos definidos nos Exemplos 4.15, 4.16 e 4.17 são subespaços vetoriais.*

4.5 *Seja $V = I\!R^3$ com as operações usuais de adição e multiplicação por escalar. Verificar se W é um subespaço vetorial de V, nos seguintes casos:*

a) $W = \{(u_1,\ u_2,\ u_3) \in I\!R^3 / u_2 = 5u_1,\ u_3 = u_1\}$.

b) $W = \{(u_1,\ u_2,\ u_3) \in I\!R^3 / u_2 = u_1 + u_3,\ u_3 = 2u_1 + 1\}$.

4.6 *Sejam* $V = I\!R^4$ *com as operações usuais e*

$$W = \{(u_1,\ u_2,\ u_3,\ u_4) \in I\!R^4 / u_2 = u_1 + u_3 \text{ e } u_4 = 0\}.$$

Verifique se W *é um subespaço vetorial de* V*.*

4.7 *Seja* $V = \mathcal{M}_{2\times 2}$ *com as operações usuais. Verifique se* W *é um subespaço vetorial de* V*, nos seguintes casos:*

a) $W = \left\{ \begin{pmatrix} a_1 & a_2 \\ a_3 & a_4 \end{pmatrix}; a_1, a_2, a_3, a_4 \in I\!R \ / \ a_1 + a_4 = 0 \right\}.$

b) $W = \{A \in \mathcal{M}_{2\times 2} \ / \ det(A) = 0\}.$

4.8 *Seja* $V = \mathcal{K}_3(x)$ *com as operações usuais. Verifique se* W *é um subespaço vetorial de* V*, nos seguintes casos:*

a) $W =$ *todos os polinômios da forma:* $a_0 + a_1x + a_2x^2 + a_3x^3$*, tal que* $a_0 = 0$*.*

b) $W =$ *todos os polinômios da forma:* $a_0 + a_1x + a_2x^2 + a_3x^3$*, onde* a_i*,* $\forall i$ *são números inteiros.*

4.9 *Seja* $V = C[a,b]$ *com as operações usuais. Verifique se* W *é um subespaço vetorial de* V*, nos seguintes casos:*

a) $W = \{f \in C[a,b] \ / f(-x) = -f(x)\}.$

b) $W = \{f \in C[a,b] \ / f(5) = 3 + f(1)\}.$

c) $W = \{f \in C[a,b] \ / f(5) = f(2)\}.$

4.2.2 Combinação Linear

Vamos analisar agora o que é combinação linear de vetores de um espaço vetorial. A combinação linear de vetores é uma das características mais importantes de um espaço vetorial, pois permite obter novos vetores a partir de vetores dados. Inicialmente, definiremos o que é uma combinação linear.

Definição 4.3 *Seja* V *um espaço vetorial real. Sejam* $v_1, v_2, \ldots, v_n$*,* n *vetores de* V*. Dizemos que o vetor* $v \in V$ *é* **combinação linear** *de* $v_1, v_2, \ldots, v_n$*, se existem escalares* $\alpha_1, \alpha_2, \ldots, \alpha_n \in I\!R$*, tais que:*

$$v = \alpha_1 v_1 + \alpha_2 v_2 + \ldots + \alpha_n v_n = \sum_{i=1}^{n} \alpha_i v_i.$$

Os escalares α_i*,* $i = 0, 1, \ldots, n$ *são chamados de* **coeficientes** *da combinação linear.*

Observe que, para um vetor ser combinação linear de outros vetores, os coeficientes da combinação linear devem ser únicos.

Daremos, a seguir, alguns exemplos de vetores que **são** combinação linear de outros vetores.

Exemplo 4.23 *Seja $V = I\!R^3$. Considere os vetores $e_1 = (1,\ 0,\ 0), e_2 = (0,\ 1,\ 0)$ e $e_3 = (0,\ 0,\ 1)$. Verificar se todo vetor $v \in V$ se escreve como combinação linear de e_1, e_2 e e_3.*

Solução: Seja $u = (u_1,\ u_2,\ u_3)$ um vetor genérico do $I\!R^3$. Então, devemos ter:

$$\begin{aligned} (u_1,\ u_2,\ u_3) &= \alpha_1 e_1 + \alpha_2 e_2 + \alpha_3 e_3 \\ &= \alpha_1(1,\ 0,\ 0) + \alpha_2(0,\ 1,\ 0) + \alpha_3(0,\ 0,\ 1) \\ &= (\alpha_1,\ 0,\ 0) + (0,\ \alpha_2,\ 0) + (0,\ 0,\ \alpha_3) \\ &= (\alpha_1,\ \alpha_2,\ \alpha_3). \end{aligned}$$

Na expressão anterior, temos uma terna de números reais em ambos os membros, com o sinal de igual entre eles. Logo, as coordenadas que ocupam a mesma posição devem ser iguais. Assim,

$$u_1 = \alpha_1,\ u_2 = \alpha_2 \text{ e } u_3 = \alpha_3.$$

Portanto, qualquer vetor $u \in V$ se escreve como combinação linear dos vetores e_1, e_2 e e_3.

Exemplo 4.24 *Seja $V = \mathcal{K}_2(x)$. Verificar se o polinômio $Q_2(x) = x^2 + 4x + 7$ se escreve como combinação linear de $P_0(x) = 1, P_1(x) = x + 2$ e $P_2(x) = x^2 + 2x - 1$.*

Solução: Devemos ter:

$$\begin{aligned} Q(x) &= \alpha_0 P_0(x) + \alpha_1 P_1(x) + \alpha_2 P_2(x) \\ \Rightarrow x^2 + 4x + 7 &= \alpha_0(1) + \alpha_1(x + 2) + \alpha_2(x^2 + 2x - 1) \\ &= \alpha_0(1) + \alpha_1 x + 2\alpha_1 + \alpha_2 x^2 + 2\alpha_2 x - \alpha_2. \end{aligned}$$

Agrupando os termos semelhantes, do lado direito, da expressão anterior, obtemos:

$$x^2 + 4x + 7 = \alpha_2 x^2 + (\alpha_1 + \alpha_2)x + (\alpha_0 + 2\alpha_1 - \alpha_2).$$

Assim, temos um polinômio de grau 2 em ambos os membros, com o sinal de igual entre eles. Logo, os coeficientes dos termos de mesmo grau devem ser iguais. Assim,

$$\begin{cases} \qquad\qquad\qquad \alpha_2 = 1 \\ \qquad\quad \alpha_1 + \alpha_2 = 4 \\ \alpha_0 + 2\alpha_1 - \alpha_2 = 7 \end{cases}$$

Da 1ª equação, temos: $\alpha_2 = 1$. Substituindo este valor na 2ª equação, obtemos: $\alpha_1 = 3$. Substituindo α_1 e α_2 na 3ª equação, segue que: $\alpha_0 = 2$. Assim, $Q(x)$ é combinação linear de $P_0(x)$, $P_1(x)$ e $P_2(x)$.

Exemplo 4.25 *Seja $V = \mathcal{M}_{2\times 2}$. Verificar se $A = \begin{pmatrix} 1 & 3 \\ 2 & -1 \end{pmatrix}$ se escreve como combinação linear de:*

$$E_1 = \begin{pmatrix} 1 & 1 \\ 1 & 0 \end{pmatrix},\quad E_2 = \begin{pmatrix} 0 & 0 \\ 1 & 1 \end{pmatrix} \quad e \quad E_3 = \begin{pmatrix} 0 & 1 \\ 0 & -1 \end{pmatrix}.$$

Solução: Devemos ter:

$$\begin{aligned} A &= \alpha_1 E_1 + \alpha_2 E_2 + \alpha_2 E_3 \\ \Rightarrow \begin{pmatrix} 1 & 3 \\ 2 & -1 \end{pmatrix} &= \alpha_1 \begin{pmatrix} 1 & 1 \\ 1 & 0 \end{pmatrix} + \alpha_2 \begin{pmatrix} 0 & 0 \\ 1 & 1 \end{pmatrix} + \alpha_3 \begin{pmatrix} 0 & 1 \\ 0 & -1 \end{pmatrix} \\ &= \begin{pmatrix} \alpha_1 & \alpha_1 \\ \alpha_1 & 0 \end{pmatrix} + \begin{pmatrix} 0 & 0 \\ \alpha_2 & \alpha_2 \end{pmatrix} + \begin{pmatrix} 0 & \alpha_3 \\ 0 & -\alpha_3 \end{pmatrix} \\ &= \begin{pmatrix} \alpha_1 & \alpha_1 + \alpha_3 \\ \alpha_1 + \alpha_2 & \alpha_2 - \alpha_3 \end{pmatrix}. \end{aligned}$$

Na expressão anterior, temos uma matriz de ordem 2 em ambos os membros, com o sinal de igual entre eles. Logo, os elementos que ocupam as mesmas posições devem ser iguais. Assim,

$$\begin{cases} \alpha_1 & & & = 1 \\ \alpha_1 & & + \alpha_3 & = 3 \\ \alpha_1 + & \alpha_2 & & = 2 \\ & \alpha_2 & - \alpha_3 & = -1 \end{cases}$$

Da 1ª equação, temos: $\alpha_1 = 1$. Substituindo este valor na 2ª e 3ª equações, obtemos que: $\alpha_3 = 2$ e $\alpha_2 = 1$. Substituindo α_2 e α_3 na última equação, segue que: $\alpha_2 - \alpha_3 = 1 - 2 = -1$. Assim, A é combinação linear de E_1, E_2 e E_3.

Observe que o sistema linear que se obtém no caso de combinação linear pode ser um sistema linear "cheio". Neste caso, devemos usar escalonamento para determinar se um vetor é ou não combinação linear de outros vetores.

Exemplo 4.26 *Seja* $V = I\!R^3$. *Considere os vetores* $v_1 = (1,\ -1,\ 2)$, $v_2 = (2,\ 1,\ 0)$ *e* $v_3 = (-1,\ 5,\ 1)$. *Verificar se o vetor* $v = (2,\ 8,\ -1)$ *se escreve como combinação linear de* u, v *e* w.

Solução: Devemos ter:

$$\begin{aligned} (2,\ 8,\ -1) &= \alpha_1 v_1 + \alpha_2 v_2 + \alpha_3 v_3 \\ &= \alpha_1(1, -1,\ 2) + \alpha_2(2,\ 1,\ 0) + \alpha_3(-1,\ 5,\ 1) \\ &= (\alpha_1 + 2\alpha_2 - \alpha_3,\ -\alpha_1 + \alpha_2 + 5\alpha_3,\ 2\alpha_1 + \alpha_3). \end{aligned}$$

Da igualdade de vetores, obtemos o seguinte sistema linear:

$$\begin{cases} \alpha_1 + 2\alpha_2 - \alpha_3 = 2 \\ -\alpha_1 + \alpha_2 + 5\alpha_3 = 8 \\ 2\alpha_1 + \alpha_3 = -1 \end{cases}$$

Usando escalonamento, segue que:

$$\left(\begin{array}{ccc|c} 1 & 2 & -1 & 2 \\ -1 & 1 & 5 & 8 \\ 2 & 0 & 1 & -1 \end{array}\right) \sim \left(\begin{array}{ccc|c} 1 & 2 & -1 & 2 \\ 0 & 3 & 4 & 10 \\ 0 & -4 & 3 & -5 \end{array}\right) \begin{array}{l} \\ \leftarrow L_1 + L_2 \\ \leftarrow -2L_1 + L_3 \end{array}$$

$$\sim \left(\begin{array}{ccc|c} 1 & 2 & -1 & 2 \\ 0 & 3 & 4 & 10 \\ 0 & 0 & 25/3 & 25/3 \end{array}\right) \leftarrow \frac{4}{3}L_2 + L_3$$

ou seja:

$$\begin{pmatrix} 1 & 2 & -1 \\ 0 & 3 & 4 \\ 0 & 0 & 25/3 \end{pmatrix} \begin{pmatrix} \alpha_1 \\ \alpha_2 \\ \alpha_3 \end{pmatrix} = \begin{pmatrix} 2 \\ 10 \\ 25/3 \end{pmatrix}.$$

Resolvendo este sistema linear, obtemos que: $\alpha_1 = -1, \alpha_2 = 2$ e $\alpha_3 = 1$. Logo, v se escreve como combinação linear de v_1, v_2 e v_3.

Daremos, a seguir, alguns exemplos de vetores que **não são** combinação linear de outros vetores.

Exemplo 4.27 *Seja* $V = \mathcal{K}_2(x)$. *Verificar se o polinômio* $Q_2(x) = x^2 - 5x + 4$ *se escreve como combinação linear de* $P_1(x) = x + 4$ *e* $P_2(x) = x^2 + 3x$.

Solução: Devemos ter:

$$\begin{aligned} Q(x) &= \alpha_1 P_1(x) + \alpha_2 P_2(x) \\ \Rightarrow x^2 - 5x + 4 &= \alpha_1(x+4) + \alpha_2(x^2 + 3x) \\ &= \alpha_1 x + 4\alpha_1 + \alpha_2 x^2 + 3\alpha_2 x. \end{aligned}$$

Agrupando os termos semelhantes, do lado direito, da expressão anterior, obtemos:

$$x^2 - 5x + 4 = \alpha_2 x^2 + (\alpha_1 + 3\alpha_2)x + 4\alpha_1.$$

Logo, os coeficientes dos termos de mesmo grau devem ser iguais. Assim,

$$\begin{cases} \alpha_2 = 1 \\ \alpha_1 + 3\alpha_2 = -5 \\ 4\alpha_1 = 4 \end{cases}$$

Da 1ª equação, temos: $\alpha_2 = 1$ e da 3ª equação, temos: $\alpha_1 = 1$. Substituindo α_1 e α_2 na 2ª equação, segue que: $1 + 3(1) = 4 \neq -5$. Assim, $Q(x)$ não é combinação linear de $P_1(x)$ e $P_2(x)$.

Exemplo 4.28 *Seja* $V = I\!R^3$. *Considere os vetores* $v_1 = (1,\ -2,\ 0)$ *e* $v_2 = (3,\ 2,\ 2)$. *Verificar se o vetor* $v = (3,\ 6,\ 4)$ *se escreve como combinação linear de* v_1 *e* v_2.

Solução: Devemos ter:

$$\begin{aligned} v &= \alpha_1 v_1 + \alpha_2 v_2 \\ \Rightarrow\ (3,\ 6,\ 4) &= \alpha_1(1,\ -2,\ 0) + \alpha_2(3,\ 2,\ 2) \\ &= (\alpha_1,\ -2\alpha_1,\ 0) + (3\alpha_2,\ 2\alpha_2,\ 2\alpha_2) \\ &= (\alpha_1 + 3\alpha_2,\ -2\alpha_1 + 2\alpha_2,\ 2\alpha_2). \end{aligned}$$

Logo:

$$\begin{cases} \alpha_1 + 3\alpha_2 = 3 \\ -2\alpha_1 + 2\alpha_2 = 6 \\ 2\alpha_2 = 4 \end{cases}$$

Da 3ª equação, segue que: $\alpha_2 = 2$. Substituindo este valor na 1ª equação, obtemos $\alpha_1 = -1$ e a substituição de α_2 na 2ª fornece $\alpha_1 = -3$. Assim, não existe um único valor para α_1 que satisfaça ao sistema linear. Logo, v não é combinação linear de v_1 e v_2.

Observe que podemos determinar o valor de α_2 na 3ª e substituir este valor na 1ª equação para determinar o valor de α_1 e, então, substituir os valores de α_1 e α_2 na 2ª equação. Fazendo isso, obtemos: $-2(-3)+2(-1)=4\neq 6$, mostrando que os valores de α_1 e α_2 não são únicos.

Exemplo 4.29 *Seja* $V = \mathcal{M}_{2\times 2}$. *Verificar se* $A = \begin{pmatrix} 5 & 7 \\ 2 & -1 \end{pmatrix}$ *se escreve como combinação linear de:*

$$E_1 = \begin{pmatrix} 2 & 3 \\ 0 & 0 \end{pmatrix}, \quad E_2 = \begin{pmatrix} 1 & 1 \\ -1 & 2 \end{pmatrix} \quad e \quad E_3 = \begin{pmatrix} 1 & 0 \\ 0 & 3 \end{pmatrix}.$$

Solução: Devemos ter:

$$\begin{aligned} A &= \alpha_1 E_1 + \alpha_2 E_2 + \alpha_2 E_3 \\ \Rightarrow \begin{pmatrix} 5 & 7 \\ 2 & -1 \end{pmatrix} &= \alpha_1 \begin{pmatrix} 2 & 3 \\ 0 & 0 \end{pmatrix} + \alpha_2 \begin{pmatrix} 1 & 1 \\ -1 & 2 \end{pmatrix} + \alpha_3 \begin{pmatrix} 1 & 0 \\ 0 & 3 \end{pmatrix} \\ &= \begin{pmatrix} 2\alpha_1 & 3\alpha_1 \\ 0 & 0 \end{pmatrix} + \begin{pmatrix} \alpha_2 & \alpha_2 \\ -\alpha_2 & 2\alpha_2 \end{pmatrix} + \begin{pmatrix} \alpha_3 & 0 \\ 0 & 3\alpha_3 \end{pmatrix} \\ &= \begin{pmatrix} 2\alpha_1 + \alpha_2 + \alpha_3 & 3\alpha_1 + \alpha_2 \\ -\alpha_2 & 2\alpha_2 + \alpha_3 \end{pmatrix}. \end{aligned}$$

Logo,

$$\begin{cases} 2\alpha_1 + \alpha_2 + \alpha_3 = 5 \\ 3\alpha_1 + \alpha_2 = 7 \\ -\alpha_2 = 2 \\ 2\alpha_2 + \alpha_3 = -1 \end{cases}$$

Da 3ª equação, temos: $\alpha_2 = -2$. Substituindo este valor na 2ª equação, obtemos: $\alpha_1 = 3$. Substituindo α_1 e α_2 na 1ª equação, segue que: $\alpha_3 = 1$. Substituindo os valores de α_2 e α_3 na última equação, obtemos: $2(-2)+1=-3\neq -1$. Assim, A não é combinação linear de E_1, E_2 e E_3.

Exercícios

4.10 *Seja* $V = I\!R^3$. *Verificar quais dos seguintes vetores:*

a) $u = (3,\ 3,\ 3)$,

b) $v = (-2,\ -8,\ 6)$,

podem ser escritos como combinação linear dos vetores:

$$v_1 = (1,\ -1,\ 3) \quad e \quad v_2 = (2,\ 3,\ 0).$$

4.11 *Seja* $V = I\!R^3$. *Expressar os seguintes vetores:*

a) $u = (5,\ 9,\ 5)$,

b) $v = (2,\ 0,\ 6)$,

como combinação linear dos vetores:

$$v_1 = (2,\ 1,\ 4), \quad v_2 = (1,\ -1,\ 3) \quad e \quad v_3 = (3,\ 2,\ 5).$$

4.12 *Seja* $V = \mathcal{K}_2(x)$*. Expressar os seguintes polinômios:*

a) $P_2(x) = 5x^2 + 9x + 5$,

b) $L_2(x) = 6x^2 + 2$,

como combinação linear dos polinômios:

$$Q_2(x) = 4x^2 + x + 2, \quad R_2(x) = 3x^2 - x + 1 \quad e \quad S_2(x) = 5x^2 + 2x + 3.$$

4.13 *Seja* $V = \mathcal{M}_{2\times 2}$*. Expressar as seguintes matrizes:*

a) $A = \begin{pmatrix} 6 & 3 \\ 0 & 8 \end{pmatrix}$,

b) $B = \begin{pmatrix} -3 & 6 \\ 3 & 13 \end{pmatrix}$,

como combinação linear das matrizes:

$$E_1 = \begin{pmatrix} 1 & 2 \\ -1 & 3 \end{pmatrix}, \quad E_2 = \begin{pmatrix} 0 & 1 \\ 2 & 4 \end{pmatrix} \quad e \quad E_3 = \begin{pmatrix} 4 & -2 \\ 0 & -2 \end{pmatrix}.$$

4.14 *Seja* $V = I\!R^4$*. Verificar se* $u = (3,\ 9,\ -4,\ -2)$ *pode ser escrito como combinação linear dos vetores:*

$$v_1 = (1,\ -2,\ 0,\ 3), \quad v_2 = (2,\ 3,\ 0,\ -1) \quad e \quad v_3 = (2,\ -1,\ 2,\ 1).$$

4.15 *Considere os vetores* $v_1 = (2,\ 3,\ 2)$ *e* $v_2 = (-1,\ -2,\ 4)$*. Para que valor de* k *o vetor* $v = (8,\ 14,\ k)$ *é combinação linear de* v_1 *e* v_2*?*

4.2.3 Subespaço Gerado

Nesta seção, veremos que condições devemos impor para que um conjunto de vetores gere um espaço vetorial.

Seja V um espaço vetorial e $S = \{u_1,\ u_2, \ldots, u_n\}$ um subconjunto de V. Denotaremos por $[S]$ o subconjunto de V formado por todas as combinações lineares de elementos de S, isto é:

$$[S] = \{\alpha_1 u_1 + \alpha_2 u_2 + \ldots + \alpha_n u_n \ /\alpha_i \in R, \forall i\}.$$

Teorema 4.2 *$[S]$ é um subespaço vetorial de V.*

Prova: Devemos provar que:

a) $\theta \in [S]$.

b) $\forall v, w \in [S] \to v + w \in [S]$.

c) $\forall \gamma \in I\!R, \forall v \in [S] \to \gamma v \in [S]$.

De fato:

a) $\theta \in [S]$, pois $\theta = 0u_1 + 0u_2 + \ldots + 0u_n$.

b) Sejam:

$$v = \alpha_1 u_1 + \alpha_2 u_2 + \ldots + \alpha_n u_n \in [S]$$

e

$$w = \beta_1 u_1 + \beta_2 u_2 + \ldots + \beta_n u_n \in [S]$$

$$\Rightarrow v + w = (\alpha_1 + \beta_1)u_1 + (\alpha_2 + \beta_2)u_2 + \ldots + (\alpha_n + \beta_n)u_n \in [S].$$

c) $\forall \gamma \in I\!R, \forall v = \alpha_1 u_1 + \alpha_2 u_2 + \ldots + \alpha_n u_n \in [S]$

$$\Rightarrow \gamma v = (\gamma\alpha_1)u_1 + (\gamma\alpha_2)u_2 + \ldots + (\gamma\alpha_n)u_n \in [S].$$

Definição 4.4 *O subespaço vetorial $[S]$ é chamado de* **subespaço gerado** *por S.*

Observe que podemos indicar o subespaço gerado $[S]$ por $[u_1, u_2, \ldots, u_n]$.

Definição 4.5 *Os vetores $u_1, u_2, \ldots, u_n$* **geram** *ou formam um* **conjunto gerador** *de um espaço vetorial V se V coincide com o subespaço $[u_1, u_2, \ldots, u_n]$.*

A Definição 4.5 corresponde a dizer que: se $u_1, u_2, \ldots, u_n$ forem vetores pertencentes a um espaço vetorial V, e se todo vetor pertencente a V puder ser expresso como combinação linear de $u_1, u_2, \ldots, u_n$, então estes vetores geram V.

Além disso, para mostrar que V coincide com $[S]$, basta mostrar que: $[S] \subset V$ e $V \subset [S]$.

Daremos, a seguir, alguns exemplos de conjuntos que **são** geradores de um espaço vetorial.

Exemplo 4.30 *Verificar se os vetores:*

$$e_1 = (1, 0, 0), \quad e_2 = (0, 1, 0) \quad e \quad e_3 = (0, 0, 1)$$

geram o $I\!R^3$.

Solução: Devemos mostrar que $[e_1, e_2, e_3] \subset I\!R^3$ e que $I\!R^3 \subset [e_1, e_2, e_3]$. Assim,

a) $[e_1, e_2, e_3] \subset I\!R^3$, pois e_1, e_2, e_3 são ternas de números reais.

b) Para mostrar que $I\!R^3 \subset [e_1,\ e_2,\ e_3]$, devemos mostrar que qualquer vetor $u \in I\!R^3$ se escreve como combinação linear de $e_1,\ e_2,\ e_3$. De fato, seja $u = (u_1,\ u_2,\ u_3)$ um elemento genérico do $I\!R^3$, então:

$$\begin{aligned}(u_1,\ u_2,\ u_3) &= \alpha_1 e_1 + \alpha_2 e_2 + \alpha_3 e_3 \\ &= \alpha_1(1,\ 0,\ 0) + \alpha_2(0,\ 1,\ 0) + \alpha_3(0,\ 0,\ 1) \\ &= (\alpha_1,\ \alpha_2,\ \alpha_3).\end{aligned}$$

Logo, concluímos que: $\alpha_1 = u_1,\ \alpha_2 = u_2$ e $\alpha_3 = u_3$.

Portanto, $e_1,\ e_2$ e e_3 geram o $I\!R^3$.

Exemplo 4.31 *Verificar se* $W = \{(x_1,\ x_2\ , x_3) \in I\!R^3\ /\ x_2 = 0\}$ *é gerado pelos vetores:*

$$u_1 = (-2,\ 0,\ 3) \quad e \quad u_2 = (1,\ 0,\ -1).$$

Solução: Devemos mostrar que $[u_1,\ u_2] \subset W$ e que $W \subset [u_1,\ u_2]$. Assim,

a) É fácil verificar que $[u_1,\ u_2] \subset W$, pois ambos pertencem ao $I\!R^3$ e possuem a segunda coordenada igual a zero.

b) Para mostrar que $W \subset [u_1,\ u_2]$, basta mostrar que qualquer vetor $v \in W$ se escreve como combinação linear de u_1 e u_2. De fato, seja $v = (v_1,\ 0,\ v_3)$ um vetor qualquer, pertencente a W, então:

$$\begin{aligned}(v_1,\ 0,\ v_3) &= \alpha_1 u_1 + \alpha_2 u_2 \\ &= \alpha_1(-2,\ 0,\ 3) + \alpha_2(1,\ 0,\ -1) \\ &= (-2\alpha_1 + \alpha_2,\ 0,\ 3\alpha_1 - \alpha_2).\end{aligned}$$

Portanto, obtemos o sistema linear:

$$\begin{cases} -2\alpha_1 + \alpha_2 = v_1 \\ 3\alpha_1 - \alpha_2 = v_3 \end{cases}$$

cuja solução é: $\alpha_1 = v_1 + v_3$ e $\alpha_2 = 3v_1 + 2v_3$. Logo, $[u_1,\ u_2]$ geram W.

Exemplo 4.32 *Verificar se os polinômios:*

$$P_0(x) = 1, \quad P_1(x) = x \quad e \quad P_2(x) = x^2 - \frac{1}{3}$$

geram $\mathcal{K}_2(x)$.

Solução: Devemos mostrar que $[P_0(x),\ P_1(x),\ P_2(x)] \subset \mathcal{K}_2(x)$ e que $\mathcal{K}_2(x) \subset [P_0(x),\ P_1(x),\ P_2(x)]$. Assim,

a) É fácil ver que: $[P_0(x),\ P_1(x),\ P_2(x)] \subset \mathcal{K}_2(x)$, pois todos são polinômios de grau menor ou igual a 2.

b) Para mostrar que $\mathcal{K}_2(x) \subset [P_0(x),\ P_1(x),\ P_2(x)]$, devemos mostrar que qualquer polinômio $Q(x) \in \mathcal{K}_2(x)$ se escreve como combinação linear de $P_0(x)$, $P_1(x)$ e $P_2(x)$. De fato, seja $Q_2(x) = a_0 + a_1x + a_2x^2$ um elemento genérico de $\mathcal{K}_2(x)$. Então:

$$\begin{aligned} a_0 + a_1x + a_2x^2 &= \alpha_0 P_0(x) + \alpha_1 P_1(x) + \alpha_2 P_2(x) \\ &= \alpha_0(1) + \alpha_1(x) + \alpha_2(x^2 - \frac{1}{3}) \\ &= (\alpha_0 - \frac{\alpha_2}{3}) + \alpha_1\, x + \alpha_2\, x^2. \end{aligned}$$

Assim, igualando os coeficientes dos termos de mesmo grau, obtemos o sistema linear:

$$\begin{cases} \alpha_0 \quad - \dfrac{\alpha_2}{3} = a_0 \\ \alpha_1 = a_1 \\ \alpha_2 = a_2 \end{cases}$$

cuja solução é: $\alpha_0 = a_0 + \dfrac{a_2}{3}$, $\alpha_1 = a_1$ e $\alpha_2 = a_2$. Logo, $[P_0(x),\ P_1(x),\ P_2(x)]$ geram $\mathcal{K}_2(x)$.

Daremos, a seguir, alguns exemplos de conjuntos que **não são** geradores de um espaço vetorial.

Exemplo 4.33 *Verificar se os vetores:*

$$u = (1,\ 3,\ -2), \quad v = (-1,\ 2,\ 1) \quad e \quad w = (5,\ 0,\ -7)$$

geram o $I\!R^3$.

Solução: Devemos mostrar que $[u,\ v,\ w] \subset I\!R^3$ e que $I\!R^3 \subset [u,\ v,\ w]$. Assim,

a) $[u,\ v,\ w] \subset I\!R^3$, pois u, v e w são ternas de números reais.

b) Para mostrar que $I\!R^3 \subset [u,\ v,\ w]$, devemos mostrar que qualquer vetor $u \in I\!R^3$ se escreve como combinação linear de u, v, w. De fato, seja $u = (u_1,\ u_2,\ u_3)$ um elemento genérico do $I\!R^3$, então:

$$\begin{aligned} (u_1,\ u_2,\ u_3) &= \alpha_1 u + \alpha_2 v + \alpha_3 w \\ &= \alpha_1(1,\ 3,\ -2) + \alpha_2(-1,\ 2,\ 1) + \alpha_3(5,\ 0,\ -7) \\ &= (\alpha_1 - \alpha_2 + 5\alpha_3,\ 3\alpha_1 + 2\alpha_2,\ -2\alpha_1 + \alpha_2 - 7\alpha_3). \end{aligned}$$

Assim, obtemos o sistema linear:

$$\begin{cases} \alpha_1 - \alpha_2 + 5\alpha_3 = u_1 \\ 3\alpha_1 + 2\alpha_2 = u_2 \\ -2\alpha_1 + \alpha_2 - 7\alpha_3 = u_3 \end{cases}$$

Usando escalonamento, obtemos que o sistema linear acima não possui solução. Portanto, u, v e w não geram o $I\!R^3$.

Exemplo 4.34 *Verificar se os polinômios:*

$$P_2(x) = 1 + x - x^2, \quad Q_2(x) = 1 + 3x + x^2, \quad R_2(x) = 2 + 2x - x^2 \quad e \quad S_2(x) = 2 + 2x + 4x^2$$

geram $\mathcal{K}_2(x)$.

Solução: Devemos mostrar que $[P_2(x),\ Q_2(x),\ R_2(x),\ S_2(x)] \subset \mathcal{K}_2(x)$ e que $\mathcal{K}_2(x) \subset [P_2(x),\ Q_2(x),\ R_2(x),\ S_2(x)]$. Assim,

a) É fácil ver que: $[P_2(x),\ Q_2(x),\ R_2(x),\ S_2(x)] \subset \mathcal{K}_2(x)$, pois todos são polinômios de grau 2.

b) Para mostrar que $\mathcal{K}_2(x) \subset [P_2(x),\ Q_2(x),\ R_2(x),\ S_2(x)]$, devemos mostrar que qualquer polinômio $L_2(x) \in \mathcal{K}_2(x)$ se escreve como combinação linear de $P_2(x)$, $Q_2(x)$, $R_2(x)$ e $S_2(x)$. De fato, seja $L_2(x) = a_0 + a_1x + a_2x^2$ um elemento genérico de $\mathcal{K}_2(x)$. Então:

$$\begin{aligned} L_2(x) &= \alpha_0P_2(x) + \alpha_1Q_2(x) + \alpha_2R_2(x) + \alpha_3S_2(x) \\ \Rightarrow a_0 + a_1x + a_2x^2 &= \alpha_0(1 + x - x^2) + \alpha_1(1 + 3x + x^2) \\ &+ \alpha_2(2 + 2x - x^2) + \alpha_3(2 + 2x + 4x^2) \\ &= (\alpha_0 + \alpha_1 + 2\alpha_2 + 2\alpha_3) + (\alpha_0 + 3\alpha_1 + 2\alpha_2 + 2\alpha_3)x \\ &+ (-\alpha_0 + \alpha_1 - \alpha_2 + 4\alpha_3)x^2. \end{aligned}$$

Assim, igualando os coeficientes dos termos de mesmo grau, obtemos o sistema linear:

$$\begin{cases} \alpha_0 + \alpha_1 + 2\alpha_2 + 2\alpha_3 = a_0 \\ \alpha_0 + 3\alpha_1 + 2\alpha_2 + 2\alpha_3 = a_1 \\ -\alpha_0 + \alpha_1 - \alpha_2 + 4\alpha_3 = a_2 \end{cases}$$

Usando escalonamento, obtemos que o sistema linear acima possui infinitas soluções. Portanto, $P_2(x)$, $Q_2(x)$, $R_2(x)$ e $S_2(x)$ não geram $\mathcal{K}_2(x)$.

Exemplo 4.35 *Verificar se as seguintes matrizes:*

$$E_1 = \begin{pmatrix} 1 & 2 \\ -1 & 3 \end{pmatrix}, \quad E_2 = \begin{pmatrix} 0 & 1 \\ 2 & 4 \end{pmatrix} \quad e \quad E_3 = \begin{pmatrix} 4 & -2 \\ 0 & -2 \end{pmatrix}$$

geram $\mathcal{M}_{2\times2}$.

Solução: Devemos mostrar que $[E_1,\ E_2,\ E_3] \subset \mathcal{M}_{2\times2}$ e que $\mathcal{M}_{2\times2} \subset [E_1,\ E_2,\ E_3]$. Assim:

a) É fácil ver que: $[E_1,\ E_2,\ E_3] \subset \mathcal{M}_{2\times2}$, pois E_1, E_2 e E_3 são matrizes de ordem 2.

b) Para mostrar que $\mathcal{M}_{2\times2} \subset [E_1,\ E_2,\ E_3]$, devemos mostrar que qualquer matriz $A \in \mathcal{K}_2(x)$ se escreve como combinação linear de E_1, E_2 e E_3.

De fato, seja $A = \begin{pmatrix} a & b \\ c & d \end{pmatrix}$ um elemento genérico de $\mathcal{M}_{2\times2}$. Então:

$$\begin{aligned} A &= \alpha_1E_1 + \alpha_2E_2 + \alpha_3E_3 \\ \Rightarrow \begin{pmatrix} a & b \\ c & d \end{pmatrix} &= \alpha_1\begin{pmatrix} 1 & 2 \\ -1 & 3 \end{pmatrix} + \alpha_2\begin{pmatrix} 0 & 1 \\ 2 & 4 \end{pmatrix} + \alpha_3\begin{pmatrix} 4 & -2 \\ 0 & -2 \end{pmatrix} \\ &= \alpha_1\begin{pmatrix} \alpha_1 + 4\alpha_3 & 2\alpha_1 + \alpha_2 - 2\alpha_3 \\ -\alpha_1 + 2\alpha_2 & 3\alpha_1 + 4\alpha_2 - 2\alpha_3 \end{pmatrix}. \end{aligned}$$

Assim, igualando os elementos que ocupam as mesmas posições, obtemos o sistema linear:

$$\begin{cases} \alpha_1 & & + & 4\alpha_3 & = & a \\ 2\alpha_1 & + & \alpha_2 & - & 2\alpha_3 & = & b \\ -\alpha_1 & + & 2\alpha_2 & & & = & c \\ 3\alpha_1 & + & 4\alpha_2 & - & 2\alpha_3 & = & d \end{cases}$$

Usando escalonamento, obtemos dois valores distintos para α_3. Logo, o sistema linear acima não possui solução única. Portanto, E_1, E_2 e E_3 não geram $\mathcal{M}_{2\times 2}$.

Exercícios

4.16 *Em cada item, determinar se o conjunto de vetores apresentado gera o* $I\!R^3$.

a) $u = (1,\ 1,\ 1)$, $v = (2,\ 2,\ 0)$ *e* $w = (3,\ 0,\ 0)$.

b) $u = (1,\ 1,\ 2)$, $v = (1,\ 0,\ 1)$ *e* $w = (2,\ 1,\ 3)$.

c) $u = (1,\ 2,\ -1)$, $v = (1,\ 3,\ 0)$ *e* $w = (-2,\ 0,\ 0)$.

4.17 *Em cada item, determinar se o conjunto de polinômios apresentado gera* $\mathcal{K}_2(x)$.

a) $P_2(x) = 1+2x-x^2$, $Q_2(x) = 5+4x-x^2$, $R_2(x) = 3+x^2$ *e* $S_2(x) = -2+2x-2x^2$.

b) $P_2(x) = 1 - x + 3x^2$, $Q_2(x) = -2 + x - 4x^2$ *e* $R_2(x) = 3 + 2x + x^2$.

4.18 *Verificar se o conjunto de polinômios:*

$$P_0(t) = 1, \quad P_1(t) = 1 - t, \quad P_2(t) = (1-t)^2 \quad e \quad P_3(t) = (1-t)^3$$

gera $\mathcal{K}_3(t)$.

4.19 *Em cada item, determinar se o conjunto de matrizes apresentado gera o* $\mathcal{M}_{2\times 2}$.

a) $E_1 = \begin{pmatrix} 1 & 0 \\ 0 & 0 \end{pmatrix}$, $E_2 = \begin{pmatrix} 0 & 1 \\ 0 & 0 \end{pmatrix}$, $E_3 = \begin{pmatrix} 0 & 0 \\ 1 & 0 \end{pmatrix}$ *e* $E_4 = \begin{pmatrix} 0 & 0 \\ 0 & 1 \end{pmatrix}$.

b) $E_1 = \begin{pmatrix} 1 & 0 \\ -1 & 3 \end{pmatrix}$, $E_2 = \begin{pmatrix} 0 & 1 \\ 2 & 4 \end{pmatrix}$ *e* $E_3 = \begin{pmatrix} 1 & -2 \\ 0 & 3 \end{pmatrix}$.

4.2.4 Dependência Linear

Nesta seção, apresentamos os conceitos de dependência e independência linear de vetores. Estes conceitos são muito importantes para determinar qual o menor conjunto gerador de um espaço vetorial.

Definição 4.6 *Seja V um espaço vetorial real. Dizemos que os vetores* $v_1, v_2, \ldots, v_k \in V$ *são* **linearmente dependentes** *(***LD***) se existem escalares* $\alpha_1, \alpha_2, \ldots, \alpha_k$*, nem todos nulos, tais que:*

$$\alpha_1 v_1 + \alpha_2 v_2 + \ldots + \alpha_k\ v_k = \theta \text{ (vetor nulo).} \tag{4.3}$$

A equação (4.3) é sempre válida se os α_i, $i = 1, 2, \ldots, k$ *são todos iguais a zero. Neste caso, dizemos que os vetores* $v_1, v_2, \ldots, v_k \in V$ *são* **linearmente independentes** *(***LI***).*

Daremos, a seguir, alguns exemplos de vetores que **são LI**.

Exemplo 4.36 *Verificar se os vetores:*

$$e_1 = (1,\ 0,\ 0), \quad e_2 = (0,\ 1,\ 0) \quad e \quad e_3 = (0,\ 0,\ 1)$$

são linearmente independentes.

Solução: Devemos mostrar que:

$$\alpha_1 e_1 + \alpha_2 e_2 + \alpha_3 e_3 = \theta \text{ (vetor nulo) } \Rightarrow \alpha_i = 0, \ i = 1, 2, 3.$$

Assim, substituindo os valores de e_1, e_2 e e_3, segue que:

$$\begin{aligned} & \alpha_1\ (1,\ 0,\ 0) + \alpha_2\ (0,\ 1,\ 0) + \alpha_3\ (0,\ 0,\ 1) = \theta \\ \Rightarrow \quad & (\alpha_1,\ \alpha_2,\ \alpha_3) = (0,\ 0,\ 0). \end{aligned}$$

Igualando as coordenadas, obtemos que: $\alpha_1 = \alpha_2 = \alpha_3 = 0$. Portanto, os vetores e_1, e_2 e e_3 são **LI**.

Exemplo 4.37 *Verificar se os vetores:*

$$v_1 = (1,\ 1,\ 2), \quad v_2 = (0,\ 1,\ 3) \quad e \quad v_3 = (0,\ 0,\ 1)$$

são linearmente independentes.

Solução: Devemos mostrar que:

$$\alpha_1 v_1 + \alpha_2 v_2 + \alpha_3 v_3 = \theta \text{ (vetor nulo) } \Rightarrow \alpha_i = 0, \ i = 1, 2, 3.$$

Assim, substituindo os valores de v_1, v_2 e v_3, segue que:

$$\begin{aligned} & \alpha_1\ (1,\ 1,\ 2) + \alpha_2\ (0,\ 1,\ 3) + \alpha_3\ (0,\ 0,\ 1) = \theta \\ \Rightarrow \quad & (\alpha_1,\ \alpha_1 + \alpha_2,\ 2\alpha_1 + 3\alpha_2 + \alpha_3) = (0,\ 0,\ 0). \end{aligned}$$

Igualando as coordenadas, obtemos o seguinte sistema linear homogêneo:

$$\begin{cases} \alpha_1 & & & = 0 \\ \alpha_1 & + \ \alpha_2 & & = 0 \\ 2\alpha_1 & + \ 3\alpha_2 & + \ \alpha_3 & = 0 \end{cases}$$

É fácil verificar que a única solução deste sistema linear é a solução trivial. Portanto, os vetores v_1, v_2 e v_3 são **LI**.

Exemplo 4.38 *Verificar se os polinômios:*

$$P_0(t) = 1, \quad P_1(t) = 1 + t, \quad P_2(t) = (1-t)^2 \quad e \quad P_3(t) = (1-t)^3$$

são linearmente independentes.

Solução: Devemos mostrar que:

$$\alpha_0 P_0(t) + \alpha_1 P_1(t) + \alpha_2 P_2(t) + \alpha_3 P_3(t) = \theta \text{ (polinômio nulo) } \Rightarrow \alpha_i = 0, \ \forall i.$$

Assim, substituindo os valores de $P_0(t), P_1(t), P_2(t)$ e $P_3(t)$, segue que:

$$\alpha_0.1 + \alpha_1(1+t) + \alpha_2(1-t)^2 + \alpha_3(1-t)^3 = \theta.$$

Desta expressão, obtemos:

$$\alpha_0(1) + \alpha_1(1+t) + \alpha_2(1-2t+t^2) + \alpha_3(1-3t+3t^2-t^3) = \theta$$

$$\Rightarrow (\alpha_0 + \alpha_1 + \alpha_2 + \alpha_3) + (\alpha_1 - 2\alpha_2 - 3\alpha_3)t + (\alpha_2 + 3\alpha_3)t^2 - \alpha_3 t^3 = 0 + 0t + 0t^2 + 0t^3.$$

Igualando os coeficientes dos termos de mesmo grau, obtemos o seguinte sistema linear homogêneo:

$$\begin{cases} \alpha_0 + \alpha_1 + \alpha_2 + \alpha_3 = 0 \\ \alpha_1 - 2\alpha_2 - 3\alpha_3 = 0 \\ \alpha_2 + 3\alpha_3 = 0 \\ -\alpha_3 = 0 \end{cases}$$

É fácil verificar que a única solução deste sistema linear é a solução trivial. Portanto, os polinômios: $1, \ 1+t, (1-t)^2$ e $(1-t)^3$ são **LI**.

Exemplo 4.39 *Verificar se as matrizes:*

$$E_1 = \begin{pmatrix} 1 & 2 \\ 0 & 3 \end{pmatrix}, \quad E_2 = \begin{pmatrix} 2 & 0 \\ -1 & 3 \end{pmatrix}, \quad E_3 = \begin{pmatrix} 1 & 1 \\ 2 & -1 \end{pmatrix} \quad e \quad E_4 = \begin{pmatrix} 2 & 0 \\ 0 & 2 \end{pmatrix}$$

são linearmente independentes.

Solução: Devemos mostrar que:

$$\alpha_1 E_1 + \alpha_2 E_2 + \alpha_3 E_3 + \alpha_4 E_4 = \theta \text{ (matriz nula) } \Rightarrow \alpha_i = 0, \ \forall i.$$

Assim, substituindo os valores de E_1, E_2, E_3 e E_4, segue que:

$$\alpha_1 \begin{pmatrix} 1 & 2 \\ 0 & 3 \end{pmatrix} + \alpha_2 \begin{pmatrix} 2 & 0 \\ -1 & 3 \end{pmatrix} + \alpha_3 \begin{pmatrix} 1 & 1 \\ 2 & -1 \end{pmatrix} + \alpha_4 \begin{pmatrix} 2 & 0 \\ 0 & 2 \end{pmatrix} = \theta.$$

Desta expressão, obtemos:

$$\Rightarrow \begin{pmatrix} \alpha_1 + 2\alpha_2 + \alpha_3 + 2\alpha_4 & 2\alpha_1 + \alpha_3 \\ -\alpha_2 + 2\alpha_3 & 3\alpha_1 + 3\alpha_2 - \alpha_3 + 2\alpha_4 \end{pmatrix} = \begin{pmatrix} 0 & 0 \\ 0 & 0 \end{pmatrix}.$$

Igualando os elementos da mesma posição, obtemos o seguinte sistema linear homogêneo:

$$\begin{cases} \alpha_1 + 2\alpha_2 + \alpha_3 + 2\alpha_4 = 0 \\ 2\alpha_1 + \alpha_3 = 0 \\ -\alpha_2 + 2\alpha_3 = 0 \\ 3\alpha_1 + 3\alpha_2 - \alpha_3 + 2\alpha_4 = 0 \end{cases}$$

Da 2ª e da 3ª equação segue, respectivamente, que: $\alpha_1 = -\dfrac{\alpha_3}{2}$ e $\alpha_2 = 2\alpha_3$.

Substituindo os valores de α_1 e α_2 na 1ª e na 4ª equação e fazendo os cálculos, obtemos o seguinte sistema linear homogêneo:

$$\begin{cases} 9\alpha_3 + 4\alpha_4 = 0 \\ 7\alpha_3 + 4\alpha_4 = 0 \end{cases}$$

cuja solução é $\alpha_3 = 0$ e $\alpha_4 = 0$. Assim, obtemos que: $\alpha_1 = 0$ e $\alpha_2 = 0$. Logo, as matrizes E_1, E_2, E_3 e E_4 são **LI**.

Daremos, a seguir, alguns exemplos de vetores que **não são LI**, ou seja, **são LD**.

Exemplo 4.40 *Verificar se os vetores:*

$$u_1 = (1,\ -1,\ 0), \quad u_2 = (5,\ 3,\ -2) \quad e \quad u_3 = (1,\ 3,\ -1)$$

são linearmente independentes.

Solução: Devemos mostrar que:

$$\alpha_1 u_1 + \alpha_2 u_2 + \alpha_3 u_3 = \theta \text{ (vetor nulo)} \Rightarrow \alpha_i = 0,\ i = 1, 2, 3.$$

Assim, substituindo os valores de u_1, u_2 e u_3, segue que:

$$\begin{aligned} & \alpha_1\,(1,\ -1,\ 0) + \alpha_2\,(5,\ 3,\ -2) + \alpha_3\,(1,\ 3,\ -1) = \theta \\ \Rightarrow\quad & (\alpha_1 + 5\alpha_2 + \alpha_3,\ -\alpha_1 + 3\alpha_2 + 3\alpha_3,\ -2\alpha_2 - \alpha_3) = (0,\ 0,\ 0). \end{aligned}$$

Igualando as coordenadas, obtemos o seguinte sistema linear homogêneo:

$$\begin{cases} \alpha_1 + 5\alpha_2 + \alpha_3 = 0 \\ -\alpha_1 + 3\alpha_2 + 3\alpha_3 = 0 \\ \quad\ - 2\alpha_2 - \alpha_3 = 0 \end{cases}$$

Usando escalonamento, obtemos que este sistema linear admite infinitas soluções, além da solução trivial. Portanto, os vetores são **LD**.

Observe que, para verificar se um conjunto de vetores é **LI** ou **LD** devemos, sempre, resolver um sistema linear homogêneo. Assim, os vetores são **LI** se a única solução do sistema linear homogêneo é a solução trivial (isto ocorre quando $det(A) \neq 0$) e, os vetores são **LD** se o sistema linear homogêneo admite infinitas soluções, além da solução trivial (isto ocorre quando $det(A) = 0$) (ver Teorema 3.4). Portanto, obtido o sistema linear homogêneo, basta calcular o determinante da matriz dos coeficientes para saber se os vetores são **LI** ou **LD**. Para o Exemplo 4.40, temos que o determinante da matriz dos coeficientes é:

$$\begin{vmatrix} 1 & 5 & 1 \\ -1 & 3 & 3 \\ 0 & -2 & -1 \end{vmatrix} = 0.$$

Logo, a matriz dos coeficientes não é inversível e, portanto, o sistema linear homogêneo terá mais de uma solução. Assim, os vetores são **LD**.

Exemplo 4.41 *Verificar se os polinômios:*

$$P_1(x) = 1 - x, \quad Q_2(x) = 5 + 3x - 2x^2 \quad e \quad R_2(x) = 1 + 3x - x^2$$

são linearmente independentes.

Solução: Devemos mostrar que:

$$\alpha_1\ P_1(x) + \alpha_2\ Q_2(x) + \alpha_3\ R_2(x) = \theta \text{ (polinômio nulo) } \Rightarrow \alpha_i = 0,\ i = 1, 2, 3.$$

Substituindo os valores de $P_1(x), Q_2(x)$ e $R_2(x)$, segue que:

$$\begin{array}{rl} & \alpha_1\ (1-x) + \alpha_2\ (5+3x-2x^2) + \alpha_3\ (1+3x-x^2) = \theta \\ \Rightarrow & (\alpha_1 + 5\alpha_2 + \alpha_3) + (-\alpha_1 + 3\alpha_2 + 3\alpha_3)x + (-2\alpha_2 - \alpha_3)x^2 = 0 + 0x + 0x^2. \end{array}$$

Igualando os coeficientes dos termos de mesmo grau, obtemos o seguinte sistema linear homogêneo:

$$\left\{ \begin{array}{rcrcrcl} \alpha_1 & + & 5\alpha_2 & + & \alpha_3 & = & 0 \\ -\alpha_1 & + & 3\alpha_2 & + & 3\alpha_3 & = & 0 \\ & - & 2\alpha_2 & - & \alpha_3 & = & 0 \end{array} \right.$$

que é o sistema linear obtido no Exemplo 4.40. Logo, os polinômios são **LD**.

Exemplo 4.42 *Verificar se as matrizes:*

$$E_1 = \begin{pmatrix} 1 & -1 \\ 2 & 3 \end{pmatrix},\quad E_2 = \begin{pmatrix} 1 & 0 \\ 0 & 1 \end{pmatrix},\quad E_3 = \begin{pmatrix} 0 & 1 \\ 0 & -1 \end{pmatrix} \quad e \quad E_4 = \begin{pmatrix} 2 & 0 \\ 2 & 3 \end{pmatrix}$$

são linearmente independentes.

Solução: Devemos mostrar que:

$$\alpha_1 E_1 + \alpha_2 E_2 + \alpha_3 E_3 + \alpha_4 E_4 = \theta \text{ (matriz nula) } \Rightarrow \alpha_i = 0,\ \forall i.$$

Assim, substituindo os valores de E_1, E_2, E_3 e E_4, temos que:

$$\alpha_1 \begin{pmatrix} 1 & -1 \\ 2 & 3 \end{pmatrix} + \alpha_2 \begin{pmatrix} 1 & 0 \\ 0 & 1 \end{pmatrix} + \alpha_3 \begin{pmatrix} 0 & 1 \\ 0 & -1 \end{pmatrix} + \alpha_4 \begin{pmatrix} 2 & 0 \\ 2 & 3 \end{pmatrix} = \theta.$$

Desta expressão, segue que:

$$\Rightarrow \begin{pmatrix} \alpha_1 + \alpha_2 + 2\alpha_4 & -\alpha_1 + \alpha_3 \\ 2\alpha_1 + 2\alpha_4 & 3\alpha_1 + \alpha_2 - \alpha_3 + 3\alpha_4 \end{pmatrix} = \begin{pmatrix} 0 & 0 \\ 0 & 0 \end{pmatrix}.$$

Igualando os elementos da mesma posição, obtemos o seguinte sistema linear homogêneo:

$$\left\{ \begin{array}{rcrcrcrcl} \alpha_1 & + & \alpha_2 & & & + & 2\alpha_4 & = & 0 \\ -\alpha_1 & & & + & \alpha_3 & & & = & 0 \\ 2\alpha_1 & & & & & + & 2\alpha_4 & = & 0 \\ 3\alpha_1 & + & \alpha_2 & - & \alpha_3 & + & 3\alpha_4 & = & 0 \end{array} \right.$$

Usando escalonamento, obtemos que o sistema linear admite infinitas soluções. Logo, as matrizes E_1, E_2, E_3 e E_4 são **LD**.

Observe que o termo "linearmente dependente" sugere que os vetores "dependem" um do outro de alguma maneira. Assim, podemos enunciar o seguinte Teorema.

Teorema 4.3 *Um conjunto de vetores $u_1, u_2, \ldots, u_n$ é* **LD** *se e somente se existe um u_i que é combinação linear dos restantes.*

Prova: Vamos supor, inicialmente, que os vetores $u_1, u_2, \ldots, u_n$ sejam **LD**. Devemos mostrar que existem escalares $\alpha_1, \alpha_2, \ldots, \alpha_n$, não todos nulos, tais que:

$$\alpha_1 u_1 + \alpha_2 u_2 + \ldots + \alpha_n u_n = \theta.$$

Para tanto, vamos supor que $\alpha_i \neq 0$. Então:

$$\alpha_i u_i = -\alpha_1 u_1 - \alpha_2 u_2 - \ldots - \alpha_{i-1} u_{i-1} - \alpha_{i+1} u_{i+1} - \ldots - \alpha_n u_n$$
$$\Rightarrow \quad u_i = \frac{1}{\alpha_i}(-\alpha_1 u_1 - \alpha_2 u_2 - \ldots - \alpha_{i-1} u_{i-1} - \alpha_{i+1} u_{i+1} - \ldots - \alpha_n u_n).$$

Portanto, u_i é combinação linear dos demais.

Vamos supor agora que u_k é combinação linear dos demais. Então:

$$u_k = \beta_1 u_1 + \ldots + \beta_{k-1} u_{k-1} + \beta_{k+1} u_{k+1} + \ldots + \beta_n u_n.$$

Subtraindo-se u_k em ambos os membros, obtemos:

$$\theta = \beta_1 u_1 + \ldots + \beta_{k-1} u_{k-1} - u_k + \beta_{k+1} u_{k+1} + \ldots + \beta_n u_n.$$

Como o coeficiente de u_k é -1, segue que $u_1, u_2, \ldots, u_n$ são **LD**.

Teorema 4.4 *Seja $S = \{u_1, u_2, \ldots, u_r\}$ um conjunto de vetores do $\mathbb{R}^n$. Se $r > n$, então os vetores $u_1, u_2, \ldots, u_r$ serão* **LD**.

Prova: Suponhamos que os vetores $u_1, u_2, \ldots, u_r$ sejam escritos como:

$$\begin{array}{lcl} u_1 & = & (u_{11},\ u_{12},\ \ldots,\ u_{1n}) \\ u_2 & = & (u_{21},\ u_{22},\ \ldots,\ u_{2n}) \\ \vdots & & \\ u_r & = & (u_{r1},\ u_{r2},\ \ldots,\ u_{rn}) \end{array}$$

Considerando a equação:

$$\alpha_1 u_1 + \alpha_2 u_2 + \ldots + \alpha_r u_r = \theta$$

e equacionando as componentes correspondentes, obtemos o seguinte sistema linear:

$$\left\{ \begin{array}{ccccccccc} u_{11}\alpha_1 & + & u_{21}\alpha_2 & + & \ldots & + & u_{r1}\alpha_r & = & 0 \\ u_{12}\alpha_1 & + & u_{22}\alpha_2 & + & \ldots & + & u_{r2}\alpha_r & = & 0 \\ \vdots & & & & & & & & \\ u_{1n}\alpha_1 & + & u_{2n}\alpha_2 & + & \ldots & + & u_{rn}\alpha_r & = & 0 \end{array} \right.$$

Como o sistema linear é homogêneo, com n equações e r variáveis, temos que, se $r > n$, isto é, se o número de variáveis é maior que o número de equações, o sistema linear admite infinitas soluções. (Ver Teorema 3.3.) Portanto, $u_1, u_2, \ldots, u_r$ são **LD**.

Observe que, do Teorema 4.4, podemos afirmar que qualquer conjunto de vetores do $\mathbb{R}^n$ com mais de n vetores é sempre **LD**.

Exercícios

4.20 *Verificar quais dos seguintes conjuntos são* **LI** *ou* **LD**.

a) $v_1 = (1,\ 2)$ *e* $v_2 = (-3,\ 6)$, *onde* $V = I\!R^2$,

b) $v_1 = (1,\ -1,\ 0)$, $v_2 = (2,\ 3,\ 5)$ *e* $v_3 = (3,\ 2,\ 5)$, *onde* $V = I\!R^3$,

c) $v_1 = (7,\ 2,\ 1)$, $v_2 = (0,\ 1,\ 4)$, $v_3 = (3,\ 5,\ 6)$ *e* $v_4 = (4,\ 2,\ 3)$, *onde* $V = I\!R^3$,

d) $P_2(x) = 2-x+4x^2$, $Q_2(x) = 3+6x+2x^2$ *e* $R_2(x) = 2+10x-4x^2$, *onde* $V = \mathcal{K}_2(x)$,

e) $A = \begin{pmatrix} 1 & 1 \\ 1 & 1 \end{pmatrix}$, $B = \begin{pmatrix} 1 & 0 \\ 0 & 1 \end{pmatrix}$ *e* $C = \begin{pmatrix} 1 & 1 \\ 0 & 0 \end{pmatrix}$, *onde* $V = \mathcal{M}_{2\times 2}$.

4.21 *Sejam* u, v *e* w *vetores* **LI** *no* $I\!R^3$. *Mostre que: os vetores* z_1, z_2 *e* z_3, *onde:*

$$z_1 = 4u + 3v + 2w, \quad z_2 = 3u + 2v - w \quad e \quad z_3 = 2u - v + 3w,$$

também são **LI**.

(Sugestão: Trabalhe com os vetores sem explicitar suas componentes.)

4.2.5 Base de um Espaço Vetorial

Nesta seção, veremos como determinar um conjunto de vetores que gere um espaço vetorial V de tal modo que todos os vetores sejam realmente necessários para gerar V.

Definição 4.7 *Sejam* V *um espaço vetorial e* $B = \{u_1,\ u_2,\ \ldots,\ u_n\}$ *um subconjunto de* V. *Dizemos que* B *é uma* **base** *de* V *se:*

i) $\{u_1,\ u_2,\ \ldots,\ u_n\}$ *são linearmente independentes,*

ii) $\{u_1,\ u_2,\ \ldots,\ u_n\}$ *geram* V.

Teorema 4.5 *Se* $B = \{u_1,\ u_2,\ \ldots,\ u_n\}$ *é uma base de um espaço vetorial* V, *então todo e qualquer vetor* v *de* V *pode ser escrito de maneira única como combinação linear dos vetores de* B.

Prova: Como B é uma base de V, então, para $\forall v \in V$, podemos escrever:

$$v = \alpha_1 u_1 + \alpha_2 u_2 + \ldots + \alpha_n u_n. \tag{4.4}$$

Suponhamos que o mesmo vetor v possa ser escrito na forma:

$$v = \beta_1 u_1 + \beta_2 u_2 + \ldots + \beta_n u_n. \tag{4.5}$$

Subtraindo (4.5) de (4.4) membro a membro, obtemos:

$$\theta = (\alpha_1 - \beta_1)u_1 + (\alpha_2 - \beta_2)u_2 + \ldots + (\alpha_n - \beta_n)u_n.$$

Desta igualdade, temos que $(\alpha_i - \beta_i) = 0$, $i = 1, 2, \ldots, n$, desde que os vetores $u_1,\ u_2,\ \ldots,\ u_n$ são **LI**. Assim, $\alpha_i = \beta_i, \forall i$.

Portanto, os escalares $\alpha_1, \alpha_2, \ldots, \alpha_n$ são univocamente determinados pelo vetor v e pela base B.

Os escalares $\alpha_1, \alpha_2, \ldots, \alpha_n$ são chamados de **coordenadas do vetor** v em relação à base B. Podemos representar o vetor v por:

$$v = (\alpha_1,\ \alpha_2,\ \ldots, \alpha_n) \quad \text{ou} \quad v = \begin{pmatrix} \alpha_1 \\ \alpha_2 \\ \vdots \\ \alpha_n \end{pmatrix}.$$

Daremos, a seguir, alguns exemplos de conjuntos que **constituem** base para um espaço vetorial.

Exemplo 4.43 *Verificar se* $B = \{e_1,\ e_2,\ e_3\}$, *onde* $e_1 = (1,\ 0,\ 0)$, $e_2 = (0,\ 1,\ 0)$ *e* $e_3 = (0,\ 0,\ 1)$, *é uma base para o* $I\!R^3$.

Solução: Devemos mostrar que os vetores $\{e_1,\ e_2,\ e_3\}$ são **LI** e que geram o $I\!R^3$. Pelo Exemplo 4.36, temos que os vetores são **LI** e, pelo Exemplo 4.30, temos que os vetores geram o $I\!R^3$. Logo, $\{e_1,\ e_2,\ e_3\}$ é uma base para $I\!R^3$.

Os vetores do Exemplo 4.43 constituem uma base do $I\!R^3$ chamada de **base canônica**.

É fácil verificar que $B = \{e_1,\ e_2,\ \ldots,\ e_n\}$, onde

$$e_1 = (1,\ 0,\ \ldots,\ 0),\ e_2 = (0,\ 1,\ 0, \ldots,\ 0),\ \ldots,\ e_n = (0,\ 0,\ \ldots,\ 1)$$

é a **base canônica** do $I\!R^n$.

Além disso, a **base canônica** de $\mathcal{K}_n(x)$ é dada por:

$$B = \{1,\ x,\ \ldots,\ x^n\}$$

e a **base canônica** de $\mathcal{M}_{2\times 2}$ é dada por: $B = \{E_1,\ E_2,\ E_3,\ E_4\}$, onde

$$E_1 = \begin{pmatrix} 1 & 0 \\ 0 & 0 \end{pmatrix},\ E_2 = \begin{pmatrix} 0 & 1 \\ 0 & 0 \end{pmatrix},\ E_3 = \begin{pmatrix} 0 & 0 \\ 1 & 0 \end{pmatrix} \text{ e } E_4 = \begin{pmatrix} 0 & 0 \\ 0 & 1 \end{pmatrix}.$$

Observe que, se a base de um espaço vetorial é a base canônica, então qualquer elemento deste espaço se escreve de "maneira natural" como combinação linear dos vetores da base, isto é:

a) Qualquer vetor $u = (u_1,\ u_2) \in I\!R^2$ se escreve como combinação linear dos vetores $e_1 = (1,\ 0)$ e $e_2 = (0,\ 1)$. De fato:

$$(u_1,\ u_2) = u_1(1,\ 0) + u_2(0,\ 1).$$

b) Qualquer polinômio $P(x) = a_0 + a_1x + a_2x^2 \in \mathcal{K}_2(x)$ se escreve como combinação linear dos vetores $1, x$ e x^2. De fato:

$$a_0 + a_1x + a_2x^2 = a_0(1) + a_1(x) + a_2(x^2).$$

c) Qualquer matriz $A = \begin{pmatrix} a & b \\ c & d \end{pmatrix} \in \mathcal{M}_{2\times 2}$ se escreve como combinação linear das matrizes que constituem a base canônica de $\mathcal{M}_{2\times 2}$. De fato:

$$\begin{pmatrix} a & b \\ c & d \end{pmatrix} = a\begin{pmatrix} 1 & 0 \\ 0 & 0 \end{pmatrix} + b\begin{pmatrix} 0 & 1 \\ 0 & 0 \end{pmatrix} + c\begin{pmatrix} 0 & 0 \\ 1 & 0 \end{pmatrix} + d\begin{pmatrix} 0 & 0 \\ 0 & 1 \end{pmatrix}.$$

Exemplo 4.44 *Verificar se os vetores:*

$$v_1 = (1,\ 2,\ 1), \quad v_2 = (2,\ 9,\ 0) \quad e \quad v_3 = (3,\ 3,\ 4)$$

constituem uma base para o $I\!R^3$.

Solução: Para mostrar que os vetores v_1, v_2 e v_3 são **LI**, devemos mostrar que a única solução de:

$$\alpha_1 v_1 + \alpha_2 v_2 + \alpha_3 v_3 = \theta \text{ (vetor nulo) é } \alpha_1 = \alpha_2 = \alpha_3 = 0$$

e, para mostrar que v_1, v_2 e v_3 geram o $I\!R^3$, devemos mostrar que, para qualquer $u \in I\!R^3$,

$$\alpha_1 v_1 + \alpha_2 v_2 + \alpha_3 v_3 = u$$

tem solução única.

Assim, sejam $\theta = (0,\ 0,\ 0)$ e $u = (u_1,\ u_2,\ u_3)$, respectivamente, o vetor nulo e um vetor genérico do $I\!R^3$. Substituindo os valores de $\{v_1,\ v_2,\ v_3\}$, obtemos:

$$\alpha_1(1,\ 2,\ 1) + \alpha_2(2,\ 9,\ 0) + \alpha_3(3,\ 3,\ 4) = \left\{ \begin{array}{c} (0,\ 0,\ 0) \\ \text{e} \\ (u_1,\ u_2,\ u_3) \end{array} \right. .$$

Fazendo as operações do lado esquerdo, segue que:

$$(\alpha_1 + 2\alpha_2 + 3\alpha_3,\ 2\alpha_1 + 9\alpha_2 + 3\alpha_3,\ \alpha_1 + 4\alpha_3) = \left\{ \begin{array}{c} (0,\ 0,\ 0) \\ \text{e} \\ (u_1,\ u_2,\ u_3) \end{array} \right. . \quad (4.6)$$

Igualando, em (4.6), as coordenadas do lado esquerdo com as coordenadas de mesma posição do vetor nulo, obtemos o seguinte sistema linear homogêneo:

$$\left\{ \begin{array}{ccccccc} \alpha_1 & + & 2\alpha_2 & + & 3\alpha_3 & = & 0 \\ 2\alpha_1 & + & 9\alpha_2 & + & 3\alpha_3 & = & 0 \\ \alpha_1 & & & + & 4\alpha_3 & = & 0 \end{array} \right. \quad (4.7)$$

e igualando, em (4.6), as coordenadas do lado esquerdo com as coordenadas de mesma posição do vetor genérico do $I\!R^3$, obtemos o seguinte sistema linear:

$$\left\{ \begin{array}{ccccccc} \alpha_1 & + & 2\alpha_2 & + & 3\alpha_3 & = & u_1 \\ 2\alpha_1 & + & 9\alpha_2 & + & 3\alpha_3 & = & u_2 \\ \alpha_1 & & & + & 4\alpha_3 & = & u_3 \end{array} \right. \quad (4.8)$$

Logo, devemos mostrar que o sistema linear homogêneo (4.7) possui apenas a solução trivial e que o sistema linear (4.8) possui solução única para $\forall u = (u_1,\ u_2,\ u_3) \in I\!R^3$. Observe que os sistemas lineares (4.7) e (4.8) possuem a mesma matriz dos coeficientes.

Portanto, podemos mostrar, simultaneamente, que os vetores v_1, v_2 e v_3 são **LI** e que geram o $I\!R^3$, mostrando que a matriz dos coeficientes é inversível. Para tanto, basta verificar seu determinante. Assim:

$$\begin{vmatrix} 1 & 2 & 3 \\ 2 & 9 & 3 \\ 1 & 0 & 4 \end{vmatrix} = -1 \neq 0.$$

Logo, a matriz dos coeficientes é inversível. Portanto, o sistema linear homogêneo (4.7) possui apenas a solução trivial e o sistema linear (4.8) possui solução única para $\forall u = (u_1,\ u_2,\ u_3) \in I\!R^3$. Logo, os vetores v_1, v_2 e v_3 constituem uma base para o $I\!R^3$.

Exemplo 4.45 *Verificar se os polinômios:*

$$P_0(x) = 3, \quad P_1(x) = x + 4 \quad e \quad P_2(x) = x^2 - 5x + 6$$

constituem uma base para $\mathcal{K}_2(x)$.

Solução: Para mostrar que os vetores $P_0(x), P_1(x)$ e $P_2(x)$ são **LI**, devemos mostrar que a única solução de:

$$\alpha_0 P_0(x) + \alpha_1 P_1(x) + \alpha_2 P_2(x) = \theta \text{ (polinômio nulo) é } \alpha_0 = \alpha_1 = \alpha_2 = 0$$

e, para mostrar que $P_0(x), P_1(x)$ e $P_2(x)$ geram o $\mathcal{K}_2(x)$, devemos mostrar que, para qualquer $Q(x) \in \mathcal{K}_2(x)$:

$$\alpha_0 P_0(x) + \alpha_1 P_1(x) + \alpha_2 P_2(x) = Q(x)$$

tem solução única.

Assim, sejam $\theta = 0 + 0x + 0x^2$ e $Q(x) = a_0 + a_1 x + a_2 x^2$, respectivamente, o polinômio nulo e um polinômio genérico de $\mathcal{K}_2(x)$. Substituindo os valores de $P_0(x), P_1(x)$ e $P_2(x)$, obtemos:

$$\alpha_0(3) + \alpha_1(x+4) + \alpha_2(x^2 + 5x + 6) = \begin{cases} 0 + 0x + 0x^2 \\ \text{e} \\ a_0 + a_1 x + a_2 x^2 \end{cases}.$$

Fazendo as operações do lado esquerdo, segue que:

$$(3\alpha_0 + 4\alpha_1 + 6\alpha_2) + (4\alpha_1 + 5\alpha_2)x + (\alpha_2)x^2 = \begin{cases} 0 + 0x + 0x^2 \\ \text{e} \\ a_0 + a_1 x + a_2 x^2 \end{cases}. \tag{4.9}$$

Igualando, em (4.9), os coeficientes do polinômio do lado esquerdo com os coeficientes dos termos de mesmo grau do polinômio nulo, obtemos o seguinte sistema linear homogêneo:

$$\begin{cases} 3\alpha_0 & + & 4\alpha_1 & + & 6\alpha_2 & = & 0 \\ & + & 4\alpha_1 & + & 5\alpha_2 & = & 0 \\ & & & & \alpha_2 & = & 0 \end{cases} \tag{4.10}$$

Como a matriz dos coeficientes é triangular superior, é fácil verificar que o sistema linear homogêneo admite apenas a solução trivial.

Agora, igualando, em (4.9), os coeficientes do polinômio do lado esquerdo com os coeficientes dos termos de mesmo grau do polinômio genérico do $\mathcal{K}_2(x)$, obtemos o seguinte sistema linear:

$$\left\{\begin{array}{rcrcrcl} 3\alpha_0 & + & 4\alpha_1 & + & 6\alpha_2 & = & a_0 \\ & + & 4\alpha_1 & + & 5\alpha_2 & = & a_1 \\ & & & & \alpha_2 & = & a_2 \end{array}\right. \tag{4.11}$$

que possui solução única. Portanto, os vetores $P_0(x), P_1(x)$ e $P_2(x)$ constituem uma base para $\mathcal{K}_2(x)$.

Observe que, como no exemplo anterior, poderíamos calcular o determinante da matriz dos coeficientes, isto é:

$$\begin{vmatrix} 3 & 4 & 6 \\ 0 & 4 & 5 \\ 0 & 0 & 1 \end{vmatrix} = 12 \neq 0,$$

para concluir que $P_0(x), P_1(x)$ e $P_2(x)$ constituem uma base para $\mathcal{K}_2(x)$.

Exemplo 4.46 *Verificar se as matrizes:*

$$E_1 = \begin{pmatrix} 1 & 2 \\ 0 & 3 \end{pmatrix}, \quad E_2 = \begin{pmatrix} 2 & 0 \\ -1 & 3 \end{pmatrix}, \quad E_3 = \begin{pmatrix} 1 & 1 \\ 2 & -1 \end{pmatrix} \quad e \quad E_4 = \begin{pmatrix} 2 & 0 \\ 0 & 2 \end{pmatrix}$$

constituem uma base para $\mathcal{M}_{2\times 2}$.

Solução: Para mostrar que as matrizes E_1, E_2, E_3 e E_4 são **LI**, devemos mostrar que a única solução de:

$$\alpha_1 E_1 + \alpha_2 E_2 + \alpha_3 E_3 + \alpha_4 E_4 = \theta \text{ (matriz nula) é } \alpha_1 = \alpha_2 = \alpha_3 = \alpha_4 = 0,$$

e, para mostrar que E_1, E_2, E_3 e E_4 geram o $\mathcal{M}_{2\times 2}$, devemos mostrar que, para qualquer $A \in \mathcal{M}_{2\times 2}$:

$$\alpha_1 E_1 + \alpha_2 E_2 + \alpha_3 E_3 + \alpha_4 E_4 = A$$

tem solução única.

Assim, sejam $\theta = \begin{pmatrix} 0 & 0 \\ 0 & 0 \end{pmatrix}$ e $A = \begin{pmatrix} a & b \\ c & d \end{pmatrix}$, respectivamente, a matriz nula e uma matriz genérica de $\mathcal{M}_{2\times 2}$. Substituindo os valores de E_1, E_2, E_3 e E_4, obtemos:

$$\alpha_1 \begin{pmatrix} 1 & 2 \\ 0 & 3 \end{pmatrix} + \alpha_2 \begin{pmatrix} 2 & 0 \\ -1 & 3 \end{pmatrix} + \alpha_3 \begin{pmatrix} 1 & 1 \\ 2 & -1 \end{pmatrix} + \alpha_4 \begin{pmatrix} 2 & 0 \\ 0 & 2 \end{pmatrix} = \left\{\begin{array}{c} \begin{pmatrix} 0 & 0 \\ 0 & 0 \end{pmatrix} \\ \text{e} \\ \begin{pmatrix} a & b \\ c & d \end{pmatrix} \end{array}\right. .$$

Desta expressão, segue que:

$$\Rightarrow \begin{pmatrix} \alpha_1 + 2\alpha_2 + \alpha_3 + 2\alpha_4 & 2\alpha_1 + \alpha_3 \\ -\alpha_2 + 2\alpha_3 & 3\alpha_1 + 3\alpha_2 - \alpha_3 + 2\alpha_4 \end{pmatrix} = \left\{\begin{array}{c} \begin{pmatrix} 0 & 0 \\ 0 & 0 \end{pmatrix} \\ \text{e} \\ \begin{pmatrix} a & b \\ c & d \end{pmatrix} \end{array}\right. . \tag{4.12}$$

Igualando os elementos do lado esquerdo de (4.12) com os elementos da matriz nula, obtemos o seguinte sistema linear homogêneo:

$$\begin{cases} \alpha_1 + 2\alpha_2 + \alpha_3 + 2\alpha_4 = 0 \\ 2\alpha_1 + \alpha_3 = 0 \\ - \alpha_2 + 2\alpha_3 = 0 \\ 3\alpha_1 + 3\alpha_2 - \alpha_3 + 2\alpha_4 = 0 \end{cases}$$

que é o mesmo sistema linear do Exemplo 4.39. Assim, as matrizes E_1, E_2, E_3 e E_4 são **LI**.

Agora, igualando, em (4.12), os elementos do lado esquerdo com os elementos de mesma posição da matriz genérica do $\mathcal{M}_{2\times 2}$, obtemos o seguinte sistema linear:

$$\begin{cases} \alpha_1 + 2\alpha_2 + \alpha_3 + 2\alpha_4 = a \\ 2\alpha_1 + \alpha_3 = b \\ - \alpha_2 + 2\alpha_3 = c \\ 3\alpha_1 + 3\alpha_2 - \alpha_3 + 2\alpha_4 = d \end{cases} \qquad (4.13)$$

Para mostrar que este sistema linear tem solução única, basta mostrar que a matriz dos coeficientes é não singular. Assim,

$$\begin{vmatrix} 1 & 2 & 1 & 2 \\ 2 & 0 & 1 & 0 \\ 0 & -1 & 2 & 0 \\ 3 & 3 & -1 & 2 \end{vmatrix} = (-1)^{1+4}2 \begin{vmatrix} 2 & 0 & 1 \\ 0 & -1 & 2 \\ 3 & 3 & -1 \end{vmatrix} + (-1)^{4+4}2 \begin{vmatrix} 1 & 2 & 1 \\ 2 & 0 & 1 \\ 0 & -1 & 2 \end{vmatrix} = -4.$$

Observe que, para calcular este determinante, usamos o desenvolvimento de Laplace sobre a última coluna da matriz dos coeficientes (ver equação (1.16)).

Logo, como a matriz dos coeficientes do sistema (4.13) é não singular, podemos concluir que este sistema linear admite uma única solução. Assim, as matrizes E_1, E_2, E_3 e E_4 geram o $\mathcal{M}_{2\times 2}$. Portanto, elas constituem uma base para o $\mathcal{M}_{2\times 2}$.

Daremos, a seguir, alguns exemplos de conjuntos que **não constituem** base para um espaço vetorial.

Exemplo 4.47 *Verificar se os vetores:*

$$v_1 = (1,\ 3,\ -2), \quad v_2 = (-1,\ 2,\ 1) \quad e \quad v_3 = (5,\ 0,\ -7)$$

constituem uma base para o $I\!R^3$.

Solução: Como no Exemplo 4.44, obtemos:

$$\alpha_1(1,\ 3,\ -2) + \alpha_2(-1,\ 2,\ 1) + \alpha_3(5,\ 0,\ -7) = \begin{cases} (0,\ 0,\ 0) \\ \text{e} \\ (u_1,\ u_2,\ u_3) \end{cases}.$$

Fazendo as operações do lado esquerdo, segue que:

$$(\alpha_1 - \alpha_2 + 5\alpha_3,\ 3\alpha_1 + 2\alpha_2,\ -2\alpha_1 + \alpha_2 - 7\alpha_3) = \begin{cases} (0,\ 0,\ 0) \\ \text{e} \\ (u_1,\ u_2,\ u_3) \end{cases}. \qquad (4.14)$$

Igualando, em (4.14), as coordenadas do lado esquerdo com as coordenadas de mesma posição do vetor nulo, obtemos o seguinte sistema linear homogêneo:

$$\left\{\begin{array}{rcrcrcl} \alpha_1 & - & \alpha_2 & + & 5\alpha_3 & = & 0 \\ 3\alpha_1 & + & 2\alpha_2 & & & = & 0 \\ -2\alpha_1 & + & \alpha_2 & - & 7\alpha_3 & = & 0 \end{array}\right. \tag{4.15}$$

e igualando, em (4.14), as coordenadas do lado esquerdo com as coordenadas de mesma posição do vetor genérico do $I\!R^3$, obtemos o seguinte sistema linear:

$$\left\{\begin{array}{rcrcrcl} \alpha_1 & - & \alpha_2 & + & 5\alpha_3 & = & u_1 \\ 3\alpha_1 & + & 2\alpha_2 & & & = & u_2 \\ -2\alpha_1 & + & \alpha_2 & - & 7\alpha_3 & = & u_3 \end{array}\right. \tag{4.16}$$

Calculando o determinante da matriz dos coeficientes, obtemos:

$$\left|\begin{array}{rrr} 1 & -1 & 5 \\ 3 & 2 & 0 \\ -2 & 1 & -7 \end{array}\right| = 0.$$

Logo, a matriz dos coeficientes não é inversível. Portanto, o sistema linear homogêneo (4.15) possui infinitas soluções além da solução trivial, e o sistema linear (4.16) não possui solução. (Ver Exemplo 4.33.) Logo, os vetores v_1, v_2 e v_3 não constituem uma base para o $I\!R^3$.

Exemplo 4.48 *Verificar se os polinômios:*

$$P_2(t) = 1 + 2t + 3t^2, \quad Q_2(t) = 4 + 5t + 6t^2 \quad e \quad R_2(t) = 7 + 8t + 9t^2$$

constituem uma base para $\mathcal{K}_2(t)$.

Solução: Como no Exemplo 4.45, obtemos:

$$\alpha_1(1 + 2t + 3t^2) + \alpha_2(4 + 5t + 6t^2) + \alpha_3(7 + 8t + 9t^2) = \left\{\begin{array}{c} 0 + 0t + 0t^2 \\ \text{e} \\ a_0 + a_1 t + a_2 t^2 \end{array}\right. .$$

Fazendo as operações do lado esquerdo, segue que:

$$(\alpha_1 + 4\alpha_2 + 7\alpha_3) + (2\alpha_1 + 5\alpha_2 + 8\alpha_3)t + (3\alpha_1 + 6\alpha_2 + 9\alpha_3)t^2 = \left\{\begin{array}{c} 0 + 0t + 0t^2 \\ \text{e} \\ a_0 + a_1 t + a_2 t^2 \end{array}\right. .$$

Igualando os coeficientes do polinômio do lado esquerdo com os coeficientes dos termos de mesmo grau do polinômio nulo, obtemos o seguinte sistema linear homogêneo:

$$\left\{\begin{array}{rcrcrcl} \alpha_1 & + & 4\alpha_2 & + & 7\alpha_3 & = & 0 \\ 2\alpha_1 & + & 5\alpha_2 & + & 8\alpha_3 & = & 0 \\ 3\alpha_1 & + & 6\alpha_2 & + & 9\alpha_3 & = & 0 \end{array}\right.$$

Agora, igualando os coeficientes do polinômio do lado esquerdo com os coeficientes dos termos de mesmo grau do polinômio genérico do $\mathcal{K}_2(t)$, obtemos o seguinte sistema linear:

$$\left\{\begin{array}{rcrcrcl} \alpha_1 & + & 4\alpha_2 & + & 7\alpha_3 & = & a_0 \\ 2\alpha_1 & + & 5\alpha_2 & + & 8\alpha_3 & = & a_1 \\ 3\alpha_1 & + & 6\alpha_2 & + & 9\alpha_3 & = & a_2 \end{array}\right.$$

Desde que o determinante da matriz dos coeficientes é igual a zero, isto é:

$$\begin{vmatrix} 1 & 4 & 7 \\ 2 & 5 & 8 \\ 3 & 6 & 9 \end{vmatrix} = 0,$$

concluímos que $P_2(t), R_2(t)$ e $Q_2(t)$ não constituem uma base para o $\mathcal{K}_2(t)$.

Exemplo 4.49 *Verificar se as matrizes:*

$$E_1 = \begin{pmatrix} 1 & -5 \\ -4 & 2 \end{pmatrix}, \; E_2 = \begin{pmatrix} 1 & 1 \\ -1 & 5 \end{pmatrix}, \; E_3 = \begin{pmatrix} 2 & -4 \\ -5 & 7 \end{pmatrix} \; e \; E_4 = \begin{pmatrix} 1 & -7 \\ -5 & 1 \end{pmatrix}$$

constituem uma base para $\mathcal{M}_{2\times2}$.

Solução: Como no Exemplo 4.46, obtemos:

$$\Rightarrow \begin{pmatrix} \alpha_1 + \alpha_2 + 2\alpha_3 + \alpha_4 & -5\alpha_1 + \alpha_2 - 4\alpha_3 - 7\alpha_4 \\ -4\alpha_1 - \alpha_2 - 5\alpha_3 - 5\alpha_4 & 2\alpha_1 + 5\alpha_2 + 7\alpha_3 + \alpha_4 \end{pmatrix} = \left\{ \begin{array}{c} \begin{pmatrix} 0 & 0 \\ 0 & 0 \end{pmatrix} \\ \text{e} \\ \begin{pmatrix} a & b \\ c & d \end{pmatrix} \end{array} \right. .$$

Igualando os elementos do lado esquerdo com os elementos da matriz nula, obtemos o seguinte sistema linear homogêneo:

$$\left\{ \begin{array}{rcrcrcrcl} \alpha_1 & + & \alpha_2 & + & 2\alpha_3 & + & \alpha_4 & = & 0 \\ -5\alpha_1 & + & \alpha_2 & - & 4\alpha_3 & - & 7\alpha_4 & = & 0 \\ -4\alpha_1 & - & \alpha_2 & - & 5\alpha_3 & - & 5\alpha_4 & = & 0 \\ 2\alpha_1 & + & 5\alpha_2 & + & 7\alpha_3 & + & \alpha_4 & = & 0 \end{array} \right.$$

e, igualando os elementos do lado esquerdo com os elementos de mesma posição da matriz genérica do $\mathcal{M}_{2\times2}$, obtemos o seguinte sistema linear:

$$\left\{ \begin{array}{rcrcrcrcl} \alpha_1 & + & \alpha_2 & + & 2\alpha_3 & + & \alpha_4 & = & a \\ -5\alpha_1 & + & \alpha_2 & - & 4\alpha_3 & - & 7\alpha_4 & = & b \\ -4\alpha_1 & - & \alpha_2 & - & 5\alpha_3 & - & 5\alpha_4 & = & c \\ 2\alpha_1 & + & 5\alpha_2 & + & 7\alpha_3 & + & \alpha_4 & = & d \end{array} \right.$$

Agora, o determinante da matriz dos coeficientes de ambos os sistemas é singular, isto é:

$$\begin{vmatrix} 1 & 1 & 2 & 1 \\ -5 & 1 & -4 & -7 \\ -4 & -1 & -5 & -5 \\ 2 & 5 & 7 & 1 \end{vmatrix} = 0.$$

Logo, as matrizes E_1, E_2, E_3 e E_4 não constituem uma base para o $\mathcal{M}_{2\times2}$.

Exercícios

4.22 *Quais dos seguintes conjuntos:*

a) $v_1 = (2,\ 1)$ *e* $v_2 = (3,\ 0)$,

b) $v_1 = (4,\ 1)$ *e* $v_2 = (-7,\ -8)$,

c) $v_1 = (0,\ 0)$, $v_2 = (1,\ 3)$ *e* $v_3 = (-4,\ -12)$,

constituem base para o $I\!R^2$*?*

4.23 *Quais dos seguintes conjuntos:*

a) $v_1 = (1,\ 0,\ 0)$, $v_2 = (2,\ 2,\ 0)$ *e* $v_3 = (3,\ 3,\ 3)$,

b) $v_1 = (3,\ 1,\ -4)$, $v_2 = (2,\ 5,\ 6)$ *e* $v_3 = (1,\ 4,\ 8)$,

c) $v_1 = (2,\ 3,\ -1)$, $v_2 = (4,\ 4,\ 1)$ *e* $v_3 = (0,\ 7,\ -1)$,

d) $v_1 = (1,\ 6,\ 4)$, $v_2 = (2,\ 4,\ -1)$ *e* $v_3 = (-1,\ 2,\ 5)$,

constituem base para o $I\!R^3$*?*

4.24 *Quais dos seguintes conjuntos:*

a) $P_2(x) = 1 - 3x + 2x^2$, $Q_2(x) = 1 + x + 4x^2$ *e* $R_2(x) = 1 - 7x$,

b) $P_2(x) = 4 + 6x + 2x^2$, $Q_2(x) = -1 + 4x + 2x^2$ *e* $R_2(x) = 5 + 2x - x^2$,

c) $P_2(x) = -4 + x + 3x^2$, $Q_2(x) = 6 + 5x + 2x^2$ *e* $R_2(x) = 8 + 4x + x^2$,

d) $P_2(x) = x^2$, $Q_2(x) = x + x^2$ *e* $R_2(x) = 1 + x + x^2$,

constituem base para $\mathcal{K}_2(x)$*?*

4.25 *Quais dos seguintes conjuntos:*

a) $E_1 = \begin{pmatrix} 3 & 6 \\ 3 & -6 \end{pmatrix}$, $E_2 = \begin{pmatrix} 0 & -1 \\ -1 & 0 \end{pmatrix}$, $E_3 = \begin{pmatrix} 0 & -8 \\ -12 & -4 \end{pmatrix}$ *e* $E_4 = \begin{pmatrix} 1 & 0 \\ -1 & 2 \end{pmatrix}$

b) $E_1 = \begin{pmatrix} 1 & 2 \\ -1 & 3 \end{pmatrix}$, $E_2 = \begin{pmatrix} 0 & 1 \\ 2 & 4 \end{pmatrix}$ *e* $E_3 = \begin{pmatrix} 4 & -2 \\ 0 & -2 \end{pmatrix}$,

constituem base para $\mathcal{M}_{2\times 2}$*?*

4.2.6 Dimensão de um Espaço Vetorial

Daremos agora a definição de dimensão de um espaço vetorial.

Definição 4.8 *Um espaço vetorial V tem* **dimensão n** *— em símbolo, dim n — se:*

a) *existem* **n** *vetores linearmente independentes;*

b) $(\mathbf{n+1})$ *vetores são sempre linearmente dependentes.*

Assim, da Definição 4.8, podemos concluir que a dimensão de um espaço vetorial V é dada pelo número de elementos da base de V.

Portanto,

a) Uma base do $I\!R^2$ é constituída de 2 vetores. Logo, a dimensão do $I\!R^2$ é 2.

b) Uma base do $I\!R^n$ é constituída de n vetores. Logo, a dimensão do $I\!R^n$ é n.

c) Uma base para o espaço vetorial $\mathcal{M}_{2\times 2}$ possui 4 elementos. Logo, a dimensão de $\mathcal{M}_{2\times 2}$ é $4 = 2^2$.

d) Uma base para o espaço vetorial $\mathcal{M}_{n\times n}$ possui n^2 elementos. Logo, a dimensão de $\mathcal{M}_{n\times n}$ é n^2.

e) Uma base para o espaço vetorial $\mathcal{K}_2(x)$ possui 3 elementos. Logo, a dimensão de $\mathcal{K}_2(x)$ é 3.

f) Uma base para o espaço vetorial $\mathcal{K}_n(x)$ possui $n+1$ elementos. Logo, a dimensão de $\mathcal{K}_n$ é $n+1$.

Assim, podemos enunciar o seguinte Teorema.

Teorema 4.6 *Duas bases quaisquer de um espaço vetorial V de dimensão n possuem o mesmo número de elementos.*

Prova: Suponhamos que $\{u_1, u_2, \ldots u_n\}$ e $\{v_1, v_2, \ldots\}$ sejam duas bases de um espaço vetorial V. Como os u_i constituem uma base de V, eles geram V. Assim, a base v_i deve conter n ou menos vetores, pois, se tiver mais que n elementos, os vetores v_i serão **LD**. Por outro lado, se $\{v_1, v_2, \ldots\}$ contêm menos de n vetores, então $\{u_1, u_2, \ldots u_n\}$ são **LD**. Assim, a base $\{v_1, v_2, \ldots\}$ possui exatamente n vetores.

Dimensão de Subespaços

Nosso objetivo aqui é determinar a dimensão de um subespaço vetorial. Além disso, veremos como completar a base de um subespaço para obter uma base de um espaço vetorial.

Primeiramente, enunciamos um teorema que nos auxiliará a determinar a dimensão de um subespaço.

Teorema 4.7 *As linhas não nulas, $L_1, L_2, \ldots, L_n$, de uma matriz na forma escalonada são sempre* **LI**.

Prova: Vamos supor que $L_1, L_2, \ldots, L_n$ sejam linearmente dependentes. Então uma das linhas é combinação linear das linhas posteriores, isto é:

$$L_i = \alpha_{i+1}L_{i+1} + \alpha_{i+2}L_{i+2} + \ldots + \alpha_n L_n. \tag{4.17}$$

Vamos supor agora que a k-ésima componente de L_i seja seu primeiro elemento não nulo. Como a matriz está na forma escalonada, a k-ésima componente de $L_{i+1}, L_{i+2}, \ldots, I$

são todas iguais a zero. Portanto, a k-ésima componente de (4.17) é:
$\alpha_{i+1}0 + \alpha_{i+2}0 + \ldots + \alpha_n 0 = 0$.

Mas isso contradiz a hipótese de que a k-ésima componente de L_i seja não nula. Logo, $L_1, L_2, \ldots, L_n$ são **LI**.

Teorema 4.8 *Se W é um subespaço vetorial de um espaço vetorial V de dimensão n, então a dimensão de W é menor ou igual a n, isto é, dim $W \leq n$ e, se dim $W = n$, então $W = V$. (W e V coincidem.)*

Prova: Como V tem dim n, qualquer conjunto com $n+1$ ou mais vetores serão **LD**. Além disso, como uma base de W consiste de vetores **LI**, ela não pode conter mais de n vetores. Assim, dim $W \leq n$.

Em particular, se $\{w_1, w_2, \ldots, w_n\}$ é uma base de W, então, como esta base possui n vetores, ela também é uma base de V. Portanto, $W = V$ quando dim $W = n$.

Daremos, a seguir, alguns exemplos.

Exemplo 4.50 *Seja $V = I\!R^3$. Seja W um subespaço de V. Determine as possíveis dimensões de W e interprete o que significa cada uma delas.*

Solução: Sendo a dim $I\!R^3 = 3$, então a dimensão de W pode ser $0, 1, 2$ e 3.

Se dim $W = 0$, então W é um ponto.

Se dim $W = 1$, então W é uma reta passando pela origem.

Se dim $W = 2$, então W é um plano passando pela origem.

Se dim $W = 3$, então W é igual ao $I\!R^3$.

Exemplo 4.51 *Sejam $V = I\!R^4$ e $W = \{(1,\ 0,\ 1,\ 2), (2,\ 1,\ 1,\ 0), (0,\ -1,\ 1,\ 4)\}$ um subespaço de V.*

a) *Determinar uma base e a dimensão de W.*

b) *Completar a base de W para uma base do $I\!R^4$.*

Solução: a) Devemos verificar se os vetores de W são **LI**. Para isso, podemos usar o Teorema 4.7, ou seja, com os vetores de W montamos a matriz:

$$\begin{pmatrix} 1 & 0 & 1 & 2 \\ 2 & 1 & 1 & 0 \\ 0 & -1 & 1 & 4 \end{pmatrix}$$

e, usando operações elementares sobre as linhas, obtemos:

$$\begin{pmatrix} 1 & 0 & 1 & 2 \\ 0 & 1 & -1 & -4 \\ 0 & 0 & 0 & 0 \end{pmatrix}.$$

Observe que a matriz na forma escalonada apresenta duas linhas não nulas. Logo, estas linhas são **LI**, ou seja, os vetores (1, 0, 1, 2) e (0, 1, −1, 4) constituem uma base para W e, portanto, a dimensão de W é 2.

b) Para completar a base de W para uma base do $\mathbb{R}^4$, procedemos da seguinte maneira: formamos uma matriz com os dois vetores **LI** de W e completamos a matriz com os dois últimos vetores da base canônica do $\mathbb{R}^4$, isto é:

$$\begin{pmatrix} 1 & 0 & 1 & 2 \\ 0 & 1 & -1 & -4 \\ 0 & 0 & 1 & 0 \\ 0 & 0 & 0 & 1 \end{pmatrix}.$$

Obtemos assim uma matriz escalonada com 4 linhas não nulas e, portanto, **LI**. Logo, os vetores desta matriz constituem uma base para o $\mathbb{R}^4$.

Exemplo 4.52 *Determinar uma base para o* $\mathbb{R}^3$ *que contenha os vetores:* $u = (1,\ 2,\ 3)$ *e* $v = (2,\ 1,\ 1)$.

Solução: Escalonamos a matriz formada pelos vetores u e v, ou seja:

$$\begin{pmatrix} 1 & 2 & 3 \\ 2 & 1 & 1 \end{pmatrix} \sim \begin{pmatrix} 1 & 2 & 3 \\ 0 & 3 & -5 \end{pmatrix}.$$

Portanto, os vetores u e v são **LI**. Assim, obtemos uma base para o $\mathbb{R}^3$ acrescentando o vetor $(0,\ 0,\ 1)$. Como $(1,\ 2,\ 3), (2,\ 1,\ 1)$ e $(0,\ 0,\ 1)$ são três vetores **LI** e como a dim $\mathbb{R}^3 = 3$, obtemos uma base para o $\mathbb{R}^3$.

Exemplo 4.53 *Sejam* $V = \mathcal{K}_2(t)$ *e* $W = \{P_2(t),\ Q_2(t),\ R_2(t)\}$, *onde:*

$$P_2(t) = 1 + 2t + 3t^2, \quad Q_2(t) = 4 + 5t + 6t^2 \quad e \quad R_2(t) = 7 + 8t + 9t^2.$$

a) *Determinar uma base e a dimensão de W.*

b) *Completar a base de W para uma base de* $\mathcal{K}_2(t)$.

Solução: Temos:

a) Pelo Exemplo 4.48, que os polinômios $P_2(t)$, $Q_2(t)$ e $R_2(t)$ são **LD** e, portanto, a base de $W < 3$.

Agora, considerando a base canônica de $\mathcal{K}_2(t)$, observamos que as coordenadas de $P_2(t)$, $Q_2(t)$ e $R_2(t)$ são, respectivamente: $(1,\ 2,\ 3), (4,\ 5,\ 6)$ e $(7,\ 8,\ 9)$.

Escalonando a matriz formada por estes vetores, isto é, escalonando:

$$\begin{pmatrix} 1 & 2 & 3 \\ 4 & 5 & 6 \\ 7 & 8 & 9 \end{pmatrix}$$

obtemos:

$$\begin{pmatrix} 1 & 2 & 3 \\ 0 & -3 & -6 \\ 0 & 0 & 0 \end{pmatrix}.$$

A matriz escalonada apresenta duas linhas não nulas. Logo, estas duas linhas não nulas são **LI**. Assim, os polinômios $1+2t+3t^2$, $-3t-6t^2$ constituem uma base para W e, portanto, a dimensão de W é 2.

b) Para completar a base de W para uma base do $\mathcal{K}_2(t)$, procedemos da seguinte maneira: formamos uma matriz com os dois vetores **LI** de W e completamos a matriz com o vetor $(0,\ 0,\ 1)$, que corresponde ao vetor t^2 da base canônica do $\mathcal{K}_2(t)$, isto é:

$$\begin{pmatrix} 1 & 2 & 3 \\ 0 & -3 & -6 \\ 0 & 0 & 1 \end{pmatrix}.$$

Obtemos, assim, uma matriz escalonada com 3 linhas não nulas e, portanto, **LI**. Logo,

$$1+2t+3t^2, -3t-6t^2 \text{ e } t^2$$

constituem uma base para $\mathcal{K}_2(t)$.

Exemplo 4.54 *Sejam* $V = \mathcal{M}_{2\times 2}$ *e* $W = \{E_1,\ E_2,\ E_3,\ E_4\}$, *onde:*

$$E_1 = \begin{pmatrix} 1 & -5 \\ -4 & 2 \end{pmatrix},\ E_2 = \begin{pmatrix} 1 & 1 \\ -1 & 5 \end{pmatrix},\ E_3 = \begin{pmatrix} 2 & -4 \\ -5 & 7 \end{pmatrix} \text{ e } E_4 = \begin{pmatrix} 1 & -7 \\ -5 & 1 \end{pmatrix}.$$

a) *Determinar uma base e a dimensão de W.*

b) *Completar a base de W para uma base de* $\mathcal{M}_{2\times 2}$.

Solução: a) Pelo Exemplo 4.49, temos que as matrizes E_1, E_2, E_3 e E_4 são **LD** e, portanto, a base de $W < 4$.

Agora, considerando a base canônica de $\mathcal{M}_{2\times 2}$, observamos que as coordenadas de E_1, E_2, E_3 e E_4 são, respectivamente: $(1,\ -5,\ -4,\ 2)$, $(1,\ 1,\ -1,\ 5)$, $(2,\ -4,\ -5,\ 7)$ e $(1,\ -7,\ -5,\ 1)$.

Escalonando a matriz formada por estes vetores, isto é, escalonando:

$$\begin{pmatrix} 1 & -5 & -4 & 2 \\ 1 & 1 & -1 & 5 \\ 2 & -4 & -5 & 7 \\ 1 & -7 & -5 & 1 \end{pmatrix}$$

obtemos:

$$\begin{pmatrix} 1 & -5 & -4 & 2 \\ 0 & 6 & 3 & 3 \\ 0 & 0 & 0 & 0 \\ 0 & 0 & 0 & 0 \end{pmatrix}$$

A matriz escalonada apresenta duas linhas não nulas. Logo, estas duas linhas não nulas são **LI**. Assim, as matrizes: $\begin{pmatrix} 1 & -5 \\ -4 & 2 \end{pmatrix}$ e $\begin{pmatrix} 0 & 6 \\ 3 & 3 \end{pmatrix}$ constituem uma base para W e, portanto, a dimensão de W é 2.

b) Para completar a base de W para uma base do $\mathcal{M}_{2\times 2}$, procedemos da seguinte maneira: formamos uma matriz com os dois vetores **LI** de W e completamos a matriz com os vetores (0, 0, 1, 0) e (0, 0, 0, 1), que correspondem às matrizes da base canônica do $\mathcal{M}_{2\times 2}$, isto é:

$$\begin{pmatrix} 1 & -5 & -4 & 2 \\ 0 & 6 & 3 & 3 \\ 0 & 0 & 1 & 0 \\ 0 & 0 & 0 & 1 \end{pmatrix}.$$

Obtemos assim uma matriz escalonada com 4 linhas não nulas e, portanto, **LI**. Logo, as matrizes:

$$E_1 = \begin{pmatrix} 1 & -5 \\ -4 & 2 \end{pmatrix}, \; E_2 = \begin{pmatrix} 0 & 6 \\ 3 & 3 \end{pmatrix}, \; E_3 = \begin{pmatrix} 0 & 0 \\ 1 & 0 \end{pmatrix} \text{ e } E_4 = \begin{pmatrix} 0 & 0 \\ 0 & 1 \end{pmatrix}$$

constituem uma base para o $\mathcal{M}_{2\times 2}$.

Exercícios

4.26 *Seja $V = I\!R^4$. Determine:*

a) *se $W = \{(1,\ 1,\ 1,\ 1), (1,\ 2,\ 3,\ 2), (2,\ 5,\ 6,\ 4), (2,\ 6,\ 8,\ 5)\}$ gera o $I\!R^4$.*

b) *a dimensão do subespaço gerado por $[W]$ e uma base para $[W]$.*

4.27 *Sejam $V = I\!R^4$ e $W = \{(1,\ -2,\ 0,\ 3), (2,\ -5,\ -3,\ 6), (0,\ 1,\ 3,\ 0), (2,\ -1,\ 4,\ -7)$*

a) *Determine a dimensão de W.*

b) *Caso dim $W < 4$, complete uma base de W para uma base do $I\!R^4$.*

4.28 *Sejam $V = \mathcal{K}_2(t)$ e $W = \{P_2(t),\ Q_2(t),\ R_2(t)\}$, onde:*

$$P_2(t) = 1 + 2t + 3t^2, \quad Q_2(t) = 1 - 3t + 2t^2 \quad e \quad R_2(t) = 2 - t + 5t^2.$$

Determine uma base e a dimensão de W.

4.29 *Sejam $V = \mathcal{M}_{2\times 2}$ e $W = \{E_1,\ E_2,\ E_3,\ E_4\}$, onde:*

$$E_1 = \begin{pmatrix} 2 & 3 \\ -1 & 0 \end{pmatrix}, \; E_2 = \begin{pmatrix} -3 & -2 \\ 1 & -1 \end{pmatrix}, \; E_3 = \begin{pmatrix} 1 & -1 \\ 0 & -2 \end{pmatrix} \text{ e } E_4 = \begin{pmatrix} 3 & -7 \\ -2 & 5 \end{pmatrix}.$$

Determine uma base e a dimensão de W.

4.2.7 Mudança de Base

Como vimos, todo espaço vetorial tem mais de uma base. Além disso, qualquer vetor do espaço pode ser representado de maneira única como combinação linear dos vetores da base. Uma pergunta que surge naturalmente é: conhecidas as coordenadas de um vetor $v \in V$ em uma base B, como determinar as coordenadas de v em uma outra base B'? A resposta é dada por **mudança de base**, que apresentamos a seguir.

Estudaremos inicialmente mudança de base em um espaço vetorial bidimensional e, a seguir, em um espaço de dimensão n.

Mudança de Base no $I\!R^2$

Seja $V = I\!R^2$. Sejam $B = \{e_1, e_2\}$ uma base de V e $v \in V$, como mostrado na Figura 4.1.

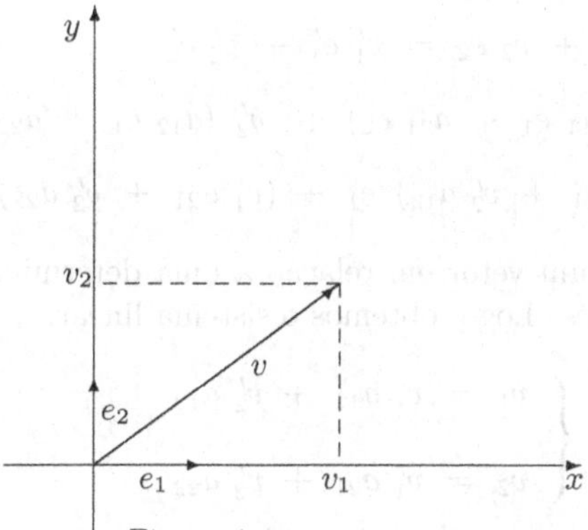

Figura 4.1

Então, v se exprime de maneira única como combinação linear dos elementos de B, isto é, existem escalares v_1, v_2 (elementos de $I\!R$), tais que:

$$v = v_1 e_1 + v_2 e_2, \tag{4.18}$$

onde os escalares v_1 e v_2 são as coordenadas de v na base B.

Seja $B' = \{e'_1, e'_2\}$, como mostrado na Figura 4.2, uma outra base de V.

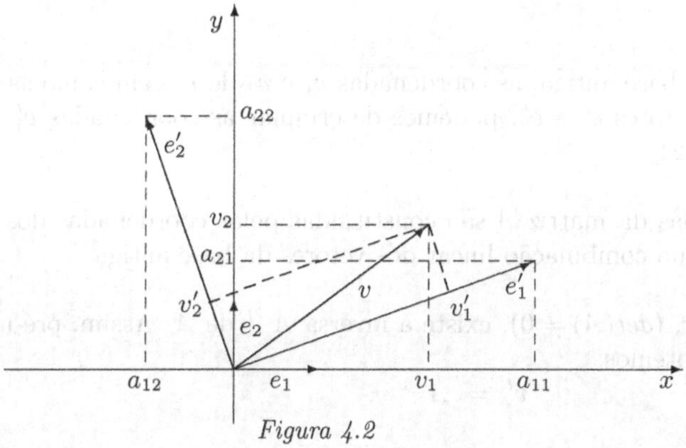

Figura 4.2

Analogamente, podemos escrever:

$$v = v'_1 e'_1 + v'_2 e'_2. \tag{4.19}$$

Desejamos saber como, dadas as coordenadas de v na base B (aqui denominada **base antiga**), poderemos determinar as coordenadas de v na base B' (aqui denominada **base nova**). Sendo e'_1 e e'_2 elementos de V podemos, em particular, escrever cada um deles como combinação linear dos elementos da base B. Assim:

$$\begin{aligned} e'_1 &= a_{11} e_1 + a_{21} e_2, \\ e'_2 &= a_{12} e_1 + a_{22} e_2, \end{aligned} \tag{4.20}$$

isto é, cada vetor da base nova se exprime de maneira única como combinação linear dos vetores da base antiga.

Assim, em virtude de (4.18), (4.19) e (4.20), temos:

$$\begin{aligned} v &= v_1\, e_1 + v_2\, e_2 = v_1'\, e_1' + v_2'\, e_2' \\ &= v_1'\, (a_{11}\, e_1 + a_{21}\, e_2) + v_2'\, (a_{12}\, e_1 + a_{22}\, e_2) \\ &= (v_1'\, a_{11} + v_2'\, a_{12})\, e_1 + (v_1'\, a_{21} + v_2'\, a_{22})\, e_2. \end{aligned}$$

Como as coordenadas de um vetor em relação a uma determinada base são únicas, podemos igualar os coeficientes. Logo, obtemos o sistema linear:

$$\begin{cases} v_1 = v_1'\, a_{11} + v_2'\, a_{12} \\ v_2 = v_1'\, a_{21} + v_2'\, a_{22} \end{cases}$$

ou, na forma matricial:

$$\begin{pmatrix} v_1 \\ v_2 \end{pmatrix} = \begin{pmatrix} a_{11} & a_{12} \\ a_{21} & a_{22} \end{pmatrix} \begin{pmatrix} v_1' \\ v_2' \end{pmatrix}, \tag{4.21}$$

ou, ainda:

$$v = A\, v'. \tag{4.22}$$

O sistema linear (4.21) possui sempre uma e uma só solução v_1', v_2', pelo fato de B e B' serem bases de V.

Então, conhecidas na base antiga, as coordenadas v_1 e v_2 de v, bem como as coordenadas de cada um dos vetores e_1' e e_2', podemos determinar as coordenadas v_1', v_2' de v na base nova, usando (4.21).

Observe que as colunas da matriz A são constituídas pelas coordenadas dos vetores da base nova escritas como combinação linear dos vetores da base antiga.

Sendo A não singular, ($det(A) \neq 0$), existe a inversa A^{-1} de A. Assim, pré-multiplicando (4.22) por A^{-1}, obtemos:

$$v' = A^{-1}\, v. \tag{4.23}$$

A equação matricial (4.23) mostra como calcular as coordenadas de v na base antiga quando conhecidas as coordenadas de v na base nova.

Exemplo 4.55 *Seja* $v = (2,\ 3)$ *na base* $\{(3,\ 5),\ (1,\ 2)\}$. *Calcular as coordenadas de* v *na base* $\{(1,\ -1), (1,\ 4)\}$.

Solução: De (4.20), temos:

$$\begin{aligned} (1, -1) &= a_{11}\, (3,\ 5) + a_{21}\, (1,\ 2), \\ (1,\ 4) &= a_{12}\, (3,\ 5) + a_{22}\, (1,\ 2). \end{aligned}$$

Da primeira equação, obtemos o sistema linear:

$$\begin{cases} 3a_{11} & + & a_{21} & = & 1 \\ 5a_{11} & + & 2a_{21} & = & -1 \end{cases}$$

cuja solução é: $a_{11} = 3,\ a_{21} = -8$. De maneira análoga, da segunda equação, obtemos:

$$\begin{cases} 3a_{12} & + & a_{22} & = & 1 \\ 5a_{12} & + & 2a_{22} & = & 4 \end{cases}$$

cuja solução é: $a_{12} = -2,\ a_{22} = 7$. Substituindo os valores conhecidos em (4.21), segue que:

$$\begin{pmatrix} 2 \\ 3 \end{pmatrix} = \begin{pmatrix} 3 & -2 \\ -8 & 7 \end{pmatrix} \begin{pmatrix} v'_1 \\ v'_2 \end{pmatrix},$$

cuja solução é: $v'_1 = 4,\ v'_2 = 5$. Assim, $v = (4,\ 5)$ na base $\{(1,\ -1), (1,\ 4)\}$.

Mudança de Base no $I\!R^n$

Seja $V = I\!R^n$. Sejam $\{e_1, e_2, \ldots, e_n\}$, $\{e'_1, e'_2, \ldots, e'_n\}$ bases de V e $v \in V$. Então, podemos escrever:

$$v = \sum_{i=1}^{n} v_i e_i = \sum_{j=1}^{n} v'_j e'_j.$$

Mas, $e'_1, e'_2, \ldots, e'_n$ são elementos de V e, portanto, podem ser expressos em relação à base $\{e_1, e_2, \ldots, e_n\}$. Logo,

$$e'_j = \sum_{i=1}^{n} a_{ij} e_i\ , \quad j = 1, 2, \ldots, n. \tag{4.24}$$

Então:

$$\begin{aligned} v &= \sum_{i=1}^{n} v_i\ e_i = \sum_{j=1}^{n} v'_j\ e'_j \\ &= \sum_{j=1}^{n} v'_j \left(\sum_{i=1}^{n} a_{ij}\ e_i \right) = \sum_{i=1}^{n} \left(\sum_{j=1}^{n} a_{ij}\ v'_j \right)\ e_i \\ &\Rightarrow\ v_i = \sum_{j=1}^{n} a_{ij} v'_j\ . \end{aligned} \tag{4.25}$$

Assim, na forma matricial, podemos escrever:

$$\begin{pmatrix} v_1 \\ v_2 \\ \vdots \\ v_n \end{pmatrix} = \begin{pmatrix} a_{11} & a_{12} & \ldots & a_{1n} \\ a_{21} & a_{22} & \ldots & a_{2n} \\ \vdots & \vdots & & \vdots \\ a_{n1} & a_{n2} & \ldots & a_{nn} \end{pmatrix} \begin{pmatrix} v'_1 \\ v'_2 \\ \vdots \\ v'_n \end{pmatrix},$$

ou

$$v = A\, v' \quad \text{e} \quad v' = A^{-1}\, v.$$

As matrizes A e A^{-1} são chamadas de **matriz de mudança de base**. A matriz A da base B para a base B' e a matriz A^{-1} da base B' para a base B.

Daremos, a seguir, alguns exemplos.

Exemplo 4.56 *Considere na base canônica do* $\mathbb{R}^3$ *o vetor* $v = (2,\ -1,\ 3)$. *Determine as coordenadas de* v *na base* $B' = \{(1,\ 0,\ 0),\ (2,\ 2,\ 0),\ (3,\ 3,\ 3)\}$.

Solução: A base canônica de $\mathbb{R}^3$ é $\{(1,\ 0,\ 0),\ (0,\ 1,\ 0),\ (0,\ 0,\ 1)\}$. De (4.24), temos:

$$\begin{aligned}(1,\ 0,\ 0) &= a_{11}\,(1,\ 0,\ 0) + a_{21}\,(0,\ 1,\ 0) + a_{31}\,(0,\ 0,\ 1),\\ (2,\ 2,\ 0) &= a_{12}\,(1,\ 0,\ 0) + a_{22}\,(0,\ 1,\ 0) + a_{32}(0,\ 0,\ 1),\\ (3,\ 3,\ 3) &= a_{13}\,(1,\ 0,\ 0) + a_{23}\,(0,\ 1,\ 0) + a_{33}(0,\ 0,\ 1).\end{aligned}$$

Fazendo as operações do lado direito, segue que:

$$\begin{aligned}(1,\ 0,\ 0) &= (a_{11},\ a_{21},\ a_{31}),\\ (2,\ 2,\ 0) &= (a_{12},\ a_{22},\ a_{32}),\\ (3,\ 3,\ 3) &= (a_{13},\ a_{23},\ a_{33}).\end{aligned}$$

Em cada expressão anterior, igualando as coordenadas de mesma posição, obtemos, da primeira igualdade, que: $a_{11} = 1$, $a_{21} = 0$ e $a_{31} = 0$, da segunda igualdade: $a_{12} = 2$, $a_{22} = 2$ e $a_{32} = 0$, e da terceira igualdade: $a_{13} = 3$, $a_{23} = 3$ e $a_{33} = 3$.

Substituindo os valores conhecidos em (4.25), obtemos:

$$\begin{pmatrix} 2 \\ -1 \\ 3 \end{pmatrix} = \begin{pmatrix} 1 & 2 & 3 \\ 0 & 2 & 3 \\ 0 & 0 & 3 \end{pmatrix} \begin{pmatrix} v'_1 \\ v'_2 \\ v'_3 \end{pmatrix},$$

cuja solução é: $v'_1 = 3$, $v'_2 = -2$ e $v'_3 = 1$. Assim, $v = (1,\ -2,\ 3)$ na base B'.

Exemplo 4.57 *Considere na base canônica de* $\mathcal{K}_2(t)$ *o polinômio* $P_2(t) = t^2 - 5t + 6$. *Determine as coordenadas de* $P_2(t)$ *na base* $B' = \{3,\ t-3,\ t^2-1\}$.

Solução: A base canônica de $\mathcal{K}_2(x)$ é $\{1,\ t,\ t^2\}$. De (4.24), temos:

$$\begin{aligned}3 &= a_{11}\,(1) + a_{21}\,(t) + a_{31}\,(t^2),\\ t-3 &= a_{12}\,(1) + a_{22}\,(t) + a_{32}(t^2),\\ t^2-1 &= a_{13}\,(1) + a_{23}\,(t) + a_{33}(t^2).\end{aligned}$$

Em cada equação anterior, igualando os coeficientes dos termos de mesmo grau, obtemos, da primeira equação, que: $a_{11} = 3$, $a_{21} = 0$ e $a_{31} = 0$, da segunda equação: $a_{12} = -3$, $a_{22} = 1$ e $a_{32} = 0$, e da terceira equação: $a_{13} = -1$, $a_{23} = 0$ e $a_{33} = 1$.

Substituindo os valores conhecidos em (4.25), segue que:

$$\begin{pmatrix} 6 \\ -5 \\ 1 \end{pmatrix} = \begin{pmatrix} 3 & -3 & -1 \\ 0 & 1 & 0 \\ 0 & 0 & 1 \end{pmatrix} \begin{pmatrix} v'_1 \\ v'_2 \\ v'_3 \end{pmatrix},$$

cuja solução é: $v'_1 = -\dfrac{8}{3}$, $v'_2 = -5$ e $v'_3 = 1$. Assim, $P_2(t) = -\dfrac{8}{3}\{3\} - 5\{t-3\} + 1\{t^2-1\}$.

Exercícios

4.30 *Considere* $V = I\!R^2$. *Seja* $v = (2,\ 4)$ *na base* $\{(1,\ 2), (2,\ 3)\}$. *Calcular as coordenadas de* v *na base* $\{(1,\ 3), (1,\ 4)\}$.

4.31 *Considere* $V = I\!R^3$. *Seja* $v = (2,\ 3,\ 4)$ *na base canônica do* $I\!R^3$. *Calcular as coordenadas de* v *na base:* $\{(1,\ 1,\ 1),\ (1,\ 1,\ 0),\ (1,\ 0,\ 0)\}$.

4.32 *Considere* $V = I\!R^3$. *Seja* $v = 3\ b_1 + 4\ b_2 + 2\ b_3$, *onde:*

$$b_1 = (1,\ 1,\ 0),\quad b_2 = (-1,\ 1,\ 0)\quad e\quad b_3 = (0,\ 1,\ 1).$$

Calcular as coordenadas de v *na base:*

$$f_1 = (1,\ 1,\ 1),\quad f_2 = (1,\ 0,\ 1)\quad e\quad f_3 = (1,\ 0,\ 0).$$

4.33 *Sabendo que:* $B = \{2 + 3x,\ 3 + 2x\}$ *e* $B' = \{2 + 3x,\ 3 + 2x\}$ *são bases de* $\mathcal{K}_1(x)$ *e que* $P_1(x) = -2\{2 + 3x\} + 2\{3 + 2x\}$, *determine as coordenadas de* $P_1(x)$ *na base* B'.

4.34 *Considere na base canônica de* $\mathcal{K}_3(x)$ *o polinômio:*

$$P_3(x) = 3 + 4\ x^2 + 2\ x^3$$

e seja

$$B' = \{5,\ x - 1,\ x^2 - 5\ x + 3,\ x^3 - 4\},$$

uma outra base de $K_3(x)$. *Calcular as coordenadas de* $P_3(x)$ *em relação à base* B'.

4.35 *Considere* $V = I\!R^3$. *Determine a matriz de mudança de base, da base* $B = \{(1,\ 1,\ 0), (0,\ 1,\ 0), (0,\ 0,\ 3)\}$ *para a base canônica do* $I\!R^3$.

4.3 Espaço Vetorial Euclidiano

Vamos definir aqui importantes noções de produto escalar e de ortogonalidade, visando introduzir, entre outros, os conceitos de comprimento e distância.

Definição 4.9 *Seja* V *um espaço vetorial real. Sejam* x *e* y *elementos de* V. *Chama-se* **produto escalar** *(ou* **produto interno***) de* x *por* y *— em símbolo,* (x, y) *— qualquer função definida em* $V \times V$ *com valores em* $I\!R$, *satisfazendo as seguintes propriedades:*

$\mathbf{P_1}$) $(x, y) = (y, x),\ \forall x, y \in V,$

$\mathbf{P_2}$) $(x + y, z) = (x, z) + (y, z),\ \forall x, y, z \in V,$

$\mathbf{P_3}$) $(\lambda x, y) = \lambda(x, y),\ \forall \lambda \in I\!R,\ \forall x, y \in V,$

$\mathbf{P_4}$) $(x, x) \geq 0$ e $(x, x) = 0$ se e somente se $x = \theta$ (vetor nulo).

Um espaço vetorial real V onde está definido um produto escalar é chamado **espaço vetorial euclidiano real**.

Daremos, a seguir, alguns exemplos.

Exemplo 4.58 *Seja $V = \mathbb{R}^2$. Sejam $u = (u_1, u_2)$ e $v = (v_1, v_2)$ dois elementos de V. Mostrar que, definindo:*

$$(u, v) = u_1 v_1 + u_2 v_2, \tag{4.26}$$

o $\mathbb{R}^2$ torna-se um espaço euclidiano real.

Solução: Devemos mostrar que as condições da Definição 4.9 estão satisfeitas, isto é, que (4.26) é um produto escalar bem definido no $\mathbb{R}^2$. De fato:

$$\mathbf{P_1}) \quad (u, v) = u_1 v_1 + u_2 v_2 = v_1 u_1 + v_2 u_2 = (v, u).$$

$$\begin{aligned} \mathbf{P_2}) \quad (u+v, w) &= (u_1+v_1)w_1 + (u_2+v_2)w_2 = u_1w_1 + v_1w_1 + u_2w_2 + v_2w_2 \\ &= (u_1w_1 + u_2w_2) + (v_1w_1 + v_2w_2) = (u, w) + (v, w). \end{aligned}$$

$$\mathbf{P_3}) \quad (\lambda\, u, v) = \lambda u_1 v_1 + \lambda u_2 v_2 = \lambda(u_1v_1 + u_2v_2) = \lambda(u, v).$$

$$\mathbf{P_4}) \quad (u, u) = u_1^2 + u_2^2 \geq 0 \quad (evidente).$$

$$(u, u) = u_1^2 + u_2^2 = 0 \Leftrightarrow u_i^2 = 0\ \forall i \Leftrightarrow u_i = 0,\ \forall i \Leftrightarrow u = \theta.$$

Logo, (4.26) é uma boa definição de produto escalar.

O produto escalar dado por (4.26) é chamado **produto escalar usual** do $\mathbb{R}^2$.

Exemplo 4.59 *Seja $V = \mathbb{R}^2$. Sejam $u = (u_1, u_2)$ e $v = (v_1, v_2)$ dois elementos de V. Mostrar que, definindo:*

$$(u, v) = u_1\, v_1 - 2u_1v_2 - 2u_2v_1 + 7\, u_2\, v_2, \tag{4.27}$$

o $\mathbb{R}^2$ torna-se um espaço euclidiano real.

Solução: Devemos mostrar que as condições da Definição 4.9 estão satisfeitas, isto é, que (4.27) é um produto escalar bem definido no $\mathbb{R}^2$. De fato:

$$\begin{aligned} \mathbf{P_1}) \quad (u, v) &= u_1v_1 - 2u_1v_2 - 2u_2v_1 + 7u_2v_2 \\ &= v_1u_1 - 2v_2u_1 - 2v_1u_2 + 7v_2u_2 \\ &= v_1u_1 - 2v_1u_2 - 2v_2u_1 + 7v_2u_2 = (v, u). \end{aligned}$$

$$\begin{aligned} \mathbf{P_2}) \quad (u+v, w) &= (u_1+v_1, u_2+v_2)(w_1, w_2) \\ &= (u_1+v_1)w_1 - 2(u_1+v_1)w_2 - 2(u_2+v_2)w_1 + 7(u_2+v_2)w_2 \\ &= u_1w_1 + v_1w_1 - 2u_1w_2 - 2v_1w_2 \\ &\quad -2u_2w_1 - 2v_2w_1 + 7u_2w_2 + 7v_2w_2 \\ &= u_1w_1 - 2u_1w_2 - 2u_2w_1 + 7u_2w_2 \\ &\quad +v_1w_1 - 2v_1w_2 - 2v_2w_1 + +7v_2w_2 = (u, w) + (v, w). \end{aligned}$$

$$\begin{aligned} \mathbf{P_3}) \quad (\lambda\, u, v) &= \lambda u_1v_1 - 2\lambda u_1v_2 - 2\lambda u_2v_1 + 7\lambda u_2v_2 \\ &= \lambda(u_1v_1 - 2u_1v_2 - 2u_2v_1 + 7u_2) = \lambda(u, v). \end{aligned}$$

$$\begin{aligned}
\mathbf{P_4}) \quad (u,u) &= u_1^2 - 2u_1u_2 - 2u_2u_1 + 7\,u_2^2 \\
&= u_1^2 - 4u_1u_2 + 7u_2^2 = (u_1 - 2u_2)^2 + 3u_2^2 \geq 0 \; (\textit{soma de quadrados}). \\
(u,u) &= (u_1 - 2u_2)^2 + 3u_2^2 = 0 \Leftrightarrow u_i^2 = 0 \; \forall i \Leftrightarrow \; u_i \; = \; 0, \; \forall i \; \Leftrightarrow u = \theta.
\end{aligned}$$

Logo, (4.27) torna o $I\!R^2$ um espaço euclidiano real.

Exemplo 4.60 *Seja $V = I\!R^2$. Sejam $u = (u_1, u_2)$ e $v = (v_1, v_2)$ dois elementos de V. Verificar se*

$$(u,v) \; = \; u_1\,v_1 \; - 3\;u_2\;v_2 \tag{4.28}$$

define um produto escalar no $I\!R^2$.

Solução: Devemos verificar se as condições da Definição 4.9 estão satisfeitas, isto é, se (4.28) define um produto escalar no $I\!R^2$. Assim:

$$\mathbf{P_1}) \qquad (u,v) \quad = \quad u_1v_1 - 3u_2v_2 = v_1u_1 - 3v_2u_2 = (v,u).$$

$$\begin{aligned}
\mathbf{P_2}) \quad (u+v,w) \quad &= \quad (u_1+v_1)w_1 - 3(u_2+v_2)w_2 = u_1w_1 + v_1w_1 - 3u_2w_2 - 3v_2w_2 \\
&= \quad (u_1w_1 - 3u_2w_2) + (v_1w_1 - v_2w_2) = (u,w) + (v,w).
\end{aligned}$$

$$\mathbf{P_3}) \; (\lambda\,u,v) \quad = \quad \lambda u_1v_1 - 3\lambda u_2v_2 = \lambda(u_1v_1 - 3u_2v_2) = \lambda(u,v).$$

$$\mathbf{P_4}) \qquad (u,u) \quad = \quad u_1^2 - 3u_2^2, \qquad \textit{que nem sempre é maior do que zero.}$$

Logo, (4.28) não define um produto escalar no $I\!R^2$.

Observe que basta uma das condições da Definição 4.9 não ser satisfeita para que a função definida não seja um produto escalar.

Nos próximos exemplos, a verificação de que as condições P_1, P_2, P_3 e P_4 são satisfeitas fica como exercício.

Exemplo 4.61 *Sejam $V = I\!R^n$, $u = (u_1,\, u_2,\, \ldots,\, u_n)$ e $v = (v_1,\, v_2,\, \ldots,\, v_n)$ dois elementos de V. Definimos:*

$$(u,v) \; = \; \sum_{i=1}^{n} \; u_i\;v_i \tag{4.29}$$

como um produto escalar no $I\!R^n$. A equação (4.29) é chamada de **produto escalar usual** *no $I\!R^n$. Também,*

$$(u,v) \; = \; \sum_{i=1}^{n} \; w_i\;u_i\;v_i, \tag{4.30}$$

com w_i fixados e positivos, define no $I\!R^n$ um produto escalar.

Assim, tanto (4.29) como (4.30) transformam o $I\!R^n$ em um espaço euclidiano real.

Observe que, se denotarmos os vetores u e v como matriz coluna, isto é, se escrevermos:

$$u = \begin{pmatrix} u_1 \\ u_2 \\ \vdots \\ u_n \end{pmatrix} \text{ e } v = \begin{pmatrix} v_1 \\ v_2 \\ \vdots \\ v_n \end{pmatrix},$$

e se utilizarmos o produto escalar usual no $I\!R^n$, isto é, se usarmos (4.29), então:

$$(u, v) = u^t v, \tag{4.31}$$

onde u^t é a transposta de u.

Exemplo 4.62 *Seja $V = C[a, b]$ o espaço vetorial das funções contínuas reais definidas sobre o intervalo limitado fechado $[a, b]$. Se, para $f, g \in C[a, b]$, definimos:*

$$(f, g) = \int_a^b f(x)\, g(x)\, dx, \tag{4.32}$$

tal espaço torna-se um espaço euclidiano real. A equação (4.32) é chamada de **produto escalar usual** *em $C[a, b]$. Também,*

$$(f, g) = \int_a^b \omega(x)\, f(x)\, g(x)\, dx, \tag{4.33}$$

com $\omega(x) \geq 0$ e contínua em $[a, b]$, define em $C[a, b]$ um produto escalar. A função $\omega(x)$ é chamada de **função peso**.

Observe que $\mathcal{K}_n(x)$, para $x \in [a, b]$, é um subespaço de $C[a,\, b]$. Assim, se $f(x) = P_k(x)$ e $g(x) = P_j(x)$, com $k,\ j \leq n$, são polinômios de grau $\leq n$, as equações (4.32) e (4.33) definem um produto escalar em $\mathcal{K}_n$.

Exemplo 4.63 *Seja $V = \mathcal{K}_n(x)$. Sejam $a \leq x_0 < x_1 < \ldots < x_m \leq b$, $m + 1$ pontos distintos, com $m \geq n$. Definimos:*

$$(P_i(x), P_j(x)) = \sum_{k=0}^{m} P_i(x_k)\, P_j(x_k) \tag{4.34}$$

como um produto escalar em $\mathcal{K}_n$.

O Exemplo 4.63 mostra uma outra maneira de transformar $\mathcal{K}_n(x)$ em um espaço euclidiano real.

Observe que, a menos que seja definido o produto escalar, usamos o produto escalar usual de cada espaço vetorial.

Propriedades do Produto Escalar

Seja V um espaço vetorial euclidiano real. Então:

1) $(x, \theta) = (\theta, x) = 0,\ \forall x \in V,\ \theta =$ vetor nulo,

2) $(x, y + z) = (x, y) + (x, z),\ \forall x, y, z \in V,$

3) $(x, \lambda y) = \lambda(x, y),\ \forall \lambda \in I\!R,\ \forall x, y \in V.$

Observe que a soma distribui tanto em relação à primeira componente do produto escalar quanto à segunda. O escalar também sai do produto escalar tanto em relação à primeira componente do produto escalar quanto à segunda. Se estivéssemos trabalhando no conjunto dos números complexos ($\mathcal{C}$), a única diferença seria que, quando o escalar λ estivesse acompanhando a segunda componente do produto escalar, ele sairia como o complexo conjugado, isto é, se $\lambda = a + bi$, então $(x, \lambda y) = \bar{\lambda}(x, y)$, onde $\bar{\lambda} = a - bi$.

Exercícios

4.36 *Mostrar que as funções definidas em (4.29), (4.30), (4.32), (4.33) e (4.34) são boas definições de produto escalar.*

4.37 *Sejam* $A = \begin{pmatrix} a_1 & a_2 \\ a_3 & a_4 \end{pmatrix}$ *e* $B = \begin{pmatrix} b_1 & b_2 \\ b_3 & b_4 \end{pmatrix}$ *duas matrizes quaisquer de* $\mathcal{M}_{2\times 2}$. *Verificar se:*

$$(A, B) = a_1b_1 + a_2b_2 + a_3b_3 + a_4b_4$$

define um produto escalar em $\mathcal{M}_{2\times 2}$.

4.38 *Sejam* $P_2(x) = a_0 + a_1x + a_2x^2$ *e* $Q_2(x) = b_0 + b_1x + b_2x^2$ *dois polinômios quaisquer de* $\mathcal{K}_2(x)$. *Verificar se:*

$$(P_2(x), Q_2(x)) = a_0b_0 + a_1b_1 + a_2b_2$$

define um produto escalar em $\mathcal{K}_2(x)$.

4.39 *Seja* $V = I\!R^2$. *Sejam* $u = (u_1, u_2)$ *e* $v = (v_1, v_2)$ *dois elementos de* V. *Verificar se, definindo:*

$$(u, v) = 5u_1v_1 - 6u_1v_2 - 6u_2v_1 + 15\,u_2v_2,$$

o $I\!R^2$ *torna-se um espaço euclidiano real.*

Ortogonalidade

Definição 4.10 *Seja* V *um espaço euclidiano real. Sejam* x *e* y *elementos de* V. *Dizemos que* x *é* **ortogonal** *a* y *— em símbolo,* $x \perp y$ *— se e somente se* $(x, y) = 0$.

Daremos, a seguir, alguns exemplos.

Exemplo 4.64 *Seja* $V = I\!R^3$. *Verificar se os vetores:*

$$u = \left(\frac{1}{\sqrt{3}}, \frac{1}{\sqrt{3}}, \frac{1}{\sqrt{3}}\right) \quad e \quad v = \left(\frac{1}{\sqrt{2}}, -\frac{1}{\sqrt{2}}, 0\right)$$

são ortogonais em V.

Solução: Temos, usando o produto escalar usual do $I\!R^3$, que:

$$(u, v) = \left(\frac{1}{\sqrt{3}}\right)\left(\frac{1}{\sqrt{2}}\right) + \left(\frac{1}{\sqrt{3}}\right)\left(-\frac{1}{\sqrt{2}}\right) + \left(\frac{1}{\sqrt{3}}\right)(0) = \frac{1}{\sqrt{6}} - \frac{1}{\sqrt{6}} + 0 = 0.$$

Logo, u e v são ortogonais em $I\!R^3$.

Exemplo 4.65 *Seja* $V = C[-\pi, \pi]$. *Verificar se as funções* $f(x) = sen\ x$ *e* $g(x) = cos\ x$ *são ortogonais em* V.

Solução: Temos, usando o produto escalar usual de $C[-\pi, \pi]$, que:

$$(sen\ x, cos\ x) = \int_{-\pi}^{\pi} sen\ x\ cos\ x\ dx = \left.\frac{sen^2\ x}{2}\right]_{-\pi}^{\pi} = 0.$$

Assim, $sen\ x$ e $cos\ x$ são ortogonais em $C[-\pi, \pi]$.

Exemplo 4.66 *Seja* $V = C[-1, 1]$. *Verificar se* $P_0(x) = 1$ *e* $P_2(x) = x^2$ *são ortogonais em* V.

Solução: Temos, usando o produto escalar usual de $C[-1, 1]$, que:

$$(1, x^2) = \int_{-1}^{1} x^2\ dx = \left.\frac{x^3}{3}\right]_{-1}^{1} = \frac{2}{3} \neq 0.$$

Assim, 1 e x^2 não são ortogonais em $C[-1, 1]$.

Daremos, a seguir, alguns teoremas que envolvem ortogonalidade de vetores.

Teorema 4.9 *Os vetores* $v_1, v_2, \ldots, v_m$, *tais que:*

a) $v_i \neq \theta,\ i = 1, 2, \ldots, m;$

b) $(v_i, v_j) = 0$, para $i \neq j;$

são sempre linearmente independentes.

Dito de outro modo: *os vetores não nulos* $v_1, v_2, \ldots, v_m$, *dois a dois ortogonais, são sempre linearmente independentes.*

Prova: Devemos provar que:

$$\alpha_1 v_1 + \alpha_2 v_2 + \ldots + \alpha_m v_m = \theta \Rightarrow \alpha_1 = \alpha_2 = \ldots = \alpha_m = 0. \quad (4.35)$$

Em virtude de (4.35), podemos escrever, sucessivamente, para cada $i = 1, 2, \ldots, m$:

$$(v_i\ ,\ \alpha_1 v_1 + \alpha_2 v_2 + \ldots + \alpha_i v_i + \ldots + \alpha_m v_m) = (v_i, \theta) = 0,$$

ou seja:

$$\alpha_1 (v_i, v_1) + \alpha_2 (v_i, v_2) + \ldots + \alpha_i (v_i, v_i) + \ldots + \alpha_m (v_i, v_m) = 0,$$

onde aplicamos P_2 e P_3. Mas, $(v_i, v_j) = 0,\ \ i \neq j$. Assim, a igualdade anterior se reduz a:

$$\alpha_i (v_i, v_i) = 0.$$

Sendo $v_i \neq \theta$ temos, usando P_4, que $(v_i, v_i) \neq 0$, para $i = 1, 2, \ldots, m$. Portanto, da última igualdade concluímos que,

$$\alpha_i = 0,\ i = 1, 2, \ldots, m.$$

Logo, os vetores $v_1, v_2, \ldots, v_m$ são linearmente independentes.

Teorema 4.10 *A condição necessária e suficiente para que um vetor $v \in V$ seja ortogonal a um subespaço $V' \subset V$ é que v seja ortogonal a cada vetor $e_1, e_2, \ldots, e_n$ de uma base de V'.*

Prova: A condição é evidentemente necessária. Provemos a suficiência. Seja u um vetor qualquer de V', então:

$$u = \alpha_1 e_1 + \alpha_2 e_2 + \ldots + \alpha_n e_n,$$

pois $e_1, e_2, \ldots, e_n$ é uma base de V'. Devemos mostrar que $v \perp u$. Assim:

$$\begin{aligned}(v, u) &= (v, \alpha_1 e_1 + \alpha_2 e_2 + \ldots + \alpha_n e_n) \\ &= \alpha_1 (v, e_1) + \alpha_2 (v, e_2) + \ldots + \alpha_n (v, e_n) = 0,\end{aligned}$$

desde que, por hipótese, $v \perp \{e_1, e_2, \ldots, e_n\}$. Logo, v é ortogonal a V'.

Teorema 4.11 *Em um espaço euclidiano real V, quaisquer que sejam $u, v \in V$, temos:*

$$(u, v)^2 \leq (u, u)\,(v, v), \tag{4.36}$$

com igualdade válida se e somente se u e v são linearmente dependentes.

A desigualdade (4.36) é chamada **desigualdade de Schwarz** ou **inequação de Cauchy-Schwarz**.

Prova: Tomemos o vetor $w = u + \lambda\, v$, onde λ é um número real qualquer. De P_4, resulta:

$$(u + \lambda\, v, u + \lambda\, v) \geq 0,$$

e, usando P_2 e P_3, obtemos:

$$\lambda^2 (v, v) + 2\lambda (u, v) + (u, u) \geq 0.$$

Para que o trinômio do 2º grau seja sempre ≥ 0, é necessário que $\Delta \leq 0$. Assim:

$$\begin{aligned}\Delta &= 4(u, v)^2 - 4(u, u)(v, v) \leq 0, \\ &\Rightarrow (u, v)^2 < (u, u)(v, v).\end{aligned}$$

Mostremos agora que a igualdade é válida se e somente se u e v são linearmente dependentes. Seja $u = \lambda\, v$, então:

$$\begin{aligned}(u, v)^2 &= (\lambda v, v)^2 = [\lambda(v, v)]^2 = \lambda^2 (v, v)^2 \\ &= \lambda^2 (v, v)(v, v) = (\lambda v, \lambda v)(v, v) = (u, u)(v, v),\end{aligned}$$

isto é, u e v linearmente dependentes $\Longrightarrow (u, v)^2 = (u, u)(v, v)$.

Suponhamos, agora, que a igualdade seja válida em (4.36). O caso $v = \theta$ é trivial. Tomemos, então, $v \neq \theta$. Temos:

$$(u, v)^2 = (u, u)(v, v),$$

é equivalente a:

$$(u + \lambda\, v, u + \lambda\, v) = 0.$$

Assim, de P_4, concluímos que $u + \lambda\, v = 0$, ou seja, $u = -\lambda\, v$ e isto quer dizer que u e v são linearmente dependentes.

Base Ortogonal

Com base no Teorema 4.9, podemos definir:

Definição 4.11 *Seja* V *um espaço euclidiano de dimensão* n. *Se* $v_1, v_2, \ldots, v_n$ *são vetores dois a dois ortogonais, ou seja, se* $(v_i, v_j) = 0,\ i \neq j$, *eles constituem uma base de* V, *que será chamada de* **base ortogonal**.

Mais adiante, mostraremos como obter uma base ortogonal a partir de uma base qualquer.

Exercícios

4.40 *Considere no espaço vetorial* $\mathbb{R}^2$ *o produto escalar dado por:*

$$(u, v) = u_1 v_1 + 2 u_2 v_2,$$

para todo par de vetores $u = (u_1,\ u_2)$ *e* $v = (v_1,\ v_2)$. *Verificar se* u *e* v *são ortogonais em relação a este produto escalar, nos seguintes casos:*

a) $u = (1,\ 1)$ *e* $v = (2,\ -1)$,

b) $u = (2,\ 1)$ *e* $v = (-1,\ 1)$,

c) $u = (3,\ 2)$ *e* $v = (2,\ -1)$.

4.41 *Determine* m *de modo que os vetores:* $u = (m + 1,\ 2)$ *e* $v = (-1,\ 4)$ *sejam ortogonais em relação ao produto escalar usual do* $\mathbb{R}^2$.

4.42 *Considere no* $\mathbb{R}^3$ *o seguinte produto escalar:*

$$(u, v) \ = \ u_1 v_1 + 2 u_2 v_2 + 3 u_3 v_3 .$$

Determine $m \in \mathbb{R}$, *de tal modo que os vetores:*

$$u = (1,\ m + 1,\ m) \quad e \quad v = (m - 1,\ m,\ m + 1)$$

sejam ortogonais.

4.4 Espaço Vetorial Normado

Daremos agora importantes definições de norma de vetor e de matriz visando introduzir os conceitos de distância entre dois vetores, bem como base ortonormal.

Norma de Vetor

Definição 4.12 *Chama-se* **norma** *de um vetor* x *— em símbolo,* $\| \ x \ \|$ *— qualquer função definida em um espaço vetorial* V, *com valores em* $\mathbb{R}$, *satisfazendo as seguintes condições:*

$\mathbf{N_1}$) $\| x \| \geq 0$ e $\| x \| = 0$ se e somente se $x = \theta$ (vetor nulo),

$\mathbf{N_2}$) $\| \lambda x \| = |\lambda| \ \| x \|$ para todo escalar λ,

$\mathbf{N_3}$) $\| x + y \| \leq \| x \| + \| y \|$ (desigualdade triangular).

Um espaço vetorial V onde está definida uma norma é chamado **espaço vetorial normado.**

Daremos, a seguir, alguns exemplos de norma no $\mathbb{R}^n$.

Exemplo 4.67 *Sejam* $V = \mathbb{R}^n$ *e* $u = (u_1, u_2, \ldots, u_n)$. *Mostrar que, definindo:*

$$\| u \|_E = \sqrt{\sum_{i=1}^{n} u_i^2}, \tag{4.37}$$

o $\mathbb{R}^n$ *torna-se um espaço vetorial normado.*

Solução: Vamos mostrar que as condições N_1, N_2 e N_3 estão satisfeitas, isto é, que (4.37) é uma norma bem definida no $\mathbb{R}^n$. De fato:

$$\mathbf{N_1)} \quad \| u \|_E = \sqrt{\sum_{i=1}^{n} u_i^2} \geq 0 \quad (evidente).$$

$$\| u \|_E = \sqrt{\sum_{i=1}^{n} u_i^2} = 0 \Leftrightarrow \sum_{i=1}^{n} u_i^2 = 0 \Leftrightarrow u_i = 0 \,, \forall_i \Leftrightarrow u = \theta.$$

$$\mathbf{N_2)} \quad \| \lambda u \|_E = \sqrt{\sum_{i=1}^{n} \lambda^2 u_i^2} = \sqrt{\lambda^2 \sum_{i=1}^{n} u_i^2} = |\lambda| \sqrt{\sum_{i=1}^{n} u_i^2} = |\lambda| \, \| u \|_E \, .$$

$$\mathbf{N_3)} \quad \| u + v \|_E^2 = \sum_{i=1}^{n} (u_i + v_i)^2 = (u_1 + v_1)^2 + (u_2 + v_2)^2 + \ldots + (u_n + v_n)^2$$

$$= u_1^2 + 2u_1v_1 + v_1^2 + u_2^2 + 2u_2v_2 + v_2^2 + \ldots + u_n^2 + 2u_nv_n + v_n^2$$

$$= \sum_{i=1}^{n} u_i^2 + 2 \sum_{i=1}^{n} u_i v_i + \sum_{i=1}^{n} v_i^2$$

$$\leq \sum_{i=1}^{n} u_i^2 + 2 \sqrt{\sum_{i=1}^{n} u_i^2} \sqrt{\sum_{i=1}^{n} v_i^2} + \sum_{i=1}^{n} v_i^2,$$

onde usamos a desigualdade de Schwarz, isto é:

$$\sum_{i=1}^{n} u_i v_i \leq \sqrt{\sum_{i=1}^{n} u_i^2} \sqrt{\sum_{i=1}^{n} v_i^2}.$$

Portanto,

$$\| u + v \|_E^2 \leq \| u \|_E^2 + 2 \| u \|_E \| v \|_E + \| v \|_E^2$$

$$= (\| u \|_E + \| v \|_E)^2 .$$

Assim:

$$\| u+v \|_E^2 \leq (\| u \|_E + \| v \|_E)^2 .$$

Extraindo-se a raiz quadrada de ambos os membros, temos:

$$\| u+v \|_E \leq \| u \|_E + \| v \|_E .$$

Logo, (4.37) é uma boa definição de norma.

No próximo exemplo, a verificação de que as condições da Definição 4.12 são satisfeitas fica como exercício.

Exemplo 4.68 *Sejam $V = I\!R^n$ e $u = (u_1, u_2, \ldots u_n)$. Definimos como normas no $I\!R^n$:*

a) $$\| u \|_\infty = \max_{1 \leq i \leq n} |u_i|,$$

b) $$\| u \|_1 = \sum_{i=1}^{n} |u_i|,$$

c) $$\| u \| = \sqrt{(u,u)}.$$

Observações:

1) $\| u \| = \sqrt{(u,u)}$ corresponde à noção intuitiva de **comprimento ou módulo de um vetor**.

2) Se usarmos a definição usual de produto escalar no $I\!R^n$, isto é, se usarmos (4.29), então: $\| u \| = \sqrt{(u,u)} = \sqrt{\sum_{i=1}^{n} u_i^2} = \| u \|_E .$

3) Um vetor u pertencente a V é **unitário** se seu comprimento é igual a 1, isto é, se $\| u \| = 1$.

Exemplo 4.69 *Seja $u = (-1,\ 10,\ 3,\ 4,\ -20)$. Calcular $\| u \|_E$, $\| u \|_\infty$ e $\| u \|_1$.*

Solução: Aplicando a definição de cada uma das normas, obtemos:

$$\| u \|_E = \sqrt{(-1)^2 + (10)^2 + 3^2 + 4^2 + (-20)^2} \simeq 22.93,$$

$$\| u \|_\infty = \max_{1 \leq i \leq 5} (|-1|, |10|, |3|, |4|, |-20|) = 20,$$

$$\| u \|_1 = |-1| + |10| + |3| + |4| + |-20| = 38.$$

Como você pode observar, a aplicação de cada uma das normas definidas anteriormente fornece um resultado diferente. Entretanto, no $I\!R^n$, todas as normas são equivalentes.

Definição 4.13 *Duas normas $\| \cdot \|_a$ e $\| \cdot \|_b$ são* **equivalentes** *se existem constantes k_1 e k_2 tais que:*

$$k_1 \ \| x \|_a \leq \| x \|_b \leq k_2 \ \| x \|_a, \quad \forall\, x \in V. \tag{4.38}$$

Exemplo 4.70 *Como exemplos de normas equivalentes no $I\!R^n$, temos:*

$$\text{a)}\quad \| u \|_\infty \leq \| u \|_1 \leq n \ \| u \|_\infty,$$

$$\text{b)}\quad \| u \|_\infty \leq \| u \|_E \leq \sqrt{n} \ \| u \|_\infty,$$

$$\text{c)}\quad \frac{1}{n} \| u \|_1 \leq \| u \|_E \leq \sqrt{n} \ \| u \|_1 .$$

Vamos verificar que o item **a)** é verdadeiro; a verificação dos demais fica como exercício.

Solução: Temos:

$$\begin{aligned}
\| u \|_\infty &= \max_{1 \leq i \leq n} |u_i| = \max\{|u_1|, |u_2|, \ldots, |u_n|\} \\
&= |u_k| \leq |u_k| + \sum_{i=1}^{k-1} |u_i| + \sum_{i=k+1}^{n} |u_i| = \sum_{i=1}^{n} |u_i| = \| u \|_1 \\
&= |u_1| + |u_2| + \ldots + |u_n| \leq \underbrace{\{|u_k| + |u_k| + \ldots + |u_k|\}}_{n \text{ vezes}} \\
&= n|u_k| = n \max_{1 \leq i \leq n} |u_i| = n \ \| u \|_\infty .
\end{aligned}$$

Teorema 4.12 *A desigualdade de Schwarz (4.36) pode ser escrita como:*

$$|(u, v)| \leq \| u \| \ \| v \| . \tag{4.39}$$

Prova: A prova deste teorema fica como exercício.

Base Ortonormal

Se um conjunto de vetores é unitário e satisfaz a Definição 4.11, podemos definir:

Definição 4.14 *Seja V um espaço euclidiano de dimensão n. Os vetores $v_1, v_2, \ldots, v_n$ formam uma* **base ortonormal** *de V se eles forem vetores ortonormais, ou seja, se:*

$$(v_i, v_j) = \delta_{ij} = \begin{cases} 1 & \text{se} \quad i = j, \\ 0 & \text{se} \quad i \neq j. \end{cases}$$

Assim, uma sequência de vetores é ortonormal se cada um dos seus elementos tem norma 1 e dois quaisquer distintos dentre eles são ortogonais.

Mais adiante, mostraremos como obter uma base ortonormal a partir de uma base ortogonal.

Teorema 4.13 *Em um espaço euclidiano, um conjunto ortonormal de vetores é sempre linearmente independente.*

Prova: Análoga ao do Teorema 4.9.

Distância entre Dois Vetores

Estamos agora em condições de definir distância entre dois vetores.

Definição 4.15 *Seja V um espaço euclidiano. Dados os vetores x e $y \in V$, definimos* **distância** *entre x e y — em símbolo, $d(x, y)$ — o comprimento do vetor $x - y$, isto é:*

$$d(x, y) = \| x - y \| \rightarrow d(x, y) = \sqrt{(x - y, x - y)}.$$

Temos, assim, uma aplicação $d : V \times V \rightarrow I\!R$ que satisfaz as seguintes condições:

$\mathbf{D_1}$) $d(x, y) \geq 0$ e $d(x, y) = 0$ se e somente se $x = y$,

$\mathbf{D_2}$) $d(x, y) = d(y, x)$, $\forall x, y \in V$,

$\mathbf{D_3}$) $d(x, y) \leq d(x, z) + d(z, y)$, $\forall x, y, z \in V$.

Exemplo 4.71 *Sejam $V = I\!R^3$, $u = (1,\ 2,\ 3)$ e $v = (2,\ 0,\ 1)$. Calcular a distância entre u e v, usando o produto escalar usual do $I\!R^3$.*

Solução: Temos que: $u - v = (-1,\ 2,\ 2)$. Logo, $(u - v, u - v) = 9$. Portanto, $d(u, v) = 3$.

Exemplo 4.72 *Sejam $u = (1,\ -1,\ 3)$ e $v = (2,\ 0,\ -3)$ vetores do $I\!R^3$ e considere o produto escalar:*

$$(u, v) = 5u_1v_1 + u_2v_2 + 3u_3v_3.$$

Usando o produto escalar dado, determine $d(u, v)$.

Solução: Temos que: $u - v = (-1,\ -1,\ 6)$. Logo, $(u - v, u - v) = 114$. Portanto, $d(u, v) = \sqrt{114}$.

Norma de Matriz

Como dissemos anteriormente, o conjunto das matrizes $(n \times n)$, com as operações de soma de matrizes e produto de um escalar por uma matriz, forma um espaço vetorial V de dimensão n^2. Podemos então falar em norma de uma matriz $A \in V$. Observe que, no caso de matrizes, vale a mesma definição de norma de vetor.

Definição 4.16 *Chama-se* **norma** *de uma matriz A — em símbolo, $\| A \|$ — qualquer função definida no espaço vetorial das matrizes $n \times n$, com valores em $I\!R$, satisfazendo as seguintes condições:*

$\mathbf{M_1}$) $\| A \| \geq 0$ e $\| A \| = 0$ se e somente se $A = \Theta$ (matriz nula),

$\mathbf{M_2}$) $\| \lambda A \| = |\lambda| \ \| A \|$ para todo escalar λ,

$\mathbf{M_3}$) $\| A + B \| \leq \| A \| + \| B \|$ (desigualdade triangular).

Daremos, a seguir, alguns exemplos de norma no $\mathcal{M}_{n\times n}$.

Exemplo 4.73 *Sejam* $V = \mathcal{M}_{n\times n}$ *e* $A \in V$. *Verificar que, definindo:*

$$\| A \|_\infty = \max_{1\le i\le n} \sum_{j=1}^{n} |a_{ij}| \quad (\textit{norma linha}), \tag{4.40}$$

V torna-se um espaço vetorial normado.

Solução: Devemos mostrar que as condições da Definição 4.16 estão satisfeitas, isto é, que (4.40) é uma norma bem definida em $\mathcal{M}_{n\times n}$. De fato:

M₁)

$$\| A \|_\infty = \max_{1\le i\le n} \sum_{j=1}^{n} |a_{ij}|$$

$$= |a_{k1}| + |a_{k2}| + \ldots + |a_{kn}| > 0 \quad \text{(evidente)},$$

$$\| A \|_\infty = |a_{k1}| + |a_{k2}| + \ldots + |a_{kn}| = 0 \Leftrightarrow |a_{ki}| = 0, \forall i$$

$$\Leftrightarrow a_{ki} = 0, \forall i \Leftrightarrow A = \Theta.$$

M₂)

$$\| \lambda A \|_\infty = \max_{1\le i\le n} \sum_{j=1}^{n} |\lambda a_{ij}| = \max_{1\le i\le n} \sum_{j=1}^{n} |\lambda|\, |a_{ij}|$$

$$= |\lambda| \max_{1\le i\le n} \sum_{j=1}^{n} |a_{ij}| = |\lambda|\, \| A \|_\infty .$$

M₃)

$$\| A + B \|_\infty = \max_{1\le i\le n} \sum_{j=1}^{n} |a_{ij} + b_{ij}| \le \max_{1\le i\le n} \sum_{j=1}^{n} |a_{ij}| + |b_{ij}|$$

$$= \max_{1\le i\le n} \sum_{j=1}^{n} |a_{ij}| + \max_{1\le i\le n} \sum_{j=1}^{n} |b_{ij}| = \| A \|_\infty + \| B \|_\infty$$

Logo, (4.40) é uma boa definição de norma.

Daremos, a seguir, alguns exemplos de norma de matrizes. A verificação de que são normas bem definidas no espaço vetorial das matrizes $n \times n$ fica como exercício.

Exemplo 4.74 *Seja A uma matriz* $(n \times n)$. *Definimos:*

a) $$\| A \|_1 = \max_{1\le j\le n} \sum_{i=1}^{n} |a_{ij}| \quad (\textit{norma coluna}),$$

b) $$\| A \|_E = \sqrt{\sum_{i,j=1}^{n} a_{ij}^2} \quad (\textit{norma euclidiana}).$$

Para as normas $||A||_\infty$, $||A||_1$, $||A||_E$ vale: $\| AB \| \le \| A \|\, \| B \|$. (Prove.)

Exemplo 4.75 *Seja:*

$$A = \begin{pmatrix} 3 & 2 & -1 \\ 6 & 3 & 4 \\ -1 & 2 & 1 \end{pmatrix}.$$

Calcular $||A||_\infty$, $||A||_1$ *e* $||A||_E$.

Solução: Usando cada uma das definições dadas anteriormente, obtemos:

$$||A||_\infty = |6| + |3| + |4| = 13,$$

$$||A||_1 = |3| + |6| + |-1| = 10,$$

$$||A||_E = (9+4+1+36+9+16+1+4+1)^{1/2} = 9.$$

Como no caso de vetor, as normas de matrizes também são equivalentes, isto é, satisfazem uma relação do tipo (4.38), com o vetor x substituído pela matriz A. A verificação das desigualdades, no próximo exemplo, fica como exercício.

Exemplo 4.76 *Como exemplos de normas equivalentes, no espaço vetorial das matrizes de ordem n, temos:*

a) $\frac{1}{n} \parallel A \parallel_\infty \leq \parallel A \parallel_E \leq \sqrt{n} \parallel A \parallel_\infty,$

b) $\frac{1}{n} \parallel A \parallel_1 \leq \parallel x \parallel_E \leq \sqrt{n} \parallel x \parallel_1,$

c) $\parallel A \parallel_\infty \leq n \parallel A \parallel_1,$

d) $\parallel A \parallel_1 \leq n \parallel A \parallel_\infty .$

Definição 4.17 *Dada uma norma de vetor, podemos definir uma norma de matriz, que será chamada de* **subordinada** *a ela, do seguinte modo:*

$$\parallel A \parallel = \sup_{\parallel x \parallel = 1} \parallel Ax \parallel .$$

Observe que a norma de matriz assim definida pode ser interpretada como sendo o comprimento do maior vetor no conjunto imagem $\{Ax\}$ da esfera unitária $\{x \ / \parallel x \parallel = 1\}$ pela transformação $x \to Ax$.

Definição 4.18 *Se uma norma de matriz e uma norma de vetor estão relacionadas de tal modo que a desigualdade:*

$$\parallel Ax \parallel \leq \parallel A \parallel \parallel x \parallel$$

é satisfeita para qualquer x, então dizemos que as duas normas são **consistentes**.

Note que existe um vetor x_0, tal que: $\parallel Ax \parallel = \parallel A \parallel \parallel x \parallel$. Nestas condições: $\parallel A \parallel = min\ k$, tal que: $\parallel Ax \parallel \leq k \parallel x \parallel$.

Exercícios

4.43 *Considere os vetores do* $\mathbb{R}^6$:

$$u = (1,\ 2,\ 0,\ -1,\ 2,\ -10) \ \ e \ \ v = (3,\ 1,\ -4,\ 12,\ 3,\ 1).$$

Calcule a norma de u e v usando: $\| \cdot \|_1, \| \cdot \|_\infty$ *e* $\| \cdot \|_E$.

4.44 *No espaço vetorial* $\mathbb{R}^4$, *munido do produto escalar usual, sejam:*

$$u = (1,\ 2,\ 0,\ 1) \ \ e \ \ v = (3,\ 1,\ 4,\ 2).$$

Determine: $(u, v), \| u \|, \| v \|, d(u, v)$ *e* $\dfrac{u+v}{\| u+v \|}$.

4.45 *Sejam* $u = (1,\ -1,\ 3)$ *e* $v = (2,\ 0,\ -3)$ *vetores do* $\mathbb{R}^3$ *e considere o produto escalar:*

$$(u, v) = u_1 v_1 + 2u_2 v_2 + 3u_3 v_3.$$

Usando o produto escalar dado, determine:

a) $\| u \|$ *e* $\| u+v \|$.

b) $d(u, v)$.

4.46 *Prove que, em um espaço euclidiano normado:*

a) $\| u+v \|^2 + \| u-v \|^2 = 2(\| u \|^2 + \| v \|^2)$,

b) $|\ \| u \| - \| v \|\ | \leq \| u - v \|$.

4.47 *Sejam u e v vetores de um espaço euclidiano tais que* $\| u \| = 1, \| v \| = 1$ *e* $\| u - v \| = 2$. *Determine* (u, v).

4.48 *Considere as seguintes matrizes:*

$$A = \begin{pmatrix} 2 & 1 \\ 3 & 2 \end{pmatrix}, \quad B = \begin{pmatrix} 3 & 2 & 1 \\ 2 & 2 & 1 \\ 3 & 3 & 2 \end{pmatrix} \ \text{e} \ C = \begin{pmatrix} 2 & 1 & 3 & -1 \\ 4 & 3 & 8 & 2 \\ 6 & 7 & 10 & 1 \\ 3 & -1 & 0 & 1 \end{pmatrix}.$$

Calcule a norma de A, B *e* C *usando* $\| \cdot \|_\infty$, $\| \cdot \|_1$ *e* $\| \cdot \|_E$.

4.5 Processo de Gram-Schmidt

Em diversos problemas relacionados com espaço vetorial, a escolha de uma base para o espaço vetorial fica a critério da pessoa que se propôs a resolver o problema. É claro que sempre a melhor estratégia será escolher uma base que melhor simplifique os cálculos. Em espaços euclidianos, tem-se muitas vezes o caso em que a melhor escolha da base é aquela onde todos os seus vetores são mutuamente ortogonais ou ortonormais.

Vimos anteriormente que uma sequência ortonormal de vetores é sempre linearmente independente. Vamos agora mostrar que é sempre possível construir, a partir de uma sequência de vetores linearmente independentes $\{f_1, f_2, \ldots, f_n\}$, uma sequência ortogonal $\{e_1, e_2, \ldots, e_n\}$.

Para obtermos uma sequência ortonormal $\{e_1^*, e_2^*, \ldots, e_n^*\}$, basta fazer:

$$e_i^* = \frac{e_i}{\| e_i \|}, \quad i = 1, 2, \ldots, n.$$

Teorema 4.14 *Todo espaço euclidiano n dimensional tem uma base ortogonal e uma base ortonormal.*

Prova: Todo espaço euclidiano V é um espaço vetorial e, portanto, tem uma base. Seja $f_1, f_2, \ldots, f_n$ uma base desse espaço euclidiano. Vamos construir, a partir de $f_1, f_2, \ldots, f_n$, uma base ortogonal de V. Seja $\{e_1, e_2, \ldots, e_n\}$ a base procurada.

Tomamos e_1 como sendo igual ao primeiro elemento da sequência dada, isto é:

$$e_1 = f_1.$$

O elemento e_2 será tomado como combinação linear do segundo elemento da sequência dada e e_1, ou seja:

$$e_2 = f_2 + \alpha_1 \, e_1,$$

onde α_1 é escolhido de tal maneira que e_2 seja ortogonal a e_1. Assim: $(e_2, e_1) = 0 \rightarrow (f_2 + \alpha_1 \, e_1, e_1) = 0$. Portanto, segue que:

$$\alpha_1 = - \frac{(f_2, e_1)}{(e_1, e_1)}.$$

Vamos supor que já tenhamos construído os vetores $e_1, e_2, \ldots, e_{k-1}$, dois a dois ortogonais. O elemento e_k será tomado como combinação linear do k-ésimo elemento da sequência dada e todos os e_i, já calculados, isto é:

$$e_k = f_k + \alpha_{k-1} \, e_{k-1} + \alpha_{k-2} \, e_{k-2} + \ldots + \alpha_1 \, e_1,$$

onde α_i, $i = 1, 2, \ldots, k-1$, são determinados de tal maneira que e_k seja ortogonal a todos os e_i já calculados. Assim, devemos ter: $(e_k, e_i) = 0$, $i = 1, 2, \ldots, k-1$, ou seja:

$$\begin{aligned}
(e_k, e_1) &= (f_k + \alpha_{k-1} e_{k-1} + \ldots + \alpha_1 e_1, e_1) = 0, \\
(e_k, e_2) &= (f_k + \alpha_{k-1} e_{k-1} + \ldots + \alpha_1 e_1, e_2) = 0, \\
&\vdots \\
(e_k, e_{k-1}) &= (f_k + \alpha_{k-1} e_{k-1} + \ldots + \alpha_1 e_1, e_{k-1}) = 0.
\end{aligned}$$

Desde que os vetores $e_1, e_2, \ldots, e_{k-1}$ foram construídos dois a dois ortogonais, obtemos:

$$\begin{aligned}
(f_k, e_1) + \alpha_1 \, (e_1, e_1) &= 0, \\
(f_k, e_2) + \alpha_2 \, (e_2, e_2) &= 0, \\
&\vdots \\
(f_k, e_{k-1}) + \alpha_{k-1} \, (e_{k-1}, e_{k-1}) &= 0.
\end{aligned}$$

Portanto, segue que:

$$\begin{aligned}
\alpha_1 &= -\frac{(f_k, e_1)}{(e_1, e_1}, \\
\alpha_2 &= -\frac{(f_k, e_2)}{(e_2, e_2)}, \\
&\vdots \\
\alpha_{k-1} &= -\frac{(f_k, e_{k-1})}{(e_{k-1}, e_{k-1})}.
\end{aligned}$$

Mostremos agora que $e_k \neq \theta$. De fato, temos que e_k é combinação linear dos vetores $e_1, e_2, \ldots, e_{k-1}, f_k$. Mas e_{k-1} pode ser escrito como combinação linear dos vetores $e_1, e_2, \ldots, e_{k-2}, f_{k-1}$ e assim por diante. Então, substituindo, teremos:

$$e_k = a_1 f_1 + a_2 f_2 + \ldots + a_{k-1} f_{k-1} + f_k,$$

e como $f_1, f_2, \ldots, f_k$ são linearmente independentes, temos que $e_k \neq \theta$, qualquer que seja k. Assim, usando $e_1, e_2, \ldots, e_{k-1}$ e f_k construímos e_k.

Analogamente, com $e_1, e_2, \ldots, e_k$ e f_{k+1}, construímos e_{k+1}. Continuando o processo, construímos os n vetores dois a dois ortogonais. Assim, esses vetores formam uma base ortogonal de V. Tomando:

$$e_i^* = \frac{e_i}{\| e_i \|}, \quad i = 1, 2, \ldots, n;$$

teremos uma base ortonormal de V.

Chama-se **processo de Gram-Schmidt** a construção passo a passo (descrita na prova do Teorema 4.14) para converter uma base arbitrária em base ortogonal.

Exemplo 4.77 *A partir de:* $f_1 = (1, -2, 0)$, $f_2 = (0, 1, 1)$ *e* $f_3 = (1, 0, -1)$, *construir uma sequência de vetores ortonormais* e_1^*, e_2^*, e_3^*, *relativamente ao produto escalar usual do* $I\!R^3$, *usando o processo de Gram-Schmidt.*

Solução: Temos:

$$\begin{aligned}
e_1 &= f_1 = (1, -2, 0). \\
e_2 &= f_2 + \alpha_1 e_1,
\end{aligned}$$

$$\text{onde: } \alpha_1 = -\frac{(f_2, e_1)}{(e_1, e_1)} = -\frac{-2}{5} = \frac{2}{5},$$

$$\Rightarrow e_2 = (0, 1, 1) + \frac{2}{5}(1, -2, 0) \Rightarrow e_2 = \left(\frac{2}{5}, \frac{1}{5}, 1\right).$$

$$e_3 = f_3 + \alpha_2 e_2 + \alpha_1 e_1,$$

$$\text{onde: } \alpha_2 = -\frac{(f_3, e_2)}{(e_2, e_2)} = -\frac{-3/5}{6/5} = \frac{1}{2},$$

$$\alpha_1 = -\frac{(f_3, e_1)}{(e_1, e_1)} = -\frac{1}{5},$$

$$\Rightarrow e_3 = (1,\ 0,\ -1) + \frac{1}{2}\left(\frac{2}{5},\ \frac{1}{5},\ 1\right) - \frac{1}{5}(1,\ -2,\ 0) \Rightarrow e_3 = \left(1,\ \frac{1}{2},\ -\frac{1}{2}\right).$$

Assim, e_1, e_2, e_3 são dois a dois ortogonais. Para obtermos a sequência ortonormal e_1^*, e_2^*, e_3^*, fazemos:

$$e_1^* = \frac{e_1}{\| e_1 \|} = \frac{e_1}{\sqrt{(e_1, e_1)}} = \frac{(1,\ -2,\ 0)}{\sqrt{1^2 + (-2)^2 + 0^2}} \Rightarrow e_1^* = \frac{(1,\ -2,\ 0)}{\sqrt{5}}$$

$$\Rightarrow e_1^* = \left(\frac{1}{\sqrt{5}},\ \frac{-2}{\sqrt{5}},\ 0\right),$$

$$e_2^* = \frac{e_2}{\| e_2 \|} = \frac{e_2}{\sqrt{(e_2, e_2)}} = \frac{(2/5,\ 1/5,\ 1)}{\sqrt{(2/5)^2 + (1/5)^2 + 1^2}} \Rightarrow e_2^* = \frac{(2/5,\ 1/5,\ 1)}{\sqrt{6/5}}$$

$$\Rightarrow e_2^* = \sqrt{\frac{5}{6}}\left(\frac{2}{5},\ \frac{1}{5},\ 1\right),$$

$$e_3^* = \frac{e_3}{\| e_3 \|} = \frac{e_3}{\sqrt{(e_3, e_3)}} = \frac{(1,\ 1/2,\ -1/2)}{\sqrt{(1)^2 + (1/2)^2 + (-1/2)^2}} \Rightarrow e_3^* = \frac{(1,\ 1/2,\ -1/}{\sqrt{3/2}}$$

$$\Rightarrow e_3^* = \sqrt{\frac{2}{3}}\left(1,\ \frac{1}{2},\ \frac{-1}{2}\right).$$

Assim, e_1^*, e_2^*, e_3^* são dois a dois ortonormais.

Exemplo 4.78 *Dada a sequência de polinômios* $\{1,\ x,\ x^2\}$*, obter, no intervalo* $[-1, 1]$*, uma sequência ortogonal de polinômios* $\{P_0(x), P_1(x), P_2(x)\}$ *relativamente ao produto escalar* $(f, g) = \int_{-1}^{1} f(x)\ g(x)\ dx$*, usando o processo de Gram-Schmidt.*

Solução: Temos:

$$P_0(x) = 1,$$

$$P_1(x) = x + \alpha_0 P_0(x),$$

$$\text{onde: } \alpha_0 = -\frac{(x,\ P_0(x))}{(P_0(x), P_0(x))} = -\frac{\int_{-1}^{1} x\ dx}{\int_{-1}^{1} dx} = \left.\frac{x^2/2}{x}\right]_{-1}^{1} = 0,$$

$$\Rightarrow P_1(x) = x + 0 \times 1 = x.$$

$$P_2(x) = x^2 + \alpha_1 P_1(x) + \alpha_0 P_0(x),$$

$$\text{onde: } \alpha_1 = -\frac{(x^2,\ P_1(x))}{(P_1(x), P_1(x))} = -\frac{\displaystyle\int_{-1}^{1} x^3\,dx}{\displaystyle\int_{-1}^{1} x^2\,dx} = \left.\frac{x^4/4}{x^3/3}\right]_{-1}^{1} = 0,$$

$$\alpha_0 = -\frac{(x^2,\ P_0(x))}{(P_0(x), P_0(x))} = -\frac{\displaystyle\int_{-1}^{1} x^2\,dx}{\displaystyle\int_{-1}^{1} dx} = -\left.\frac{x^3/3}{x}\right]_{-1}^{1} = -\frac{2/3}{2} = -\frac{1}{3},$$

$$\Rightarrow P_2(x) = x^2 + 0 \times x - \frac{1}{3} \times 1 = x^2 - \frac{1}{3}.$$

Assim, $P_0(x), P_1(x), P_2(x)$ são dois a dois ortogonais.

Observe que, sempre que desejarmos obter uma sequência de polinômios ortogonais sobre um determinado intervalo, podemos tomar a sequência $1,\ x,\ x^2, \ldots$ como sendo a sequência original e ortogonalizá-la pelo processo de Gram-Schmidt, usando o produto escalar usual.

Exercícios

4.49 *Usando o processo de Gram-Schmidt e o produto escalar usual do* $I\!R^3$, *ortonormalizar a base:* $e_1 = (1,\ 1,\ 1)$, $e_2 = (1,\ -1,\ 1)$ *e* $e_3 = (-1,\ 0,\ 1)$.

4.50 *Os vetores* $\{(0,\ 2,\ 1,\ 0),\ (1,\ -1,\ 0,\ 0),\ (1,\ 2,\ 0,\ -1),\ (1,\ 0,\ 0,\ 1)\}$ *constituem uma base não ortonormal do* $I\!R^4$. *Construir, a partir desses vetores, uma base ortonormal para o* $I\!R^4$, *usando o processo de Gram-Schmidt.*

4.51 *Ortonormalize a sequência de polinômios obtida no Exemplo 4.78.*

4.52 *Usando o produto escalar usual em* $C[1,2]$ *e o processo de Gram-Schmidt, construa uma sequência de polinômios ortogonais.*

4.6 Projeção Ortogonal

Veremos aqui a projeção ortogonal de um vetor sobre outro, bem como a projeção ortogonal de um vetor sobre um subespaço.

Projeção Ortogonal de um Vetor sobre Outro

Para analisar a projeção ortogonal de um vetor sobre outro, consideremos que u e v sejam vetores não nulos pertencentes a um espaço vetorial V. Escolhemos um número real λ tal que $\lambda\ v$ seja ortogonal a $u - \lambda\ v$, como sugere a Figura 4.3, no caso em que $V = I\!R^2$.

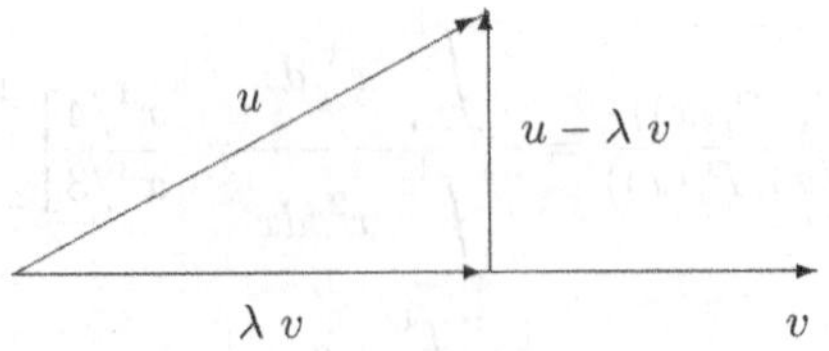

Figura 4.3

De $\lambda\, v \perp (u - \lambda\, v)$, concluímos que $(\lambda\, v, u - \lambda\, v) = 0$. Portanto, aplicando P_3, segue que:

$$\lambda(v, u) - \lambda^2(v, v) \;=\; 0 \;\to\; \lambda \;=\; \frac{(u, v)}{(v, v)}.$$

Assim, podemos definir:

Definição 4.19 *Em um espaço euclidiano real, chama-se* **projeção ortogonal** *de u sobre v, $v \neq \theta$, o vetor w definido por:*

$$w \;=\; (\textit{projeção de u sobre v}) \;=\; \frac{(u, v)}{(v, v)}\, v.$$

Se $\| v \| = 1$, então a projeção de u sobre v é dada por $(u, v)\, v$.

Projeção Ortogonal de um Vetor sobre um Subespaço

Para analisar a projeção ortogonal de um vetor sobre um subespaço, consideremos que V seja um espaço euclidiano e que V', de dimensão finita n, seja um subespaço de V.

Seja v um vetor de V não pertencente a V'.

O problema que desejamos resolver agora é o de obter um vetor $v_0 \in V'$, tal que $v - v_0$ seja ortogonal a todo vetor de V'. (A Figura 4.4 ilustra o problema, para o caso em que $V = \mathbb{R}^3$ e $V' = \mathbb{R}^2$.)

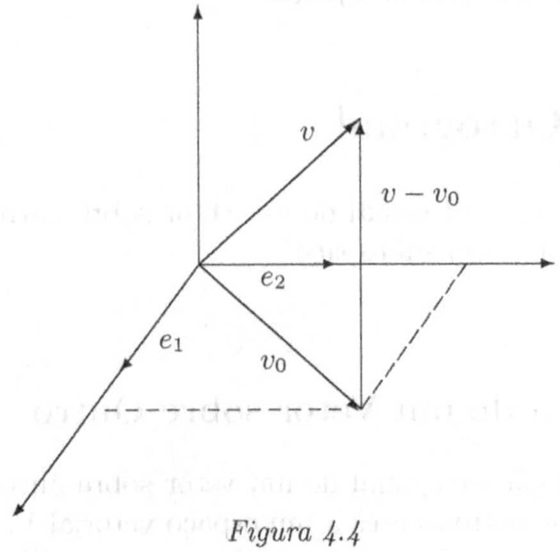

Figura 4.4

Seja $\{e_1, e_2, \ldots, e_n\}$ uma base de V'. Como $v_0 \in V'$, v_0 pode ser escrito como combinação linear dos vetores da base de V', isto é:

$$v_0 = \gamma_1 e_1 + \gamma_2 e_2 + \ldots + \gamma_n e_n. \quad (4.41)$$

Nosso problema consiste em determinar, caso possível, as coordenadas $\gamma_1, \gamma_2, \ldots, \gamma_n$ de v_0.

Sabemos que, se $v - v_0$ deve ser ortogonal a todo vetor de V', então é necessário e suficiente que $v - v_0$ seja ortogonal a todo vetor de uma base de V' (Teorema 4.10). Então, devemos ter:

$$(v - v_0, e_j) = 0 \quad \text{para} \quad j = 1, 2, \ldots, n; \quad \text{ou seja,}$$

$$(v - (\gamma_1 e_1 + \gamma_2 e_2 + \ldots + \gamma_n e_n), e_j) = 0, \; j = 1, 2, \ldots, n.$$

A aplicação de P_2 e P_3 fornece:

$$\gamma_1 (e_1, e_j) + \gamma_2 (e_2, e_j) + \ldots + \gamma_n (e_n, e_j) = (v, e_j), \; j = 1, \ldots, n.$$

Tais equações são conhecidas por **equações normais**.

Assim, para obtermos as coordenadas de v_0 na base $\{e_1, e_2, \ldots, e_n\}$, devemos resolver o sistema de equações lineares:

$$\begin{pmatrix} (e_1, e_1) & (e_2, e_1) & \ldots & (e_n, e_1) \\ (e_1, e_2) & (e_2, e_2) & \ldots & (e_n, e_2) \\ \ldots & & & \\ (e_1, e_n) & (e_2, e_n) & \ldots & (e_n, e_n) \end{pmatrix} \begin{pmatrix} \gamma_1 \\ \gamma_2 \\ \vdots \\ \gamma_n \end{pmatrix} = \begin{pmatrix} (v, e_1) \\ (v, e_2) \\ \vdots \\ (v, e_n) \end{pmatrix}, \quad (4.42)$$

cuja matriz dos coeficientes é simétrica. O sistema 4.42 é chamado de **sistema linear normal**.

Mostremos agora que o sistema (4.42) tem uma e uma só solução, isto é, que o problema de determinação do vetor $v_0 \in V'$, tal que $v - v_0$ seja ortogonal a todo vetor de V', tem solução única.

O vetor v_0 é denominado **projeção ortogonal** de v sobre o subespaço V'.

Vamos supor que nossa base de partida fosse uma base $\{e'_1, e'_2, \ldots, e'_n\}$ ortonormal. Esta não seria uma hipótese restritiva, uma vez que é sempre possível passar de uma dada base para uma base ortonormal (ver processo de Gram-Schmidt). Em termos da base ortonormal considerada, o vetor v_0 se exprimiria como:

$$v_0 = \gamma'_1 e'_1 + \gamma'_2 e'_2 + \ldots + \gamma'_n e'_n.$$

O sistema linear normal (4.42) se reduziria a:

$$\begin{pmatrix} 1 & & & \bigcirc \\ & 1 & & \\ & & \ddots & \\ \bigcirc & & & 1 \end{pmatrix} \begin{pmatrix} \gamma'_1 \\ \gamma'_2 \\ \vdots \\ \gamma'_n \end{pmatrix} = \begin{pmatrix} (v, e'_1) \\ (v, e'_2) \\ \vdots \\ (v, e'_n) \end{pmatrix},$$

ou simplesmente a:

$$\gamma'_j = (v, e'_j), \quad j = 1, 2, \ldots, n, \tag{4.43}$$

e, portanto, os γ'_j seriam univocamente determinados.

Sabemos que, conhecidas as coordenadas de um vetor em uma base, suas coordenadas em qualquer outra base são também univocamente determinadas. Assim, o sistema linear (4.42) tem uma única solução $(\gamma_1, \gamma_2, \ldots, \gamma_n)$ e a matriz do sistema linear em apreço é sempre não singular. A projeção ortogonal v_0 de v sobre V' é, portanto, única.

Exemplo 4.79 *Seja* $V = C[-1,1]$, *com* $(f,g) = \int_{-1}^{1} f(x)g(x)dx$. *Seja* $K_2(x)$ *o subespaço dos polinômios de grau* ≤ 2. *O conjunto* $\{L_0(x) = 1,\ L_1(x) = x,\ L_2(x) = x^2\}$ *constitui uma base de* $K_2(x)$. *Determinar a projeção ortogonal de* $f(x) = \dfrac{1}{x+2}$ *sobre* $K_2(x)$.

Solução: De (4.41), temos: $f_0(x) = \gamma_0\, L_0(x) + \gamma_1\, L_1(x) + \gamma_2\, L_2(x)$. Assim, devemos determinar $\gamma_0, \gamma_1, \gamma_2$. Para tanto, montamos o sistema linear (4.42):

$$\begin{pmatrix} (L_0,L_0) & (L_1,L_0) & (L_2,L_0) \\ (L_0,L_1) & (L_1,L_1) & (L_2,L_1) \\ (L_0,L_2) & (L_1,L_2) & (L_2,L_2) \end{pmatrix} \begin{pmatrix} \gamma_0 \\ \gamma_1 \\ \gamma_2 \end{pmatrix} = \begin{pmatrix} (f,L_0) \\ (f,L_1) \\ (f,L_2) \end{pmatrix},$$

onde:

$$\begin{aligned}
(L_0,L_0) &= \int_{-1}^{1} dx = x]_{-1}^{1} = 2, \\
(L_1,L_0) &= (L_0,L_1) = \int_{-1}^{1} x\, dx = \left.\frac{x^2}{2}\right]_{-1}^{1} = 0, \\
(L_2,L_0) &= (L_0,L_2) = \int_{-1}^{1} x^2\, dx = \left.\frac{x^3}{3}\right]_{-1}^{1} = \frac{2}{3}, \\
(L_1,L_1) &= \int_{-1}^{1} x^2 dx = \frac{2}{3}, \\
(L_2,L_1) &= (L_1,L_2) = \int_{-1}^{1} x^3\, dx = \left.\frac{x^4}{4}\right]_{-1}^{1} = 0, \\
(L_2,L_2) &= \int_{-1}^{1} x^4\, dx = \left.\frac{x^5}{5}\right]_{-1}^{1} = \frac{2}{5}, \\
(f,L_0) &= \int_{-1}^{1} \frac{1}{x+2}\, dx = (ln\,(x+2))]_{-1}^{1} = 1.0986, \\
(f,L_1) &= \int_{-1}^{1} \frac{x}{x+2}\, dx = \int_{-1}^{1} \left(1 - \frac{2}{x+2}\right) dx = (x - 2\, ln\,(x+2))]_{-1}^{1} = -0.197 \\
(f,L_2) &= \int_{-1}^{1} \frac{x^2}{x+2} dx = \int_{-1}^{1} \left(x - 2 + \frac{4}{x+2}\right) dx = \left.\left(\frac{x^2}{2} - 2\,x + 4\, ln\,(x+2)\right)\right]_{-} \\
&= 0.3944.
\end{aligned}$$

Assim, obtemos o sistema linear:

$$\begin{pmatrix} 2 & 0 & 2/3 \\ 0 & 2/3 & 0 \\ 2/3 & 0 & 2/5 \end{pmatrix} \begin{pmatrix} \gamma_0 \\ \gamma_1 \\ \gamma_2 \end{pmatrix} = \begin{pmatrix} 1.0986 \\ -0.1972 \\ 0.3944 \end{pmatrix},$$

cuja solução é: $\gamma_0 = 0.4964$; $\gamma_1 = -\ 0.2958$; $\gamma_2 = 0.1586$. Então, a projeção ortogonal de $f(x) = \dfrac{1}{x+2}$ sobre $K_2(x)$ é:

$$\begin{aligned} f_0(x) &= 0.4964\ L_0(x)\ -\ 0.2958\ L_1(x)\ +\ 0.1586\ L_2(x) \\ &= 0.4964\ -\ 0.2958\ x\ +\ 0.1586\ x^2. \end{aligned}$$

Teorema 4.15 (Teorema da Melhor Aproximação) *Seja V' um subespaço de dimensão finita de um espaço euclidiano V. Se v for um vetor pertencente a V, então v_0, a projeção ortogonal de v sobre V', será a* **melhor aproximação** *para v no sentido de que*

$$\| v - v_0 \| < \| v - u \|, \tag{4.44}$$

para qualquer que seja $u \in V'$, tal que $u \neq v_0$.

Prova: Devemos mostrar que a menor distância de v ao subespaço V' é a distância entre v e o pé da perpendicular traçada da extremidade de v sobre V'. (A Figura 4.5 ilustra o problema para o caso em que $V = I\!R^3$ e $V' = I\!R^2$.)

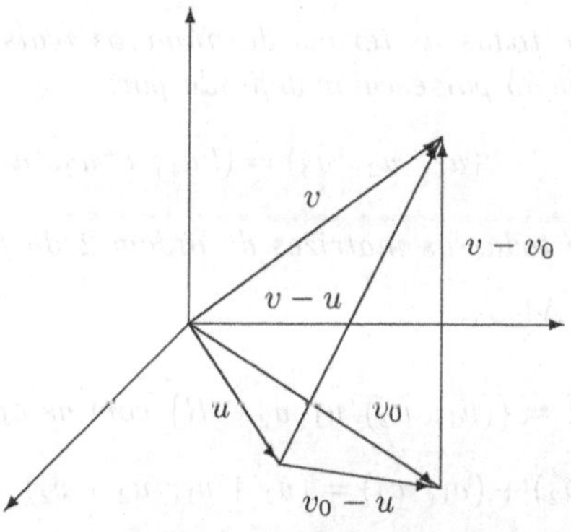

Figura 4.5

Como $u,\ v_0 \in V'$ também $v_0 - u \in V'$ e é, portanto, ortogonal a $v - v_0$. Assim, obtemos, sucessivamente:

$$\begin{aligned} (v-u, v-u) &= (v - u + v_0 - v_0, v - u + v_0 - v_0) \\ &= (v - v_0, v - v_0) + 2\,(v - v_0, v_0 - u)\ +\ (v_0 - u, v_0 - u). \end{aligned}$$

Portanto:

$$\| v - u \|^2 = \| v - v_0 \|^2\ +\ \| v_0 - u \|^2. \tag{4.45}$$

Como, por hipótese, $u \neq v_0$, concluímos que $\| v_0 - u \| > 0$. Daí, e da igualdade (4.45), obtemos, finalmente:

$$\| v - u \| > \| v - v_0 \|.$$

A desigualdade (4.44) mostra que a projeção ortogonal v_0 de v sobre V' é tal que a menor distância de v sobre V' é a distância de v a v_0.

Exercícios

4.53 *Seja* $v = (1,\ 7,\ 10)$ *um vetor do* $I\!R^3$ *em relação à base canônica. Considere o subespaço* V' *do* $I\!R^3$*, gerado pelos vetores* $f_1 = (1,\ 1,\ 0)$ *e* $f_2 = (0,\ 1,\ 1)$*. Determine a projeção ortogonal de* v *sobre* V'*.*

4.54 *Seja* $V = C[0,1]$*, com* $(f,g) = \int_0^1 f(x)g(x)dx$*. Seja* $K_2(x)$ *o subespaço dos polinômios de grau* ≤ 2*. O conjunto* $\{Q_0(x) = 3,\ Q_1(x) = x - 3,\ Q_2(x) = x^2 - x\}$ *constitui uma base de* $K_2(x)$*. Determinar a projeção ortogonal de* $f(x) = x^4$ *sobre* $K_2(x)$*.*

4.7 Exercícios Complementares

4.55 *Apresentam-se a seguir conjuntos, juntamente com as operações de adição e multiplicação por escalar. Verificar em cada item se o conjunto é espaço vetorial. Em caso negativo, dar uma condição que não se verifica.*

a) *O conjunto* $V = \{(u_1,\ u_2) \in I\!R^2 / u_2 = u_1 + 1\}$ *com as operações usuais do* $I\!R^2$*;*

b) *O conjunto de todas as ternas de números reais com a operação usual de adição e a multiplicação por escalar definida por:*

$$k(u_1,\ u_2,\ u_3) = (ku_1,\ k^2u_2,\ u_3);$$

c) *O conjunto de todas as matrizes de ordem 2 da forma:* $\begin{pmatrix} a & 0 \\ 0 & d \end{pmatrix}$*, com as operações usuais do* $\mathcal{M}_{2\times 2}$*.*

4.56 *Considere* $V = I\!R^2 = \{(u_1,\ u_2), u_1, u_2 \in R\}$ *com as operações:*

a) $u + v = (u_1,\ u_2) + (v_1,\ v_2) = (u_1 + v_1,\ u_2 + v_2)$,
$\alpha u = \alpha(u_1,\ u_2) = (\alpha u_1,\ u_2)$.

b) $u + v = (u_1,\ u_2) + (v_1,\ v_2) = (u_1 + v_1,\ u_2 + v_2)$,
$\alpha u = \alpha(u_1,\ u_2) = (\alpha^2 u_1,\ \alpha^2 u_2)$.

c) $u + v = (u_1,\ u_2) + (v_1,\ v_2) = (u_1,\ u_2)$,
$\alpha u = \alpha(u_1,\ u_2) = (\alpha u_1,\ \alpha u_2)$.

d) $u + v = (u_1,\ u_2) + (v_1,\ v_2) = (u_1 + v_1,\ u_2 + v_2)$,
$\alpha u = \alpha(u_1,\ u_2) = (\alpha u_1,\ 0)$.

Verificar em cada item se o conjunto é espaço vetorial. Em caso negativo, dar uma condição que não se verifica.

4.57 *Seja* $V = \mathcal{K}_1(x)$ *com as operações usuais de adição e multiplicação por escalar de* $\mathcal{K}_1(x)$*. Verificar se* V *é espaço vetorial.*

4.58 *Seja* $V = I\!R^3$. *Verifique se* W *é um subespaço de* V, *onde:*

a) $W = \{(u_1, u_2, u_3) \in I\!R^3 / u_1 - 3u_2 = 0\}$.

b) $W = \{(u_1, u_2, u_3) \in I\!R^3 / u_2 = u_1 + 2u_3 + 1\}$.

4.59 *Seja* $V = \mathcal{M}_{2\times 2}$. *Verifique se* W *é um subespaço de* V, *onde:*

a) $W = \{A \in \mathcal{M}_{2\times 2} / A^t = A\}$.

b) $W = \{A \in \mathcal{M}_{2\times 2} / A^2 = A\}$.

4.60 *Seja* $V = \mathcal{K}_3(x)$. *Verificar se os seguintes conjuntos são subespaços de* V, *onde:*

a) *Todos os polinômios da forma:* $P_3(x) = a_0 + a_1x + a_2x^2 + a_3x^3$, *tais que* $a_1 = a_2 + a_3$.

b) *Todos os polinômios da forma:* $P_3(x) = a_0 + a_1x + a_2x^2 + a_3x^3$, *tais que* $a_i, \forall i$ *são números racionais.*

c) *Todos os polinômios da forma:* $P_1(x) = a_0 + a_1x$, *tais que* a_0 *e* a_1 *são números reais.*

4.61 *Seja* $V = C[a, b]$. *Verifique se* W *é um subespaço de* V, *onde:*

a) $W = \{f \in V / f(3) = f(1)\}$.

b) $W = \{f \in V / f(-x) = f(x)\}$.

c) $W=$ *todas as funções constantes.*

4.62 *Seja* $V = I\!R^3$. *Verificar se o vetor* $w = (3, 3, 6)$ *é combinação linear dos vetores:*

$$u = (1, 2, 3) \quad e \quad v = (2, -1, 0).$$

4.63 *Seja* $V = I\!R^3$. *Verificar se o vetor* $w = (4, 2, 6)$ *é combinação linear dos vetores:*

$$u = (1, -1, 3) \quad e \quad v = (2, 4, 0).$$

4.64 *Considere os vetores:*

$$u = (1, 5, -2) \quad e \quad v = (2, 3, 1) \in I\!R^3.$$

Para que valor de m *o vetor* $w = (-2, 4, m)$ *é combinação linear dos vetores* u *e* v*?*

4.65 *Seja* $V = \mathcal{K}_2(x)$. *Considere os polinômios:*

$$P_2(x) = 1 + 2x - x^2 \quad e \quad Q_2(x) = 6 + 4x + 2x^2.$$

Verificar qual dos polinômios:

a) $R_2(x) = 9 + 2x + 7x^2$,

b) $S_2(x) = 4 - x + 8x^2$,

é combinação linear de $P_2(x)$ *e* $Q_2(x)$.

4.66 *Seja* $V = \mathcal{K}_2(t)$. *Verificar se o polinômio* $Q_2(t) = t^2 + 4t - 4$ *é combinação linear dos polinômios:*

$$P_0(t) = 3, P_1(t) = t \quad e \quad P_2(t) = 1 + t^2.$$

4.67 *Seja* $V = \mathcal{K}_2(x)$. *Verificar se o polinômio* $L_2(x) = x^2 - 5x + 6$ *se escreve como combinação linear dos polinômios:*

$$P_2(x) = 2 + x + 4x^2; \quad Q_2(x) = 1 - x + 3x^2 \quad e \quad R_2(x) = 3 + 2x + 5x^2.$$

4.68 *Seja* $V = \mathcal{K}_3(x)$. *Dado o polinômio* $P_3(x) = 20\,x^3 + 8\,x^2 - 14\,x + 28$, *exprimi-lo como combinação linear dos polinômios da sequência:*

$$Q_3(x) = 5\,x^3 - 7\,x + 12,$$

$$Q_2(x) = -4\,x^2 + 8\,x,$$

$$Q_1(x) = 6\,x - 1,$$

$$Q_0(x) = 5.$$

4.69 *Seja* $V = \mathcal{M}_{2\times 2}$. *Verificar se* $A = \begin{pmatrix} 1 & 3 \\ 2 & -1 \end{pmatrix}$ *se escreve como combinação linear das matrizes:*

$$E_1 = \begin{pmatrix} 1 & 1 \\ 1 & 0 \end{pmatrix}, \quad E_2 = \begin{pmatrix} 0 & 0 \\ 1 & 1 \end{pmatrix} \quad e \quad E_3 = \begin{pmatrix} 0 & 1 \\ 0 & -1 \end{pmatrix}.$$

4.70 *Seja* $V = \mathcal{M}_{2\times 2}$. *Verificar se* $A = \begin{pmatrix} -7 & 3 \\ -10 & 7 \end{pmatrix}$ *se escreve como combinação linear das matrizes:*

$$E_1 = \begin{pmatrix} 1 & 2 \\ 0 & 3 \end{pmatrix}, \quad E_2 = \begin{pmatrix} -1 & -1 \\ 2 & 0 \end{pmatrix} \quad e \quad E_3 = \begin{pmatrix} 3 & -1 \\ 2 & -2 \end{pmatrix}.$$

4.71 *Seja* $V = I\!R^3$. *Verificar se:*

a) $W = \{(u_1,\ u_2,\ u_3) \in I\!R^3 / u_1 = 0\}$ *é gerado pelos vetores:* $u = (0,\ 1,\ 1)$ *e* $v = (0,\ 1,\ 0)$.

b) $I\!R^3$ *é gerado pelos vetores:* $u = (1,\ -1,\ 2)$, $v = (1,\ 0,\ 3)$ *e* $w = (-1,\ -2,\ 5)$.

4.72 *Seja* $V = I\!R^4$. *Verificar se* $v = (3,\ 9,\ -4,\ -2)$ *é gerado pelos vetores:*

$$v_1 = (1,\ -2,\ 0,\ 3), \quad v_2 = (2,\ 3,\ 0,\ -1) \quad e \quad v_3 = (2,\ -1,\ 2,\ 1).$$

4.73 *Em cada item, determinar se o conjunto de vetores gera o* $I\!R^3$*:*

a) $u = (1,\ 1,\ 1), v = (0,\ 1,\ 1)$ *e* $w = (0,\ 0,\ 1)$.

b) $u = (2,\ 1,\ 2), v = (0,\ -1,\ 1)$ *e* $w = (0,\ 0,\ 1)$.

c) $u = (2,\ -2,\ 2), v = (0,\ 3,\ 1)$ *e* $w = (0,\ 0,\ -3)$.

d) $u = (3,\ 2,\ 2), v = (0,\ -3,\ 2)$ *e* $w = (0,\ 0,\ -4)$.

e) $u = (5,\ -3,\ 1), v = (0,\ 1,\ -2)$ *e* $w = (0,\ 0,\ 5)$.

4.74 *Verificar se* $\mathcal{K}_2(x)$ *é gerado pelos polinômios:*

$$P_2(x) = 1 - x + 3x^2, \quad Q_2(x) = 2 + x + 4x^2 \quad e \quad R_2(x) = 3 + 2x + 5x^2.$$

4.75 *Verificar se* $P_3(x) = 5x^3 - 3x^2 + 3x$ *é gerado pelos polinômios:*

$$Q_3(x) = x^3 - x^2 + x \quad e \quad R_2(x) = x^2 + x.$$

4.76 *Seja* $V = \mathcal{M}_{2\times 2}$. *Verificar se* $A = \{\begin{pmatrix} a & b \\ c & d \end{pmatrix} / d = c - b\}$ *é gerada pelas matrizes:*

$$E_1 = \begin{pmatrix} 1 & 1 \\ 1 & 0 \end{pmatrix}, \quad E_2 = \begin{pmatrix} 0 & 0 \\ 1 & 1 \end{pmatrix} \quad e \quad E_3 = \begin{pmatrix} 0 & 1 \\ 0 & -1 \end{pmatrix}.$$

4.77 *Seja* $V = \mathcal{M}_{2\times 2}$. *Verificar se as matrizes*

$$E_1 = \begin{pmatrix} 1 & 0 \\ 0 & 0 \end{pmatrix}, \quad E_2 = \begin{pmatrix} 1 & 2 \\ 0 & 0 \end{pmatrix}, \quad E_3 = \begin{pmatrix} 0 & 0 \\ 3 & 0 \end{pmatrix} \quad e \quad E_4 = \begin{pmatrix} 0 & 0 \\ 3 & 1 \end{pmatrix}$$

geram $\mathcal{M}_{2\times 2}$.

4.78 *Seja* $V = I\!R^3$. *Verificar quais dos seguintes conjuntos são* **LI** *ou* **LD**.

a) $v_1 = (1,\ 1,\ -1),\ v_2 = (2,\ 2,\ 0)$ *e* $v_3 = (3,\ 3,\ -1)$.

b) $v_1 = (2,\ -1,\ 4),\ v_2 = (3,\ 6,\ 2)$ *e* $v_3 = (2,\ 10,\ -4)$.

c) $v_1 = (1,\ 1,\ 2),\ v_2 = (0,\ 1,\ 3)$ *e* $v_3 = (0,\ 0,\ 1)$.

4.79 *Seja* $V = \mathcal{K}_2(x)$. *Verificar quais dos seguintes conjuntos são* **LI** *ou* **LD**.

a) $P_1(x) = 1 - x, \quad Q_2(x) = 5 + 3x - 2x^2$ e $R_2(x) = 1 + 3x - x^2$.

b) $P_2(x) = 2 - x + 2x^2, \quad Q_2(x) = 3 + 3x + 2x^2$ e $R_2(x) = 1 + 5x - 2x^2$.

c) $P_2(x) = 2 + 4x + 2x^2, \quad Q_2(x) = 1 - 3x - 4x^2$ e $R_2(x) = -1 + 5x + 6x^2$.

4.80 *Seja* $V = \mathcal{M}_{2\times 2}$. *Verificar quais dos seguintes conjuntos são* **LI** *ou* **LD**.

a) $E_1 = \begin{pmatrix} 1 & 1 \\ 1 & 0 \end{pmatrix}, E_2 = \begin{pmatrix} 1 & 1 \\ 0 & 0 \end{pmatrix}$ e $E_3 = \begin{pmatrix} 0 & 0 \\ 1 & -1 \end{pmatrix}$.

b) $E_1 = \begin{pmatrix} 2 & 1 \\ 0 & 1 \end{pmatrix}, E_2 = \begin{pmatrix} 1 & 1 \\ 3 & 2 \end{pmatrix}, E_3 = \begin{pmatrix} 1 & 0 \\ -1 & -2 \end{pmatrix}$ e $E_4 = \begin{pmatrix} 2 & 0 \\ 0 & 0 \end{pmatrix}$.

c) $E_1 = \begin{pmatrix} 1 & 2 \\ 3 & 4 \end{pmatrix}, E_2 = \begin{pmatrix} 0 & 1 \\ 1 & 0 \end{pmatrix}, E_3 = \begin{pmatrix} 1 & 0 \\ 0 & 1 \end{pmatrix}$ e $E_4 = \begin{pmatrix} 2 & 3 \\ 4 & 5 \end{pmatrix}$.

d) $E_1 = \begin{pmatrix} 1 & 2 \\ 0 & 3 \end{pmatrix}, E_2 = \begin{pmatrix} 1 & 0 \\ -1 & 0 \end{pmatrix}, E_3 = \begin{pmatrix} 0 & 1 \\ 0 & -1 \end{pmatrix}$ e $E_4 = \begin{pmatrix} 2 & 3 \\ -1 & 2 \end{pmatrix}$.

4.81 *Considere os vetores* **LI**: $e_1 = (1,\ 0,\ 0), e_2 = (0,\ 1,\ 0)$ e $e_3 = (0,\ 0,\ 1)$.

Mostre que os vetores:

$$f_1 = 2e_1 - e_2, \quad f_2 = e_1 - e_2 + 2e_3 \quad \text{e} \quad f_3 = e_1 + 2e_3$$

também são **LI**.

4.82 *Seja* $\{e_1, e_2\}$ *uma base de um espaço vetorial* V. *Seja* $v \in V$ *um vetor tal que:*

$$v = \alpha_1 e_1 + \alpha_2 e_2 \ \text{ com } \ \alpha_1 + \alpha_2 = 3.$$

Mostre que o conjunto $\{v - 3e_1,\ v - 3e_2\}$ *é* **LD**.

(Sugestão: Trabalhe com os vetores sem explicitar suas componentes.)

4.83 *Determine os valores de* k *para que os vetores:*

$$u = (1,\ 2,\ 2), \quad v = (k-1,\ 1,\ k-2) \quad \text{e} \quad w = (k+1,\ k-1,\ 2)$$

sejam **LD**.

4.84 *Considere os vetores:*

$$u = (1,\ -1,\ -2), \quad v = (2,\ 1,\ 1) \quad \text{e} \quad w = (k,\ 0,\ 3).$$

a) *Determine o valor de* k *para que os vetores:* u, v e w *sejam* **LI**.

b) *Considere no vetor* w, $k = 2$ *e verifique se* $s = (2,\ 3,\ 4)$ *se escreve como combinação linear de* u, v e w.

4.85 *Quais dos seguintes conjuntos:*

a) $u = (1,\ -2,\ 0), v = (1,\ 3,\ -1)$ *e* $w = (2,\ 1,\ -1)$,

b) $u = (1,\ 1,\ -1), v = (2,\ 2,\ 0)$ *e* $w = (2,\ 3,\ -1)$,

c) $u = (1,\ 2,\ 4), v = (1,\ 3,\ 5)$ *e* $w = (1,\ 4,\ 6)$,

d) $u = (1,\ 2,\ 2), v = (1,\ 2,\ 3)$ *e* $w = (-1,\ 0,\ -1)$,

constituem base para o $\mathbb{R}^3$*?*

4.86 *Quais dos seguintes conjuntos:*

a) $P_0(x) = 1,\ P_1(x) = 1 + x$ *e* $P_2(x) = 1 + x^2$,

b) $P_2(x) = 2 - x + 4x^2,\ Q_2(x) = 3 + 6x + 2x^2$ *e* $R_2(x) = 2 + 10x - 4x^2$,

c) $P_0(x) = 1,\ P_1(x) = x$ *e* $P_2(x) = x^2 - \dfrac{1}{3}$,

constituem base para o $\mathcal{K}_2(x)$*?*

4.87 *Quais dos seguintes conjuntos:*

a) $E_1 = \begin{pmatrix} 1 & 1 \\ 1 & 1 \end{pmatrix}, E_2 = \begin{pmatrix} 2 & 0 \\ 0 & 2 \end{pmatrix}, E_3 = \begin{pmatrix} 0 & -1 \\ 2 & 1 \end{pmatrix}$ *e* $E_4 = \begin{pmatrix} 0 & 0 \\ 2 & 2 \end{pmatrix}$,

b) $E_1 = \begin{pmatrix} 1 & 1 \\ 0 & 1 \end{pmatrix}, E_2 = \begin{pmatrix} -1 & 1 \\ 1 & 0 \end{pmatrix}$ *e* $E_3 = \begin{pmatrix} 1 & -1 \\ -2 & 1 \end{pmatrix}$,

c) $E_1 = \begin{pmatrix} 1 & 2 \\ 0 & 3 \end{pmatrix}, E_2 = \begin{pmatrix} 2 & 0 \\ -1 & 3 \end{pmatrix}, E_3 = \begin{pmatrix} 1 & 1 \\ 2 & -1 \end{pmatrix}$ *e* $E_4 = \begin{pmatrix} 2 & 0 \\ 0 & 2 \end{pmatrix}$,

constituem base para o $\mathcal{M}_{2\times 2}$*?*

4.88 *Seja* $V = \mathbb{R}^3$. *Determine um vetor da base canônica que pode ser acrescentado ao conjunto* $\{u, v\}$ *para formar uma base para o* $\mathbb{R}^3$, *nos seguintes casos:*

a) $u = \{(1,\ 2,\ 4)$ *e* $v = (-1,\ -2,\ -3)$.

b) $u = \{(1,\ 2,\ 4)$ *e* $v = (3,\ 2,\ 1)$.

4.89 *Sejam* $V = \mathbb{R}^4$ *e* $W = \{(-1,\ -1,\ 2,\ 1), (2,\ 2,\ -1,\ 1), (1,\ 1,\ -2,\ -1), (0,\ 0,\ 1,\ 1)$

a) *Determine a dimensão de* W.

b) *Caso* $\dim W < 4$, *complete a base de* W *para uma base do* $\mathbb{R}^4$.

4.90 *Sejam* $B = \{(1,\ 1,\ 2), (0,\ 1,\ 3), (0,\ 0,\ 1)\}$ *e* $B' = \{(1,\ 1,\ 1), (1,\ 2,\ 3), (2,\ -1,\ 1)\}$ *bases do* $\mathbb{R}^3$.

Determine a matriz de mudança de base:

a) *da base B para a base B'.*

b) *da base B' para a base B.*

4.91 *Sabendo que: $B = \{6 + 3x,\ 10 + 2x\}$ e $B' = \{2,\ 3 + 2x\}$ são bases de $\mathcal{K}_1(x)$ e que $P_1(x) = -4\{6 + 3x\} + 2\{10 + 2x\}$, determine as coordenadas de $P_1(x)$ na base B'.*

4.92 *Sejam $B = \{5,\ x - 1,\ x^2 - 3\,x\}$ e $B' = \{8,\ 3\,x + 2,5\,x^2 - 3\,x\}$ bases de $K_2(x)$. Seja $P_2(x) = 8\{5\} + 4\{x - 1\} + 3\{x^2 - 3x\}$. Calcular as coordenadas de $P_2(x)$ em relação à base B_2.*

4.93 *Considere as bases: $B = \{e_1,\ e_2,\ e_3\}$ = base canônica do $\mathbb{R}^3$ e $B' = \{f_1,\ f_2,\ f_3\}$, onde:*

$$f_1 = e_1 - e_3; \quad f_2 = -e_1 + e_2 + e_3 \quad e \quad f_3 = e_1 - e_2.$$

Determine a matriz de mudança de base:

a) *da base B para a base B'.*

b) *da base B' para a base B.*

4.94 *Considere as bases do exercício 4.93. Seja $u = (1,\ 1,\ 2)$ em relação à base B. Determine as coordenadas de u em relação à base B'.*

4.95 *Sejam:*

$$B = \{(1,\ 1,\ 0),\ (0,\ 1,\ 0),\ (0,\ 0,\ 3)\} \quad e \quad B' = \{(1,\ 3,\ -3),\ (0,\ -2,\ 0),\ (2,\ 7,\ 9)\}$$

duas bases do $\mathbb{R}^3$. Determine:

a) *a matriz de mudança de base, da base B para a base B'.*

b) *a matriz de mudança de base, da base B' para a base B.*

c) *as coordenadas do vetor u na base B, sabendo que $u = (1,\ 2,\ -1)$ na base B'.*

4.96 *Em relação ao produto escalar usual do $\mathbb{R}^3$, calcule (u, v) nos seguintes casos:*

a) $u = (1/2,\ 2,\ 1)$ *e* $v = (4,\ 1,\ -3)$,

b) $u = (2,\ 1,\ 0)$ *e* $v = (4,\ 0,\ 2)$.

4.97 *Determinar:*

$$(f, g) = \int_0^1 f(t)\ g(t)\ dt,$$

para cada um dos seguintes pares de vetores de $\mathcal{K}_2(t)$,

a) $f(t) = t$ *e* $g(t) = 1 - t^2$,

b) $f(t) = t - \frac{1}{2}$ *e* $g(t) = \frac{1}{2} - \left(t - \frac{1}{2}\right)$.

4.98 *Sejam* $u = (u_1, u_2)$ *e* $v = (v_1, v_2)$ *dois vetores quaisquer do* $\mathbb{R}^2$. *Mostre que:*

$$(u, v) = \frac{u_1 u_2}{a^2} + \frac{v_1 v_2}{b^2},$$

com $a, b \in \mathbb{R}$ *fixos e não nulos, define um produto escalar sobre o* $\mathbb{R}^2$.

4.99 *Sejam* $u = (u_1,\ u_2)$ *e* $v = (v_1, v_2)$ *vetores do* $\mathbb{R}^2$. *Verificar se:*

$$(u, v) = u_1 v_1 - 2\, u_1 v_2 - 2\, v_2 v_1 + u_2 v_2$$

define um produto escalar no $\mathbb{R}^2$.

4.100 *Determinar* $f(x) \in \mathcal{K}_2(x)$ *que seja ortogonal a* $g(x) = 1$ *e* $h(x) = x$, *em relação ao produto escalar dado por:*

$$(f, g) = \int_{-1}^{1} f(x)\, g(x)\, dx.$$

4.101 *Sejam* $f(x) = x$, $g(x) = mx^2 - 1$ *e considere o produto escalar usual em* $C[0, 1]$. *Determine o valor de* m, *para que* $f(x)$ *e* $g(x)$ *sejam ortogonais.*

4.102 *Se* $u = (1,\ 2,\ 3,\ 4)$ *e* $v = (0,\ 3,\ -2,\ 1)$, *calcule, usando a definição usual de produto escalar:*

a) (u, v),

b) $\| u \|$ *e* $\| v \|$.

4.103 *Mostre que em um espaço euclidiano vale o Teorema de Pitágoras, isto é:*

$$u \perp v \implies \| u + v \|^2 = \| u \|^2 + \| v \|^2 .$$

4.104 *Sejam* $u = (u_1,\ u_2)$ *e* $v = (v_1,\ v_2)$ *vetores do* $\mathbb{R}^2$.

a) *Verificar se:*

$$(u, v) = u_1 v_1 - 2\, u_1 v_2 - 2\, u_2 v_1 + 5\, u_2 v_2$$

define um produto escalar no $\mathbb{R}^2$.

b) *Determine a norma de* $u = (1,\ 2) \in \mathbb{R}^2$, *em relação ao produto escalar dado no item* **a)**.

4.105 *Sejam* u *e* v *vetores do* $\mathbb{R}^3$ *e considere o produto escalar:*

$$(u, v) = 4u_1 v_1 + u_2 v_2 + 3u_3 v_3.$$

Usando o produto escalar dado, determine:

a) *o valor de* k *para que os vetores* $u = (-3,\ 3,\ k)$ *e* $v = (k,\ 3,\ 5)$ *sejam ortogonais.*

b) $\| u \|, \| u + v \|$, *onde* $u = (1,\ -1,\ 3)$ *e* $v = (2,\ 0,\ -3)$.

c) $d(u, v)$, *onde* u *e* v *são os vetores dados no item* **b)**.

4.106 *Prove que, se uma norma de matrizes é subordinada a uma norma do $\mathbb{R}^n$, elas são consistentes.*

4.107 *Aplicar o processo de Gram-Schmidt para ortogonalizar a base $B = \{f_1, f_2, f_3\}$, onde:*

$$f_1 = (1,\ 1,\ 1), \quad f_2 = (-1,\ 1,\ 0) \quad e \quad f_3 = (1,\ 2,\ 1),$$

utilizando o produto escalar usual do $\mathbb{R}^3$.

4.108 *Aplicar o processo de Gram-Schmidt para ortogonalizar a base $B = \{f_1, f_2, f_3\}$, onde:*

$$f_1 = (1,\ -1,\ 1), \quad f_2 = (-2,\ 0,\ 1) \quad e \quad f_3 = (1,\ -3,\ 0),$$

utilizando o produto escalar $(u, v) = u_1v_1 + 2u_2v_2 + 3u_3v_3$.

4.109 *Os vetores:*

$$\{(1,\ 1,\ 0),\ (0,\ 1,\ 1) \text{ e } (1,\ 0,\ 1)\}$$

constituem uma base não ortonormal do $\mathbb{R}^3$. Construir, a partir desses vetores, uma base ortonormal para o $\mathbb{R}^3$, usando o processo de Gram-Schmidt.

4.110 *Aplicar o processo de Gram-Schmidt para ortonormalizar a base $B = \{f_1, f_2, f_3\}$ onde:*

$$f_1 = (1,\ 1,\ 1), \quad f_2 = (1,\ 0,\ 1) \quad e \quad f_3 = (1,\ -1,\ 2),$$

utilizando o produto escalar usual do $\mathbb{R}^3$.

4.111 *Obter no intervalo $[0, 1]$ uma sequência ortonormal de polinômios, relativamente ao produto escalar:*

$$(f, g) = \int_0^1 f(x)\ g(x)\ dx.$$

4.112 *Considere o espaço dos polinômios de grau ≤ 2 com o produto escalar:*

$$(P_i, P_j) = \int_0^1 P_i(x)\ P_j(x)\ dx.$$

Dada nesse espaço a base $\{3,\ x-3,\ x^2-x\}$, obtenha a partir dela uma base ortogonal, usando o processo de Gram-Schmidt.

4.113 *Aplicar o processo de Gram-Schmidt para ortogonalizar a base $B = \{1,\ x,\ x^2\}$ em $C[0, 1]$ utilizando o produto escalar:*

$$(f, g) = \int_0^1 x\ f(x)\ g(x)\ dx.$$

4.114 *Sejam $e_1,\ e_2,\ e_3$ a base canônica do $\mathbb{R}^3$, e seja $v = (1,\ 1,\ 2)$. Determinar a projeção ortogonal de v sobre o plano $\{e_1,\ e_2\}$.*

4.115 *Seja $V = C[1, 2]$, com*

$$(f, g) = \int_1^2 f(x)g(x)dx.$$

Seja $K_1(x)$ o subespaço dos polinômios de grau ≤ 1. O conjunto $\{1,\ x\}$ constitui uma base de $K_1(x)$. Determinar a projeção ortogonal de $f(x) = e^x$ sobre $K_1(x)$.

4.116 *Resolva o exercício 4.54, usando para o subespaço a base ortogonal obtida no exercício 4.111.*

4.117 *Seja* $V = C[-1,1]$, *com* $(f,g) = \int_{-1}^{1} f(x)g(x)dx$. *Seja* $K_2(x)$ *o subespaço dos polinômios de grau* ≤ 2. *O conjunto* $\{L_0(x) = 1,\ L_1(x) = x,\ L_2(x) = x^2\}$ *constitui uma base de* $K_2(x)$. *Determinar a projeção ortogonal de* $f(x) = \frac{1}{x+4}$ *sobre* $K_2(x)$.

4.118 *Seja* $V = C[0,1]$, *com* $(f,g) = \int_{0}^{1} x^2\ f(x)\ g(x)\ dx$. *Determinar a projeção ortogonal de* $f(x) = \frac{1}{x^4}$, $x \in [0,1]$ *sobre o subespaço dos polinômios gerado por* $\{x^2, x^4\}$.

4.8 Respostas dos Exercícios

4.3 **a)** Não é espaço vetorial pois, para $\forall \alpha \in I\!R$ e para $\forall x \in \mathcal{Q}$, temos que αx não necessariamente pertence a $\mathcal{Q}$.

b) É espaço vetorial.

c) Não é espaço vetorial, pois $(\alpha + \beta)u \neq \alpha u + \beta u$.

4.5 **a)** É subespaço vetorial.

b) Não é subespaço vetorial, desde que $\theta \notin W$.

4.6 É subespaço vetorial.

4.7 **a)** É subespaço vetorial.

b) Não é subespaço vetorial, desde que $det(A + B) \neq det(A) + det(B)$.

4.8 **a)** É subespaço vetorial.

b) Não é subespaço vetorial, desde que, para $\forall \alpha \in I\!R$ e $\forall P_3(x) \in W$, temos que $\alpha P_3(x) \notin W$.

4.9 **a)** e **c)** são subespaços vetoriais.

b) Não é subespaço vetorial, desde que $f + g \notin W$.

4.10 **a)** Não pode ser escrito como combinação linear, pois existem dois valores distintos para α_2.

b) Pode ser escrito como combinação linear, isto é, $v = 2v_1 - 2v_2$.

4.11 **a)** $u = 3v_1 - 4v_2 + v_3$.

b) $v = 4v_1 - 2v_3$.

4.12 a) $P_2(x) = 3Q_2(x) - 4R_2(x) + S_2(x)$.

b) $L_2(x) = 4Q_2(x) - 2S_2(x)$.

4.13 a) $A = 2E_1 + E_2 + E_3$.

b) $B = E_1 + 2E_2 - E_3$.

4.14 Pode ser escrito como combinação linear, isto é, $u = v_1 + 3v_2 - 2v_3$.

4.15 $k = -12$.

4.16 a) Gera o $I\!R^3$, com $\alpha_1 = u_3, \alpha_2 = \dfrac{u_2 - u_3}{2}$ e $\alpha_3 = \dfrac{u_1 - u_2}{3}$.

b) Não gera o $I\!R^3$, desde que o sistema linear obtido não tem solução, isto é: $0\alpha_3 = -u_1 - u_2 + u_3$.

c) Gera o $I\!R^3$, com $\alpha_1 = -u_3, \alpha_2 = \dfrac{u_2 + 2u_3}{3}$ e $\alpha_3 = \dfrac{-3u_1 + u_2 - u_3}{6}$.

4.17 a) Não gera $\mathcal{K}_2(x)$, desde que o sistema linear obtido não tem solução, isto é: $0\alpha_2 = -\dfrac{1}{3}a_0 + \dfrac{2}{3}a_1 + a_2$.

b) Gera $\mathcal{K}_2(x)$, com $\alpha_1 = \dfrac{1}{2}(-9a_0 + 10a_1 + 7a_2), \alpha_2 = \dfrac{1}{2}(-7a_0 + 8a_1 + 5a_2)$ e $\alpha_3 = \dfrac{1}{2}(-a_0 + 2a_1 + a_2)$.

4.18 Gera $\mathcal{K}_3(x)$, com $\alpha_0 = a_0 + a_1 + a_2 + a_3, \alpha_1 = -a_1 - 2a_2 - 3a_3, \alpha_2 = a_2 + 3a_3$ e $\alpha_3 = -a_3$.

4.19 a) Gera o $\mathcal{M}_{2\times2}$, com $\alpha_1 = a,\ \alpha_2 = b,\ \alpha_3 = c$ e $\alpha_4 = d$.

b) Não gera o $\mathcal{M}_{2\times2}$, desde que o sistema linear obtido não tem solução.

4.20 Os conjuntos dados nos itens **a)**, **d)** e **e)** são **LI** e os dados nos itens **b)** e **c)** são **LD**.

4.22 a) e b) constituem base para $I\!R^2$.

4.23 a), b) e c) constituem base para $I\!R^3$.

4.24 b), c) e d) constituem base para $\mathcal{K}_2(x)$.

4.25 a) constitui base para $\mathcal{M}_{2\times2}$.

4.26 a) Não. A matriz escalonada possui uma linha de zeros.

b) dim $W = 3$. Base: $\{(1,\ 1,\ 1,\ 1), (0,\ 1,\ 2,\ 1), (0,\ 0,\ -2,\ -1), (0,\ 0,\ 0,\ 1)\}$.

4.27 a) dim $W = 3$.

b) Base: $\{(1,\ -2,\ 0,\ 3), (0,\ -1,\ -3,\ 0), (0,\ 0,\ -5,\ -13), (0,\ 0,\ 0,\ 1)\}$.

4.28 Base de $W = \{1 + 2t + 3t^2,\ 1 - 3t + 2t^2\}$ e dim $W = 2$.

4.29 Base de $W = \{E_1, E_2, E_3, E_4\}$ e dim $W = 4$.

4.30 $v = (24,\ -14)$.

4.31 $v = (4,\ -1,\ -1)$.

4.32 $v = 9f_1 - 7f_2 - 3f_3$.

4.33 $P_1(x) = -14\{2 + x\} + 6\{5 + 2x\}$.

4.34 $P_3(x) = \dfrac{19}{5}\{5\} + 20\{x - 1\} + 4\{x^2 - 5x + 3\} + 2\{x^3 - 4\}$.

4.35 $A = \begin{pmatrix} 1 & 0 & 0 \\ -1 & 1 & 0 \\ 0 & 0 & 1/3 \end{pmatrix}$.

4.37 Define um produto escalar em $\mathcal{M}_{2\times 2}$.

4.38 Define um produto escalar em $\mathcal{K}_2(x)$.

4.39 Define um produto escalar no $I\!R^2$.

4.40 a) e b) são ortogonais.

4.41 $m = 7$.

4.42 $m = \dfrac{-3 \pm \sqrt{14}}{5}$.

4.43 $\| u \|_1 = 16$, $\| u \|_\infty = 10$ e $\| u \|_E = \sqrt{110}$.

$\| v \|_1 = 24$, $\| v \|_\infty = 12$ e $\| v \|_E = 6\sqrt{5}$.

4.44 $(u, v) = 7$, $\| u \| = \sqrt{6}$, $\| v \| = \sqrt{30}$, $d(u, v) = \sqrt{22}$ e

$$\frac{u + v}{\| u + v \|} = \frac{\sqrt{2}}{10}(4,\ 3,\ 4,\ 3).$$

4.45 a) $\| u \| = \sqrt{30}$ e $\| u + v \| = \sqrt{11}$.

b) $d(u, v) = \sqrt{111}$.

4.47 $(u, v) = -1$.

4.48 $\| A \|_1 = 5$, $\| A \|_\infty = 5$ e $\| A \|_E = 3\sqrt{2}$.

$\| B \|_1 = 8$, $\| B \|_\infty = 8$ e $\| B \|_E = 3\sqrt{5}$.

$\| C \|_1 = 21$, $\| C \|_\infty = 24$ e $\| C \|_E = \sqrt{305}$.

4.49 $e_1^* = \frac{\sqrt{3}}{3}(1,\ 1,\ 1)$, $e_2^* = \frac{\sqrt{6}}{6}(1,\ -2,\ 1)$, $e_3^* = \frac{\sqrt{2}}{2}(-1,\ 0,\ 1)$.

4.50 $e_1^* = \frac{\sqrt{5}}{5}(0,\ 2,\ 1,\ 0)$, $e_2^* = \frac{\sqrt{30}}{30}(5,\ -1,\ 2,\ 0)$, $e_3^* = \frac{\sqrt{10}}{5}\left(\frac{1}{2},\ \frac{1}{2},\ -1,\ -1\right)$,

$e_4^* = \frac{\sqrt{15}}{15}(1,\ 1,\ -2,\ 3)$.

4.51 $P_0^*(x) = \frac{\sqrt{2}}{2}$, $P_1^*(x) = \frac{\sqrt{6}}{2}x$, $P_2^*(x) = \frac{3\sqrt{10}}{4}\left(x^2 - \frac{1}{3}\right)$, $\ldots$.

4.52 $Q_0(x) = 1$, $Q_1(x) = x - \frac{3}{2}$, $Q_2(x) = x^2 - 3x + \frac{13}{6}$, $\ldots$.

4.53 $v_0 = \frac{1}{3}(-1,\ 25,\ 26)$.

4.54 $f_0(x) = \frac{29}{35}\{3\} + \frac{4}{5}\{x - 3\} + \frac{12}{7}\{x^2 - x\}$.

4.55 a) Não é espaço vetorial, pois, para $\forall u$ e $\forall v \in V$, temos que $u + v \notin V$.

b) Não é espaço vetorial: $(\alpha + \beta)u \neq \alpha u + \beta u$.

c) É espaço vetorial.

4.56 Nenhum dos conjuntos é espaço vetorial. Em:

a) $(\alpha + \beta)u \neq \alpha u + \beta u$.

b) $(\alpha + \beta)u \neq \alpha u + \beta u$.

c) $u + v \neq v + u$.

d) $1.u \neq u$.

4.57 É espaço vetorial.

4.58 a) É subespaço vetorial.

b) Não é subespaço vetorial, pois o vetor nulo não pertence a W.

4.59 a) É subespaço vetorial.

b) Não é subespaço vetorial, pois $\alpha A \notin W$. (Considere $A = I$.)

4.60 a) e c) são subespaços vetoriais.

b) Não é subespaço vetorial, pois $\alpha P_3(x)$ não pertence ao conjunto.

4.61 Todos os conjuntos são subespaços vetoriais.

4.62 Não é combinação linear, pois existem dois valores distintos para α_2.

4.63 É combinação linear, isto é, $w = 2u + v$.

4.64 $m = -6$.

4.65 a) É combinação linear, isto é, $R_2(x) = -3P_2(x) + 2Q_2(x)$.

b) $S_2(x)$ não é combinação linear de $P_2(x)$ e $Q_2(x)$, pois existem dois valores distintos para α_2.

4.66 É combinação linear, isto é, $Q_2(t) = -\frac{5}{3}P_0(t) + 4P_1(t) + P_2(t)$.

4.67 É combinação linear, isto é, $L_2(x) = \frac{1}{2}[-81P_2(x) + 27Q_2(x) + 49R_2(x)]$.

4.68 É combinação linear, isto é, $P_3(x) = -3Q_0(x) + 5Q_1(x) - 2Q_2(x) + 4Q_3(x)$.

4.69 É combinação linear, isto é, $A = E_1 + E_2 + 2E_3$.

4.70 Não é combinação linear, pois existem dois valores distintos para α_3.

4.71 a) Qualquer vetor do tipo $(0,\ u_2,\ u_3)$ é gerado pelos vetores u e v com $\alpha_1 = u_3$ e $\alpha_2 = u_2 - u_3$.

b) Qualquer vetor do $\mathbb{R}^3$ é gerado por u, v e w com $\alpha_1 = \frac{1}{5}(3u_1 - 4u_2 - u_3)$, $\alpha_2 = \frac{1}{10}(u_1 + 7u_2 + 3u_3)$ e $\alpha_3 = \frac{1}{10}(-3u_1 - u_2 + u_3)$.

4.72 O vetor v é gerado por v_1, v_2 e v_3, com $\alpha_1 = 1, \alpha_2 = 3$ e $\alpha_3 = -2$.

4.73 Todos os conjuntos geram o $\mathbb{R}^3$ com:

a) $\alpha_1 = u_1,\ \alpha_2 = u_2 - u_1$ e $\alpha_3 = u_3 - u_2$.

b) $\alpha_1 = \frac{1}{2}u_1,\ \alpha_2 = \frac{1}{2}u_1 - u_2$ e $\alpha_3 = -\frac{3}{2}u_1 + u_2 + u_3$.

c) $\alpha_1 = \frac{1}{2}u_1,\ \alpha_2 = \frac{1}{3}(u_1 + u_2)$ e $\alpha_3 = \frac{1}{9}(4u_1 + u_2 - 3u_3)$.

d) $\alpha_1 = \frac{1}{3}u_1,\ \alpha_2 = \frac{1}{9}(2u_1 - 3u_2)$ e $\alpha_3 = \frac{1}{36}(10u_1 - 6u_2 - 9u_3)$.

e) $\alpha_1 = \frac{1}{5}u_1,\ \alpha_2 = \frac{1}{5}(3u_1 + 5u_2)$ e $\alpha_3 = \frac{1}{5}(u_1 + 2u_2 + u_3)$.

4.74 $\mathcal{K}_2(x)$ é gerado pelos polinômios $P_2(x), Q_2(x)$ e $R_2(x)$ com: $\alpha_1 = \frac{3}{2}a_0 - a_1 - \frac{1}{2}a_2$, $\alpha_2 = -\frac{11}{2}a_0 + 2a_1 + \frac{5}{2}a_2$ e $\alpha_3 = \frac{7}{2}a_0 - a_1 - \frac{3}{2}a_2$.

4.75 $P_3(x)$ não é gerado por $Q_3(x)$ e $R_2(x)$, pois escrevendo $P_3(x) = \alpha Q_3(x) + \beta R_2(x)$, obtemos dois valores distintos para β.

4.76 A matriz A é gerada por E_1, E_2 e E_3, com $\alpha_1 = a, \alpha_2 = c - a$ e $\alpha_3 = b - a$.

4.77 As matrizes E_1, E_2, E_3 e E_4 geram $\mathcal{M}_{2\times 2}$, com $\alpha_1 = a - \frac{b}{2}, \alpha_2 = \frac{b}{2}, \alpha_3 = \frac{c}{3}$ e $\alpha_4 = d - c$.

4.78 O item **a)** é **LD** e os itens **b)** e **c)** são **LI**.

4.79 Os itens **a)** e **c)** são **LD** e o item **b)** é **LI**.

4.80 O itens **a)** e **b)** são **LI** e os itens **c)** e **d)** são **LD**.

4.83 $k = 0$ ou $k = 3$.

4.84 **a)** $k \neq -9$.

b) Se escreve como combinação linear, isto é, $s = \frac{1}{11}(-14u + 19v - w)$.

4.85 Os itens **b)** e **d)** constituem base para o $\mathbb{R}^3$.

4.86 Todos os conjuntos constituem base para $\mathcal{K}_2(x)$.

4.87 Os itens **a)** e **c)** constituem base para o $\mathcal{M}_{2\times 2}$.

4.88 **a)** O vetor: $w = (0,\ 1,\ 0)$.

b) O vetor: $w = (0,\ 0,\ 1)$.

4.89 **a)** $\dim W = 2$.

b) Base para o $\mathbb{R}^4$: $\{(-1,\ -1,\ 2,\ 1), (0,\ 0,\ 3,\ 3), (0,\ 1,\ 0,\ 0), (0,\ 0,\ 0,\ 1)\}$.

4.90 **a)** $A = \begin{pmatrix} 1 & 1 & 2 \\ 0 & 1 & -3 \\ -1 & -2 & 6 \end{pmatrix}$.

b) $A^{-1} = \begin{pmatrix} 0 & -2 & -1 \\ 3/5 & 8/5 & 3/5 \\ 1/5 & 1/5 & 1/5 \end{pmatrix}$.

4.91 $P(x) = 4\{2\} - 4\{3 + 2x\}$.

4.92 $P_2(x) = \frac{143}{30}\{8\} - \frac{16}{15}\{3x + 2\} + \frac{3}{5}\{5x^2 - 3x\}$.

4.93 a) $A = \begin{pmatrix} 1 & -1 & 1 \\ 0 & 1 & -1 \\ -1 & 1 & 0 \end{pmatrix}$.

b) $A^{-1} = \begin{pmatrix} 1 & 1 & 0 \\ 1 & 1 & 1 \\ 1 & 0 & 1 \end{pmatrix}$.

4.94 $u = (2,\ 4,\ 3)$.

4.95 a) $A = \begin{pmatrix} 1 & 0 & 2 \\ 2 & -2 & 5 \\ -1 & 0 & 3 \end{pmatrix}$.

b) $A^{-1} = \begin{pmatrix} 3/5 & 0 & -2/5 \\ 11/10 & -1/2 & 1/10 \\ 1/5 & 0 & 1/5 \end{pmatrix}$.

c) $u = (-1,\ -7,\ -4)$.

4.96 a) $(u, v) = 1$.

b) $(u, v) = 8$.

4.97 a) $(f, g) = \frac{1}{4}$,

b) $(x, y) = -\frac{1}{12}$.

4.99 Não define um produto escalar no $\mathbb{R}^2$.

4.100 $f(x) = P_2(x) = k(-\frac{1}{3} + x^2)$.

4.101 $m = 2$.

4.102 a) $(x, y) = 4$.

b) $\| x \| = \sqrt{30}$, $\| y \| = \sqrt{14}$.

4.104 a) Define um produto escalar no $\mathbb{R}^2$.

b) $\| u \| = \sqrt{13}$.

4.104 a) $k = -3$.

b) $\| u \| = \sqrt{32}$, $\| u + v \| = \sqrt{37}$.

c) $d(u, v) = \sqrt{113}$.

4.107 $e_1 = (1,\ 1,\ 1)$, $e_2 = (-1,\ 1,\ 0)$, $e_3 = \frac{1}{6}(1,\ 1,\ -2)$.

4.108 $e_1 = (1,\ -1,\ 1)$, $e_2 = \frac{1}{6}(-13,\ 1,\ 5)$, $e_3 = \frac{1}{41}(-48,\ -72,\ -32)$.

4.109 $e_1^* = \frac{\sqrt{2}}{2}(1,\ 1,\ 0)$, $e_2^* = \frac{\sqrt{6}}{3}\left(-\frac{1}{2},\ \frac{1}{2},\ 1\right)$, $e_3^* = \frac{\sqrt{3}}{2}\left(\frac{2}{3},\ -\frac{2}{3},\ \frac{2}{3}\right)$.

4.110 $e_1^* = \frac{\sqrt{3}}{3}(1,\ 1,\ 1)$, $e_2^* = \frac{\sqrt{6}}{2}\left(\frac{1}{3},\ -\frac{2}{3},\ \frac{1}{3}\right)$, $e_3^* = \sqrt{2}\left(-\frac{1}{2},\ 0,\ \frac{1}{2}\right)$.

4.111 $L_0^*(x) = 1$, $L_1^*(x) = \sqrt{12}\left(x - \frac{1}{2}\right)$, $L_2^*(x) = \sqrt{180}\left(x^2 - x + \frac{1}{6}\right), \ldots$.

4.112 $P_0(x) = 3$, $P_1(x) = x - \frac{1}{2}$, $P_2(x) = x^2 - x + \frac{1}{6}$.

4.113 $Q_0(x) = 1$, $Q_1(x) = x - \frac{2}{3}$, $Q_2(x) = x^2 - \frac{6}{5}x + \frac{3}{10}$.

4.114 $v_0 = (1,\ 1,\ 0)$.

4.115 $f_0(x) = -2.2214 + 4.5948x$.

4.116 $f_0(x) = \frac{1}{15}\{3\} + \frac{4}{15}\left\{x - \frac{1}{2}\right\} + \frac{12}{7}\left\{x^2 - x + \frac{1}{6}\right\}$.

4.117 $f_0(x) = 0.24979 - 0.06498\,x + 0.01688\,x^2$.

4.118 $f_0(x) = 84x^2 - 99x^4$.

Transformação Linear

5

5.1 Introdução

Vamos estudar aqui funções da forma $v = F(u)$, onde tanto a variável independente u como a variável dependente v são vetores. Nosso objetivo será estudar uma classe de funções vetoriais, chamada de transformações lineares, que tem aplicações importantes nas várias áreas das ciências exatas. Veremos também como associar uma matriz a uma transformação linear.

Se U e V forem espaços vetoriais e F uma função que associa a cada vetor pertencente a U um único vetor pertencente a V, escrevemos $F : U \to V$ e dizemos que F leva U em V.

Por exemplo, se $u = (u_1,\ u_2)$ for um vetor do $I\!R^2$, então $F(u) = (u_1,\ u_1 + u_2,\ u_1 - u_2)$ define uma função que leva o $I\!R^2$ no $I\!R^3$.

Definição 5.1 *Sejam U e V espaços vetoriais. Uma* **transformação linear** *T (ou aplicação linear) é uma função de U em V, $T : U \to V$, que satisfaz as seguintes condições:*

a) $T(u + v) = T(u) + T(v), \forall u, v \in U,$

b) $T(\alpha u) = \alpha T(u), \forall \alpha \in I\!R, \forall u \in U.$

Assim, para analisar se uma transformação dada é linear, devemos verificar se as condições da Definição 5.1 são satisfeitas.

Observações:

1) T é uma transformação linear se preserva as equações básicas de um espaço vetorial.

2) Se $U = V$, isto é, se $T : U \to U$ (ou, se $T : V \to V$), dizemos que T é um **operador linear**.

Daremos, a seguir, alguns exemplos.

Exemplo 5.1 *Verificar se $T : I\!R^3 \to I\!R$, definida por:*

$$u = (u_1,\ u_2,\ u_3) \to T(u) = 2u_1 - 3u_2 + 4u_3,$$

é uma transformação linear.

Solução: Temos:

$$\begin{aligned} \text{a) } T(u+v) &= T((u_1,\ u_2,\ u_3) + (v_1,\ v_2,\ v_3)) \\ &= T(u_1 + v_1,\ u_2 + v_2,\ u_3 + v_3) \\ &= 2(u_1 + v_1) - 3(u_2 + v_2) + 4(u_3 + v_3) \\ &= (2u_1 - 3u_2 + 4u_3) + (2v_1 - 3v_2 + 4v_3) \\ &= T(u_1,\ u_2,\ u_3) + T(v_1,\ v_2,\ v_3) = T(u) + T(v), \end{aligned}$$

$$\begin{aligned} \text{b) } T(\alpha u) &= T(\alpha(u_1,\ u_2,\ u_3)) = T(\alpha u_1,\ \alpha u_2,\ \alpha u_3) \\ &= 2\alpha u_1 - 3\alpha u_2 + 4\alpha u_3 = \alpha(2u_1 - 3u_2 + 4u_3) \\ &= \alpha T(u_1,\ u_2,\ u_3) = \alpha T(u). \end{aligned}$$

Logo, T é uma transformação linear.

Observe que a transformação linear dada no Exemplo 5.1 associa cada vetor $u \in I\!R^3$ com cada vetor $v \in I\!R$ (os vetores, neste caso, são números reais). De fato: seja, por exemplo,

$$u = (1,\ 2,\ 3) \in I\!R^3 \Rightarrow v = T(u) = 2 \times 1 - 3 \times 2 + 4 \times 3 = 8 \in I\!R.$$

Exemplo 5.2 *Verificar se $T : I\!R^2 \to I\!R^3$, definida por:*

$$u = (u_1,\ u_2) \Rightarrow T(u) = (2u_1 - u_2,\ u_1 + u_2,\ u_1 - 2u_2),$$

é uma transformação linear.

Solução: Temos:

$$\begin{aligned} \text{a) } T(u+v) &= T((u_1,\ u_2) + (v_1,\ v_2)) \\ &= T(u_1 + v_1,\ u_2 + v_2) \\ &= (2(u_1 + v_1) - (u_2 + v_2),\ (u_1 + v_1) + (u_2 + v_2),\ (u_1 + v_1) - 2(u_2 + v_2)) \\ &= (2u_1 + 2v_1 - u_2 - v_2,\ u_1 + v_1 + u_2 + v_2,\ u_1 + v_1 - 2u_2 - 2v_2) \\ &= (2u_1 - u_2,\ u_1 + u_2,\ u_1 - 2u_2) + (2v_1 - v_2,\ v_1 + v_2,\ v_1 - 2v_2) \\ &= T(u_1,\ u_2) + T(v_1,\ v_2) = T(u) + T(v), \end{aligned}$$

$$\begin{aligned} \text{b) } T(\alpha u) &= T(\alpha(u_1,\ u_2)) = T(\alpha u_1,\ \alpha u_2) \\ &= (2\alpha u_1 - \alpha u_2,\ \alpha u_1 + \alpha u_2,\ \alpha u_1 - 2\alpha u_2) \\ &= (\alpha(2u_1 - u_2),\ \alpha(u_1 + u_2),\ \alpha(u_1 - 2u_2)) = \alpha(2u_1 - u_2,\ u_1 + u_2,\ u_1 - \\ &= \alpha T(u_1,\ u_2) = \alpha T(u). \end{aligned}$$

Logo, T é uma transformação linear.

Observe que a transformação linear dada no Exemplo 5.2 associa cada vetor $u \in I\!R^2$ com cada vetor $v \in I\!R^3$. De fato: seja, por exemplo,

$$u = (1,\ 2) \in I\!R^2 \Rightarrow v = T(u) = (2 \times 1 - 2,\ 1 + 2,\ 1 - 2 \times 2) = (0,\ 3,\ -3) \in I\!R^3.$$

Exemplo 5.3 *Verificar se $I : \mathbb{R}^n \to \mathbb{R}^n$ (onde I: transformação identidade), definida por:*

$$u = (u_1,\ u_2,\ \ldots,\ u_n) \to I(u) = (u_1,\ u_2,\ \ldots,\ u_n) = u,$$

é linear.

Solução: Temos:

$$\begin{aligned} \text{a) } I(u+v) &= I\left((u_1,\ u_2,\ \ldots,\ u_n) + (v_1,\ v_2,\ \ldots,\ v_n)\right) \\ &= I(u_1+v_1,\ u_2+v_2,\ \ldots,\ u_n+v_n) \\ &= (u_1+v_1,\ u_2+v_2,\ \ldots,\ u_n+v_n) \\ &= (u_1,\ u_2,\ \ldots,\ u_n) + (v_1,\ v_2,\ \ldots,\ v_n) \\ &= u+v = I(u)+I(v), \end{aligned}$$

$$\begin{aligned} \text{b) } \quad I(\alpha u) &= I(\alpha(u_1,\ u_2,\ \ldots,\ u_n)) \\ &= I(\alpha u_1,\ \alpha u_2,\ \ldots,\ \alpha u_n)) \\ &= (\alpha u_1,\ \alpha u_2,\ \ldots,\ \alpha u_n) \\ &= \alpha(u_1,\ u_2,\ \ldots,\ u_n)) \\ &= \alpha u = \alpha I(u). \end{aligned}$$

Logo, I é uma transformação linear.

Exemplo 5.4 *Verificar se a projeção ortogonal do $\mathbb{R}^2$ sobre o eixo x, isto é, se $T : \mathbb{R}^2 \to \mathbb{R}^2$, definida por:*

$$u = (u_1,\ u_2) \to T(u) = (u_1,\ u_2) = (u_1,\ 0),$$

é linear.

Solução: Observe que a projeção ortogonal do $\mathbb{R}^2$ sobre o eixo x é dada na Figura 5.1, isto é:

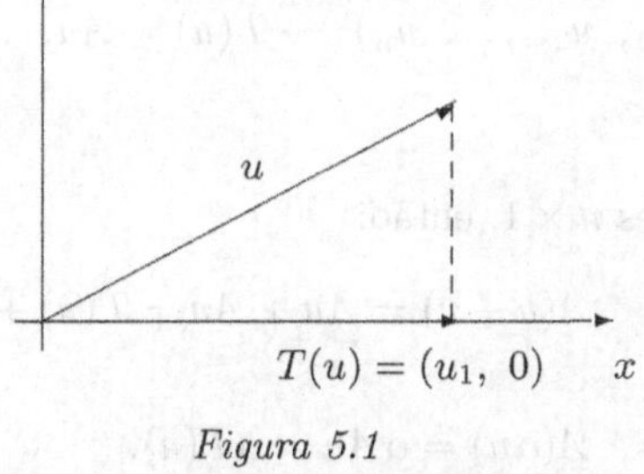

Figura 5.1

Temos:

$$\begin{aligned} \textbf{a)}\ T(u+v) &= T\left((u_1,\ u_2)+(v_1,\ v_2)\right)\\ &= T(u_1+v_1,\ u_2+v_2)\\ &= (u_1+v_1,\ 0)\\ &= (u_1,\ 0)+(v_1,\ 0)\\ &= T(u)+T(v), \end{aligned}$$

$$\begin{aligned} \textbf{b)}\quad T(\alpha u) &= T(\alpha(u_1,\ u_2))\\ &= T(\alpha u_1,\ \alpha u_2)\\ &= (\alpha u_1,\ 0)\\ &= \alpha(u_1,\ 0))\\ &= \alpha T(u). \end{aligned}$$

Logo, T é uma transformação linear.

Exemplo 5.5 *Seja* $V = \mathcal{K}_n(x) = \{P_r(x)/r \leq n\}$ = *espaço vetorial dos polinômios de grau* $\leq n$. *Verificar se a transformação* $T : \mathcal{K}_n(x) \to \mathcal{K}_{n-1}(x)$, *definida por:*

$$T(P_r(x)) = \frac{d}{dx}P_r(x) = P_r^{'}(x),$$

é linear.

Solução: Sejam $P_r(x)$ e $Q_r(x)$ dois polinômios de grau $\leq n$, então:

$$\begin{aligned} \textbf{a)}\ T(P_r(x)+Q_r(x)) &= \frac{d}{dx}(P_r(x)+Q_r(x))\\ &= \frac{d}{dx}P_r(x)+\frac{d}{dx}Q_r(x)\\ &= T(P_r(x))+T(Q_r(x)), \end{aligned}$$

$$\begin{aligned} \textbf{b)}\qquad T(\alpha P_r(x)) &= \frac{d}{dx}(\alpha P_r(x))\\ &= \alpha\frac{d}{dx}(P_r(x)) = \alpha T(P_r(x)). \end{aligned}$$

Logo, T é uma transformação linear.

Exemplo 5.6 *Sejam* $U = I\!R^n$, $V = I\!R^m$ *e* A *uma matriz real* $m \times n$. *Verificar se a transformação* $T : I\!R^n \to I\!R^m$, *definida por:*

$$u = (u_1,\ u_2,\ \ldots,\ u_n) \to T(u) = Au,$$

é linear.

Solução: Sejam u e v vetores $n \times 1$, então:

$$\textbf{a)}\ T(u+v) = A(u+v) = Au+Av = T(u)+T(v),$$

$$\textbf{b)}\quad T(\alpha u) = A(\alpha u) = \alpha Au = \alpha T(u).$$

Logo, T é uma transformação linear.

Observe que, efetuando o produto Au, onde A é $m \times n$ e $u \in I\!R^n$, obtemos:

$$Au = \begin{pmatrix} a_{11} & a_{12} & \dots & a_{1n} \\ a_{21} & a_{22} & \dots & a_{2n} \\ \vdots & \vdots & \ddots & \vdots \\ a_{m1} & a_{m2} & \dots & a_{mn} \end{pmatrix} \begin{pmatrix} u_1 \\ u_2 \\ \vdots \\ u_n \end{pmatrix}$$

$$= \begin{pmatrix} a_{11}\, u_1 + a_{12}\, u_2 + \dots + a_{1n}\, u_n \\ a_{21}\, u_1 + a_{22}\, u_2 + \dots + a_{2n}\, u_n \\ \dots \\ a_{m1}\, u_1 + a_{n2}\, u_2 + \dots + a_{mn}\, u_n \end{pmatrix} \in I\!R^m.$$

Assim, uma matriz $A, m \times n$, sempre determina uma transformação linear $T : I\!R^n \to I\!R^m$. Veremos este fato, em detalhes, mais adiante.

Exemplo 5.7 *Sejam $U = V = C[a,b]$ = espaço vetorial das funções contínuas reais definidas no intervalo fechado e limitado $[a,b]$. Seja $x \in V$ de tal modo que $x = x(t)$ é uma função escalar de t. Verificar se a transformação $T : U \to V$, definida por:*

$$T(x) = f(t)x(t),$$

onde $f(t)$ é uma função contínua fixa, independente de x, é linear.

Solução: Sejam x e y duas funções tais que $x = x(t)$ e $y = y(t)$, então:

$$\text{a) } T(x+y) = f(t)(x+y)(t) = f(t)(x(t)+y(t)) = f(t)x(t) + f(t)y(t) = T(x) + T(y),$$

$$\text{b) } T(\alpha x) = f(t)(\alpha x)(t) = f(t)\alpha x(t) = \alpha f(t)x(t) = \alpha T(x).$$

Logo, T é uma transformação linear.

Exemplo 5.8 *Verificar se $T : I\!R^3 \to I\!R^2$, definida por:*

$$u = (u_1,\ u_2,\ u_3) \to T(u) = (u_1 - u_2 + u_3,\ u_2 + 1),$$

é uma transformação linear.

Solução: Temos:

$$\begin{aligned} \text{a) } T(u+v) &= T((u_1,\ u_2,\ u_3) + (v_1,\ v_2,\ v_3)) \\ &= T(u_1+v_1,\ u_2+v_2,\ u_3+v_3) \\ &= ((u_1+v_1) - (u_2+v_2) + (u_3+v_3),\ (u_2+v_2)+1) \\ &\neq (u_1 - u_2 + u_3,\ u_2+1) + (v_1 - v_2 + v_3,\ v_2+1) \\ &= T(u_1,\ u_2,\ u_3) + T(v_1,\ v_2,\ v_3) = T(u) + T(v). \end{aligned}$$

Logo, T não é uma transformação linear.

Observe que basta uma das condições da Definição 5.1 não ser satisfeita para que uma dada transformação não seja linear.

5.1.1 Propriedades da Transformação Linear

Veremos agora algumas propriedades que as transformações lineares satisfazem.

Teorema 5.1 *Seja $T : U \to V$. Então:*

a) $T(\theta) = \theta$, *isto é, a transformação linear leva o vetor nulo no vetor nulo.*

b) $T(\alpha u + \beta v) = \alpha T(u) + \beta T(v), \forall \alpha, \beta \in I\!R; \forall u, v \in U.$

Prova: Por definição, temos que:

a) Para $\forall \alpha \in I\!R; \forall u \in U, T(\alpha u) = \alpha T(u)$. Assim, tomando $\alpha = 0$, obtemos:

$$T(\theta) = T(0u) = 0T(u) = \theta.$$

b) Para $\forall \alpha, \beta \in I\!R; \forall u, v \in U,$

$$T(\alpha u + \beta v) = T(\alpha u) + T(\beta v) = \alpha T(u) + \beta T(v).$$

Observações:

1) A transformação dada no Exemplo 5.8 não satisfaz $T(\theta) = \theta$.

De fato: $T(0,\ 0,\ 0) = (0,\ 1) \neq \theta$ e, portanto, neste caso, T não é linear.

2) Se T é linear, então $T(\theta) = \theta$. O leitor deve tomar cuidado, pois a recíproca não é verdadeira, isto é, existe transformação com $T(\theta) = \theta$ e T não é linear. (Ver Exemplo 5.9.)

3) É fácil verificar que o item **b)** do Teorema 5.1 continua válido para qualquer que seja o número de vetores envolvidos, isto é:

$$T(\alpha_1 u_1 + \alpha_2 u_2 + \ldots + \alpha_n u_n) = \alpha_1 T(u_1) + \alpha_2 T(u_2) + \ldots + \alpha_n T(u_n),$$

$\forall \alpha_i \in I\!R; \forall u_i \in U, i = 1, 2, \ldots, n.$

4) Se $\{u_1,\ u_2,\ \ldots,\ u_n\}$ é uma base de U e as imagens $T(u_1), T(u_2), \ldots, T(u_n)$ são conhecidas, é sempre possível obter a imagem de $T(u), \forall u \in U$, isto é, se $u \in U$, então podemos escrever:

$$u = \alpha_1 u_1 + \alpha_2 u_2 + \ldots + \alpha_n u_n.$$

Portanto:

$$T(u) = \alpha_1 T(u_1) + \alpha_2 T(u_2) + \ldots + \alpha_n T(u_n).$$ (Ver Exemplo 5.10.)

Exemplo 5.9 *Verificar se* $T : \mathbb{R}^2 \to \mathbb{R}^2$, *definida por:*

$$u = (u_1,\ u_2) \to T(u) = (u_1,\ 2u_2^2),$$

é uma transformação linear.

Solução: Observe que: $T(\theta) = T(0,\ 0) = (0,\ 0) = \theta$. Entretanto, as condições da Definição 5.1 não são satisfeitas. De fato:

$$\begin{aligned} \textbf{a)}\ T(u+v) &= T((u_1,\ u_2) + (v_1,\ v_2)) \\ &= T(u_1 + v_1,\ u_2 + v_2) \\ &= (u_1 + v_1,\ 2(u_2 + v_2)^2) \\ &\neq (u_1,\ 2u_2^2) + (v_1,\ 2v_2^2) \\ &= T(u_1,\ u_2) + T(v_1,\ v_2) = T(u) + T(v). \end{aligned}$$

Logo, T não é uma transformação linear.

(O leitor pode verificar que a condição **b)** também não é satisfeita.)

Exemplo 5.10 *Seja* $T : \mathbb{R}^2 \to \mathbb{R}^3$ *uma transformação linear e* $B = \{(1,\ 0), (1,\ 1)\}$ *uma base do* $\mathbb{R}^2$. *Determinar* $T(5,\ 3)$, *sabendo que* $T(1,\ 0) = (1,\ 1,\ 1)$ *e* $T(1,\ 1) = (1,\ 2,\ 0)$.

Solução: Sabemos que qualquer vetor do $\mathbb{R}^2$ se escreve de maneira única como combinação linear dos vetores de B. Assim:

$$(5,\ 3) = \alpha_1(1,\ 0) + \alpha_2(1,\ 1).$$

Igualando as coordenadas de mesma posição, obtemos o sistema linear:

$$\begin{cases} \alpha_1 + \alpha_2 = 5 \\ \qquad\ \ \alpha_2 = 3 \end{cases}$$

cuja solução é: $\alpha_1 = 2$ e $\alpha_2 = 3$. Portanto:

$$\begin{aligned} (5,\ 3) &= 2(1,\ 0) + 3(1, 1) \\ \Rightarrow T(5,\ 3) &= 2T(1,\ 0) + 3T(1, 1) \\ &= 2(1,\ 1,\ 1) + 3(1,\ 2,\ 0) \\ &= (5,\ 8,\ 2). \end{aligned}$$

Exercícios

5.1 *Verificar se* $T : \mathbb{R}^2 \to \mathbb{R}^2$, *definida por:*

$$u = (u_1,\ u_2) \to T(u) = (u_1 + u_2,\ u_1),$$

é uma transformação linear.

5.2 *Verificar se* $T : \mathbb{R}^2 \to \mathbb{R}^3$, *definida por:*

$$u = (u_1,\ u_2) \to T(u) = (u_1,\ u_1 + u_2,\ u_1 - u_2),$$

é uma transformação linear.

5.3 *Verificar se* $T : \mathbb{R}^2 \to \mathbb{R}$*, definida por:*

$$u = (u_1,\ u_2) \to T(u) = u_1\ u_2,$$

é uma transformação linear.

5.4 *Verificar se a transformação nula, isto é, se* $T : U \to V$*, definida por:*

$$u \to T(u) = \theta,$$

é linear.

5.5 *Seja* $T : \mathbb{R}^3 \to \mathbb{R}^2$ *uma transformação linear e* $B = \{(1,\ 0,\ 0), (1,\ 1,\ 1),\ (1,\ 2,\ 0)\}$ *uma base do* $\mathbb{R}^3$*. Determinar* $T(2,\ 1,\ -1)$*, sabendo que:*

$$T(1,\ 0,\ 0) = (1,\ -1),\ T(1,\ 1,\ 1) = (2,\ 0) \text{ e } T(1,\ 2,\ 0) = (3,\ -1).$$

5.2 Operações com Transformações Lineares

Apresentamos algumas operações que podem ser realizadas com as transformações lineares.

Definição 5.2 *Sejam* T_1 *e* T_2 *transformações lineares de* U *em* V*. A* **adição** *das transformações lineares* T_1 *e* T_2 *é a transformação linear:* $T_1 + T_2 : U \to V$*, dada por:*

$$u \to (T_1 + T_2)(u) = T_1(u) + T_2(u),\ \forall u \in U.$$

Observe que, para somar duas transformações lineares T_1 e T_2, tanto T_1 como T_2 devem levar U em V. Além disso, a soma de duas transformações lineares nada mais é do que a soma dos vetores que as representam.

Exemplo 5.11 *Sejam* $T_1 : \mathbb{R}^3 \to \mathbb{R}^2$ *e* $T_2 : \mathbb{R}^3 \to \mathbb{R}^2$ *transformações lineares, definidas por:*

$$\begin{aligned} u = (u_1,\ u_2,\ u_3) \ \to \ & T_1(u) = (u_1 + u_2,\ 2u_1 - u_2 + u_3), \\ & T_2(u) = (u_1 - 2u_2 + u_3,\ u_1 - u_3). \end{aligned}$$

Determine $T_1 + T_2$.

Solução: Temos:

$$\begin{aligned} (T_1 + T_2)(u) &= T_1(u) + T_2(u) \\ &= (u_1 + u_2,\ 2u_1 - u_2 + u_3) + (u_1 - 2u_2 + u_3,\ u_1 - u_3) \\ &= (2u_1 - u_2 + u_3,\ 3u_1 - u_2). \end{aligned}$$

Logo, $(T_1 + T_2)(u) = (2u_1 - u_2 + u_3,\ 3u_1 - u_2)$.

Definição 5.3 *Sejam* $T : U \to V$ *uma transformação linear e* α *um escalar qualquer. O* **produto** *da transformação linear* T *pelo escalar* $\alpha \in \mathbb{R}$ *é a transformação linear* $\alpha T : U \to V$*, dada por:*

$$u \to (\alpha T)(u) = \alpha T(u),\ \forall u \in U.$$

Observe que: $(\alpha T)(u) = \alpha T(u) = T(\alpha u)$. Assim, o produto de uma transformação linear por um escalar nada mais é do que o produto do escalar pelo vetor que representa a transformação linear.

Exemplo 5.12 *Seja $T : \mathbb{R}^2 \to \mathbb{R}^3$ a transformação linear, definida por:*

$$u = (u_1,\ u_2) \to T(u) = (u_1 + u_2,\ u_1 - u_2,\ u_2).$$

Determine $5T$.

Solução: Temos:

$$\begin{aligned} (5T)(u) &= 5T(u) \\ &= 5(u_1 + u_2,\ u_1 - u_2,\ u_2) \\ &= (5(u_1 + u_2),\ 5(u_1 - u_2),\ 5u_2) \\ &= (5u_1 + 5u_2,\ 5u_1 - 5u_2,\ 5u_2) = T(5u). \end{aligned}$$

Logo, $(5T)(u) = (5u_1 + 5u_2,\ 5u_1 - 5u_2,\ 5u_2)$.

Observe que, das operações acima definidas, fica fácil verificar que:

a) $T(-u) = -T(u)$.

b) $T(u - v) = T(u) - T(v)$.

De fato:

$T(-u) = T(-1(u)) = -1T(u) = -T(u)$.

$T(u - v) = T(u + (-1)v) = T(u) + (-1)T(v) = T(u) - T(v)$.

Exemplo 5.13 *Considere uma transformação linear $T : U \to V$, que satisfaz:*

$$T(u) = u + v \quad \text{e} \quad T(v) = u - 2v.$$

Calcule em função de u e v:

a) $T(3u)$,

b) $T(-2v)$,

c) $T(3u - 2v)$.

Solução: Temos:

a) $T(3u) = 3(u + v) = 3u + 3v$,

b) $T(-2v) = -T(2v) = -2T(v) = -2(u - 2v) = -2u + 4v$,

c) $T(3u - 2v) = T(3u) + T(-2v) = u + 7v$.

Definição 5.4 *Sejam $T_1 : U \to V$ e $T_2 : V \to W$ transformações lineares. A aplicação* **composta** *das transformações lineares T_1 e T_2, indicada por T_2 o T_1, é a transformação linear que leva U em W, dada por:*

$$u \to (T_2 \text{ o } T_1)(u) = T_2(T_1(u)), \forall u \in U.$$

Observe que, se as transformações T_1 e T_2 são lineares, então a aplicação composta T_2 o T_1 também é linear.

Propriedades da Aplicação Composta

Sejam T_1 e T_2 transformações lineares de U em V, S_1 e S_2 transformações lineares de V em W e $\alpha \in I\!R$, então:

a) $S_1 \text{ o } (T_1 + T_2) = S_1 \text{ o } T_1 + S_1 \text{ o } T_2$.

b) $(S_1 + S_2) \text{ o } T_1 = S_1 \text{ o } T_1 + S_2 \text{ o } T_2$.

c) $\alpha(S_1 \text{ o } T_2) = (\alpha S_1) \text{ o } T_2 = S_1 \text{ o } (\alpha T_2)$.

d) $T_1 \text{ o } T_2 \neq T_2 \text{ o } T_1$.

e) $T_1 \text{ o } T_1$ é representada por T_1^2.

Daremos, a seguir, alguns exemplos para ilustrar as propriedades da aplicação composta.

Exemplo 5.14 *Sejam T_1 e T_2 transformações lineares do $I\!R^2$ em $I\!R^2$, definidas por:*

$$u = (u_1,\ u_2) \quad \to \quad T_1(u) = (u_1 - u_2,\ u_2),$$
$$T_2(u) = (u_1,\ 2u_2).$$

Calcule:

a) $T_1 \text{ o } T_2$,

b) $T_2 \text{ o } T_1$,

c) T_1^2,

d) T_2^2,

e) $T_1 \text{ o } (3T_2)$.

Solução: Temos:

a) $(T_1 \text{ o } T_2)u = T_1(T_2(u)) = T_1(u_1,\ 2u_2) = (u_1 - 2u_2,\ 2u_2)$,

b) $(T_2 \text{ o } T_1)u = T_2(T_1(u)) = T_2(u_1 - u_2,\ u_2) = (u_1 - u_2,\ 2u_2)$,

c) $T_1^2 = (T_1 \text{ o } T_1)u = T_1(T_1(u)) = T_1(u_1 - u_2,\ u_2) = (u_1 - 2u_2,\ u_2)$,

d) $T_2^2 = (T_2 \text{ o } T_2)u = T_2(T_2(u)) = T_2(u_1,\ 2u_2) = (u_1,\ 4u_2)$,

e) $(T_1 \text{ o } (3T_2))u = 3(T_1 \text{ o } T_2) = 3(u_1 - 2u_2,\ 2u_2) = (3u_1 - 6u_2,\ 6u_2)$.

Exemplo 5.15 *Sejam T_1 e T_2 transformações lineares do $I\!R^3$ em $I\!R^3$, definidas por:*

$$\begin{aligned} u = (u_1,\ u_2,\ u_3) \ \rightarrow\ & T_1(u) = (u_1 - u_3,\ 2u_1 + u_2,\ 3u_2 + u_3), \\ & T_2(u) = (u_1 + u_2,\ -u_1 + u_3,\ -u_2 + 2u_3). \end{aligned}$$

Calcule:

a) $T_1 \text{ o } T_2$,

b) $T_2 \text{ o } T_1$.

Solução: Temos:

$$\begin{aligned} \text{a) } (T_1 \text{ o } T_2)u &= T_1(T_2(u)) = T_1(u_1 + u_2,\ -u_1 + u_3,\ -u_2 + 2u_3) \\ &= (u_1 + 2u_2 - 2u_3,\ u_1 + 2u_2 + u_3,\ -3u_1 - u_2 + 5u_3), \end{aligned}$$

$$\begin{aligned} \text{b) } (T_2 \text{ o } T_1)u &= T_2(T_1(u)) = T_2(u_1 - u_3,\ 2u_1 + u_2,\ 3u_2 + u_3) \\ &= (3u_1 + u_2 - u_3,\ -u_1 + 3u_2 + 2u_3,\ 6u_1 + 6u_2 + u_3). \end{aligned}$$

Exemplo 5.16 *Sejam $T_1 : I\!R^3 \rightarrow I\!R^2$, $T_2 : I\!R^2 \rightarrow I\!R^3$ e $T_3 : I\!R^3 \rightarrow I\!R^3$ transformações lineares, definidas por:*

$$\begin{aligned} u = (u_1,\ u_2,\ u_3) &\rightarrow T_1(u) = (u_1 + u_2,\ u_3), \\ u = (u_1,\ u_2) &\rightarrow T_2(u) = (2u_1,\ u_2,\ u_1 - u_2), \\ u = (u_1,\ u_2,\ u_3) &\rightarrow T_3(u) = (u_1,\ u_2 + u_3,\ u_3). \end{aligned}$$

Calcule, se possível:

a) $T_1 \text{ o } T_2$,

b) $T_1 \text{ o } T_3$,

c) $T_2 \text{ o } T_3$,

d) $T_2 \text{ o } T_1$,

e) $T_3 \text{ o } T_1$,

f) $T_3 \text{ o } T_2$.

Solução: Temos:

a) $(T_1 \text{ o } T_2)u = T_1(T_2(u)) = T_1(2u_1,\ u_2,\ u_1 - u_2) = (2u_1 + u_2,\ u_1 - u_2)$,

b) $(T_1 \text{ o } T_3)u = T_1(T_3(u)) = T_1(u_1,\ u_2 + u_3,\ u_3) = (u_1 + u_2 + u_3,\ u_3)$,

c) Não é possível calcular a aplicação composta $(T_2 \text{ o } T_3)u$, pois $T_3 : I\!R^3 \to I\!R^3$ e $T_2 : I\!R^2 \to I\!R^3$,

d) $(T_2 \text{ o } T_1)u = T_2(T_1(u)) = T_2(u_1 + u_2,\ u_3) = (2u_1 + 2u_2,\ u_3,\ u_1 + u_2 - u_3)$,

e) Não é possível calcular a aplicação composta $(T_3 \text{ o } T_1)u$, pois $T_1 : I\!R^3 \to I\!R^2$ e $T_3 : I\!R^3 \to I\!R^3$,

f) $(T_3 \text{ o } T_2)u = T_3(T_2(u)) = T_3(2u_1,\ u_2,\ u_1 - u_2) = (2u_1,\ u_1,\ u_1 - u_2)$.

Exercícios

5.6 *Sejam* $T_1 : I\!R^2 \to I\!R^3$, $T_2 : I\!R^3 \to I\!R^2$ *e* $T_3 : I\!R^2 \to I\!R^3$ *transformações lineares, definidas por:*

$$\begin{aligned} u = (u_1,\ u_2) &\ \to\ T_1(u) = (u_1,\ u_1 - u_2,\ 2u_1 + 2u_2), \\ u = (u_1,\ u_2,\ u_3) &\ \to\ T_2(u) = (u_1,\ u_2), \\ u = (u_1,\ u_2) &\ \to\ T_3(u) = (u_1 - u_2 + u_3,\ u_1 - 2u_2 - u_3,\ u_2 - u_3). \end{aligned}$$

Calcular, se possível:

a) $T_1 + 2T_2$,

b) $3T_1 + 2T_3$.

5.7 *Considere as transformações lineares dadas no Exercício* 5.6. *Calcular, se possível:*

a) $T_1 \text{ o } T_2$,

b) $T_2 \text{ o } T_3$,

c) $T_3 \text{ o } T_1$,

d) $T_3 \text{ o } T_2$,

e) $T_1 \text{ o } (3T_2)$.

5.2.1 Interpretação Geométrica

Veremos aqui a interpretação geométrica do significado de uma transformação linear.

Exemplo 5.17 *Considere a transformação linear* $T : I\!R^2 \to I\!R^2$, *definida por:*

$$u = (u_1,\ u_2) \to T(u) = (-2u_1 + 3u_2,\ -2u_1 - u_2)$$

e os vetores: $u = (-1,\ 0)$ *e* $v = (-2,\ -1)$. *Calcule:* $T(u)$, $T(v)$, $T(u + v)$ *e esboce-os no plano.*

Solução: Temos que: $T(u) = (2,\ 2)$ e $T(v) = (1,\ 5)$. Assim, $T(u) + T(v) = (3,\ 7)$. Além disso, $u + v = (-3,\ -1)$ e $T(u + v) = (3,\ 7)$.

No Capítulo 2, vimos que $u + v$ é a diagonal do paralelogramo formado por u e v. Na Figura 5.2, mostramos que $T(u + v)$ é a diagonal do paralelogramo formado por $T(u)$ e $T(v)$.

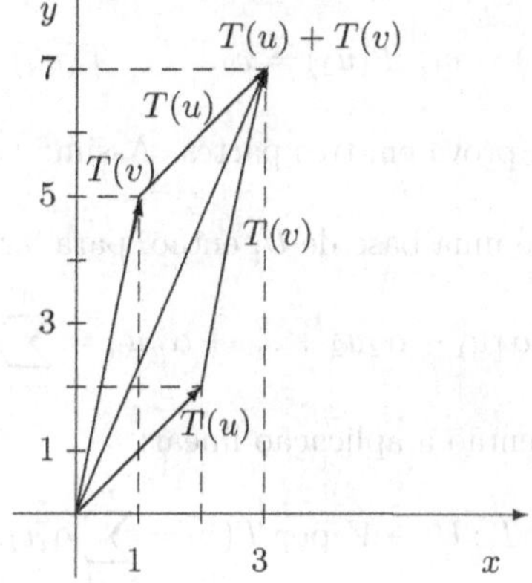

Figura 5.2

Observe que T preserva a adição de vetores.

Exemplo 5.18 *Considere a transformação linear e o vetor v dados no Exemplo 5.17. Seja $\alpha = -1$. Esboce no plano $T(v)$ e $T(\alpha v)$.*

Solução: Do Exemplo 5.17, temos que: $v = (-2,\ -1)$ e $T(v) = (1,\ 5)$.

Assim, $\alpha v = -1(-2,\ -1) = (2,\ 1) = -v$. Logo, $T(\alpha v) = T(-v) = (-1,\ -5)$.

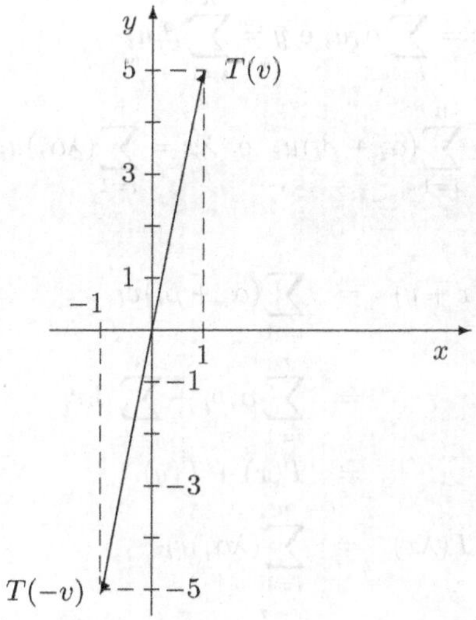

Figura 5.3

Observe que T preserva a multiplicação de vetor por escalar.

5.3 Existência e Unicidade da Transformação Linear

Veremos agora um teorema que garante a existência e unicidade de uma transformação linear.

Teorema 5.2 *Sejam U e V espaços vetoriais reais. Sejam $u_1, u_2, \ldots, u_n$ uma base de U e $v_1, v_2, \ldots, v_n$ uma base de V. Então existe uma única transformação linear $T : U \to V$ tal que:*

$$T(u_1) = v_1,\ T(u_2) = v_2,\ \ldots,\ T(u_n) = v_n.$$

Prova: Vamos dividir a prova em três partes. Assim:

a) Como $u_1, u_2, \ldots, u_n$ é uma base de U, então, para $\forall x \in U$, temos que:

$$x = \alpha_1 u_1 + \alpha_2 u_2 + \ldots + \alpha_n u_n = \sum_{i=1}^{n} \alpha_i u_i,$$

de modo único. Definimos então a aplicação linear:

$$T : U \to V \text{ por } T(x) = \sum_{i=1}^{n} \alpha_i v_i.$$

Como os α_i são únicos, a aplicação T está bem definida e temos: $T(u_i) = v_i$. De fato:

$$u_i = 0u_1 + 0u_2 + \ldots + u_i + 0u_n.$$

Portanto,

$$T(u_i) = \sum_{i=1}^{n} \alpha_i v_i = 0v_1 + 0v_2 + \ldots + v_i + 0v_n = v_i.$$

b) T é linear. De fato:

Sejam x e $y \in U$. Logo:

$$x = \sum_{i=1}^{n} \alpha_i u_i \text{ e } y = \sum_{i=1}^{n} \beta_i u_i$$

$$\Rightarrow x + y = \sum_{i=1}^{n} (\alpha_i + \beta_i) u_i \text{ e } \lambda x = \sum_{i=1}^{n} (\lambda \alpha_i) u_i.$$

Assim:

$$\begin{aligned}
\textbf{i) } T(x+y) &= \sum_{i=1}^{n} (\alpha_i + \beta_i) v_i \\
&= \sum_{i=1}^{n} \alpha_i v_i + \sum_{i=1}^{n} \beta_i v_i \\
&= T(x) + T(y). \\
\textbf{ii) } T(\lambda x) &= \sum_{i=1}^{n} (\lambda \alpha_i) v_i \\
&= \lambda \sum_{i=1}^{n} \alpha_i v_i \\
&= \lambda T(x).
\end{aligned}$$

Portanto, T é linear.

c) T é única. De fato:

Suponhamos que $\exists\ G : U \to V$ linear tal que:

$$G(u_i) = v_i \text{ para } \forall x \in U \Rightarrow x = \sum_{i=1}^{n} \alpha_i u_i.$$

Assim,

$$G(x) = G\left(\sum_{i=1}^{n} \alpha_i u_i\right) = \sum_{i=1}^{n} \alpha_i G(u_i) = \sum_{i=1}^{n} \alpha_i v_i = T(x),\ \forall x \in U.$$

Portanto, $T = G$, ou seja, T é única.

Aplicação do Teorema 5.2

Daremos agora alguns exemplos para mostrar a aplicação do Teorema 5.2.

Exemplo 5.19 *Seja* $T : \mathbb{R}^2 \to \mathbb{R}^3$ *uma aplicação linear, que satisfaz:*

$$T(1,\ 1) = (2,\ 1,\ 2) \text{ e } T(0,\ 1) = (1,\ 1,\ 2).$$

Determine $T(u)$.

Solução: Observe que $\{(1,\ 1), (0,\ 1)\}$ é uma base do $\mathbb{R}^2$. Assim, para qualquer vetor $u = (u_1,\ u_2) \in \mathbb{R}^2$, podemos escrever que:

$$\begin{aligned}(u_1,\ u_2) &= \alpha(1,\ 1) + \beta(0,\ 1)\\ &= (\alpha,\ \alpha + \beta).\end{aligned}$$

Igualando as coordenadas de mesma posição, obtemos o sistema linear:

$$\begin{cases}\alpha & = u_1\\ \alpha + \beta & = u_2\end{cases}$$

cuja solução é: $\alpha = u_1$ e $\beta = u_2 - u_1$. Assim:

$$(u_1,\ u_2) = u_1(1,\ 1) + (u_2 - u_1)(0,\ 1).$$

Agora, pelo Teorema 5.2, existe uma única aplicação linear T, tal que: $T(u_i) = v_i$. De fato:

$$\begin{aligned}T(u_1,\ u_2) &= T(u_1(1,\ 1) + (u_2 - u_1)(0,\ 1))\\ &= u_1T(1,\ 1) + (u_2 - u_1)T(0,\ 1)\\ &= u_1(2,\ 1,\ 2) + (u_2 - u_1)(1,\ 1,\ 2)\\ &= (2u_1,\ u_1,\ 2u_1) + (u_2,\ u_2,\ 2u_2) - (u_1,\ u_1,\ 2u_1)\\ &= (u_1 + u_2,\ u_2,\ 2u_2).\end{aligned}$$

Portanto, $T(u_1,\ u_2) = (u_1 + u_2,\ u_2,\ 2u_2)$.

Exemplo 5.20 *Seja* $T : \mathbb{R}^3 \to \mathbb{R}$ *uma aplicação linear, que satisfaz:*

$$T(1,\ 0,\ 0) = 2,\ T(1,\ 2,\ 1) = -1 \text{ e } T(0,\ 0,\ 1) = 3.$$

Determine $T(u)$.

Solução: É fácil verificar que $\{(1,\ 0,\ 0), (1,\ 2,\ 1), (0,\ 0,\ 1)\}$ é uma base do $\mathbb{R}^3$. Assim, para qualquer vetor $u = (u_1,\ u_2,\ u_3) \in \mathbb{R}^3$, podemos escrever que:

$$\begin{aligned}(u_1,\ u_2,\ u_3) &= \alpha(1,\ 0,\ 0) + \beta(1,\ 2,\ 1) + \gamma(0,\ 0,\ 1)\\ &= (\alpha + \beta,\ 2\beta,\ \beta + \gamma).\end{aligned}$$

Igualando as coordenadas de mesma posição, obtemos o sistema linear:

$$\begin{cases}\alpha + \beta = u_1\\ 2\beta = u_2\\ \beta + \gamma = u_3\end{cases}$$

cuja solução é: $\alpha = u_1 - \frac{u_2}{2}$, $\beta = \frac{u_2}{2}$ e $\gamma = u_3 - \frac{u_2}{2}$. Assim:

$$(u_1,\ u_2,\ u_3) = \left(u_1 - \frac{u_2}{2}\right)(1,\ 0,\ 0) + \frac{u_2}{2}(1,\ 2,\ 1) + \left(u_3 - \frac{u_2}{2}\right)(0,\ 0,\ 1).$$

Agora, pelo Teorema 5.2, existe uma única aplicação linear T, tal que: $T(u_i) = v_i$. De fato:

$$\begin{aligned}T(u_1,\ u_2,\ u_3) &= T\left(\left(u_1 - \frac{u_2}{2}\right)(1,\ 0,\ 0) + \frac{u_2}{2}(1,\ 2,\ 1) + \left(u_3 - \frac{u_2}{2}\right)(0,\ 0,\ 1)\right)\\ &= \left(u_1 - \frac{u_2}{2}\right)T(1,\ 0,\ 0) + \frac{u_2}{2}T(1,\ 2,\ 1) + \left(u_3 - \frac{u_2}{2}\right)T(0,\ 0,\ 1)\\ &= \left(u_1 - \frac{u_2}{2}\right)(2) + \frac{u_2}{2}(-1) + \left(u_3 - \frac{u_2}{2}\right)(3)\\ &= 2u_1 - u_2 - \frac{u_2}{2} + 3u_3 - \frac{3}{2}u_2\\ &= 2u_1 - 3u_2 + 3u_3.\end{aligned}$$

Portanto, $T(u_1,\ u_2,\ u_3) = 2u_1 - 3u_2 + 3u_3$.

Exemplo 5.21 *Seja* $T : \mathbb{R}^2 \to \mathbb{R}^2$ *uma transformação linear, que satisfaz:*

$$T(1,\ 0) = (1,\ 2) \text{ e } T(0,\ 1) = (2,\ -1).$$

Determine:

a) $T(u)$,

b) *um vetor* $u \in \mathbb{R}^2$, *tal que* $T(u) = (8,\ 1)$,

c) *um vetor* $u \in \mathbb{R}^2$, *tal que* $T(u) = 2u$.

Solução: Temos que:

a) $\{(1,\ 0),(0,\ 1)\}$ é a base canônica do $I\!R^2$. Logo, para qualquer vetor $u=(u_1,\ u_2)\in I\!R^2$, podemos escrever que:

$$(u_1,\ u_2)=\alpha(1,\ 0)+\beta(0,\ 1)\ \Rightarrow \alpha=u_1 \text{ e } \beta=u_2.$$

Portanto:

$$\begin{aligned} T(u_1,\ u_2) &= T(u_1(1,\ 0)+u_2(0,\ 1)) \\ &= u_1T(1,\ 0)+u_2T(0,\ 1) \\ &= u_1(1,\ 2)+u_2(2,\ -1) \\ &= (u_1+2u_2,\ 2u_1-u_2). \end{aligned}$$

Logo, $T(u_1,\ u_2)=(u_1+2u_2,\ 2u_1-u_2)$.

b) $T(u)=(8,\ 1)$. Assim,

$$(u_1+2u_2,\ 2u_1-u_2)=(8,\ 1).$$

Igualando as coordenadas de mesma posição, obtemos o sistema linear:

$$\begin{cases} u_1 + 2u_2 = 8 \\ 2u_1 - u_2 = 1 \end{cases}$$

cuja solução é: $u_1=2$ e $u_2=3$. Logo, o vetor procurado é $u=(2,\ 3)$.

c) $T(u)=2u$. Assim,

$$(u_1+2u_2,\ 2u_1-u_2)=(2u_1,\ 2u_2).$$

Igualando as coordenadas de mesma posição, obtemos o sistema linear:

$$\begin{cases} u_1 + 2u_2 = 2u_1 \\ 2u_1 - u_2 = 2u_2 \end{cases}$$

Agrupando os termos semelhantes, obtemos o sistema linear homogêneo:

$$\begin{cases} -u_1 + 2u_2 = 0 \\ 2u_1 - 3u_2 = 0 \end{cases}$$

que possui apenas a solução trivial, isto é: $u_1=u_2=0$. Logo, o vetor procurado é $u=(0,\ 0)$.

Exemplo 5.22 *Seja $T: I\!R^3 \to I\!R^3$ uma transformação linear, que satisfaz:*

$$T(1,\ 0,\ 0)=(2,\ 3,\ 1),\ T(0,\ 1,\ 0)=(5,\ 2,\ 7) \text{ e } T(0,\ 0,\ 1)=(-2,\ 0,\ 7).$$

Determine:

a) $T(u)$,

b) *um vetor $u\in I\!R^3$, tal que $T(u)=(14,\ 7,\ 8)$.*

Solução: Temos que:

a) $\{(1,\ 0,\ 0), (0,\ 1,\ 0), (0,\ 0,\ 1)\}$ é a base canônica do $I\!R^3$. Logo, para qualquer vetor $u = (u_1,\ u_2,\ u_3) \in I\!R^3$, podemos escrever que:

$$(u_1,\ u_2,\ u_3) = \alpha(1,\ 0,\ 0) + \beta(0,\ 1,\ 0) + \gamma(0,\ 0,\ 1) \Rightarrow \alpha = u_1;\ \beta = u_2 \text{ e } \gamma = u_3.$$

Portanto:

$$\begin{aligned} T(u_1,\ u_2,\ u_3) &= T(u_1(1,\ 0,\ 0) + u_2(0,\ 1,\ 0) + u_3(0,\ 0,\ 1)) \\ &= u_1T(1,\ 0,\ 0) + u_2T(0,\ 1,\ 0) + u_3T(0,\ 0,\ 1) \\ &= u_1(2,\ 3,\ 1) + u_2(5,\ 2,\ 7) + u_3(-2,\ 0,\ 7) \\ &= (2u_1 + 5u_2 - 2u_3,\ 3u_1 + 2u_2,\ u_1 + 7u_2 + 7u_3). \end{aligned}$$

Logo, $T(u_1,\ u_2,\ u_3) = (2u_1 + 5u_2 - 2u_3,\ 3u_1 + 2u_2,\ u_1 + 7u_2 + 7u_3)$.

b) $T(u) = (14,\ 7,\ 8)$. Assim,

$$(2u_1 + 5u_2 - 2u_3,\ 3u_1 + 2u_2,\ u_1 + 7u_2 + 7u_3) = (14,\ 7,\ 8).$$

Igualando as coordenadas de mesma posição, obtemos o sistema linear:

$$\begin{cases} 2u_1 + 5u_2 - 2u_3 = 14 \\ 3u_1 + 2u_2 = 7 \\ u_1 + 7u_2 + 7u_3 = 8 \end{cases}$$

cuja solução é: $u_1 = 1$, $u_2 = 2$ e $u_3 = -1$. Logo, o vetor procurado é $u = (1,\ 2,\ -1)$.

Exemplo 5.23 *Seja $V = \mathcal{K}_1(x)$= espaço vetorial dos polinômios de grau ≤ 1. Considere a aplicação linear $T : V \to V$, que satisfaz:*

$$T(1) = 3 \quad e \quad T(x) = 2 + x.$$

Determine $T(P_1(x))$.

Solução: Observe que $\{1,\ x\}$ é a base canônica de $\mathcal{K}_1(x)$. Logo, para qualquer vetor $P_1(x) = a_0 + a_1x \in \mathcal{K}_1(x)$, podemos escrever que:

$$a_0 + a_1x = \alpha(1) + \beta(x) \Rightarrow \alpha = a_0 \text{ e } \beta = a_1.$$

Portanto:

$$\begin{aligned} T(a_0 + a_1x) &= a_0T(1) + a_1T(x) \\ &= a_0(3) + a_1(2 + x) \\ &= (3a_0 + 2a_1) + a_1x. \end{aligned}$$

Logo, $T(a_0 + a_1x) = (3a_0 + 2a_1) + a_1x$.

Exercícios

5.8 *Considere a transformação linear* $T : \mathbb{R}^3 \to \mathbb{R}^2$, *que satisfaz:*

$$T(1,\ -2,\ 0) = (-1,\ -2), \quad T(0,\ 1,\ 1) = (1,\ 2) \quad e \quad T(1,\ 0,\ -1) = (1,\ -1).$$

Determinar $T(u)$.

5.9 *Seja* $T : \mathbb{R}^2 \to \mathbb{R}^3$ *a aplicação linear, que satisfaz:*

$$T(2,\ 1) = (3,\ 0,\ 3) \quad e \quad T(3,\ 0) = (3,\ 3,\ 0).$$

Determinar:

a) $T(u)$,

b) *um vetor* $u \in \mathbb{R}^2$, *tal que* $T(u) = (5,\ -4,\ 9)$.

5.4 Imagem da Transformação Linear

Nesta seção, daremos o conceito de imagem de uma transformação linear.

Definição 5.5 *Seja* $T : U \to V$ *uma aplicação linear. A* **imagem de** T, *denotada por* $Im(T)$, *é o conjunto dos vetores* $v \in V$ *tais que existe um vetor* $u \in U$ *que satisfaz* $T(u) = v$, *isto é:*

$$Im(T) = \{v \in V / T(u) = v \text{ para algum } u \in U\}.$$

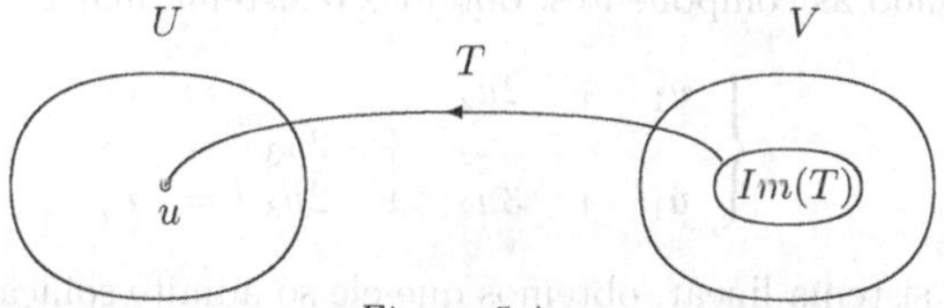

Figura 5.4

Daremos, a seguir, alguns exemplos.

Exemplo 5.24 *Seja* $T : \mathbb{R}^3 \to \mathbb{R}^3$ *a transformação linear, definida por:*

$$T(u_1,\ u_2,\ u_3) = (u_1,\ u_2,\ 0).$$

Determine $Im(T)$.

Solução: Temos que a $Im(T)$ é o conjunto:

$$\{(v_1,\ v_2,\ 0), \forall v_1, v_2 \in \mathbb{R}\}.$$

Assim, um vetor $v = (v_1,\ v_2,\ v_3) \in Im(T) \Leftrightarrow v_3 = 0$.

Observe que a $Im(T)$ é o plano xy.

Exemplo 5.25 *Seja $T : \mathbb{R}^2 \to \mathbb{R}^3$ a transformação linear, definida por:*

$$T(u_1,\ u_2) = \left(u_1,\ u_2,\ \frac{u_1 + u_2}{2}\right).$$

Determine $Im(T)$.

Solução: Temos que a $Im(T)$ é o conjunto:

$$\left\{\left(v_1,\ v_2,\ \frac{v_1 + v_2}{2}\right), \forall v_1, v_2 \in \mathbb{R}\right\}.$$

Assim, um vetor $v = (v_1,\ v_2,\ v_3) \in Im(T) \Leftrightarrow v_3 = \dfrac{v_1 + v_2}{2} \Leftrightarrow 2v_3 = v_1 + v_2 \Leftrightarrow v_1 + v_2 - 2v_3 = 0$.

Assim, a $Im(T) = \{(v_1,\ v_2,\ v_3), v_1,\ v_2,\ v_3 \in \mathbb{R} / v_1 + v_2 - 2v_3 = 0\}$.

Exemplo 5.26 *Considere a transformação linear $T : \mathbb{R}^3 \to \mathbb{R}^3$, definida por:*

$$u = (u_1,\ u_2,\ u_3) \to T(u) = (u_1 + 2u_2,\ u_2 + 2u_3,\ u_1 + 3u_2 + 2u_3).$$

Determine $Im(T)$.

Solução: Sabemos que a $Im(T)$ é o conjunto:

$$\{(v_1,\ v_2,\ v_3) \in \mathbb{R}^3 / T(u_1,\ u_2,\ u_3) = (v_1,\ v_2,\ v_3)\},$$

ou seja, um vetor $v = (v_1,\ v_2,\ v_3) \in Im(T)$ se existe $u = (u_1,\ u_2,\ u_3) \in \mathbb{R}^3$, tal que:

$$(u_1 + 2u_2,\ u_2 + 2u_3,\ u_1 + 3u_2 + 2u_3) = (v_1,\ v_2,\ v_3).$$

Assim, igualando as componentes, obtemos o sistema linear:

$$\begin{cases} u_1 + 2u_2 = v_1 \\ u_2 + 2u_3 = v_2 \\ u_1 + 3u_2 + 2u_3 = v_3 \end{cases}$$

Resolvendo o sistema linear, obtemos que ele só admite solução se $-v_1 - v_2 + v_3 = 0$. Portanto:

$$Im(T) = \{(v_1,\ v_2,\ v_3) \in \mathbb{R}^3 / - v_1 - v_2 + v_3 = 0\}.$$

Exemplo 5.27 *Considere a transformação linear $T : \mathbb{R}^3 \to \mathbb{R}^3$, definida por:*

$$u = (u_1,\ u_2,\ u_3) \to T(u) = (u_1 + u_2 - 3u_3,\ 3u_1 + 3u_2 - 9u_3,\ -2u_1 - 2u_2 + 6u_3).$$

Determine $Im(T)$.

Solução: Sabemos que a $Im(T)$ é o conjunto:

$$\{(v_1,\ v_2,\ v_3) \in \mathbb{R}^3 / T(u_1,\ u_2,\ u_3) = (v_1,\ v_2,\ v_3)\},$$

ou seja, um vetor $v = (v_1,\ v_2,\ v_3) \in Im(T)$ se existe $u = (u_1,\ u_2,\ u_3) \in \mathbb{R}^3$, tal que:

$$(u_1 + u_2 - 3u_3,\ 3u_1 + 3u_2 - 9u_3,\ -2u_1 - 2u_2 + 6u_3) = (v_1,\ v_2,\ v_3).$$

Assim, igualando as componentes, obtemos o sistema linear:

$$\begin{cases} u_1 + u_2 - 3u_3 = v_1 \\ 3u_1 + 3u_2 - 9u_3 = v_2 \\ -2u_1 - 2u_2 + 6u_3 = v_3 \end{cases}$$

Resolvendo o sistema linear, obtemos que ele só admite solução se $v_2 = 3v_1$ e $v_3 = -2v_1$. Portanto:

$$Im(T) = \{(v_1,\ v_2,\ v_3) \in I\!R^3 / v_2 = 3v_1 \text{ e } v_3 = -2v_1\}.$$

Teorema 5.3 *Se $T : U \to V$ é uma transformação linear, então $Im(T)$ é um subespaço vetorial de V.*

Prova: Devemos mostrar que:

a) $\theta \in Im(T)$,

b) $\forall v_1, v_2 \in Im(T) \Rightarrow v_1 + v_2 \in Im(T)$,

c) $\forall \alpha \in I\!R$ e $\forall v \in Im(T) \Rightarrow \alpha v \in Im(T)$.

De fato:

a) Como T é uma transformação linear, então $T(\theta) = \theta$ e, portanto, $\theta \in Im(T)$.

b) Sejam v_1 e $v_2 \in Im(T)$. Logo, existem u_1 e $u_2 \in U$ tais que $v_1 = T(u_1)$ e $v_2 = T(u_2)$. Assim,

$$v_1 + v_2 = T(u_1) + T(u_2) = T(u_1 + u_2),$$

desde que T é linear. Logo, $v_1 + v_2 \in Im(T)$.

c) Se $v \in Im(T)$, então, para $\forall \alpha \in I\!R$, temos:

$$\alpha v = \alpha T(u) = T(\alpha u),$$

desde que T é linear. Logo, $\alpha v \in Im(T)$.

Portanto, $Im(T)$ é um subespaço vetorial de V.

Teorema 5.4 *Se $T : U \to V$ é uma transformação linear e S é um subespaço vetorial de V, então $T^{-1}(S)$ é um subespaço vetorial de U.*

Prova: Observe que $T^{-1}(S) = \{u \in U / T(u) \in S\}$. Devemos mostrar que:

a) $\theta \in T^{-1}(S)$,

b) $\forall u, v \in T^{-1}(S), u + v \in T^{-1}(S)$,

c) $\forall \alpha \in I\!R$ e $\forall u \in T^{-1}(S) \Rightarrow \alpha v \in T^{-1}(S)$.

De fato:

a) Temos que: $\theta \in T^{-1}(S)$, pois, como S é um subespaço vetorial de V e como T é transformação linear, então $T(\theta) = \theta$. Logo, $\theta \in T^{-1}(S)$.

b) Sejam u e $v \in T^{-1}(S)$. Agora:

$$\begin{array}{l} \text{se } u \in T^{-1}(S) \Rightarrow T(u) \in S \\ \text{se } v \in T^{-1}(S) \Rightarrow T(v) \in S. \end{array}$$

Como S é um subespaço vetorial de V e como T é transformação linear, então: $T(u) + T(v) \in S$. Mas $T(u) + T(v) = T(u + v) \in S \Rightarrow u + v \in T^{-1}(S)$.

c) Seja $\alpha \in I\!\!R$. Novamente, se $u \in T^{-1}(S) \Rightarrow T(u) \in S$. Como $\alpha \in I\!\!R$, S é subespaço vetorial de V e T é transformação linear, então: $\alpha T(u) \in S$. Mas $\alpha T(u) = T(\alpha u) \in S \Rightarrow \alpha u \in T^{-1}(S)$.

Logo, $T^{-1}(S)$ é um subespaço vetorial de U.

Teorema 5.5 *Se $T : U \to V$ é uma transformação linear e o conjunto $\{u_1,\ u_2,\ \ldots,\ u_n\}$ gera U, então o conjunto $\{T(u_1),\ T(u_2),\ \ldots,\ T(u_n)\}$ gera a $Im(T)$.*

Prova: Seja v um vetor pertencente a $Im(T)$. Então, para algum vetor $u \in U$, temos que: $T(u) = v$. Como os vetores $u_1,\ u_2,\ \ldots,\ u_n$ geram U, então existem escalares $\alpha_1,\ \alpha_2,\ \ldots,\ \alpha_n$, tais que:

$$u = \alpha_1 u_1 + \alpha_2 u_2 + \ldots + \alpha_n u_n.$$

Assim:

$$\begin{aligned} v = T(u) &= T(\alpha_1 u_1 + \alpha_2 u_2 + \ldots + \alpha_n u_n) \\ &= \alpha_1 T(u_1) + \alpha_2 T(u_2) + \ldots + \alpha_n T(u_n). \end{aligned}$$

Portanto:

$$Im(T) = [T(u_1),\ T(u_2),\ \ldots, T(u_n)].$$

Exemplo 5.28 *Considere a transformação linear $T : I\!\!R^2 \to I\!\!R^2$, definida por:*

$$u = (u_1,\ u_2) \to T(u) = (u_1 + u_2,\ 2u_1 - 3u_2).$$

a) *Determine $Im(T)$.*

b) *Determine uma base para $Im(T)$.*

c) *Verifique se o vetor $w = (3,\ 1) \in Im(T)$.*

Solução: Temos que:

a) Um vetor $v = (v_1,\ v_2) \in Im(T)$ se existe um vetor $u = (u_1,\ u_2) \in I\!\!R^2$, tal que:

$$(u_1 + u_2,\ 2u_1 - 3u_2) = (v_1,\ v_2).$$

Igualando as componentes de mesma posição, obtemos o sistema linear:

$$\left\{ \begin{array}{rcrcl} u_1 & + & u_2 & = & v_1 \\ 2u_1 & - & 3u_2 & = & v_2 \end{array} \right.$$

que possui solução única. Assim, $Im(T) = I\!R^2$ e qualquer base do $I\!R^2$ é uma base de $Im(T)$.

b) A transformação linear dada pode ser escrita na forma:

$$T(u) = (1,\ 2)u_1 + (1,\ -3)u_2.$$

Assim, qualquer vetor do conjunto imagem se escreve de maneira única como combinação linear dos vetores: $(1,\ 2)$ e $(1,\ -3)$. Logo, estes vetores constituem uma base para o conjunto imagem. Portanto:

$$Im(T) = [(1,\ 2), (1,\ -3)].$$

Além disso,

$$T(1,\ 0) = (1,\ 2) \text{ e } T(0,\ 1) = (1,\ -3).$$

Logo, $Im(T) = [T(1,\ 0), T(0,\ 1)]$, isto é, a imagem da transformação linear dada é o subespaço gerado pelas imagens dos vetores da base canônica do $I\!R^2$.

c) O vetor $w = (3,\ 1) \in Im(T)$ se e somente se existe um vetor $v \in I\!R^2$, tal que:

$$(v_1 + v_2,\ 2v_1 - 3v_2) = (3,\ 1).$$

Igualando as coordenadas de mesma posição, obtemos o sistema linear:

$$\begin{cases} v_1 + v_2 = 3 \\ 2v_1 - 3v_2 = 1 \end{cases}$$

que possui como única solução: $v_1 = 2$ e $v_2 = 1$. Assim, $w = (3,\ 1) \in Im(T)$.

Exercícios

5.10 *Considere a transformação linear* $T : I\!R^2 \to I\!R^3$, *definida por:*

$$u = (u_1,\ u_2) \to T(u) = (2u_1 + u_2,\ 3u_1 + 2u_2,\ -2u_1 - u_2).$$

Determinar a $Im(T)$.

5.11 *Considere a transformação linear* $T : I\!R^3 \to I\!R^2$, *definida por:*

$$u = (u_1,\ u_2,\ u_3) \to T(u) = (-2u_1 + u_3,\ -u_1 + u_2).$$

Determinar a $Im(T)$.

5.5 Núcleo da Transformação Linear

Nesta seção, daremos o conceito de núcleo de uma transformação linear.

Definição 5.6 *Seja* $T : U \to V$ *uma aplicação linear. O* **núcleo de** T, *denotado por* $Ker(T)$ *ou* $N(T)$, *é o conjunto dos vetores* $u \in U$ *que são levados no vetor nulo de* V, *isto é:*

$$Ker(T) = \{u \in U \ / \ T(u) = \theta \in V\}.$$

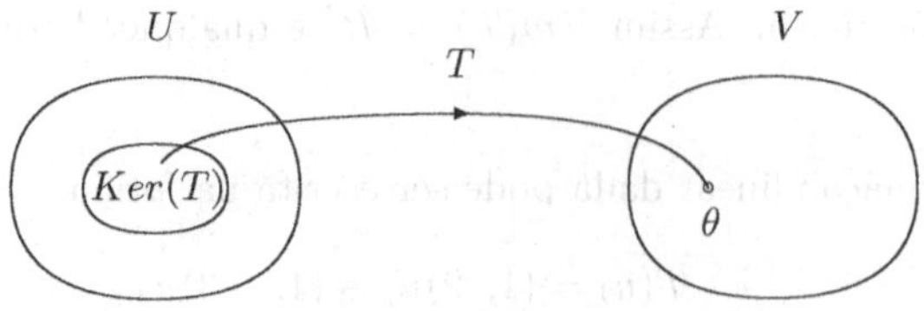

Figura 5.5

Daremos, a seguir, alguns exemplos.

Exemplo 5.29 *Considere a transformação linear* $T : \mathbb{R}^2 \to \mathbb{R}$*, definida por:*

$$u = (u_1,\ u_2) \to T(u) = 2u_1 + u_2.$$

Determine $Ker(T)$.

Solução: Para determinar o $Ker(T)$, devemos ter:

$$T(u_1, u_2) = 2u_1 + u_2 = 0 \Rightarrow u_2 = -2u_1.$$

Assim:

$$Ker(T) = \{(u_1, -2u_1), u_1 \in \mathbb{R}\}.$$

Observe que o $Ker(T)$ é a reta $y = -2x$.

Exemplo 5.30 *Considere a transformação linear* $T : \mathbb{R}^2 \to \mathbb{R}^3$*, definida por:*

$$u = (u_1,\ u_2) \to T(u) = (0,\ u_1 + u_2,\ 0).$$

Determine $Ker(T)$.

Solução: Para determinar o $Ker(T)$, devemos ter:

$$T(u_1, u_2) = (0,\ u_1 + u_2,\ 0) = (0,\ 0,\ 0) \Rightarrow u_2 = -u_1.$$

Assim:

$$Ker(T) = \{(u_1,\ -u_1), u_1 \in \mathbb{R}\}.$$

Observe que o $Ker(T)$ é a reta $y = -x$.

Exemplo 5.31 *Considere a transformação linear* $T : \mathbb{R}^3 \to \mathbb{R}^3$*, definida por:*

$$u = (u_1, u_2, u_3) \to T(u) = (u_1 + 2u_2 + u_3,\ u_1 + 5u_2 + 4u_3,\ -u_1 + u_2 + 2u_3).$$

Determine $Ker(T)$.

Solução: Temos que:

$$Ker(T) = \{(u_1,\ u_2,\ u_3) \in \mathbb{R}^3 / T(u_1, u_2, u_3) = \theta = (0,\ 0,\ 0)\}.$$

Assim, devemos ter:

$$(u_1 + 2u_2 + u_3,\ u_1 + 5u_2 + 4u_3,\ -u_1 + u_2 + 2u_3) = (0,\ 0,\ 0).$$

Igualando as coordenadas de mesma posição, obtemos o sistema linear homogêneo:

$$\begin{cases} u_1 + 2u_2 + u_3 = 0 \\ u_1 + 5u_2 + 4u_3 = 0 \\ -u_1 + u_2 + 2u_3 = 0 \end{cases}$$

cuja solução é: $u = (u_3,\ -u_3,\ u_3), \forall u_3 \in I\!R$. Portanto,

$$Ker(T) = \{(u_1,\ u_2,\ u_3)/u_1 = u_3,\ u_2 = -u_3, \forall u_3 \in I\!R\}.$$

Exemplo 5.32 *Considere a transformação linear $T : I\!R^2 \to I\!R^2$, definida por:*

$$u = (u_1, u_2) \to T(u) = (u_1 + 2u_2,\ 2u_1 - u_2).$$

Determine $Ker(T)$.

Solução: Temos que:

$$Ker(T) = \{(u_1,\ u_2) \in I\!R^2 /\, T(u_1,\ u_2) = \theta = (0,\ 0)\}.$$

Assim, devemos ter:

$$(u_1 + 2u_2,\ 2u_1 - u_2) = (0,\ 0).$$

Igualando as coordenadas de mesma posição, obtemos o sistema linear homogêneo:

$$\begin{cases} u_1 + 2u_2 = 0 \\ 2u_1 - u_2 = 0 \end{cases}$$

cuja solução é: $u_1 = 0$ e $u_2 = 0$, ou seja, o sistema linear homogêneo admite apenas a solução trivial. Portanto,

$$Ker(T) = \{(0,\ 0)\}.$$

Teorema 5.6 *Se $T : U \to V$ é uma transformação linear, então $Ker(T)$ é um subespaço vetorial de U.*

Prova: Devemos mostrar que:

a) $\theta \in Ker(T)$,

b) $\forall u_1, u_2 \in Ker(T) \Rightarrow u_1 + u_2 \in Ker(T)$,

c) $\forall \alpha \in I\!R$ e $\forall u \in Ker(T) \Rightarrow \alpha u \in Ker(T))$.

De fato:

a) Como T é uma transformação linear, então $T(\theta) = \theta \Rightarrow \theta \in Ker(T)$.

b) Sejam u_1 e $u_2 \in Ker(T)$. Logo, $T(u_1) = \theta$ e $T(u_2) = \theta$. Assim,

$$T(u_1 + u_2) = T(u_1) + T(u_2) = \theta + \theta = \theta,$$

desde que T é linear. Logo, $u_1 + u_2 \in Ker(T)$.

c) Se $u \in Ker(T))$, então, para $\forall\alpha \in I\!R$, temos:

$$T(\alpha u) = \alpha T(u) = \alpha(\theta) = \theta,$$

desde que T é linear. Logo, $\alpha u \in Ker(T)$.

Portanto, $Ker(T)$ é um subespaço vetorial de V.

Exercícios

5.12 *Considere a transformação linear* $T : I\!R^3 \to I\!R^2$, *definida por:*

$$u = (u_1,\ u_2,\ u_3) \to T(u) = (u_1 - u_2 + u_3,\ u_2 - 2u_3).$$

Determinar $Ker(T)$.

5.13 *Considere a transformação linear* $T : I\!R^3 \to I\!R^3$, *definida por:*

$$u = (u_1,\ u_2,\ u_3) \to T(u) = (u_1,\ 0,\ u_3),$$

isto é, T *é a projeção ortogonal do* $I\!R^3$ *sobre o plano* xz. *Determinar* $Ker(T)$.

5.6 Matriz de uma Transformação Linear

Apresentamos, a seguir, a matriz de uma transformação linear.

Teorema 5.7 *Seja* $A \in \mathcal{M}_{m\times n}$. *Então:*

i) *A matriz* A *define uma transformação linear* $T : I\!R^n \to I\!R^m$ *(ou* $C^n \to C^m$*) por* $T(x) = Ax$.

ii) *Reciprocamente, seja* $T : U \to V$ *uma transformação linear, onde* U *e* V *são espaços vetoriais de dimensão finita sobre um corpo* K, *onde* $K = I\!R$ *(ou* C*). Então,* T *pode ser representada por uma matriz* A *em relação a bases fixas de* U *e* V.

Prova: Temos que:

i) Imediata pelo Exemplo 5.6.

ii) Sejam $B = \{u_1,\ u_2,\ \ldots,\ u_n\}$ uma base de U e $B' = \{v_1,\ v_2,\ \ldots,\ v_m\}$ uma base de V. Sejam ainda $x \in U$ e $y \in V$. Como temos uma base em U e outra em V, então x e y podem ser escritos como combinação linear dos vetores da base. Assim,

$$x = x_1u_1 + x_2u_2 + \ldots + x_nu_n = \sum_{i=1}^{n} x_iu_i$$

e

$$y = y_1v_1 + y_2v_2 + \ldots + y_mv_m = \sum_{i=1}^{m} y_iv_i.$$

Se definirmos a matriz $m \times n$, $A = [a_{ij}]$, representando os vetores $T(u_j)$ em termos de $v_1,\ v_2,\ \ldots,\ v_m$ como:

$$T(u_j) = \sum_{i=1}^{m} a_{ij} v_i,\ j = 1, 2, \ldots, n,$$

então:

$$\begin{aligned}
T(x) &= T(\sum_{j=1}^{n} x_j u_j) = \sum_{j=1}^{n} x_j T((u_j)) \\
&= \sum_{j=1}^{n} x_j \left(\sum_{i=1}^{m} a_{ij} v_i \right) = \sum_{i=1}^{m} \left(\sum_{j=1}^{n} a_{ij} x_j \right) v_i \\
&= \sum_{i=1}^{m} y_i v_i \text{ onde } y_i = \sum_{j=1}^{n} a_{ij} x_j \\
&= y.
\end{aligned}$$

Por outro lado, se $x = (x_1,\ x_2,\ \ldots,\ x_n)$ e $y = (y_1,\ y_2,\ \ldots,\ y_m)$ e A é uma matriz $m \times n$, então:

$$\begin{aligned}
Ax &= \begin{pmatrix} a_{11} & a_{12} & \ldots & a_{1n} \\ a_{21} & a_{22} & \ldots & a_{2n} \\ \vdots & \vdots & \ddots & \vdots \\ a_{m1} & a_{m2} & \ldots & a_{mn} \end{pmatrix} \begin{pmatrix} x_1 \\ x_2 \\ \vdots \\ x_n \end{pmatrix} \\
&= \begin{pmatrix} \sum_{j=1}^{n} a_{1j} x_j \\ \sum_{j=1}^{n} a_{2j} x_j \\ \ldots\ \ldots \\ \sum_{j=1}^{n} a_{mj} x_j \end{pmatrix} = \begin{pmatrix} y_1 \\ y_2 \\ \vdots \\ y_n \end{pmatrix} = y.
\end{aligned}$$

Portanto, $T(x) = y$ é equivalente a $Ax = y$.

Observações:

1) A matriz A é denominada **matriz de** T em relação às bases B e B'.

2) A coluna j da matriz A possui as coordenadas $a_{ij}, 1 \leq i \leq m$ de $T(u_j)$, onde u_j é o j-ésimo elemento da base de U.

3) Para espaços vetoriais de dimensão finita sobre um corpo K, podemos considerar todas as transformações lineares como sendo definidas por matrizes $m \times n$ e operando de $\mathbb{R}^n \to \mathbb{R}^m$ ou de $C^n \to C^m$.

4) É fácil verificar, pelo Teorema 5.7, que a matriz A depende das bases B e B' de U e V, respectivamente. Assim, desde que um espaço vetorial possui mais de uma base, uma transformação linear pode ser representada por uma infinidade de matrizes. Entretanto, fixadas as bases, a matriz A é única.

Daremos, a seguir, alguns exemplos.

Exemplo 5.33 *Considere a transformação linear* $T : I\!R^2 \to I\!R^3$, *definida por:*

$$u = (u_1,\ u_2) \to T(u) = (u_1 + u_2,\ u_1 - u_2,\ u_1).$$

Considere, ainda,

$$B = \{v_1,\ v_2\} = \{(1,\ 1),\ (-1,\ 0)\}$$

uma base do $I\!R^2$ *e*

$$B' = \{v'_1,\ v'_2,\ v'_3\} = \{(1,\ 1,\ 0),\ (-1,\ 1,\ 0),\ (0,\ 1,\ 1)\}$$

uma base do $I\!R^3$. *Determine a matriz* A.

Solução: A matriz A será 3×2, isto é:

$$A = \begin{pmatrix} a_{11} & a_{12} \\ a_{21} & a_{22} \\ a_{31} & a_{32} \end{pmatrix}.$$

Observe que a matriz A nada mais é do que a matriz de mudança de base, da base B para a base B'. (Ver Capítulo 4.)

Calculando $T(v)$ para cada vetor da base B, obtemos:

$$\begin{aligned} T(v_1) &= T(1,\ 1) = (2,\ 0,\ 1), \\ T(v_2) &= T(-1,\ 0) = (-1,\ -1,\ -1). \end{aligned}$$

Agora escrevemos cada vetor do $I\!R^3$ como combinação linear dos vetores da base B'. Assim:

$$\begin{aligned} (2,\ 0,\ 1) &= a_{11}(1,\ 1,\ 0) + a_{21}(-1,\ 1,\ 0) + a_{31}(0,\ 1,\ 1), \\ (-1,\ -1,\ -1) &= a_{12}(1,\ 1,\ 0) + a_{22}(-1,\ 1,\ 0) + a_{32}(0,\ 1,\ 1). \end{aligned}$$

Da primeira equação, obtemos o sistema linear:

$$\begin{cases} a_{11} - a_{21} = 2 \\ a_{11} + a_{21} + a_{31} = 0 \\ a_{31} = 1 \end{cases}$$

cuja solução é: $a_{11} = \frac{1}{2}$, $a_{21} = -\frac{3}{2}$ e $a_{31} = 1$. De maneira análoga, da segunda equação, obtemos:

$$\begin{cases} a_{12} - a_{22} = -1 \\ a_{12} + a_{22} + a_{32} = -1 \\ a_{32} = -1 \end{cases}$$

cuja solução é: $a_{12} = -\dfrac{1}{2}$, $a_{22} = \dfrac{1}{2}$ e $a_{32} = -1$. Portanto:

$$A = \begin{pmatrix} 1/2 & -1/2 \\ -3/2 & 1/2 \\ 1 & -1 \end{pmatrix}.$$

Exemplo 5.34 *Sejam* $U = \mathcal{K}_3(x)$= *espaço vetorial dos polinômios de grau* ≤ 3 *e* $V = \mathcal{K}_2(x)$= *espaço vetorial dos polinômios de grau* ≤ 2. *Considere a transformação linear* $T : U \to V$, *definida por:*

$$P_3(x) \to T(P_3(x)) = \frac{dP_3(x)}{dx}.$$

a) *Escolha as bases canônicas para* B *e* B' *e determine a matriz* A.

b) *Sabendo que* $P_3(x) = 1 - 2x + 3x^3$, *calcule* $T(P_3(x))$, *usando a matriz encontrada no item* **a)**.

Solução: Temos que:

a) a base canônica de U é:

$$B = \{1,\ x,\ x^2,\ x^3\} = \{v_1,\ v_2,\ v_3,\ v_4\}$$

e de V é:

$$B' = \{1,\ x,\ x^2\} = \{v'_1,\ v'_2,\ v'_3\}.$$

Assim, para:

$$\forall \ \ P_3(x) \in U \Rightarrow P_3(x) = a_0 + a_1 x + a_2 x^2 + a_3 x^3,$$
$$\forall \ \ P_2(x) \in V \Rightarrow P_2(x) = b_0 + b_1 x + b_2 x^2.$$

Agora, desde que $T(u_j) = \sum_{i=1}^{3} a_{ij} v_i$; $j = 1, 2, 3, 4$, obtemos:

$$\begin{aligned}
T(u_1) &= T(1) = \frac{d}{dx}1 = 0 = 0 + 0x + 0x^2 = \sum_{i=1}^{3} a_{i1} v_i, \\
T(u_2) &= T(x) = \frac{d}{dx}x = 1 = 1 + 0x + 0x^2 = \sum_{i=1}^{3} a_{i2} v_i, \\
T(u_3) &= T(x^2) = \frac{d}{dx}x^2 = 2x = 0 + 2x + 0x^2 = \sum_{i=1}^{3} a_{i3} v_i, \\
T(u_4) &= T(x^3) = \frac{d}{dx}x^3 = 3x^2 = 0 + 0x + 3x^2 = \sum_{i=1}^{3} a_{i4} v_i.
\end{aligned}$$

Logo, T pode ser representada pela matriz:

$$A = \begin{pmatrix} 0 & 1 & 0 & 0 \\ 0 & 0 & 2 & 0 \\ 0 & 0 & 0 & 3 \end{pmatrix}.$$

b) $P_3(x) = 1 - 2x + 3x^3$. Podemos representar $P_3(x)$ como um vetor, usando seus coeficientes como coordenadas, isto é, $P_3 = (1,\ -2,\ 0,\ 3)$. Assim,

$$A(P_3) = \begin{pmatrix} 0 & 1 & 0 & 0 \\ 0 & 0 & 2 & 0 \\ 0 & 0 & 0 & 3 \end{pmatrix} \begin{pmatrix} 1 \\ -2 \\ 0 \\ 3 \end{pmatrix} = \begin{pmatrix} -2 \\ 0 \\ 9 \end{pmatrix} = -2 + 9x^2.$$

Observe que: $\dfrac{d}{dx}(1 - 2x + 3x^3) = -2 + 9x^2$.

Exemplo 5.35 *Considere a transformação linear* $T : \mathbb{R}^3 \to \mathbb{R}^2$, *definida por:*

$$u = (u_1,\ u_2,\ u_3) \to T(u) = (u_1 + 2u_2 + u_3,\ u_1 - u_2 - u_3).$$

Considere, ainda,

$$B = \{v_1,\ v_2,\ v_3\} = \{(1,\ 1,\ 0), (-1,\ 1,\ 0), (0,\ 1,\ 1)\}$$

uma base do $\mathbb{R}^3$ *e*

$$B' = \{v_1',\ v_2'\} = \{(1,\ 1), (-1,\ 0)\}$$

uma base do $\mathbb{R}^2$.

a) *Determine a matriz* A.

b) *Se* $u = (3,\ 2,\ 1)$ *com coordenadas na base canônica do* $\mathbb{R}^3$, *calcule* $T(u)$, *na base* B', *usando a matriz encontrada no item* **a)**.

Solução: Temos que:

a) A matriz A será 2×3, isto é:

$$A = \begin{pmatrix} a_{11} & a_{12} & a_{13} \\ a_{21} & a_{22} & a_{23} \end{pmatrix}.$$

Calculando $T(v)$ para cada vetor da base B, obtemos:

$$\begin{aligned} T(v_1) &= T(1,\ 1,\ 0) = (3,\ 0), \\ T(v_2) &= T(-1,\ 1,\ 0) = (1,\ -2), \\ T(v_3) &= T(0,\ 1,\ 1) = (3,\ -2). \end{aligned}$$

Escrevemos agora cada vetor do $\mathbb{R}^2$ como combinação linear dos vetores da base B'. Assim:

$$\begin{aligned} (3,\ 0) &= a_{11}(1,\ 1) + a_{21}(-1,\ 0), \\ (1,\ -2) &= a_{12}(1,\ 1) + a_{22}(-1,\ 0), \\ (3,\ -2) &= a_{13}(1,\ 1) + a_{23}(-1,\ 0). \end{aligned}$$

Da primeira equação, obtemos o sistema linear:

$$\begin{cases} a_{11} - a_{21} = 3 \\ a_{11} = 0 \end{cases}$$

cuja solução é: $a_{11} = 0$ e $a_{21} = -3$. Da segunda equação, obtemos o sistema linear:

$$\begin{cases} a_{12} - a_{22} = 1 \\ a_{12} = -2 \end{cases}$$

cuja solução é: $a_{12} = -2$ e $a_{22} = -3$. Finalmente, da terceira equação, obtemos o sistema linear:

$$\begin{cases} a_{13} - a_{23} = 3 \\ a_{13} = -2 \end{cases}$$

cuja solução é: $a_{13} = -2$ e $a_{23} = -5$. Portanto:

$$A = \begin{pmatrix} 0 & -2 & -2 \\ -3 & -3 & -5 \end{pmatrix}.$$

b) Sabemos que $T(u) = Au$. Como $u = (3,\ 2,\ 1)$ está escrito na base canônica do $I\!R^3$, isto é:

$$u = (3,\ 2,\ 1) = 3(1,\ 0,\ 0) + 2(0,\ 1,\ 0) + 1(0,\ 0,\ 1),$$

devemos, primeiramente, representá-lo na base B. Para tanto, consideremos que $u = (\alpha,\ \beta,\ \gamma)$ na base B. Assim:

$$\begin{aligned} u = (3,\ 2,\ 1) &= \alpha(1,\ 1,\ 0) + \beta(-1,\ 1,\ 0) + \gamma(0,\ 1,\ 1) \\ &= (\alpha - \beta,\ \alpha + \beta + \gamma,\ \gamma). \end{aligned}$$

Igualando as coordenadas de mesma posição, obtemos o sistema linear:

$$\begin{cases} \alpha - \beta = 3 \\ \alpha + \beta + \gamma = 2 \\ \gamma = 1 \end{cases}$$

cuja solução é: $\alpha = 2, \beta = -1$ e $\gamma = 1$.

Logo, o vetor u na base B é dado por: $u = \begin{pmatrix} 2 \\ -1 \\ 1 \end{pmatrix}$.

Portanto:

$$Au = \begin{pmatrix} 0 & -2 & -2 \\ -3 & -3 & -5 \end{pmatrix} \begin{pmatrix} 2 \\ -1 \\ 1 \end{pmatrix} = \begin{pmatrix} 0 \\ -8 \end{pmatrix}.$$

Assim, $Au = \begin{pmatrix} 0 \\ -8 \end{pmatrix} = T(u)$.

Observe que o vetor coordenada de $T(u)$, na base canônica, é:

$$T(u) = 0(1,\ 1) - 8(-1, 0) = (8,\ 0).$$

Além disso, $T(u) = (8,\ 0)$ pode ser obtido usando a definição de T e considerando $u = (3,\ 2,\ 1)$, isto é:

$$T(u) = T(3,\ 2,\ 1) = (3 + 4 + 1,\ 3 - 2 - 1) = (8,\ 0).$$

Exemplo 5.36 *Considere a transformação linear e a base B dadas no Exemplo 5.35. Seja* $B' = \{(1,\ 0), (0,\ 1)\}$ *a base canônica do* $\mathbb{R}^2$.

a) *Determine a matriz A.*

b) *Se* $u = (3,\ 2,\ 1)$*, como no Exemplo 5.35, calcule* $T(u)$ *na base* B'*, usando a matriz encontrada no item* **a)**.

Solução: a) Temos, do Exemplo 5.35, que:

$$T(v_1) = (3,\ 0), \quad T(v_2) = (1,\ -2) \ \text{ e } \ T(v_3) = (3,\ -2).$$

Assim,

$$\begin{aligned} (3,\ 0) &= 3(1,\ 0) + 0(0,\ 1), \\ (1,\ -2) &= 1(1,\ 0) - 2(0,\ 1), \\ (3,\ -2) &= 3(1,\ 0) - 2(0,\ 1). \end{aligned}$$

Portanto,

$$A = \begin{pmatrix} 3 & 1 & 3 \\ 0 & -2 & -2 \end{pmatrix}.$$

b) Pelo Exemplo 5.35, temos que o vetor u na base B é dado por: $u = (2,\ -1,\ 1)$. Logo:

$$Au = \begin{pmatrix} 3 & 1 & 3 \\ 0 & -2 & -2 \end{pmatrix} \begin{pmatrix} 2 \\ -1 \\ 1 \end{pmatrix} = \begin{pmatrix} 8 \\ 0 \end{pmatrix}.$$

Exemplo 5.37 *Considere a transformação linear dada no Exemplo 5.35 e sejam B e B′ as bases canônicas do* $\mathbb{R}^3$ *e* $\mathbb{R}^2$*, respectivamente.*

a) *Determine a matriz A.*

b) *Se* $u = (3,\ 2,\ 1)$*, como no Exemplo 5.35, calcule* $T(u)$ *na base* B'*, usando a matriz encontrada no item* **a)**.

Solução: Temos que:

a)

$$\begin{aligned} T(1,\ 0,\ 0) &= (1,\ 1) = 1(1,\ 0) + 1(0,\ 1), \\ T(0,\ 1,\ 0) &= (2,\ -1) = 2(1,\ 0) - 1(0,\ 1), \\ T(0,\ 0,\ 1) &= (1,\ -1) = 1(1,\ 0) - 1(0,\ 1). \end{aligned}$$

Portanto,

$$A = \begin{pmatrix} 1 & 2 & 1 \\ 1 & -1 & -1 \end{pmatrix}.$$

b) Como $u = (3,\ 2,\ 1)$ está na base canônica, então:

$$Au = \begin{pmatrix} 1 & 2 & 1 \\ 1 & -1 & -1 \end{pmatrix} \begin{pmatrix} 3 \\ 2 \\ 1 \end{pmatrix} = \begin{pmatrix} 8 \\ 0 \end{pmatrix}.$$

Observações:

1) Quando as bases dos espaços vetoriais U e V são as bases canônicas, a matriz A que representa a transformação linear $T : U \to V$ é denominada **matriz canônica de** T. Assim, a matriz A, dos Exemplos 5.34 e 5.37, é a matriz canônica de T.

2) Calcular $T(u)$ usando a matriz A é o mesmo que calcular $T(u)$ usando a fórmula que define T. (Ver Exemplo 5.35.)

3) Pelos Exemplos 5.35, 5.36 e 5.37, fica fácil verificar que, dada uma transformação linear T, a cada conjunto de bases B e B' corresponde uma matriz A.

4) Quando é dada uma transformação linear $T : U \to V$ e as bases B e B' são as bases canônicas de U e V, respectivamente, a matriz A é obtida facilmente. (Ver Exemplo 5.38.)

5) Quando for dada uma matriz de uma transformação linear $T : U \to V$, sem que estejam definidas as bases de U e V, então estas devem ser entendidas como as bases canônicas de U e V. Além disso, nestas condições fica fácil determinar qual é a transformação linear associada à matriz A. (Ver Exemplo 5.39.)

6) Mesmo que as bases dadas não sejam as bases canônicas, podemos determinar a transformação linear $T : U \to V$, se tivermos a matriz A e duas bases B e B' de U e V, respectivamente.

7) Quando as bases envolvidas forem as bases canônicas, T_1 e T_2 forem transformações lineares do $\mathbb{R}^n \to \mathbb{R}^m$ e A_1 e A_2 forem suas matrizes canônicas, então:

a) $(T_1 + T_2) = A_1 + A_2$,

b) $\alpha T_1 = \alpha A_1$ e $\alpha T_2 = \alpha A_2, \forall \alpha \in \mathbb{R}$,

c) Se $T_3 : \mathbb{R}^m \to \mathbb{R}^p$ é uma transformação linear e A_3 é sua matriz canônica, então:

$$T_i o T_3 = A_i A_3,\ i = 1, 2,$$

isto é, o cálculo da transformação composta é igual ao produto das matrizes canônicas que as representam. (Ver Exemplo 5.42.)

Daremos, a seguir, alguns exemplos.

Exemplo 5.38 *Sejam $T : \mathbb{R}^3 \to \mathbb{R}^2$, B e B' as bases canônicas do $\mathbb{R}^3$ e $\mathbb{R}^2$, respectivamente. Se a transformação linear T é definida por:*

$$u = (u_1,\ u_2,\ u_3) \to T(u) = (u_1 - u_3,\ u_1 + u_2),$$

determine A.

Solução: A matriz A é obtida diretamente de T, isto é, montamos a matriz A colocando em cada linha de A as componentes do vetor $T(u)$. Assim,

$$T(u) = Au = \begin{pmatrix} 1 & 0 & -1 \\ 1 & 1 & 0 \end{pmatrix} \begin{pmatrix} u_1 \\ u_2 \\ u_3 \end{pmatrix} \Rightarrow A = \begin{pmatrix} 1 & 0 & -1 \\ 1 & 1 & 0 \end{pmatrix}.$$

Exemplo 5.39 *Seja* $A = \begin{pmatrix} 1 & -1 \\ 2 & 0 \\ 2 & 3 \end{pmatrix}$. *Determine a transformação linear* T.

Solução: Como a matriz A é 3×2, então $T : I\!R^2 \to I\!R^3$. Além disso, considerando que a matriz dada é a matriz canônica de T, temos que a transformação linear T é definida por:

$$u = (u_1,\ u_2) \to T(u) = (u_1 - u_2,\ 2u_1,\ 2u_1 + 3u_2).$$

Exemplo 5.40 *Considere as bases* B *e* B' *dadas no Exemplo 5.33. Considere ainda a matriz* A *obtida no mesmo exemplo. Determine a transformação linear* T.

Solução: Do Exemplo 5.33, temos que:

$$B = \{v_1,\ v_2\} = \{(1,\ 1), (-1,\ 0)\}$$

é uma base do $I\!R^2$ e

$$B' = \{v_1',\ v_2',\ v_3'\} = \{(1,\ 1,\ 0), (-1,\ 1,\ 0), (0,\ 1,\ 1)\}$$

é uma base do $I\!R^3$. Além disso, a matriz obtida é:

$$A = \begin{pmatrix} 1/2 & -1/2 \\ -3/2 & 1/2 \\ 1 & -1 \end{pmatrix}.$$

Assim, $T : I\!R^2 \to I\!R^3$. Sabemos que cada coluna da matriz A corresponde a $T(v_i)$. Assim:

$$T(v_1) = T(1,\ 1) = \begin{pmatrix} 1/2 \\ -3/2 \\ 1 \end{pmatrix} \text{ e } T(v_2) = T(-1,\ 0) = \begin{pmatrix} -1/2 \\ 1/2 \\ -1 \end{pmatrix}.$$

Agora, escrevemos cada $T(v_i)$ como combinação linear de v_i'. Logo:

$$\begin{aligned} T(1,\ 1) &= \frac{1}{2}(1,\ 1,\ 0) - \frac{3}{2}(-1,\ 1,\ 0) + 1(0,\ 1,\ 1) = (2,\ 0,\ 1), \\ T(-1,\ 0) &= -\frac{1}{2}(1,\ 1,\ 0) + \frac{1}{2}(-1,\ 1,\ 0) - 1(0,\ 1,\ 1) = (-1,\ -1,\ -1). \end{aligned}$$

Como nosso objetivo é determinar $T(u_1, u_2)$, devemos escrever o vetor $u = (u_1, u_2)$ na base B. Assim:

$$\begin{aligned} u = (u_1, u_2) &= \alpha v_1 + \beta v_2 \\ &= \alpha(1,\ 1) + \beta(-1,\ 0) \\ &= (\alpha - \beta,\ \alpha). \end{aligned}$$

Igualando as coordenadas de mesma posição, obtemos o sistema linear:

$$\begin{cases} \alpha - \beta = u_1 \\ \alpha = u_2 \end{cases}$$

cuja solução é: $\alpha = u_2$ e $\beta = u_2 - u_1$.

Logo,

$$\begin{aligned} (u_1,\ u_2) &= u_2 v_1 + (u_2 - u_1) v_2 \\ \Rightarrow T(u_1,\ u_2) &= T(u_2(v_1) + (u_2 - u_1)(v_2)) \\ &= u_2 T(v_1) + (u_2 - u_1) T(v_2) \\ &= u_2(2,\ 0,\ 1) + (u_2 - u_1)(-1,\ -1,\ -1) \\ &= (2u_2 - u_2 + u_1,\ -u_2 + u_1,\ u_2 - u_2 + u_1) \\ &= (u_1 + u_2,\ u_1 - u_2,\ u_1). \end{aligned}$$

Portanto, $T(u_1,\ u_2) = (u_1 + u_2,\ u_1 - u_2,\ u_1)$.

Compare o resultado obtido com a transformação linear dada no enunciado do Exemplo 5.33.

Exemplo 5.41 *Considere as bases B e B' dadas no Exemplo 5.35. Considere ainda a matriz A obtida no mesmo exemplo. Determine a transformação linear T.*

Solução: Do Exemplo 5.35, temos que:

$$B = \{v_1,\ v_2,\ v_3\} = \{(1,\ 1,\ 0), (-1,\ 1,\ 0), (0,\ 1,\ 1)\}$$

é uma base do $I\!R^3$ e

$$B' = \{v_1',\ v_2'\} = \{(1,\ 1), (-1,\ 0)\}$$

é uma base do $I\!R^2$. Além disso, a matriz obtida é:

$$A = \begin{pmatrix} 0 & -2 & -2 \\ -3 & -3 & -5 \end{pmatrix}.$$

Assim, $T : I\!R^3 \to I\!R^2$. Sabemos que cada coluna da matriz A corresponde a $T(v_i)$. Assim:

$$T(v_1) = T(1,\ 1,\ 0) = \begin{pmatrix} 0 \\ -3 \end{pmatrix},\quad T(v_2) = T(-1,\ 1,\ 0) = \begin{pmatrix} -2 \\ -3 \end{pmatrix} \quad \text{e}$$

$$T(v_3) = T(0,\ 1,\ 1) = \begin{pmatrix} -2 \\ -5 \end{pmatrix}.$$

Agora, escrevemos cada $T(v_i)$ como combinação linear de v_i'. Logo:

$$\begin{aligned} T(1,\ 1,\ 0) &= 0(1,\ 1) - 3(-1,\ 0) = (3,\ 0), \\ T(-1,\ 1,\ 0) &= -2(1,\ 1) - 3(-1,\ 0) = (1,\ -2), \\ T(0,\ 1,\ 1) &= -2(1,\ 1) - 5(-1,\ 0) = (3,\ -2). \end{aligned}$$

Como nosso objetivo é determinar $T(u_1,\ u_2\ ,u_3)$, devemos escrever o vetor $u = (u_1,\ u_2,\ u_3)$ na base B. Assim:

$$\begin{aligned} u = (u_1,\ u_2,\ u_3) &= \alpha v_1 + \beta v_2 + \gamma v_3 \\ &= \alpha(1,\ 1,\ 0) + \beta(-1,\ 1,\ 0) + \gamma(0,\ 1,\ 1) \\ &= (\alpha - \beta,\ \alpha + \beta + \gamma,\ \gamma). \end{aligned}$$

Igualando as coordenadas de mesma posição, obtemos o sistema linear:

$$\begin{cases} \alpha - \beta = u_1 \\ \alpha + \beta + \gamma = u_2 \\ \gamma = u_3 \end{cases}$$

cuja solução é: $\alpha = \dfrac{u_1 + u_2 - u_3}{2}$, $\beta = \dfrac{-u_1 + u_2 - u_3}{2}$ e $\gamma = u_3$.

Logo,

$$\begin{aligned} (u_1,\ u_2,\ u_3) &= \left(\frac{u_1 + u_2 - u_3}{2}\right) v_1 + \left(\frac{-u_1 + u_2 - u_3}{2}\right) v_2 + u_3 v_3 \\ \Rightarrow T(u_1,\ u_2,\ u_3) &= T\left(\left(\frac{u_1 + u_2 - u_3}{2}\right) v_1 + \left(\frac{-u_1 + u_2 - u_3}{2}\right) v_2 + u_3 v_3\right) \\ &= \left(\frac{u_1 + u_2 - u_3}{2}\right) T(v_1) + \left(\frac{-u_1 + u_2 - u_3}{2}\right) T(v_2) + u_3 T(v_3) \\ &= \left(\frac{u_1 + u_2 - u_3}{2}\right) (3,\ 0) + \left(\frac{-u_1 + u_2 - u_3}{2}\right) (1,\ -2) + u_3(3,\ -2) \\ &= (u_1 + 2u_2 + u_3,\ u_1 - u_2 - u_3). \end{aligned}$$

Portanto, $T(u_1,\ u_2,\ u_3) = (u_1 + 2u_2 + u_3,\ u_1 - u_2 - u_3)$.

Compare o resultado obtido com a transformação linear dada no enunciado do Exemplo 5.35.

Exemplo 5.42 *Considere as transformações lineares T_1, T_2 e a aplicação composta T_1 o T_2 do Exemplo* 5.16. *Calcule as matrizes A_1, A_2 e A_3 que representam a transformação T_1, a transformação T_2 e a aplicação composta, respectivamente. Verifique que: $A_3 = A_1 A_2$.*

Solução: Do Exemplo 5.16, temos:

$$\begin{aligned} &u = (u_1,\ u_2,\ u_3) \to T_1(u) = (u_1 + u_2,\ u_3), \\ &u = (u_1,\ u_2) \to T_2(u) = (2u_1,\ u_2,\ u_1 - u_2), \\ &(T_1 \text{ o } T_2)u = (2u_1 + u_2,\ u_1 - u_2). \end{aligned}$$

Considerando as bases canônicas, segue que:

$$A_1 = \begin{pmatrix} 1 & 1 & 0 \\ 0 & 0 & 1 \end{pmatrix},\ A_2 = \begin{pmatrix} 2 & 0 \\ 0 & 1 \\ 1 & -1 \end{pmatrix} \text{ e } A_3 = \begin{pmatrix} 2 & 1 \\ 1 & -1 \end{pmatrix}.$$

Agora, calculando o produto $A_1 A_2$, obtemos:

$$A_1 A_2 = \begin{pmatrix} 2 & 1 \\ 1 & -1 \end{pmatrix} = A_3.$$

Exercícios

5.14 *Considere a transformação linear* $T : \mathbb{R}^3 \to \mathbb{R}^3$, *definida por:*

$$u = (u_1,\ u_2,\ u_3) \to T(u) = (u_1,\ u_1 + u_2,\ u_2 + u_3).$$

Considere ainda:

$$B = \{v_1,\ v_2,\ v_3\} = \{(1,\ 1,\ 2), (0,\ 1,\ 3), (0,\ 0,\ 1)\}$$

e

$$B' = \{v_1',\ v_2',\ v_3'\} = \{(1,\ 0,\ 0), (1,\ 1,\ 0), (1,\ 1,\ 1)\}$$

bases do $\mathbb{R}^3$. *Determinar a matriz* A.

5.15 *Considere a transformação linear e a base* B *dadas no Exercício* 5.14. *Considere* B' *a base canônica do* $\mathbb{R}^3$. *Determinar a matriz* A.

5.16 *Considere a transformação linear* $T : \mathbb{R}^3 \to \mathbb{R}^2$, *definida por:*

$$u = (u_1,\ u_2,\ u_3) \to T(u) = (2u_1 - u_2 + u_3,\ 3u_1 + u_2 - 2u_3).$$

Considere ainda:

$$B = \{v_1,\ v_2,\ v_3\} = \{(1,\ 1,\ 1), (0,\ 1,\ 1), (0,\ 0,\ 1)\}$$

e

$$B' = \{v_1',\ v_2'\} = \{(1,\ 2), (2,\ 3)\}$$

bases do $\mathbb{R}^3$ *e* $\mathbb{R}^2$, *respectivamente.*

a) *Determinar a matriz* A.

b) *Se* $u = (1,\ -1,\ 2)$ *na base canônica do* $\mathbb{R}^3$, *calcular* $T(u)$ *usando a matriz obtida no item* **a)**.

5.17 *Considere as transformações lineares* $T_1 : \mathbb{R}^3 \to \mathbb{R}^3$ *e* $T_2 : \mathbb{R}^3 \to \mathbb{R}^2$, *definidas por:*

$$u = (u_1,\ u_2,\ u_3) \to T_1(u) = (u_1 - u_3,\ 2u_1 + u_2,\ 2u_2 + u_3)$$

e

$$u = (u_1,\ u_2,\ u_3) \to T_2(u) = (u_1 + u_2,\ u_1 + u_2 - u_3).$$

Determinar:

a) *a matriz* A_1 *que representa* T_1,

b) *a matriz* A_2 *que representa* T_2,

c) *a matriz* A_3 *que representa* $T_2 \circ T_1$,

d) *o produto* A_2A_1.

5.18 *Considere as bases* B *e* B' *dadas no Exercício* 5.14 *e seja*

$$A = \begin{pmatrix} -1 & -1 & 0 \\ -3 & -7 & 3 \\ 6 & 9 & 3 \end{pmatrix}$$

Determinar a transformação linear T.

5.7 Transformação Linear no Plano

Apresentamos nesta seção, através de exemplos, algumas transformações lineares de especial importância do plano no plano, isto é, do $\mathbb{R}^2$ no $\mathbb{R}^2$, bem como uma visão geométrica delas.

Exemplo 5.43 *Considere a transformação linear $T : \mathbb{R}^2 \to \mathbb{R}^2$, definida por:*

$$u = (u_1,\ u_2) \to T(u) = k(u_1,\ u_2), \forall k \in \mathbb{R}.$$

a) *Escreva a transformação linear dada, usando notação matricial.*

b) *Represente geometricamente um vetor u e $T(u)$.*

Solução: Para a transformação linear dada, temos:

a) $T(u) = k(u_1,\ u_2) \Rightarrow T(u) = (ku_1,\ ku_2)$ e, usando notação matricial:

$$\begin{pmatrix} u_1 \\ u_2 \end{pmatrix} \to k\begin{pmatrix} u_1 \\ u_2 \end{pmatrix} \text{ ou } \begin{pmatrix} u_1 \\ u_2 \end{pmatrix} \to \begin{pmatrix} k & 0 \\ 0 & k \end{pmatrix}\begin{pmatrix} u_1 \\ u_2 \end{pmatrix} = Au.$$

b) Observe que:

b.1) Se $k > 1$, esta transformação linear leva cada vetor u do plano em um vetor de mesma direção e sentido de u, mas de módulo maior do que u. Neste caso, dizemos que a transformação linear T corresponde a uma **expansão na direção do vetor** u. Por exemplo, se $k = 2$, então $u = (u_1,\ u_2) \to T(u) = (2u_1,\ 2u_2)$, e a representação geométrica encontra-se ilustrada na Figura 5.6.

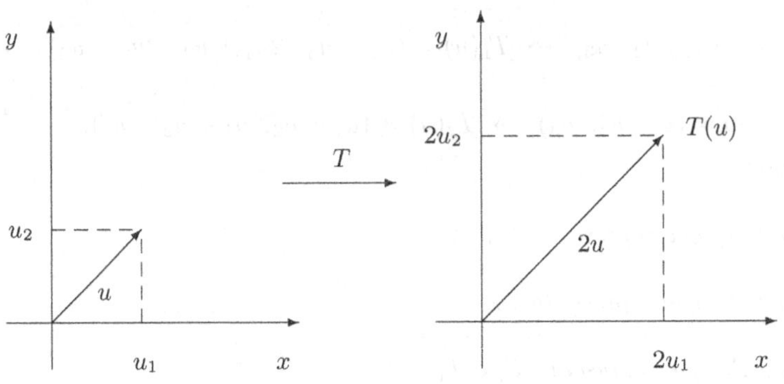

Figura 5.6

b.2) Se $0 < k < 1$, esta transformação linear leva cada vetor u do plano em um vetor de mesma direção e sentido de u, mas de módulo menor do que u. Neste caso, dizemos que a transformação linear T corresponde a uma **contração na direção do vetor** u. Por exemplo, se $k = \dfrac{1}{2}$, então $u = (u_1,\ u_2) \to T(u) = \left(\dfrac{1}{2}u_1,\ \dfrac{1}{2}u_2\right)$ e a representação geométrica encontra-se ilustrada na Figura 5.7.

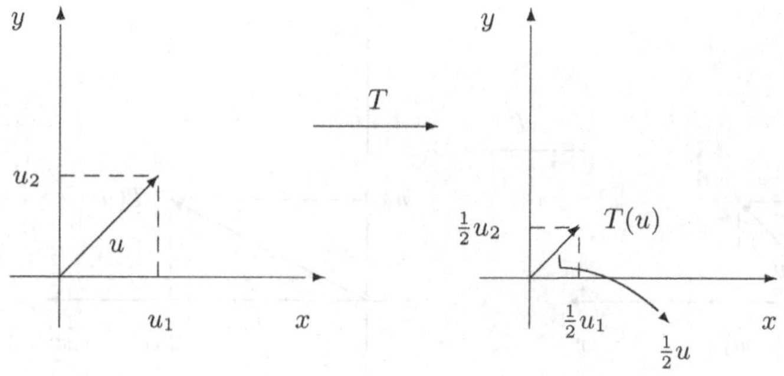

Figura 5.7

b.3) Se $k = 1$, então T é o **operador identidade** e, se $k < 0$, então T troca o **sentido** do vetor. (Verifique.)

Exemplo 5.44 *Considere a transformação linear $T : I\!R^2 \to I\!R^2$, definida por:*

$$u = (u_1,\ u_2) \to T(u) = (ku_1,\ u_2), \forall k \in I\!R.$$

a) *Escreva a transformação linear dada, usando notação matricial.*

b) *Represente geometricamente um vetor u e $T(u)$.*

Solução: Para a transformação linear dada, temos:

a) $T(u) = (ku_1,\ u_2), \forall k \in I\!R$ e, usando notação matricial:

$$\begin{pmatrix} u_1 \\ u_2 \end{pmatrix} \to \begin{pmatrix} ku_1 \\ u_2 \end{pmatrix} \text{ ou } \begin{pmatrix} u_1 \\ u_2 \end{pmatrix} \to \begin{pmatrix} k & 0 \\ 0 & 1 \end{pmatrix} \begin{pmatrix} u_1 \\ u_2 \end{pmatrix} = Au.$$

b) Observe que:

b.1) Se $k > 1$, esta transformação linear leva cada vetor u do plano em um vetor v do plano onde a abscissa tem módulo maior do que a abscissa de u. Neste caso, dizemos que a transformação linear T corresponde a uma **expansão na direção do eixo x**. Por exemplo, se $k = 2$, então $u = (u_1,\ u_2) \to T(u) = (2u_1,\ u_2)$ e a representação geométrica encontra-se ilustrada na Figura 5.8.

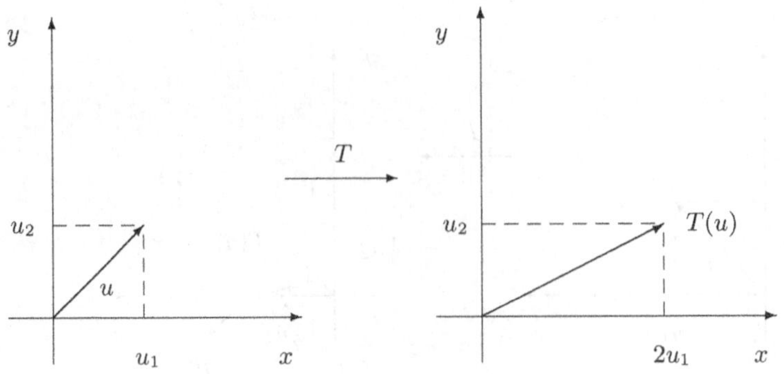

Figura 5.8

b.2) Se $0 < k < 1$, esta transformação linear leva cada vetor u do plano em um vetor v do plano onde a abscissa tem módulo menor do que a abscissa de u. Neste caso, dizemos que a transformação linear T corresponde a uma **contração na direção do eixo** x. Por exemplo, se $k = \frac{1}{2}$, então $u = (u_1,\ u_2) \to T(u) = \left(\frac{1}{2}u_1,\ u_2\right)$ e a representação geométrica encontra-se ilustrada na Figura 5.9.

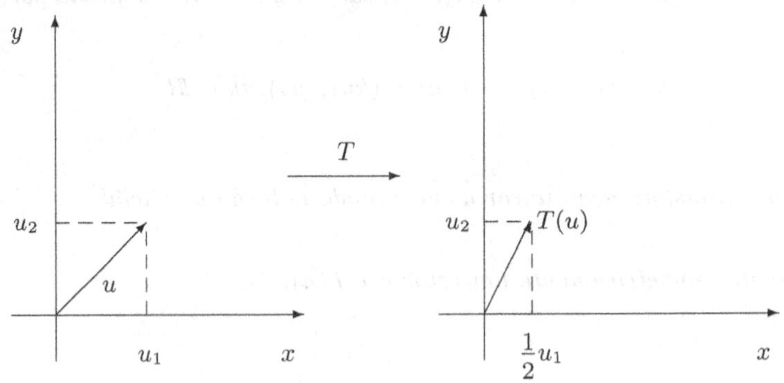

Figura 5.9

b.3) Se $k = 0$, então T é a projeção ortogonal do plano sobre o eixo y. (Verifique.)

Exemplo 5.45 *Considere a transformação linear* $T : I\!R^2 \to I\!R^2$, *definida por:*

$$u = (u_1,\ u_2) \to T(u) = (u_1,\ -u_2).$$

a) *Escreva a transformação linear dada, usando notação matricial.*

b) *Represente geometricamente um vetor* u *e* $T(u)$.

Solução: Para a transformação linear dada, temos:

a) $T(u) = (u_1,\ -u_2)$ e, usando notação matricial:

$$\begin{pmatrix} u_1 \\ u_2 \end{pmatrix} \to \begin{pmatrix} u_1 \\ -u_2 \end{pmatrix} \text{ ou } \begin{pmatrix} u_1 \\ u_2 \end{pmatrix} \to \begin{pmatrix} 1 & 0 \\ 0 & -1 \end{pmatrix} \begin{pmatrix} u_1 \\ u_2 \end{pmatrix} = Au.$$

b) Para representar geometricamente um vetor e sua correspondente transformação linear no plano, consideremos, por exemplo, que o vetor u esteja no 1º quadrante. Assim, esta transformação linear leva cada vetor u do 1º quadrante do plano em um vetor de mesmo módulo de u, mas que se encontra no 4º quadrante do plano. Neste caso, dizemos que a transformação linear T corresponde a uma **reflexão em torno do eixo** x. A Figura 5.10 ilustra esta situação.

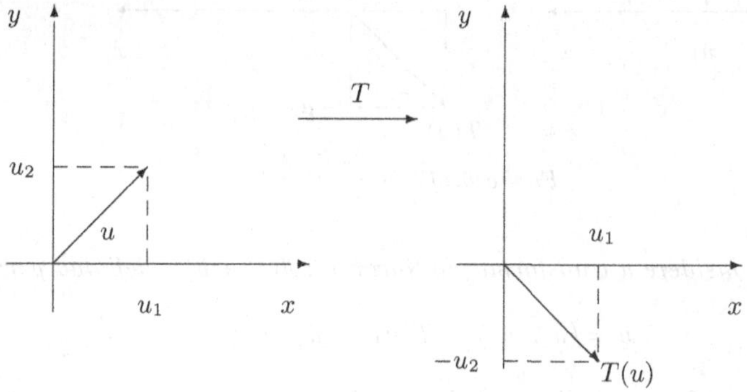

Figura 5.10

Exemplo 5.46 *Considere a transformação linear* $T : I\!R^2 \to I\!R^2$*, definida por:*

$$u = (u_1,\ u_2) \to T(u) = (-u_1,\ -u_2).$$

a) *Escreva a transformação linear dada, usando notação matricial.*

b) *Represente geometricamente um vetor* u *e* $T(u)$.

Solução: Para a transformação linear dada, temos:

a) $T(u) = (-u_1,\ -u_2)$ e, usando notação matricial:

$$\begin{pmatrix} u_1 \\ u_2 \end{pmatrix} \to \begin{pmatrix} -u_1 \\ -u_2 \end{pmatrix} \text{ ou } \begin{pmatrix} u_1 \\ u_2 \end{pmatrix} \to \begin{pmatrix} -1 & 0 \\ 0 & -1 \end{pmatrix} \begin{pmatrix} u_1 \\ u_2 \end{pmatrix} = Au.$$

b) Para representar geometricamente um vetor e sua correspondente transformação linear no plano, consideremos, por exemplo, que o vetor u esteja no 1º quadrante. Assim, esta transformação linear leva cada vetor u do 1º quadrante do plano em um vetor de mesmo módulo de u, mas que se encontra no 3º quadrante do plano. Neste caso, dizemos que a transformação linear T corresponde a uma **reflexão em torno da origem**. A Figura 5.11 ilustra esta situação.

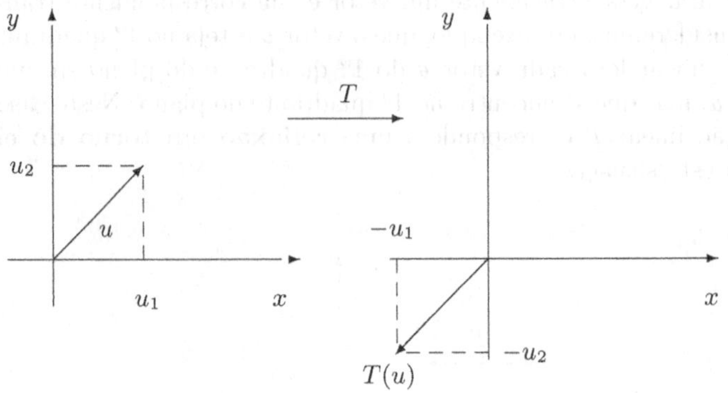

Figura 5.11

Exemplo 5.47 *Considere a transformação linear* $T : \mathbb{R}^2 \to \mathbb{R}^2$*, definida por:*

$$u = (u_1,\ u_2) \to T(u) = (u_2,\ u_1).$$

a) *Escreva a transformação linear dada usando notação matricial.*

b) *Represente geometricamente um vetor* u *e* $T(u)$*.*

Solução: Para a transformação linear dada, temos:

a) $T(u) = (u_2,\ u_1)$ e, usando notação matricial:

$$\begin{pmatrix} u_1 \\ u_2 \end{pmatrix} \to \begin{pmatrix} u_2 \\ u_1 \end{pmatrix} \text{ ou } \begin{pmatrix} u_1 \\ u_2 \end{pmatrix} \to \begin{pmatrix} 0 & 1 \\ 1 & 0 \end{pmatrix} \begin{pmatrix} u_1 \\ u_2 \end{pmatrix} = Au.$$

b) Para representar geometricamente um vetor e sua correspondente transformação linear no plano, consideremos, por exemplo, o vetor $u = (4,\ 1)$. Assim, esta transformação linear leva o vetor u no vetor $v = (1,\ 4)$. Neste caso, dizemos que a transformação linear T corresponde a uma **reflexão em torno da reta** $y = x$. A Figura 5.12 ilustra esta situação.

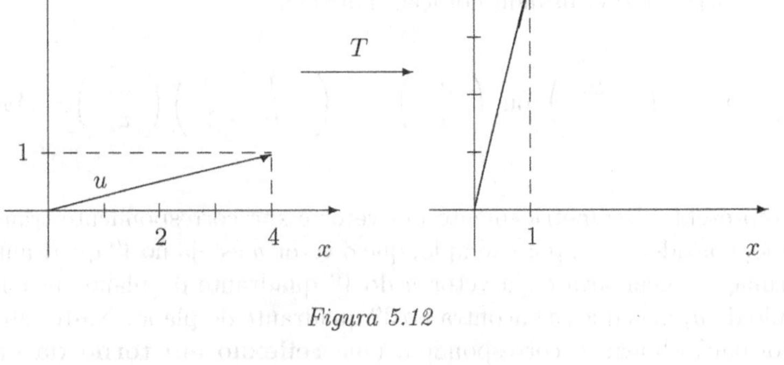

Figura 5.12

Exemplo 5.48 *Considere a transformação linear* $T : \mathbb{R}^2 \to \mathbb{R}^2$, *definida por:*

$$u = (u_1,\ u_2) \to T(u) = (cos\varphi\ u_1 + sen\varphi\ u_2,\ -sen\varphi\ u_1 + cos\varphi\ u_2).$$

a) *Escreva a transformação linear dada, usando notação matricial.*

b) *Represente geometricamente um vetor* u *e* $T(u)$.

Solução: Para a transformação linear dada, temos:

a) $T(u) = (cos\varphi\, u_1 + sen\varphi\, u_2,\ -sen\varphi\, u_1 + cos\varphi\, u_2)$ e, usando notação matricial,

$$\begin{pmatrix} u_1 \\ u_2 \end{pmatrix} \to \begin{pmatrix} cos\varphi & sen\varphi \\ -sen\varphi & cos\varphi \end{pmatrix} \begin{pmatrix} u_1 \\ u_2 \end{pmatrix} = Au.$$

b) Vimos no Capítulo 1 que, no $\mathbb{R}^2$, a matriz de rotação A gira cada vetor do plano, no sentido horário, de um ângulo φ. Assim, a transformação linear dada T corresponde a uma **rotação, no sentido horário, de um ângulo** φ. Para representar geometricamente um vetor e sua correspondente transformação linear no plano consideremos, por exemplo, $u = (2,\ 4)$ e $\varphi = \frac{\pi}{2}$. Assim:

$$A = \begin{pmatrix} cos\ \pi/2 & sen\ \pi/2 \\ -sen\ \pi/2 & cos\ \pi/2 \end{pmatrix} = \begin{pmatrix} 0 & 1 \\ -1 & 0 \end{pmatrix}$$

e

$$Au = \begin{pmatrix} 0 & 1 \\ -1 & 0 \end{pmatrix} \begin{pmatrix} 2 \\ 4 \end{pmatrix} = \begin{pmatrix} 4 \\ -2 \end{pmatrix}.$$

A Figura 5.13 ilustra esta situação.

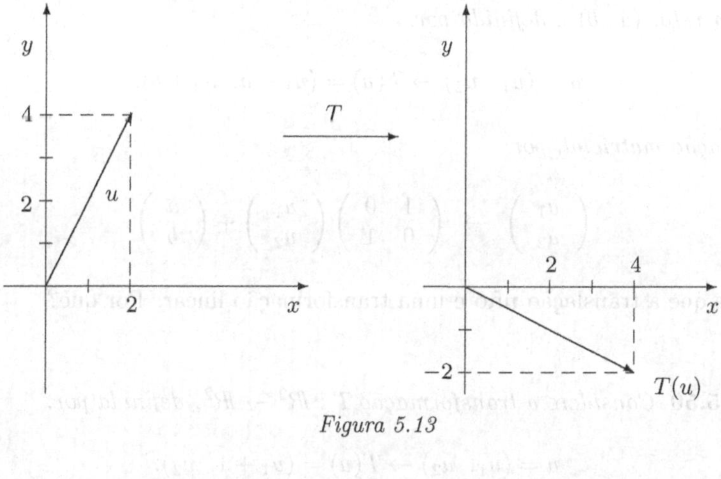

Figura 5.13

Exemplo 5.49 *Considere a transformação linear* $T : \mathbb{R}^2 \to \mathbb{R}^2$, *definida por:*

$$u = (u_1,\ u_2) \to T(u) = (u_1 + ku_2,\ u_2), \forall k \in \mathbb{R}.$$

a) *Escreva a transformação linear dada, usando notação matricial.*

b) *Represente geometricamente um vetor* u *e* $T(u)$.

Solução: Para a transformação linear dada, temos:

a) $T(u) = (u_1 + ku_2,\ u_2)$ e, usando notação matricial:

$$\begin{pmatrix} u_1 \\ u_2 \end{pmatrix} \to \begin{pmatrix} 1 & k \\ 0 & 1 \end{pmatrix} \begin{pmatrix} u_1 \\ u_2 \end{pmatrix} = Au.$$

b) Considerando $u_1 = u_2$, a transformação linear dada transforma o quadrado $OABC$ no paralelogramo $OAB'C'$, de mesma base e mesma altura. Neste caso, dizemos que a transformação linear T corresponde a um **cisalhamento na direção do eixo** x ou a um **cisalhamento horizontal de um fator** k. Por exemplo, se $k = 2$, então $u = (u_1,\ u_2) \to T(u) = (u_1 + 2u_2,\ u_2) = (3u_1,\ u_1)$, desde que estamos considerando $u_2 = u_1$ e a representação geométrica encontra-se ilustrada na Figura 5.14.

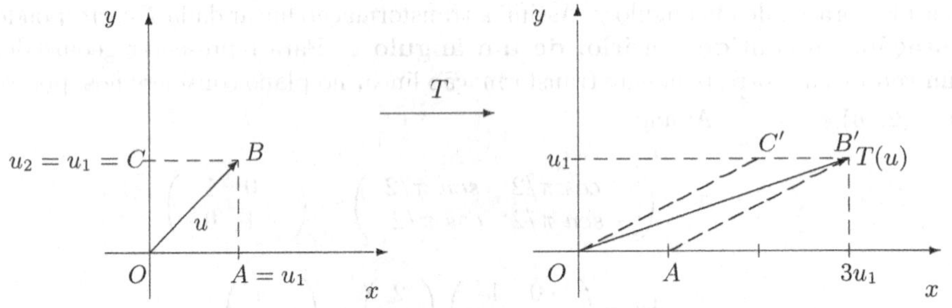

Figura 5.14

Definição 5.7 *Considere a transformação* $T : \mathbb{R}^2 \to \mathbb{R}^2$. *A* **translação** *do plano segundo um vetor* $(a,\ b)$ *é definida por:*

$$u = (u_1,\ u_2) \to T(u) = (u_1 + a,\ u_2 + b),$$

ou, em notação matricial, por:

$$\begin{pmatrix} u_1 \\ u_2 \end{pmatrix} \to \begin{pmatrix} 1 & 0 \\ 0 & 1 \end{pmatrix} \begin{pmatrix} u_1 \\ u_2 \end{pmatrix} + \begin{pmatrix} a \\ b \end{pmatrix}.$$

Observe que a translação **não** é uma transformação linear. Por quê?

Exemplo 5.50 *Considere a transformação* $T : \mathbb{R}^2 \to \mathbb{R}^2$, *definida por:*

$$u = (u_1,\ u_2) \to T(u) = (u_1 + 1,\ u_2).$$

Verifique geometricamente o que ocorre com o vetor $u = (2,\ 3)$.

Solução: Temos, usando a transformação dada, que o vetor u será levado no vetor $v = T(u) = (3,\ 3)$. Assim, geometricamente, obtemos a Figura 5.15.

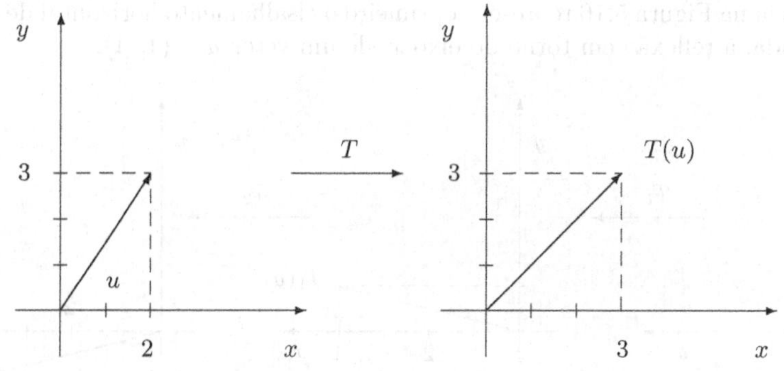

Figura 5.15

Observe, na Figura 5.15, que o vetor u é deslocado de uma unidade na direção do eixo x.

As transformações lineares dadas nesta seção podem ser usadas isoladamente ou em combinação com outras transformações lineares.

Daremos, a seguir, alguns exemplos.

Exemplo 5.51 *Determine a matriz da transformação linear* $T : I\!R^2 \to I\!R^2$*, que representa um cisalhamento horizontal de um fator* 3*, seguido de uma reflexão em torno do eixo* x*.*

Solução: O cisalhamento transforma o vetor $u = (u_1,\ u_2)$ no vetor $u' = (u'_1,\ u'_2)$, o qual é obtido do seguinte sistema linear:

$$\begin{pmatrix} 1 & 3 \\ 0 & 1 \end{pmatrix} \begin{pmatrix} u_1 \\ u_2 \end{pmatrix} = \begin{pmatrix} u'_1 \\ u'_2 \end{pmatrix}. \tag{5.1}$$

A reflexão em torno do eixo x transforma o vetor $u' = (u'_1,\ u'_2)$ no vetor $u'' = (u''_1,\ u''_2)$, o qual é obtido do seguinte sistema linear:

$$\begin{pmatrix} 1 & 0 \\ 0 & -1 \end{pmatrix} \begin{pmatrix} u'_1 \\ u'_2 \end{pmatrix} = \begin{pmatrix} u''_1 \\ u''_2 \end{pmatrix}. \tag{5.2}$$

Assim, substituindo (5.1) em (5.2), segue que:

$$\begin{pmatrix} 1 & 0 \\ 0 & -1 \end{pmatrix} \begin{pmatrix} 1 & 3 \\ 0 & 1 \end{pmatrix} \begin{pmatrix} u_1 \\ u_2 \end{pmatrix} = \begin{pmatrix} u''_1 \\ u''_2 \end{pmatrix}$$

$$\Rightarrow \begin{pmatrix} 1 & 3 \\ 0 & -1 \end{pmatrix} \begin{pmatrix} u_1 \\ u_2 \end{pmatrix} = \begin{pmatrix} u''_1 \\ u''_2 \end{pmatrix}.$$

Portanto, a matriz

$$A = \begin{pmatrix} 1 & 3 \\ 0 & -1 \end{pmatrix}$$

representa a transformação composta do cisalhamento com a reflexão.

A sequência na Figura 5.16 representa primeiro o cisalhamento horizontal de um fator 3 e, em seguida, a reflexão em torno do eixo x, de um vetor $u = (1,\ 1)$.

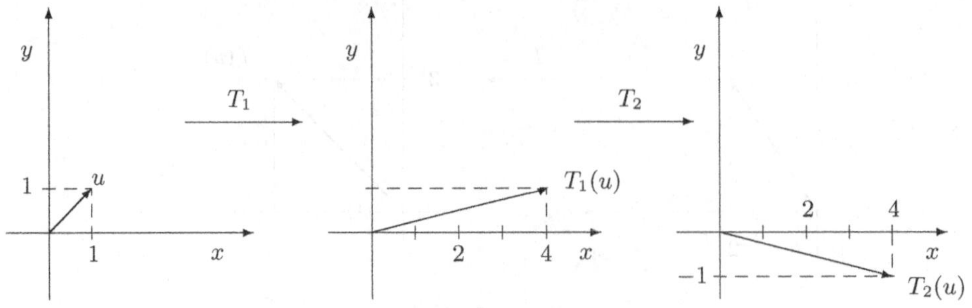

Figura 5.16

Observe que a combinação de transformações lineares corresponde ao cálculo da aplicação composta que, neste exemplo, é dada por T_2 o T_1. De fato, temos que:

$$T_1 = (u_1 + 3u_2,\ u_2) \quad \text{e} \quad T_2 = (u_1,\ -u_2).$$

Portanto:

$$T_2 \text{ o } T_1 = (u_1 + 3u_2,\ -u_2),$$

que, na forma matricial, é dada por:

$$\begin{pmatrix} 1 & 3 \\ 0 & -1 \end{pmatrix}.$$

Exemplo 5.52 *Determine a matriz da transformação linear $T : I\!R^2 \to I\!R^2$, que representa uma expansão na direção do vetor u, seguida de uma reflexão em torno do eixo y e de uma rotação, no sentido horário, de um ângulo φ.*

Solução: A matriz que representa uma expansão na direção do vetor u é dada por:

$$A_1 = \begin{pmatrix} k & 0 \\ 0 & k \end{pmatrix}, \text{ com } k > 1,$$

da reflexão em torno do eixo y é dada por:

$$A_2 = \begin{pmatrix} -1 & 0 \\ 0 & 1 \end{pmatrix},$$

e, finalmente, da rotação no sentido horário de um ângulo φ é dada por:

$$A_3 = \begin{pmatrix} cos\varphi & sen\varphi \\ -sen\varphi & cos\varphi \end{pmatrix}.$$

Assim, a matriz que representa as transformações lineares dadas é obtida calculando-se o produto $A_3A_2A_1$, isto é:

$$\begin{aligned} A_3A_2A_1 &= \begin{pmatrix} cos\varphi & sen\varphi \\ -sen\varphi & cos\varphi \end{pmatrix} \begin{pmatrix} -1 & 0 \\ 0 & 1 \end{pmatrix} \begin{pmatrix} k & 0 \\ 0 & k \end{pmatrix} \\ &= \begin{pmatrix} cos\varphi & sen\varphi \\ -sen\varphi & cos\varphi \end{pmatrix} \begin{pmatrix} -k & 0 \\ 0 & k \end{pmatrix} \\ &= \begin{pmatrix} -k\ cos\varphi & k\ sen\varphi \\ k\ sen\varphi & k\ cos\varphi \end{pmatrix}. \end{aligned}$$

Exercícios

5.19 *Seja $T : \mathbb{R}^2 \to \mathbb{R}^2$ uma transformação linear.*

a) *Determine T sabendo que ela corresponde a uma* **reflexão em torno do eixo** y.

b) *Escreva a transformação linear obtida usando notação matricial.*

5.20 *Seja $T : \mathbb{R}^2 \to \mathbb{R}^2$ uma transformação linear e $k \in \mathbb{R}$.*

a) *Determine T sabendo que ela corresponde a uma* **expansão na direção do eixo** y *se $k > 1$, e a uma* **contração na direção do eixo** y *se $0 < k < 1$.*

b) *Escreva a transformação linear obtida usando notação matricial.*

c) *Se $k = 0$, então T é a projeção ortogonal do plano sobre o eixo x?*

5.7.1 Figuras Geométricas no Plano

As transformações lineares são muito úteis no caso de figuras geométricas no plano.

Daremos, a seguir, alguns exemplos.

Exemplo 5.53 *Considere a Figura 5.17:*

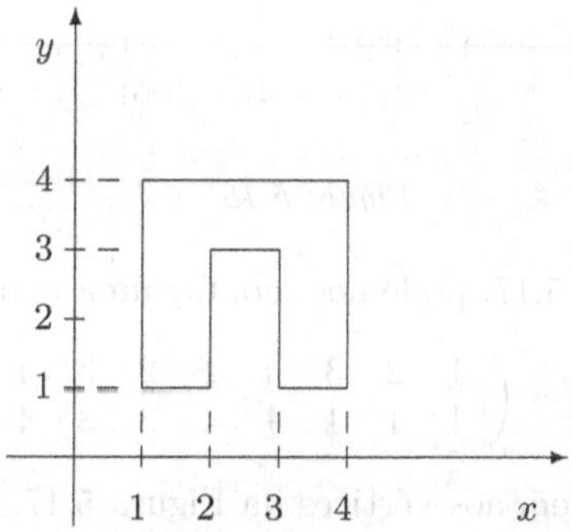

Figura 5.17

Seja T a transformação linear do $\mathbb{R}^2 \to \mathbb{R}^2$, definida por:

$$u = (u_1,\ u_2) \to T(u) = (2u_1,\ 2u_2).$$

Determine:

a) *a matriz da transformação linear,*

b) *a imagem da Figura 5.17 usando T.*

Solução: Lembremos, inicialmente, que a transformação linear dada irá ampliar a Figura 5.17.

a) A matriz da transformação linear é:

$$A = \begin{pmatrix} 2 & 0 \\ 0 & 2 \end{pmatrix}.$$

b) Para determinar a imagem da Figura 5.17, devemos aplicar a transformação linear dada nos vértices da Figura 5.17, isto é:

$$T(1,1) = (2,2),\ T(2,1) = (4,2),\ T(3,1) = (6,2),\ T(4,1) = (8,2),$$
$$T(1,4) = (2,8),\ T(2,3) = (4,6),\ T(3,3) = (6,6),\ T(4,4) = (8,8).$$

Obtemos então a Figura 5.18.

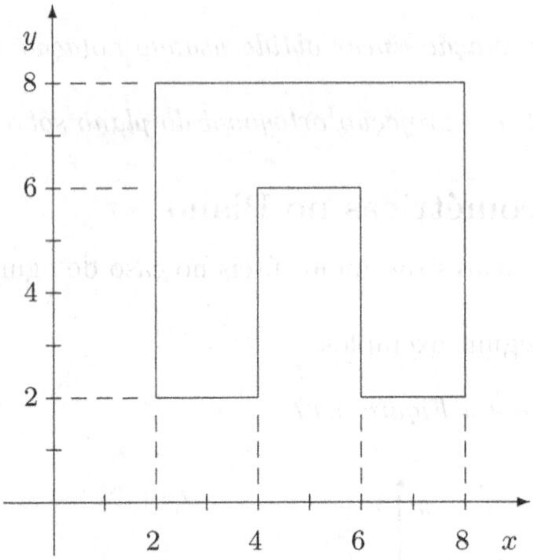

Figura 5.18

Observe que, da Figura 5.17, podemos montar uma matriz A' da seguinte forma:

$$A' = \begin{pmatrix} 1 & 2 & 3 & 4 & 1 & 2 & 3 & 4 \\ 1 & 1 & 1 & 1 & 4 & 3 & 3 & 4 \end{pmatrix},$$

onde as colunas correspondem aos vértices da Figura 5.17.

Fazendo o produto AA', obtemos:

$$AA' = \begin{pmatrix} 2 & 4 & 6 & 8 & 2 & 4 & 6 & 8 \\ 2 & 2 & 2 & 2 & 8 & 6 & 6 & 8 \end{pmatrix},$$

onde as colunas correspondem aos vértices da Figura 5.18.

Portanto, para determinar a imagem de uma figura, basta fazer o produto da matriz que representa a transformação linear pela matriz formada pelos vértices da figura dada.

Exemplo 5.54 *Considere a Figura 5.17 e a transformação linear* $T_1 : \mathbb{R}^2 \to \mathbb{R}^2$, *definida por:*

$$u = (u_1,\ u_2) \to T_1(u) = (u_1 + u_2,\ u_2).$$

Determine:

a) *a matriz da transformação linear T_1,*

b) *a imagem da Figura 5.17 usando T_1.*

Solução: Lembremos, inicialmente, que a transformação linear T_1 corresponde a um cisalhamento horizontal de um fator 1.

a) A matriz A_1, da transformação linear dada, é:

$$A_1 = \begin{pmatrix} 1 & 1 \\ 0 & 1 \end{pmatrix}.$$

b) Fazendo o produto A_1A', onde A' é a matriz obtida no Exemplo 5.53, obtemos:

$$A_1A' = \begin{pmatrix} 2 & 3 & 4 & 5 & 5 & 5 & 6 & 8 \\ 1 & 1 & 1 & 1 & 4 & 3 & 3 & 4 \end{pmatrix},$$

onde as colunas correspondem aos vértices da Figura 5.19.

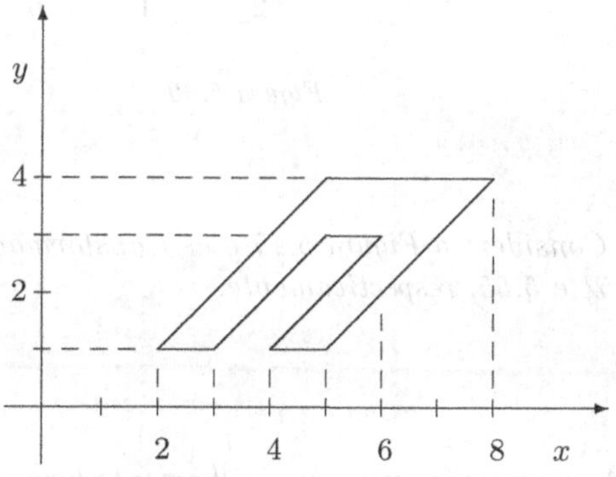

Figura 5.19

Exemplo 5.55 *Considere a Figura 5.17 e a transformação linear $T_2 : \mathbb{R}^2 \to \mathbb{R}^2$, definida por:*

$$u = (u_1,\ u_2) \to T_2(u) = (2u_1,\ u_2).$$

Determine:

a) *a matriz da transformação linear T_2,*

b) *a imagem da Figura 5.17 usando T_2.*

Solução: Lembremos, inicialmente, que a transformação linear T_2 corresponde a uma expansão na direção do eixo x.

a) A matriz A_2, da transformação linear dada, é:

$$A_2 = \begin{pmatrix} 2 & 0 \\ 0 & 1 \end{pmatrix}.$$

b) Fazendo o produto A_2A', onde A' é a matriz obtida no Exemplo 5.53, obtemos:

$$A_2A' = \begin{pmatrix} 2 & 4 & 6 & 8 & 2 & 4 & 6 & 8 \\ 1 & 1 & 1 & 1 & 4 & 3 & 3 & 4 \end{pmatrix},$$

onde as colunas correspondem aos vértices da Figura 5.20.

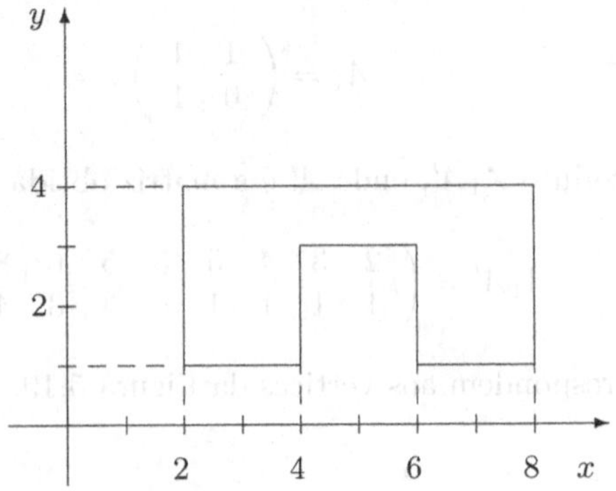

Figura 5.20

Exemplo 5.56 *Considere a Figura 5.17 e as transformações lineares T_1 e T_2 definidas nos Exemplos 5.54 e 5.55, respectivamente.*

Determine:

a) *a matriz A_3, que representa um cisalhamento horizontal de um fator 1, seguido de uma expansão na direção do eixo x.*

b) *a imagem da Figura 5.17 usando a transformação linear obtida no item* **a)**.

Solução: **a)** Temos que a matriz $A_3 = A_2A_1$. Assim:

$$A_3 = A_2A_1 = \begin{pmatrix} 2 & 0 \\ 0 & 1 \end{pmatrix} \begin{pmatrix} 1 & 1 \\ 0 & 1 \end{pmatrix} = \begin{pmatrix} 2 & 2 \\ 0 & 1 \end{pmatrix}.$$

b) Fazendo o produto A_3A', onde A' é a matriz obtida no Exemplo 5.53, obtemos:

$$A_3A' = \begin{pmatrix} 4 & 6 & 8 & 10 & 10 & 10 & 12 & 16 \\ 1 & 1 & 1 & 1 & 4 & 3 & 3 & 4 \end{pmatrix},$$

onde as colunas correspondem aos vértices da Figura 5.21.

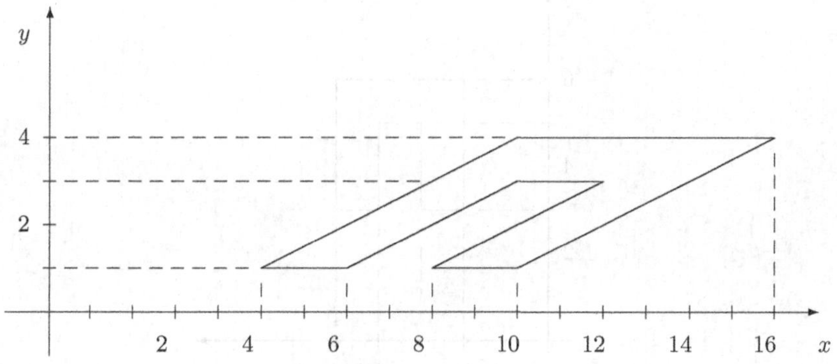

Figura 5.21

Exemplo 5.57 *Considere a transformação* $T : \mathbb{R}^2 \to \mathbb{R}^2$, *definida por:*

$$u = (u_1,\ u_2) \to T(u) = (u_1 + 1,\ u_2 + 2).$$

Determine:

a) *a matriz da transformação* T,

b) *a imagem da Figura 5.17 usando* T.

Solução: Lembremos, inicialmente, que a transformação T corresponde a uma translação do plano segundo o vetor $(1,\ 2)$ e que T não é uma transformação linear.

a) Em notação matricial, T é dada por:

$$u = (u_1,\ u_2) \to \begin{pmatrix} 1 & 0 \\ 0 & 1 \end{pmatrix} \begin{pmatrix} u_1 \\ u_2 \end{pmatrix} + \begin{pmatrix} 1 \\ 2 \end{pmatrix}.$$

b) Assim, para obtermos a imagem da Figura 5.17 usando T, devemos somar à matriz A', obtida no Exemplo 5.53, uma matriz onde todas as colunas são iguais a $(1,\ 2)$, isto é:

$$\begin{pmatrix} 1 & 2 & 3 & 4 & 1 & 2 & 3 & 4 \\ 1 & 1 & 1 & 1 & 4 & 3 & 3 & 4 \end{pmatrix} + \begin{pmatrix} 1 & 1 & 1 & 1 & 1 & 1 & 1 & 1 \\ 2 & 2 & 2 & 2 & 2 & 2 & 2 & 2 \end{pmatrix}$$

$$= \begin{pmatrix} 2 & 3 & 4 & 5 & 2 & 3 & 4 & 5 \\ 3 & 3 & 3 & 3 & 6 & 5 & 5 & 6 \end{pmatrix},$$

onde as colunas correspondem aos vértices da Figura 5.22.

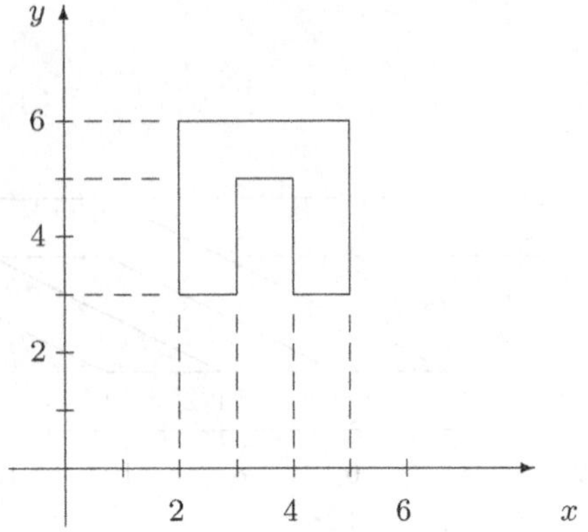

Figura 5.22

Exemplo 5.58 *Considere a transformação linear $T : \mathbb{R}^2 \to \mathbb{R}^2$, definida por:*

$$u = (u_1,\ u_2) \to T(u) = \left(u_1 cos\frac{\pi}{2} + u_2 sen\frac{\pi}{2},\ -u_1 sen\frac{\pi}{2} + u_2 cos\frac{\pi}{2}\right).$$

Determine:

a) *a matriz da transformação linear T,*

b) *a imagem da Figura 5.17 usando T.*

Solução: Lembremos, inicialmente, que a transformação T corresponde a uma rotação no sentido horário, de um ângulo $\frac{\pi}{2}$.

a) A matriz da transformação linear dada é:

$$A = \begin{pmatrix} cos\ \pi/2 & sen\ \pi/2 \\ -sen\ \pi/2 & cos\ \pi/2 \end{pmatrix} = \begin{pmatrix} 0 & 1 \\ -1 & 0 \end{pmatrix}.$$

b) Fazendo o produto AA', onde A' é a matriz obtida no Exemplo 5.53, obtemos:

$$AA' = \begin{pmatrix} 1 & 1 & 1 & 1 & 4 & 3 & 3 & 4 \\ -1 & -2 & -3 & -4 & -1 & -2 & -3 & -4 \end{pmatrix},$$

onde as colunas correspondem aos vértices da Figura 5.23.

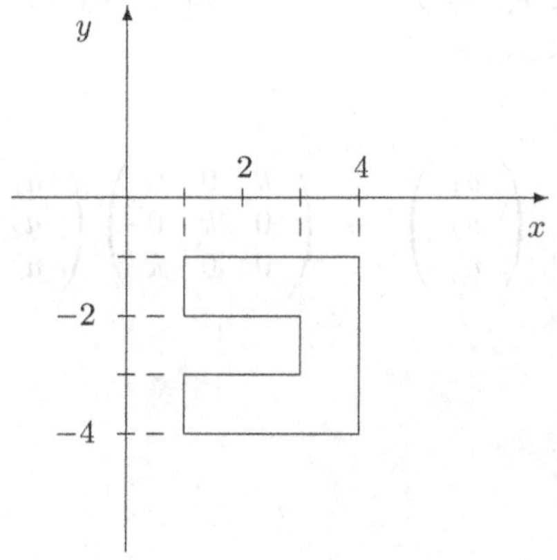

Figura 5.23

Exercícios

5.21 *Considere a Figura* 5.17 *e seja T a transformação linear do $\mathbb{R}^2 \rightarrow \mathbb{R}^2$, definida por:*

$$u = (u_1,\ u_2) \rightarrow (T(u) = (-\frac{1}{2}u_1,\ -\frac{1}{2}u_2).$$

Determinar:

a) *a matriz da transformação linear,*

b) *a imagem da Figura 5.17 usando T.*

5.22 *Considere a Figura* 5.17 *e seja T a transformação linear do $\mathbb{R}^2 \rightarrow \mathbb{R}^2$, que corresponde a uma reflexão em torno do eixo y. Determinar a imagem da Figura 5.17 usando T.*

5.8 Transformação Linear no Espaço

Apresentamos nesta seção, através de exemplos, algumas transformações lineares de especial importância do espaço no espaço, isto é, do $\mathbb{R}^3$ no $\mathbb{R}^3$, bem como uma visão geométrica delas. Como pode ser verificado, as transformações lineares no espaço são muito semelhantes às transformações lineares no plano.

Exemplo 5.59 *Considere a transformação linear $T : \mathbb{R}^3 \rightarrow \mathbb{R}^3$, definida por:*

$$u = (u_1,\ u_2,\ u_3) \rightarrow T(u) = k(u_1,\ u_2,\ u_3), \forall k \in \mathbb{R}.$$

a) *Escreva a transformação linear dada, usando notação matricial.*

b) *Represente geometricamente um vetor u e $T(u)$.*

Solução: Para a transformação linear dada, temos:

a) $T(u) = k(u_1,\ u_2,\ u_3) \Rightarrow T(u) = (ku_1,\ ku_2,\ ku_3)$ e, usando notação matricial:

$$\begin{pmatrix} u_1 \\ u_2 \\ u_3 \end{pmatrix} \to \begin{pmatrix} k & 0 & 0 \\ 0 & k & 0 \\ 0 & 0 & k \end{pmatrix} \begin{pmatrix} u_1 \\ u_2 \\ u_3 \end{pmatrix}.$$

b) Observe que:

b.1) Se $k > 1$, esta transformação linear leva cada vetor u do espaço em um vetor de mesma direção e sentido de u, mas de módulo maior do que u. Neste caso, dizemos que a transformação linear T corresponde a uma **expansão na direção do vetor** u. Por exemplo, se $k = 2$, então $u = (u_1,\ u_2,\ u_3) \to T(u) = (2u_1,\ 2u_2,\ 2u_3)$, e a representação geométrica encontra-se ilustrada na Figura 5.24.

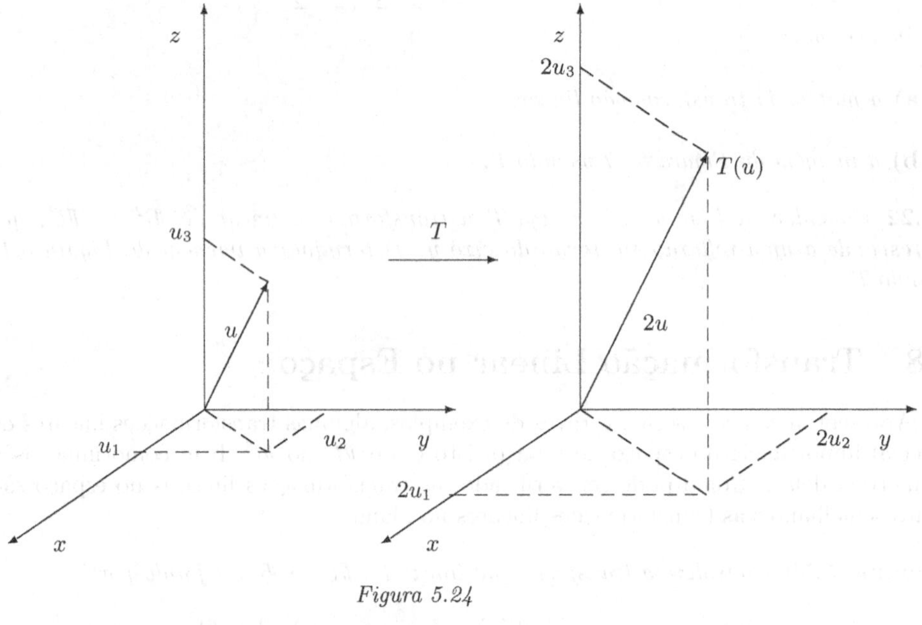

Figura 5.24

b.2) Se $0 < k < 1$, esta transformação linear leva cada vetor u do espaço em um vetor de mesma direção e sentido de u, mas de módulo menor do que u. Neste caso, dizemos que a transformação linear T corresponde a uma **contração na direção do vetor** u. Por exemplo, se $k = \dfrac{1}{2}$, então $u = (u_1,\ u_2,\ u_3) \to T(u) = \left(\dfrac{1}{2}u_1,\ \dfrac{1}{2}u_2,\ \dfrac{1}{2}u_3\right)$, e a representação geométrica encontra-se ilustrada na Figura 5.25.

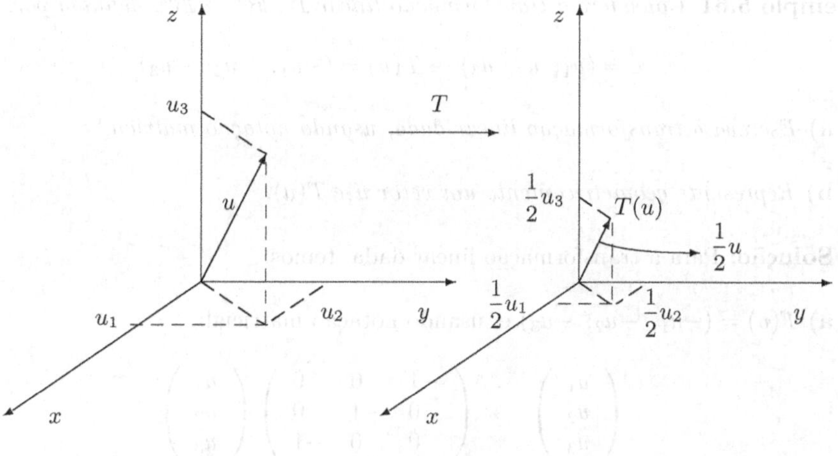

Figura 5.25

b.3) Se $k = 1$, então T é o **operador identidade** e, se $k < 0$, então T troca o **sentido** do vetor. (Verifique.)

Exemplo 5.60 *Considere a transformação linear* $T : \mathbb{R}^3 \to \mathbb{R}^3$*, definida por:*

$$u = (u_1,\ u_2,\ u_3) \to T(u) = (-u_1,\ -u_2,\ u_3).$$

a) *Escreva a transformação linear dada, usando notação matricial.*

b) *Represente geometricamente um vetor* u *e* $T(u)$.

Solução: Para a transformação linear dada, temos:

a) $T(u) = (-u_1,\ -u_2,\ u_3)$ e, usando notação matricial:

$$\begin{pmatrix} u_1 \\ u_2 \\ u_3 \end{pmatrix} \to \begin{pmatrix} -1 & 0 & 0 \\ 0 & -1 & 0 \\ 0 & 0 & 1 \end{pmatrix} \begin{pmatrix} u_1 \\ u_2 \\ u_3 \end{pmatrix}.$$

b) Esta transformação linear corresponde a uma **reflexão em torno do eixo** z, como pode ser verificado na Figura 5.26.

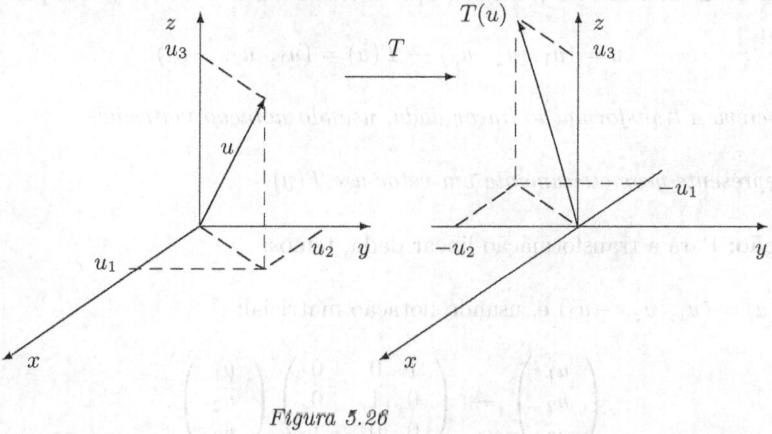

Figura 5.26

Exemplo 5.61 *Considere a transformação linear* $T : \mathbb{R}^3 \to \mathbb{R}^3$, *definida por:*

$$u = (u_1,\ u_2,\ u_3) \to T(u) = (-u_1,\ -u_2,\ -u_3).$$

a) *Escreva a transformação linear dada, usando notação matricial.*

b) *Represente geometricamente um vetor* u *e* $T(u)$.

Solução: Para a transformação linear dada, temos:

a) $T(u) = (-u_1,\ -u_2,\ -u_3)$ e, usando notação matricial:

$$\begin{pmatrix} u_1 \\ u_2 \\ u_3 \end{pmatrix} \to \begin{pmatrix} -1 & 0 & 0 \\ 0 & -1 & 0 \\ 0 & 0 & -1 \end{pmatrix} \begin{pmatrix} u_1 \\ u_2 \\ u_3 \end{pmatrix}.$$

b) Esta transformação linear corresponde a uma **reflexão em torno da origem**, como pode ser verificado na Figura 5.27.

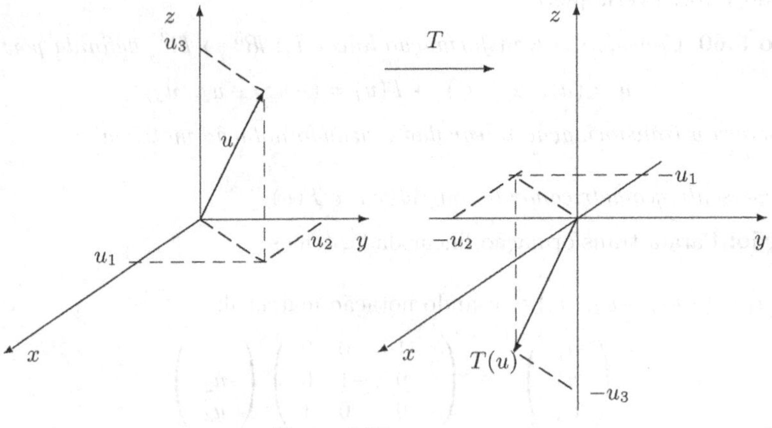

Figura 5.27

Exemplo 5.62 *Considere a transformação linear* $T : \mathbb{R}^3 \to \mathbb{R}^3$, *definida por:*

$$u = (u_1,\ u_2,\ u_3) \to T(u) = (u_1,\ u_2,\ -u_3).$$

a) *Escreva a transformação linear dada, usando notação matricial.*

b) *Represente geometricamente um vetor* u *e* $T(u)$.

Solução: Para a transformação linear dada, temos:

a) $T(u) = (u_1,\ u_2,\ -u_3)$ e, usando notação matricial:

$$\begin{pmatrix} u_1 \\ u_2 \\ u_3 \end{pmatrix} \to \begin{pmatrix} 1 & 0 & 0 \\ 0 & 1 & 0 \\ 0 & 0 & -1 \end{pmatrix} \begin{pmatrix} u_1 \\ u_2 \\ u_3 \end{pmatrix}.$$

b) Esta transformação linear corresponde a uma **reflexão sobre o plano** xy, como pode ser verificado na Figura 5.28.

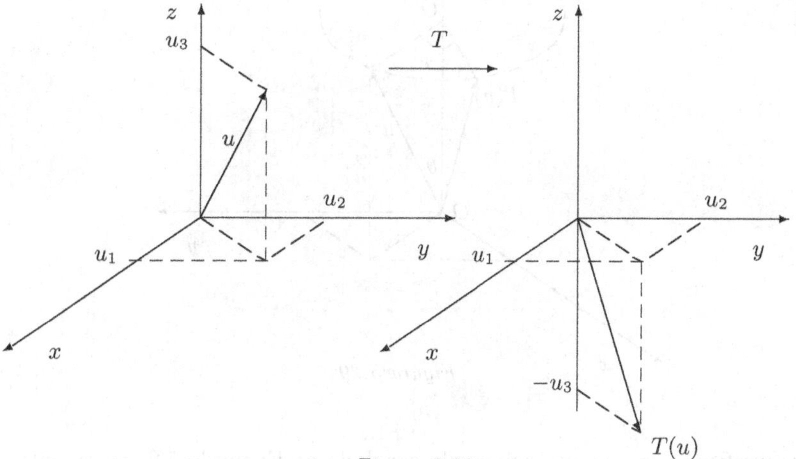

Figura 5.28

Exemplo 5.63 *Considere a transformação linear* $T : \mathbb{R}^3 \to \mathbb{R}^3$, *definida por:*

$$u = (u_1,\ u_2,\ u_3) \to T(u) = (u_1 cos\varphi + u_2 sen\varphi,\ -u_1 sen\varphi + u_2 cos\varphi,\ u_3).$$

a) *Escreva a transformação linear dada, usando notação matricial.*

b) *Represente geometricamente um vetor u e T(u).*

Solução: Para a transformação linear dada, temos:

a) $T(u) = (u_1,\ u_2,\ u_3)$ e, usando notação matricial:

$$\begin{pmatrix} u_1 \\ u_2 \\ u_3 \end{pmatrix} \to \begin{pmatrix} cos\varphi & sen\varphi & 0 \\ -sen\varphi & cos\varphi & 0 \\ 0 & 0 & 1 \end{pmatrix} \begin{pmatrix} u_1 \\ u_2 \\ u_3 \end{pmatrix}.$$

b) Esta transformação linear corresponde a uma **rotação, no sentido horário, de um ângulo** φ **em torno do eixo** z, como pode ser verificado na Figura 5.29.

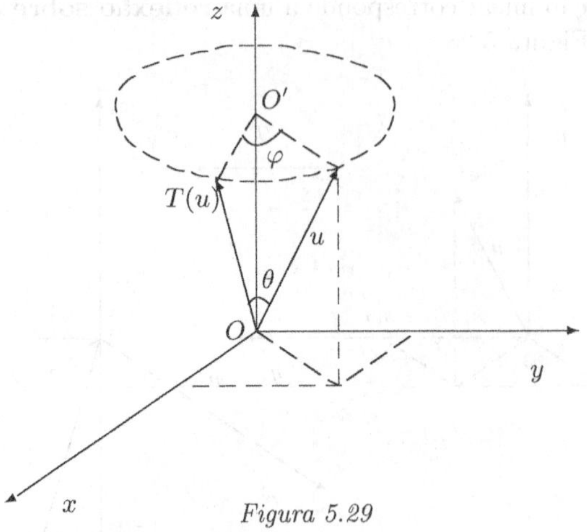

Figura 5.29

Para verificar que a transformação linear dada no Exemplo 5.63 representa realmente uma rotação, no sentido horário, de um ângulo φ, basta observar que:

1) T gira de um ângulo φ em torno da origem, os vetores do plano xy, desde que: $T(u_1,\ u_2,\ 0) = (u_1 cos\varphi + u_2 sen\varphi,\ -u_1 sen\varphi + u_2 cos\varphi,\ 0)$,

2) T não altera os pontos do eixo z, desde que: $T(0,\ 0,\ u_3) = (0,\ 0,\ u_3)$,

3) o ângulo φ não é o ângulo formado por u e $T(u)$, mas sim o ângulo central cujos lados interceptam, na circunferência de centro O', um arco de medida φ. (Ver Figura 5.29.)

4) a transformação linear correspondente a uma **rotação, no sentido anti-horário, de um ângulo φ em torno do eixo z**, é dada por:

$$u = (u_1,\ u_2,\ u_3) \to T(u) = (u_1 cos\varphi - u_2 sen\varphi,\ u_1 sen\varphi + u_2 cos\varphi,\ u_3),$$

ou, na forma matricial:

$$\begin{pmatrix} u_1 \\ u_2 \\ u_3 \end{pmatrix} \to \begin{pmatrix} cos\varphi & -sen\varphi & 0 \\ sen\varphi & cos\varphi & 0 \\ 0 & 0 & 1 \end{pmatrix} \begin{pmatrix} u_1 \\ u_2 \\ u_3 \end{pmatrix}.$$

Definição 5.8 *Considere a transformação linear* $T : \mathbb{R}^3 \to \mathbb{R}^3$. *A* **translação** *no espaço segundo um vetor* $(a,\ b,\ c)$ *é definida por:*

$$u = (u_1,\ u_2,\ u_3) \to T(u) = (u_1 + a,\ u_2 + b,\ u_3 + c),$$

ou, em notação matricial:

$$\begin{pmatrix} u_1 \\ u_2 \\ u_3 \end{pmatrix} \to \begin{pmatrix} 1 & 0 & 0 \\ 0 & 1 & 0 \\ 0 & 0 & 1 \end{pmatrix} \begin{pmatrix} u_1 \\ u_2 \\ u_3 \end{pmatrix} + \begin{pmatrix} a \\ b \\ c \end{pmatrix}.$$

Observações:

1) A translação **não** é uma transformação linear.

2) Em termos computacionais, para representar a translação na forma matricial, é conveniente usarmos **coordenadas homogêneas**, que são representações especiais para pontos, vetores e matrizes. Desta forma, um vetor $u = (u_1,\ u_2,\ u_3)$ será representado por $u = (u_1,\ u_2,\ u_3,\ 1)$, e a transformação será representada por:

$$\begin{pmatrix} u_1 \\ u_2 \\ u_3 \\ 1 \end{pmatrix} \to \begin{pmatrix} 1 & 0 & 0 & a \\ 0 & 1 & 0 & b \\ 0 & 0 & 1 & c \\ 0 & 0 & 0 & 1 \end{pmatrix} \begin{pmatrix} u_1 \\ u_2 \\ u_3 \\ 1 \end{pmatrix} = \begin{pmatrix} u_1' \\ u_2' \\ u_3' \\ 1 \end{pmatrix}.$$

Exemplo 5.64 *Considere a transformação* $T : I\!R^3 \to I\!R^3$, *definida por:*

$$u = (u_1,\ u_2,\ u_3) \to T(u) = (u_1,\ u_2 + 2,\ u_3).$$

a) *Escreva a transformação dada, usando notação matricial.*

b) *Represente geometricamente o vetor* $u = (2,\ 3,\ 4)$ *e* $T(u)$.

Solução: Temos, usando coordenadas homogêneas:

a)

$$\begin{pmatrix} u_1 \\ u_2 \\ u_3 \\ 1 \end{pmatrix} \to \begin{pmatrix} 1 & 0 & 0 & 0 \\ 0 & 1 & 0 & 2 \\ 0 & 0 & 1 & 0 \\ 0 & 0 & 0 & 1 \end{pmatrix} \begin{pmatrix} u_1 \\ u_2 \\ u_3 \\ 1 \end{pmatrix}.$$

b) Se $u = (2,\ 3,\ 4)$, então $T(u) = (2,\ 5,\ 4,\ 1)$, isto é: $T(u) = (2,\ 5,\ 4)$. Assim, obtemos a Figura 5.30:

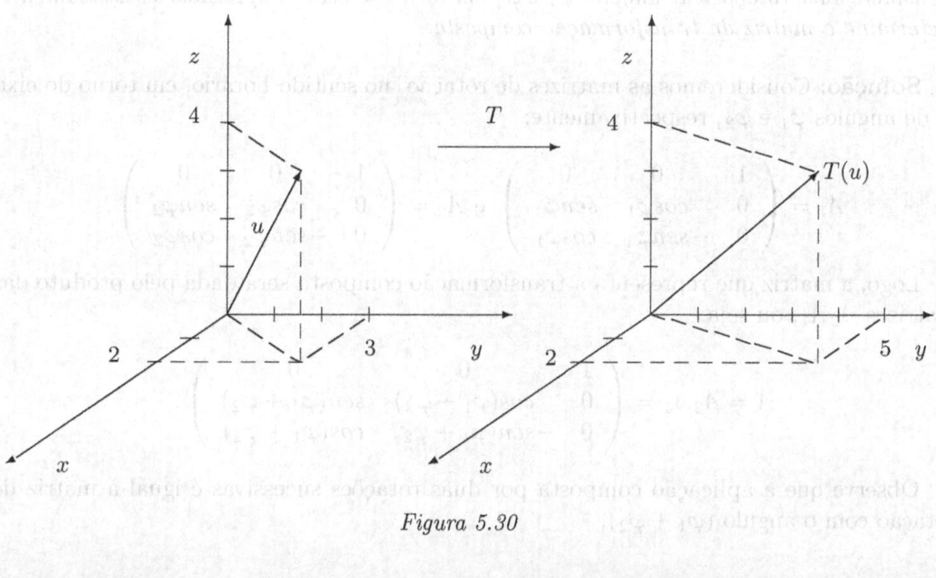

Figura 5.30

Observe que a translação dada neste exemplo corresponde a um deslocamento de duas unidades na direção do eixo y.

Como no plano, podemos fazer a composição de transformações no espaço. Daremos, a seguir, alguns exemplos.

Exemplo 5.65 *Considere duas translações T_1 e T_2 do $\mathbb{R}^3 \to \mathbb{R}^3$, definidas por:*

$$\begin{aligned} u = (u_1,\ u_2,\ u_3) \to \quad T_1(u) &= (u_1 + 1,\ u_2,\ u_3) \\ T_2(u) &= (u_1,\ u_2,\ u_3 + 2), \end{aligned}$$

aplicadas sucessivamente. Determine a matriz da transformação composta.

Solução: Temos, usando coordenadas homogêneas, que:

$$A_1 = \begin{pmatrix} 1 & 0 & 0 & 1 \\ 0 & 1 & 0 & 0 \\ 0 & 0 & 1 & 0 \\ 0 & 0 & 0 & 1 \end{pmatrix} \text{ e } A_2 = \begin{pmatrix} 1 & 0 & 0 & 0 \\ 0 & 1 & 0 & 0 \\ 0 & 0 & 1 & 2 \\ 0 & 0 & 0 & 1 \end{pmatrix}.$$

Logo, a matriz que representa a transformação composta será dada pelo produto das matrizes A_2A_1, ou seja:

$$A = A_2A_1 = \begin{pmatrix} 1 & 0 & 0 & 1 \\ 0 & 1 & 0 & 0 \\ 0 & 0 & 1 & 2 \\ 0 & 0 & 0 & 1 \end{pmatrix}.$$

Exemplo 5.66 *Considere a transformação linear $T : \mathbb{R}^3 \to \mathbb{R}^3$, definida por:*

$$u = (u_1,\ u_2,\ u_3) \to T(u) = (u_1,\ u_2 cos\varphi + u_3 sen\varphi,\ -u_2 sen\varphi + u_3 cos\varphi),$$

que corresponde a uma rotação, no sentido horário, de um ângulo φ em torno do eixo x. Considere duas rotações de ângulos φ_1 e φ_2 em torno do eixo x, aplicadas sucessivamente. Determine a matriz da transformação composta.

Solução: Consideremos as matrizes de rotação, no sentido horário, em torno do eixo x, de ângulos φ_1 e φ_2, respectivamente:

$$A_1 = \begin{pmatrix} 1 & 0 & 0 \\ 0 & cos\varphi_1 & sen\varphi_1 \\ 0 & -sen\varphi_1 & cos\varphi_1 \end{pmatrix} \text{ e } A_2 = \begin{pmatrix} 1 & 0 & 0 \\ 0 & cos\varphi_2 & sen\varphi_2 \\ 0 & -sen\varphi_2 & cos\varphi_2 \end{pmatrix}.$$

Logo, a matriz que representa a transformação composta será dada pelo produto das matrizes A_2A_1, ou seja:

$$A = A_2A_1 = \begin{pmatrix} 1 & 0 & 0 \\ 0 & cos(\varphi_1 + \varphi_2) & sen(\varphi_1 + \varphi_2) \\ 0 & -sen(\varphi_1 + \varphi_2) & cos(\varphi_1 + \varphi_2) \end{pmatrix}.$$

Observe que a aplicação composta por duas rotações sucessivas é igual à matriz de rotação com o ângulo $(\varphi_1 + \varphi_2)$.

Exercícios

5.23 *Seja* $T : \mathbb{R}^3 \rightarrow \mathbb{R}^3$ *uma transformação linear.*

a) *Determine* T *sabendo que ela corresponde a uma* **reflexão em torno do eixo** x.

b) *Escreva a transformação linear obtida no item* **a)** *usando notação matricial.*

5.24 *Seja* $T : \mathbb{R}^3 \rightarrow \mathbb{R}^3$ *uma transformação linear.*

a) *Determine* T *sabendo que ela corresponde a uma* **reflexão sobre o plano** xz.

b) *Escreva a transformação linear obtida no item* **a)** *usando notação matricial.*

5.25 *Seja* $T : \mathbb{R}^3 \rightarrow \mathbb{R}^3$ *uma transformação linear.*

a) *Determine* T *sabendo que ela corresponde a uma* **rotação, no sentido horário, de um ângulo** φ **em torno do eixo** y.

b) *Escreva a transformação linear obtida no item* **a)** *usando notação matricial.*

5.26 *Considere a transformação linear* $T : \mathbb{R}^3 \rightarrow \mathbb{R}^3$, *definida por:*

$$u = (u_1,\ u_2,\ u_3) \rightarrow T(u) = (u_1 cos\varphi - u_2 sen\varphi,\ u_1 sen\varphi + u_2 cos\varphi,\ u_3),$$

que corresponde a uma **rotação, no sentido anti-horário, de um ângulo** φ **em torno do eixo** z. *Considere duas rotações de ângulos* φ_1 *e* φ_2 *em torno do eixo* z, *aplicadas sucessivamente. Determine a matriz da transformação composta.*

5.8.1 Figuras Geométricas no Espaço

Como no plano, as transformações lineares são muito úteis no caso de figuras geométric no espaço. Daremos, a seguir, alguns exemplos.

Exemplo 5.67 *Considere a Figura 5.31:*

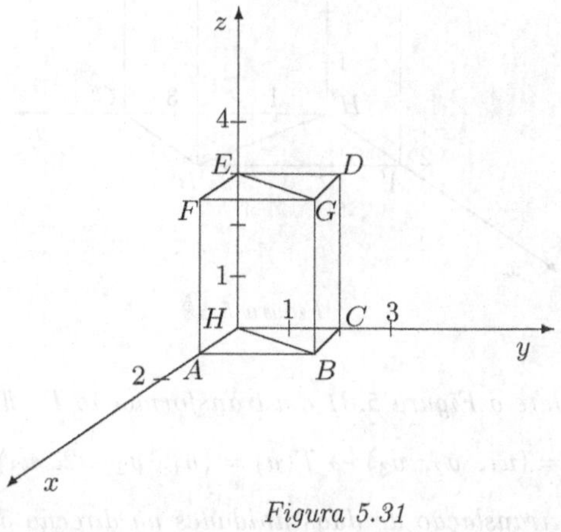

Figura 5.31

Considere ainda a transformação linear $T: I\!R^3 \to I\!R^3$, definida por:

$$u = (u_1,\ u_2,\ u_3) \to T(u) = 2(u_1,\ u_2,\ u_3).$$

Determine a imagem da Figura 5.31.

Solução: A matriz da transformação linear dada é:

$$A = \begin{pmatrix} 2 & 0 & 0 \\ 0 & 2 & 0 \\ 0 & 0 & 2 \end{pmatrix}.$$

Temos que os vértices da Figura 5.31 são dados por:

$$\begin{aligned} A &= (1,\ 0,\ 0),\ B = (1,\ 2,\ 0),\ C = (0,\ 2,\ 0),\ D = (0,\ 2,\ 3), \\ E &= (0,\ 0,\ 3),\ F = (1,\ 0,\ 3),\ G = (1,\ 2,\ 3) \text{ e } H = (0,\ 0,\ 0)\ . \end{aligned}$$

Seja A' a matriz cujas colunas correspondem aos vértices da Figura 5.31, isto é:

$$A' = \begin{pmatrix} 1 & 1 & 0 & 0 & 0 & 1 & 1 & 0 \\ 0 & 2 & 2 & 2 & 0 & 0 & 2 & 0 \\ 0 & 0 & 0 & 3 & 3 & 3 & 3 & 0 \end{pmatrix}.$$

Fazendo o produto AA', obtemos:

$$AA' = \begin{pmatrix} 2 & 2 & 0 & 0 & 0 & 2 & 2 & 0 \\ 0 & 4 & 4 & 4 & 0 & 0 & 4 & 0 \\ 0 & 0 & 0 & 6 & 6 & 6 & 6 & 0 \end{pmatrix},$$

cujas colunas correspondem aos vértices da Figura 5.32.

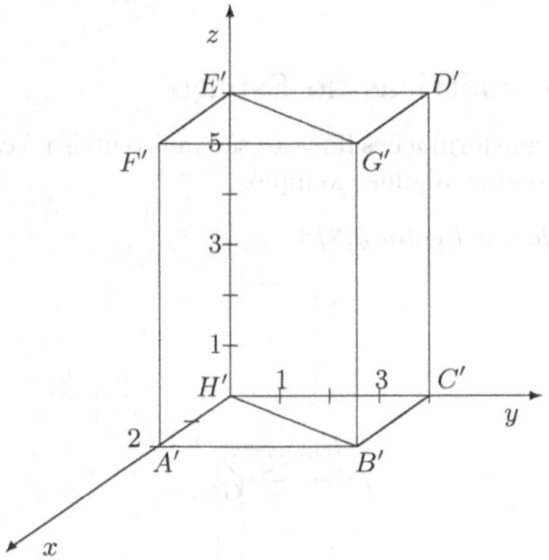

Figura 5.32

Exemplo 5.68 *Considere a Figura 5.31 e a transformação $T: I\!R^3 \to I\!R^3$, definida por:*

$$u = (u_1,\ u_2,\ u_3) \to T(u) = (u_1,\ u_2 + 2,\ u_3),$$

que corresponde a uma translação de duas unidades na direção do eixo y. Determine a imagem da Figura 5.31.

Solução: A matriz da transformação dada, em coordenadas homogêneas, é:

$$A = \begin{pmatrix} 1 & 0 & 0 & 0 \\ 0 & 1 & 0 & 2 \\ 0 & 0 & 1 & 0 \\ 0 & 0 & 0 & 1 \end{pmatrix}.$$

Seja A' a matriz, em coordenadas homogêneas, cujas colunas correspondem aos vértices da Figura 5.31, isto é:

$$A' = \begin{pmatrix} 1 & 1 & 0 & 0 & 0 & 1 & 1 & 0 \\ 0 & 2 & 2 & 2 & 0 & 0 & 2 & 0 \\ 0 & 0 & 0 & 3 & 3 & 3 & 3 & 0 \\ 1 & 1 & 1 & 1 & 1 & 1 & 1 & 1 \end{pmatrix}.$$

Fazendo o produto AA', obtemos:

$$AA' = \begin{pmatrix} 1 & 1 & 0 & 0 & 0 & 1 & 1 & 0 \\ 2 & 4 & 4 & 4 & 2 & 2 & 4 & 2 \\ 0 & 0 & 0 & 3 & 3 & 3 & 3 & 0 \\ 1 & 1 & 1 & 1 & 1 & 1 & 1 & 1 \end{pmatrix}.$$

onde, as colunas, em coordenadas homogêneas, correspondem aos vértices da Figura 5.33.

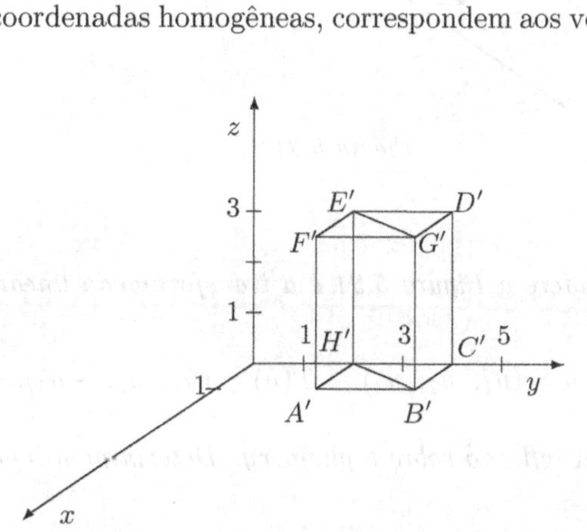

Figura 5.33

Exemplo 5.69 *Considere a Figura 5.31 e a transformação linear $T : \mathbb{R}^3 \to \mathbb{R}^3$, definida por:*

$$u = (u_1,\ u_2,\ u_3) \to T(u) = (u_1 cos\varphi + u_2 sen\varphi,\ -u_1 sen\varphi + u_2 cos\varphi,\ u_3),$$

que corresponde a uma rotação, no sentido horário, de um ângulo φ sobre o eixo z. Considere ainda duas rotações de ângulos $\varphi_1 = 60^o$ e $\varphi_2 = 30^o$, aplicadas sucessivamente na Figura 5.31, e determine sua imagem.

Solução: Pelo Exemplo 5.66, a aplicação composta por duas rotações sucessivas é igual à matriz de rotação com o ângulo $(\varphi_1 + \varphi_2)$. Assim:

$$A = \begin{pmatrix} cos\,90^o & sen\,90^o & 0 \\ -sen\,90^o & cos\,90^o & 0 \\ 0 & 0 & 1 \end{pmatrix} \to A = \begin{pmatrix} 0 & 1 & 0 \\ -1 & 0 & 0 \\ 0 & 0 & 1 \end{pmatrix},$$

e a matriz A', cujas colunas correspondem aos vértices da Figura 5.31, é dada no Exemplo 5.67. Portanto, o produto AA' é dado por:

$$AA' = \begin{pmatrix} 0 & 2 & 2 & 2 & 0 & 0 & 1 & 0 \\ -1 & -1 & 0 & 0 & 0 & -1 & -1 & 0 \\ 0 & 0 & 0 & 3 & 3 & 3 & 3 & 0 \end{pmatrix},$$

onde as colunas correspondem aos vértices da Figura 5.34.

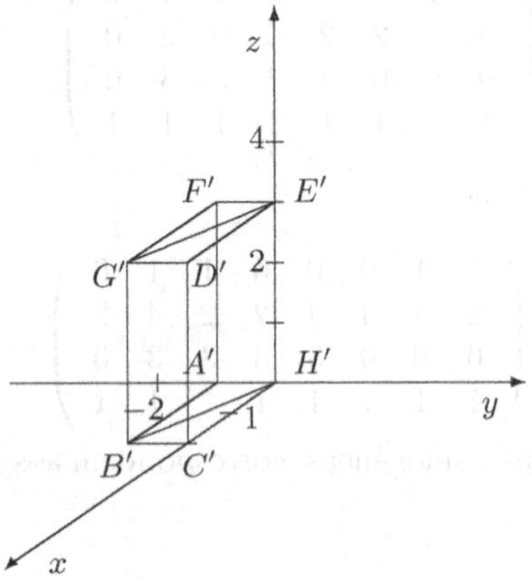

Figura 5.34

Exemplo 5.70 *Considere a Figura 5.31 e a transformação linear $T : \mathbb{R}^3 \to \mathbb{R}^3$, definida por:*

$$u = (u_1,\ u_2,\ u_3) \to T(u) = (u_1,\ u_2,\ -u_3),$$

que corresponde a uma reflexão sobre o plano xy. Determine a imagem da Figura 5.31.

Solução: Temos que a matriz da transformação linear é dada por:

$$A = \begin{pmatrix} 1 & 0 & 0 \\ 0 & 1 & 0 \\ 0 & 0 & -1 \end{pmatrix},$$

e a matriz A', cujas colunas correspondem aos vértices da Figura 5.31, é dada no Exemplo 5.67. Portanto, o produto AA' é dado por:

$$A' = \begin{pmatrix} 1 & 1 & 0 & 0 & 0 & 1 & 1 & 0 \\ 0 & 2 & 2 & 2 & 0 & 0 & 2 & 0 \\ 0 & 0 & 0 & -3 & -3 & -3 & -3 & 0 \end{pmatrix},$$

onde as colunas correspondem aos vértices da Figura 5.35.

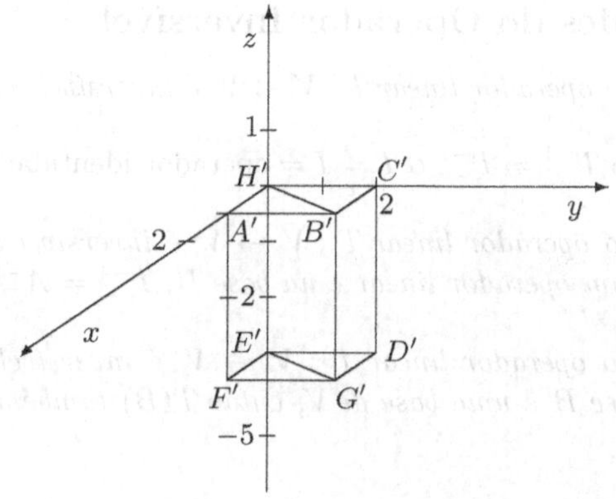

Figura 5.35

Pelos Exemplos 5.68, 5.69 e 5.70, fica fácil verificar que, na translação, na rotação e na reflexão, as distâncias entre os pontos da figura não se alteram, isto é, continuam as mesmas.

Exercícios

5.27 *Considere a Figura 5.31 e a transformação linear* $T : \mathbb{R}^3 \to \mathbb{R}^3$, *definida por:*

$$u = (u_1,\ u_2,\ u_3) \to T(u) = \frac{1}{2}(u_1,\ u_2,\ u_3),$$

que corresponde a uma contração. Determine a imagem da Figura 5.31.

5.28 *Considere a Figura 5.31 e a transformação linear* $T : \mathbb{R}^3 \to \mathbb{R}^3$, *definida por:*

$$u = (u_1,\ u_2,\ u_3) \to T(u) = (u_1,\ u_2,\ u_3 + 2),$$

que corresponde a uma translação de 2 unidades na direção do eixo z. Determine a imagem da Figura 5.31.

5.9 Operador Linear

Como já dissemos, se a transformação linear vai de um espaço vetorial nele mesmo, isto é, se $T : U \to U$ (ou se $T : V \to V$), então T é um operador linear.

Vale observar que tanto a transformação linear no plano como a transformação linear no espaço são operadores lineares.

Além disso, todas as propriedades que vimos para transformações lineares são válidas para operadores lineares. Entretanto, veremos que existem alguns operadores lineares que possuem propriedades especiais. Apresentamos, a seguir, alguns destes operadores.

5.9.1 Operador Inversível

Já vimos que um operador linear $T : V \to V$ leva cada vetor $u \in V$ em um outro vetor $v = T(u) \in V$. Se for possível encontrar o vetor u a partir do vetor v, então o operador T é **inversível** e será denotado por T^{-1}.

5.9.2 Propriedades do Operador Inversível

Propriedade 5.1 *Se o operador linear $T : V \to V$ é inversível, então:*

$$T \text{ o } T^{-1} = T^{-1} \text{ o } T = I = \text{operador identidade.}$$

Propriedade 5.2 *Se o operador linear $T : V \to V$ é inversível e B é uma base de V, então $T^{-1} : V \to V$ é um operador linear e na base B, $T^{-1} = A^{-1}$.*

Propriedade 5.3 *Se o operador linear $T : V \to V$ é inversível, então T transforma base em base, ou seja, se B é uma base de V, então $T(B)$ também é base de V.*

Observações:

1) Como consequência imediata da Propriedade 5.2, o operador linear T é inversível se e somente se $det(A) \neq 0$. Além disso, a matriz do operador linear inverso na base B é igual à inversa da matriz do operador T na mesma base B.

2) Apesar da base B da Propriedade 5.2 ser uma base qualquer, trabalharemos aqui apenas com a base canônica.

Com base na observação **1)** acima, podemos dizer que uma matriz que possui inversa define um operador inversível.

Daremos, a seguir, alguns exemplos.

Exemplo 5.71 *Verificar se o operador linear $T : I\!R^2 \to I\!R^2$, definido por:*

$$u = (u_1,\ u_2) \to T(u) = (u_1 + 2u_2,\ u_1 - 2u_2),$$

é inversível. Em caso afirmativo, determinar T^{-1}.

Solução: A matriz do operador linear é:

$$A = \begin{pmatrix} 1 & 2 \\ 1 & -2 \end{pmatrix}.$$

Além disso, $det(A) = -4 \neq 0$. Logo, T é inversível. Para calcular T^{-1}, basta calcular A^{-1}. Temos:

$$A^{-1} = \begin{pmatrix} 1/2 & 1/2 \\ 1/4 & -1/4 \end{pmatrix}.$$

Assim:

$$T^{-1}(u) = \left(\frac{u_1 + u_2}{2},\ \frac{u_1 - u_2}{4} \right).$$

Observe que:

$$\begin{aligned} (T^{-1} \text{ o } T)(u) &= T^{-1}(T(u)) = T^{-1}(u_1 + 2u_2,\ u_1 - 2u_2) \\ &= \left(\frac{u_1 + 2u_2 + u_1 - 2u_2}{2},\ \frac{u_1 + 2u_2 - u_1 + 2u_2}{4} \right) = (u_1,\ u_2) = I(u). \end{aligned}$$

Exemplo 5.72 *Verificar se o operador linear* $T : I\!R^3 \to I\!R^3$, *definido por:*

$$u = (u_1,\ u_2,\ u_3) \to T(u) = (u_1 + u_2,\ u_1 - u_2,\ u_3),$$

é inversível. Em caso afirmativo, determinar T^{-1}.

Solução: A matriz do operador linear é:

$$A = \begin{pmatrix} 1 & 1 & 0 \\ 1 & -1 & 0 \\ 0 & 0 & 1 \end{pmatrix}.$$

Além disso, $det(A) = -2 \neq 0$. Logo, T é inversível. Para calcular T^{-1}, basta calcular A^{-1}. Temos:

$$A^{-1} = \begin{pmatrix} 1/2 & 1/2 & 0 \\ 1/2 & -1/2 & 0 \\ 0 & 0 & 1 \end{pmatrix}.$$

Assim:

$$T^{-1}(u) = \left(\frac{u_1 + u_2}{2},\ \frac{u_1 - u_2}{2},\ u_3\right).$$

Exercícios

5.29 *Seja* $T : I\!R^2 \to I\!R^2$ *um operador linear. Verificar se:*

a) $T(u) = (-u_1,\ u_2)$,

b) $T(u) = (u_1 - 3u_2,\ -3u_1 + 2u_2)$,

c) $T(u) = (-4u_1 + 2u_2,\ 2u_1 - u_2)$,

são inversíveis. Em caso afirmativo, determinar T^{-1}.

5.30 *Seja* $T : I\!R^3 \to I\!R^3$ *um operador linear. Verificar se:*

a) $T(u) = (-u_1,\ -u_2,\ -u_3)$,

b) $T(u) = (u_1 - u_2 + u_3,\ -2u_1 - 2u_3,\ -u_1 - u_2 - u_3)$,

c) $T(u) = (u_1 + u_2,\ u_2 + u_3,\ u_3)$,

são inversíveis. Em caso afirmativo, determinar T^{-1}.

5.9.3 Operador Ortogonal

Começaremos esta seção definindo um operador ortogonal.

Definição 5.9 *Seja* V *um espaço vetorial euclidiano. Um operador linear* $T : V \to V$ *é* **ortogonal** *se preserva a norma de cada vetor* $v \in V$*, isto é, se:*

$$\| T(v) \| = \| v \| .$$

Daremos, a seguir, alguns exemplos.

Exemplo 5.73 *Seja $V = I\!R^2$, com o produto escalar usual. Verificar, usando a Definição 5.9, se o operador linear $T : V \to V$, definido por:*

$$T(v_1,\ v_2) = \left(\frac{1}{\sqrt{2}}v_1 + \frac{1}{\sqrt{2}}v_2,\ \frac{1}{\sqrt{2}}v_1 - \frac{1}{\sqrt{2}}v_2\right),$$

é ortogonal.

Solução: Temos:

$$\begin{aligned} \| T(v_1,\ v_2) \| &= \sqrt{\left(\frac{1}{\sqrt{2}}v_1 + \frac{1}{\sqrt{2}}v_2\right)^2 + \left(\frac{1}{\sqrt{2}}v_1 - \frac{1}{\sqrt{2}}v_2\right)^2} \\ &= \sqrt{\frac{1}{2}v_1^2 + v_1v_2 + \frac{1}{2}v_2^2 + \frac{1}{2}v_1^2 - v_1v_2 + \frac{1}{2}v_2^2} \\ &= \sqrt{v_1^2 + v_2^2} = \| v \|. \end{aligned}$$

Logo, o operador T é ortogonal.

Exemplo 5.74 *Seja $V = I\!R^3$, com o produto escalar usual. A matriz de rotação, no sentido horário, de um ângulo φ em torno do eixo z, é dada por:*

$$A = \begin{pmatrix} cos\ \varphi & sen\ \varphi & 0 \\ -sen\ \varphi & cos\ \varphi & 0 \\ 0 & 0 & 1 \end{pmatrix}.$$

Verificar, usando a Definição 5.9, se o operador linear $T : V \to V$, dado por:

$$T(v_1,\ v_2,\ v_3) = (v_1 cos\varphi + v_2 sen\varphi,\ -v_1 sen\varphi + v_2 cos\varphi,\ v_3),$$

é ortogonal.

Solução: Temos:

$$\begin{aligned} \| T(v_1,\ v_2,\ v_3) \| &= \sqrt{(\ v_1 cos\varphi + v_2 sen\varphi)^2 + (-v_1 sen\varphi + v_2 cos\varphi)^2 + v_3^2} \\ &= \sqrt{(cos^2\varphi + sen^2\varphi)v_1^2 + (sen^2\varphi + cos^2\varphi)v_2^2 + v_3^2} \\ &= \sqrt{v_1^2 + v_2^2 + v_3^2} = \| v \|. \end{aligned}$$

Logo, o operador T é ortogonal.

5.9.4 Propriedades do Operador Ortogonal

Veremos agora algumas propriedades de um operador ortogonal.

Propriedade 5.4 *Seja V um espaço vetorial euclidiano e seja $T : V \to V$ um operador ortogonal. Então:*

$$A^{-1} = A^t,$$

isto é, a inversa da matriz da transformação T coincide com sua transposta.

Prova: Se T é um operador linear, então, pelo Teorema 5.7, temos que: $T(v) = Av$. Além disso, se T é um operador ortogonal, então, pela Definição 5.9:

$$\begin{array}{rl} & \| T(v) \| = \| Av \| = \| v \| \\ \Rightarrow & \sqrt{(Av, Av)} = \sqrt{(v,v)} \\ \Rightarrow & (Av)^t(Av) = v^t v. \end{array} \tag{5.3}$$

Mas

$$(Av)^t(Av) = ((A)(v))^t(A)(v) = v^t A^t Av.$$

Substituindo em 5.3, obtemos:

$$v^t A^t Av = v^t v \Rightarrow A^t A = I \Rightarrow A^t = A^{-1}.$$

Uma matriz A, tal que $A^t = A^{-1}$, é chamada **matriz ortogonal** (ver Capítulo 1).

Assim, uma matriz ortogonal define um operador ortogonal.

Daremos, a seguir, alguns exemplos.

Exemplo 5.75 *Verificar, usando a Propriedade 5.4, se a matriz canônica do Exemplo 5.73 é ortogonal.*

Solução: Temos, do Exemplo 5.73, que a matriz canônica de T é dada por:

$$A = \begin{pmatrix} 1/\sqrt{2} & 1/\sqrt{2} \\ 1/\sqrt{2} & -1/\sqrt{2} \end{pmatrix}.$$

Devemos verificar se $A^{-1} = A^t$. Calculando A^{-1}, segue que:

$$A^{-1} = \begin{pmatrix} \sqrt{2}/2 & \sqrt{2}/2 \\ \sqrt{2}/2 & -\sqrt{2}/2 \end{pmatrix} = A^t.$$

Logo, A é ortogonal.

Exemplo 5.76 *Verificar, usando a Propriedade 5.4, se a matriz de rotação dada no Exemplo 5.74 é ortogonal.*

Solução: Temos que a matriz de rotação do Exemplo 5.74 é dada por:

$$A = \begin{pmatrix} cos\varphi & sen\varphi & 0 \\ -sen\varphi & cos\varphi & 0 \\ 0 & 0 & 1 \end{pmatrix}.$$

Devemos verificar se $A^{-1} = A^t$. Calculando A^{-1}, segue que:

$$A^{-1} = \begin{pmatrix} cos\varphi & -sen\varphi & 0 \\ sen\varphi & cos\varphi & 0 \\ 0 & 0 & 1 \end{pmatrix} = A^t.$$

Logo, A é ortogonal.

Propriedade 5.5 *Todo operador linear ortogonal $T : V \to V$ preserva o produto escalar de vetores, isto é, para quaisquer vetores $u, v \in V$, temos:*

$$(T(u), T(v)) = (u, v).$$

Prova: De fato:

$$(T(u), T(v)) = (T(u))^t(T(v)) = u^tT^tTv = u^tv = (u, v),$$

desde que $T^tT = I$.

Daremos, a seguir, alguns exemplos.

Exemplo 5.77 *Considere o operador linear ortogonal definido no Exemplo 5.73. Sejam ainda $u = (1,\ 2)$ e $v = (2,\ 3)$. Verificar a veracidade da Propriedade 5.5 usando o produto escalar usual do $I\!R^2$.*

Solução: Temos que o produto escalar de u por v, isto é, $(u, v) = 8$. Além disso, pelo Exemplo 5.73, temos:

$$T(v_1,\ v_2) = \left(\frac{1}{\sqrt{2}}v_1 + \frac{1}{\sqrt{2}}v_2,\ \frac{1}{\sqrt{2}}v_1 - \frac{1}{\sqrt{2}}v_2\right).$$

Assim:

$$\begin{aligned} T(u) &= \left(\frac{1}{\sqrt{2}} + \frac{2}{\sqrt{2}},\ \frac{1}{\sqrt{2}} - \frac{2}{\sqrt{2}}\right) = \left(\frac{3}{\sqrt{2}},\ -\frac{1}{\sqrt{2}}\right), \\ T(v) &= \left(\frac{2}{\sqrt{2}} + \frac{3}{\sqrt{2}},\ \frac{2}{\sqrt{2}} - \frac{3}{\sqrt{2}}\right) = \left(\frac{5}{\sqrt{2}},\ -\frac{1}{\sqrt{2}}\right). \end{aligned}$$

Logo:

$$(T(u), T(v)) = \frac{3}{\sqrt{2}}\frac{5}{\sqrt{2}} + \left(-\frac{1}{\sqrt{2}}\right)\left(-\frac{1}{\sqrt{2}}\right) = 8 = (u, v).$$

Exemplo 5.78 *Considere o operador linear ortogonal definido no Exemplo 5.74 com $\varphi = 30^o$. Sejam ainda $u = (1,\ 2,\ 3)$ e $v = (2,\ 3, -1)$. Verificar a veracidade da Propriedade 5.5 usando o produto escalar usual do $I\!R^3$.*

Solução: Temos que o produto escalar de u por v, isto é, $(u, v) = 5$. Além disso, pelo Exemplo 5.74, temos:

$$\begin{aligned} T(v_1,\ v_2,\ v_3) &= (v_1 cos\varphi + v_2 sen\varphi,\ -v_1 sen\varphi + v_2 cos\varphi,\ v_3) \\ &= \left(\frac{\sqrt{3}}{2}v_1 + \frac{1}{2}v_2,\ -\frac{1}{2}v_1 + \frac{\sqrt{3}}{2}v_2,\ v_3\right) \end{aligned}$$

desde que $\varphi = 30^o$. Assim,

$$\begin{aligned} T(u) &= \left(\frac{\sqrt{3}}{2} + 1,\ -\frac{1}{2} + \sqrt{3},\ 3\right), \\ T(v) &= \left(\sqrt{3} + \frac{3}{2},\ -1 + 3\frac{\sqrt{3}}{2},\ -1\right). \end{aligned}$$

Logo:

$$(T(u), T(v)) = \left(\frac{\sqrt{3}}{2} + 1\right)\left(\sqrt{3} + \frac{3}{2}\right) + \left(-\frac{1}{\sqrt{2}} + \sqrt{3}\right)\left(-1 + 3\frac{\sqrt{3}}{2}\right) - 3 = 5 = (u, v).$$

Propriedade 5.6 *O determinante de uma matriz ortogonal é* 1 *ou* -1.

Prova: Como A é ortogonal, então, pela Propriedade 5.4, podemos escrever:

$$AA^t = A^tA = I.$$

Assim,

$$det(AA^t) = det(I) \Rightarrow det(A)det(A^t) = 1.$$

Mas $det(A) = det(A^t)$. Logo,

$$det(A)^2 = 1 \Rightarrow det(A) = \pm 1.$$

Observe que toda matriz ortogonal é inversível.

Daremos, a seguir, alguns exemplos.

Exemplo 5.79 *Calcule o determinante da matriz ortogonal dada no Exemplo 5.73.*

Solução: Temos, calculando o determinante da matriz do Exemplo 5.73, que:

$$det(A) = \begin{vmatrix} 1/\sqrt{2} & 1/\sqrt{2} \\ 1/\sqrt{2} & -1/\sqrt{2} \end{vmatrix} = -\frac{1}{2} - \frac{1}{2} = -1.$$

Exemplo 5.80 *Calcule o determinante da matriz ortogonal dada no Exemplo 5.74.*

Solução: Temos, calculando o determinante da matriz do Exemplo 5.74, que:

$$det(A) = \begin{vmatrix} cos\varphi & sen\varphi & 0 \\ -sen\varphi & cos\varphi & 0 \\ 0 & 0 & 1 \end{vmatrix} = cos^2\varphi + sen^2\varphi = 1.$$

Propriedade 5.7 *As colunas (ou linhas) de uma matriz ortogonal A são vetores ortonormais.*

Prova: Seja $B = \{e_1, e_2, \ldots, e_n\}$ uma base ortonormal de um espaço vetorial euclidiano V, isto é:

$$(e_i, e_j) = \delta_{ij} = \begin{cases} 1 & \text{se} \quad i = j, \\ 0 & \text{se} \quad i \neq j. \end{cases}$$

Seja $T : V \to V$ um operador linear ortogonal representado na base B por:

$$A = \begin{pmatrix} a_{11} & a_{12} & \ldots & a_{1n} \\ a_{21} & a_{22} & \ldots & a_{2n} \\ \vdots & \vdots & \ddots & \vdots \\ a_{n1} & a_{n2} & \ldots & a_{nn} \end{pmatrix}.$$

Assim, desde que os vetores $e_i, i = 1, 2, \ldots, n$ são ortonormais, temos:

$$\begin{aligned} T(e_1) &= a_{11}e_1 + a_{21}e_2 + \ldots + a_{n1}e_n, \\ T(e_2) &= a_{12}e_1 + a_{22}e_2 + \ldots + a_{n2}e_n, \\ &\vdots \\ T(e_n) &= a_{1n}e_1 + a_{2n}e_2 + \ldots + a_{nn}e_n. \end{aligned}$$

Portanto, para $i = j$, temos que:

$$\begin{aligned} \| T(e_i) \|^2 &= (T(e_i), T(e_i)) = a_{1i}^2 + a_{2i}^2 + \ldots + a_{ni}^2 \\ &= (e_i, e_i) = 1 \end{aligned}$$

e, para $i \neq j$, temos que:

$$\begin{aligned} (T(e_i), T(e_j)) &= a_{1i}a_{1j} + a_{2i}a_{2j} + \ldots + a_{ni}a_{nj} \\ &= (e_i, e_j) = 0. \end{aligned}$$

Logo, as colunas (ou linhas) de A são vetores ortonormais de um espaço vetorial euclidiano V e, portanto, formam uma base ortonormal deste espaço.

Daremos, a seguir, alguns exemplos.

Exemplo 5.81 *Verificar que as linhas (ou colunas) da matriz dada no Exemplo 5.73 são vetores ortonormais.*

Solução: Para a matriz do Exemplo 5.73, temos que o produto de uma linha por ela mesma satisfaz:

$$\left(\frac{1}{\sqrt{2}}\right)\left(\frac{1}{\sqrt{2}}\right) + \left(\frac{1}{\sqrt{2}}\right)\left(\frac{1}{\sqrt{2}}\right) = 1$$
$$\left(\frac{1}{\sqrt{2}}\right)\left(\frac{1}{\sqrt{2}}\right) + \left(-\frac{1}{\sqrt{2}}\right)\left(-\frac{1}{\sqrt{2}}\right) = 1$$

e o produto da 1ª pela 2ª linha satisfaz:

$$\left(\frac{1}{\sqrt{2}}\right)\left(\frac{1}{\sqrt{2}}\right) + \left(\frac{1}{\sqrt{2}}\right)\left(-\frac{1}{\sqrt{2}}\right) = 0.$$

Logo, as linhas de A são vetores ortonormais. Vale o mesmo para as colunas. Verifique.

Exemplo 5.82 *Verificar que as linhas (ou colunas) da matriz dada no Exemplo 5.74 são vetores ortonormais.*

Solução: Para a matriz do Exemplo 5.74, temos que o produto de uma coluna por ela mesma satisfaz:

$$(cos\varphi)(cos\varphi) + (-sen\varphi)(-sen\varphi) = 1$$
$$(sen\varphi)(sen\varphi) + (cos\varphi)(cos\varphi) = 1$$

e o produto da 1ª pela 2ª coluna satisfaz:

$$(cos\varphi)(sen\varphi) + (-sen\varphi)(cos\varphi) = 0.$$

Observe que o produto da 3ª coluna por ela mesma é igual a 1 e tanto o produto da 1ª pela 3ª coluna, como o produto da 2ª pela 3ª coluna, são iguais a zero.

Logo, as colunas de A são vetores ortonormais. Vale o mesmo para as linhas. Verifique.

Exercícios

5.31 *Seja $T : \mathbb{R}^2 \to \mathbb{R}^2$ um operador linear. Verificar quais dos seguintes operadores são ortogonais.*

a) $T(u) = (-u_2,\ -u_1)$,

b) $T(u) = (u_1 - u_2,\ u_1 + u_2)$,

c) $T(u) = (-u_1,\ -u_2)$.

5.32 *Seja $T : \mathbb{R}^3 \to \mathbb{R}^3$ um operador linear. Verificar quais dos seguintes operadores são ortogonais.*

a) $T(u) = (u_1,\ u_2,\ u_3)$,

b) $T(u) = (u_3,\ -u_2,\ -u_1)$,

c) $T(u) = (0,\ u_2,\ 0)$.

5.33 *Mostre que: se A e B são matrizes ortogonais, então AB também é matriz ortogonal.*

5.9.5 Operador Simétrico

Inicialmente, definimos um operador simétrico.

Definição 5.10 *Um operador linear $T : V \to V$ é* **simétrico** *se a matriz A que o representa em uma base ortonormal B é simétrica, isto é, se:*

$$A = A^t.$$

Independentemente da base ortonormal do espaço vetorial, pode-se provar que a matriz do operador simétrico é sempre simétrica.

Trabalharemos, aqui, somente com a base canônica.

Assim, $T : V \to V$ é simétrico se $A = A^t$.

Daremos, a seguir, alguns exemplos.

Exemplo 5.83 *Verificar se o operador do Exemplo 5.73 é simétrico.*

Solução: Temos que a matriz canônica de T é:

$$A = \begin{pmatrix} 1/\sqrt{2} & 1/\sqrt{2} \\ 1/\sqrt{2} & -1/\sqrt{2} \end{pmatrix} = A^t.$$

Logo, T é um operador simétrico.

Exemplo 5.84 *Seja $V = I\!R^3$. Verificar se o operador linear $T : V \to V$, definido por:*

$$T(u_1,\ u_2,\ u_3) = (u_1 - 2u_2,\ -2u_1 + 4u_2 + 2u_3,\ 2u_2 + u_3),$$

é simétrico.

Solução: Temos que a matriz canônica de T é:

$$A = \begin{pmatrix} 1 & -2 & 0 \\ -2 & 4 & 2 \\ 0 & 2 & 1 \end{pmatrix} = A^t.$$

Logo, T é um operador simétrico.

Assim, uma matriz simétrica define um operador simétrico.

5.9.6 Propriedade do Operador Simétrico

O operador simétrico satisfaz a propriedade dada no Teorema 5.8.

Teorema 5.8 *Seja V um espaço vetorial euclidiano. Se $T : V \to V$ é um operador linear simétrico, então, para quaisquer vetores u e $v \in V$, temos:*

$$(T(u), v) = (u, T(v)).$$

Prova: De fato:

$$(T(u), v) = (T(u))^t v = (Au)^t v = u^t A^t v = u^t A v = (u, Av) = (u, T(v)).$$

Daremos, a seguir, alguns exemplos.

Exemplo 5.85 *Considere o operador linear dado no Exemplo 5.73. Sejam $u = (1,\ 2)$ e $w = (2,\ 3)$. Verificar a veracidade do Teorema 5.8.*

Solução: Temos, pelo Exemplo 5.73, que:

$$T(v_1,\ v_2) = \left(\frac{1}{\sqrt{2}}v_1 + \frac{1}{\sqrt{2}}v_2,\ \frac{1}{\sqrt{2}}v_1 - \frac{1}{\sqrt{2}}v_2\right).$$

Assim,

$$\begin{aligned} T(u) &= T(1,\ 2) = \left(\frac{1}{\sqrt{2}} + \frac{2}{\sqrt{2}},\ \frac{1}{\sqrt{2}} - \frac{2}{\sqrt{2}}\right) \\ &= \left(\frac{3}{\sqrt{2}},\ -\frac{1}{\sqrt{2}}\right), \end{aligned}$$

$$\begin{aligned} T(w) &= T(2,\ 3) = \left(\frac{2}{\sqrt{2}} + \frac{3}{\sqrt{2}},\ \frac{2}{\sqrt{2}} - \frac{3}{\sqrt{2}}\right) \\ &= \left(\frac{5}{\sqrt{2}},\ -\frac{1}{\sqrt{2}}\right). \end{aligned}$$

Agora:

$$(T(u), w) = \frac{6}{\sqrt{2}} - \frac{3}{\sqrt{2}} = \frac{3}{\sqrt{2}}$$

e

$$(u, T(w)) = \frac{5}{\sqrt{2}} - \frac{2}{\sqrt{2}} = \frac{3}{\sqrt{2}}.$$

Logo, $(T(u), w) = (u, T(w))$.

Exemplo 5.86 *Considere o operador linear dado no Exemplo 5.84. Sejam* $v = (1,\ 2,\ 3)$ *e* $w = (2,\ 3,\ -1)$. *Verificar a veracidade do Teorema 5.8.*

Solução: Temos, pelo Exemplo 5.84, que:

$$T(u_1,\ u_2,\ u_3) = (u_1 - 2u_2,\ -2u_1 + 4u_2 + 2u_3,\ 2u_2 + u_3)\,.$$

Assim,

$$\begin{aligned} T(v) &= T(1,\ 2,\ 3) = (-3,\ 12,\ 7), \\ T(w) &= T(2,\ 3,\ -1) = (-4,\ 6,\ 5). \end{aligned}$$

Agora:

$$(T(v), w) = 23 = (v, T(w)).$$

Exercícios

5.34 *Seja* $T : I\!R^3 \to I\!R^3$ *um operador linear. Determinar* k_1 *e* k_2 *para que os seguintes operadores sejam simétricos.*

a) $T(u) = (u_1 + 2u_2,\ k_1u_1 + u_2 + u_3,\ k_2u_2 + u_3)$,

b) $T(u) = (u_1 - u_3,\ 4u_2 + k_1u_3,\ k_2u_1 - 2u_2 + 2u_3)$.

5.35 *Seja* $T : I\!R^3 \to I\!R^3$ *um operador linear. Verificar se o operador:*

$$T(u) = (u_1 + 2u_2 + 3u_3,\ 2u_1 + 4u_2 + 2u_3,\ 3u_1 + u_2 + 5u_3)$$

é simétrico.

5.10 Exercícios Complementares

5.36 *Verificar se a transformação* $T : I\!R^2 \to I\!R^3$, *definida por:*

a) $u = (u_1,\ u_2) \to T(u) = (3u_1,\ 2u_2,\ 3u_1 - 2u_2)$,

b) $u = (u_1,\ u_2) \to T(u) = (u_1 + 2u_3,\ u_2,\ u_1 - u_2)$,

é linear.

5.37 *Verificar se a transformação* $T : \mathbb{R}^3 \to \mathbb{R}^2$, *definida por:*

a) $u = (u_1,\ u_2,\ u_3) \to T(u) = (3u_1 + 2u_2, 2(u_1 + 2))$,

b) $u = (u_1,\ u_2,\ u_3) \to T(u) = (3u_1 + 2u_2,\ u_2 - 5u_3)$,

é linear.

5.38 *Verificar se a transformação* $T : \mathbb{R}^2 \to \mathbb{R}$, *definida por:*

$$u = (u_1,\ u_2) \to T(u) = 3u_1 + 2u_2 + 1,$$

é linear.

5.39 *Verificar se* $T : \mathcal{K}_n(x) \to \mathbb{R}$ *(onde* $\mathcal{K}_n(x)$ *é o espaço vetorial dos polinômios de grau* $\leq n$*), definida por:*

$$T(P_n(x)) = \int_a^b P_n(x)dx;\ a \text{ e } b \in \mathbb{R},$$

isto é, se a aplicação T, *que a cada polinômio* $P_n(x) \in \mathcal{K}_n(x)$ *associa o valor da integral, é uma transformação linear.*

5.40 *Verificar se a transformação* $T : \mathbb{R}^3 \to \mathbb{R}^3$, *definida por:*

a) $u = (u_1,\ u_2,\ u_3) \to T(u) = (u_1 + 2u_2,\ 0,\ u_1 - 2u_2 + u_3)$,

b) $u = (u_1,\ u_2,\ u_3) \to T(u) = (u_1,\ cos\ u_2,\ sen\ u_3)$,

é linear.

5.41 *Verificar se a transformação* $T : \mathbb{R}^2 \to \mathbb{R}^2$, *definida por:*

$$u = (u_1,\ u_2) \to T(u) = (3u_1,\ |u_2|),$$

é linear.

5.42 *Sejam* $V = \mathcal{M}_{2\times2}$ *e a transformação linear* $T : V \to \mathbb{R}$, *definida por:*

$$A = \begin{pmatrix} a & b \\ c & d \end{pmatrix} \to T(A) = a + b + c + d.$$

Mostre que T *é linear.*

5.43 *Considere a aplicação* $T : \mathbb{R}^2 \to \mathbb{R}^2$, *definida por:*

$$u = (u_1,\ u_2) \to T(u) = (u_1 + ku_2,\ u_1 + k).$$

Considere ainda:

a) $k = u_2$,

b) $k = 3$,

c) $k = 0$.

Verificar para que valor de k *a aplicação* T *é linear.*

5.44 *Sejam T_1 e T_2 transformações lineares do $I\!R^3$ no $I\!R^2$, definidas por:*

$$\begin{aligned} u = (u_1,\ u_2,\ u_3) &\rightarrow T_1(u) = (u_1 + 5u_2,\ u_2 - 3u_3), \\ &\rightarrow T_2(u) = (u_1 - 2u_2,\ -u_1 + 2u_2 + 5u_3). \end{aligned}$$

Determinar:

a) $T_1 + T_2$,

b) $T_1 - T_2$,

c) $2T_1 - 3T_2$.

5.45 *Sejam T_1 e T_2 transformações lineares do $I\!R^3$ no $I\!R^3$* e $T_3 : I\!R^3 \rightarrow I\!R$, *definidas por:*

$$\begin{aligned} u = (u_1,\ u_2,\ u_3) &\rightarrow T_1(u) = (u_1,\ 2u_2,\ u_1 - u_2), \\ &\rightarrow T_2(u) = (u_1 - u_3,\ u_2,\ u_3), \\ &\rightarrow T_3(u) = u_1 + 2u_2 + u_3. \end{aligned}$$

Calcular, se possível:

a) T_1 o T_2,

b) T_2 o T_3,

c) T_1 o T_3,

d) T_3 o T_2,

e) T_3 o $(3T_1)$.

5.46 *Considere a transformação linear $T : I\!R^3 \rightarrow I\!R^2$, que satisfaz:*

$$T(-1,\ 2,\ 1) = (-1,\ -4), \quad T(1,\ 0,\ 2) = (-3,\ 3) \quad e \quad T(-2,\ -1,\ 0) = (-3,\ 0).$$

Determinar $T(u)$.

5.47 *Considere a transformação linear $T : I\!R^2 \rightarrow I\!R^3$, que satisfaz:*

$$T(1,\ 2) = (4,\ 2,\ -5) \quad e \quad T(3,\ 0) = (6,\ 0,\ 3).$$

Determinar $T(u)$.

5.48 *Considere a transformação linear $T : I\!R^2 \rightarrow I\!R^2$, que satisfaz:*

$$T(2,\ 1) = (7,\ 4) \quad e \quad T(1,\ 0) = (1,\ 3).$$

Determinar $T(u)$.

5.49 *Seja $U = \mathcal{K}_2(x)$. Considere a transformação linear $T : U \rightarrow U$, que satisfaz:*

$$T(1) = x, \quad T(x) = 1 + x^2 \quad e \quad T(x^2) = -x + 2x^2.$$

Determinar $T(u)$.

5.50 *Seja* $T : \mathbb{R}^2 \to \mathbb{R}^3$ *uma transformação linear.*

a) *Determinar* T*, sabendo que:*

$$T(2,\ 1) = (-1,\ 2,\ 3) \quad e \quad T(2,\ 3) = (-7,\ 2,\ 5).$$

b) *Encontrar* $u \in \mathbb{R}^2$*, tal que* $T(u) = (-5,\ 1,\ 3)$.

5.51 *Seja* $T : \mathbb{R}^3 \to \mathbb{R}^2$ *uma transformação linear.*

a) *Determinar* T*, sabendo que:*

$$T(1,\ -1,\ 0) = (0,\ 2),\ T(0,\ 1,\ 0) = (1,\ -1) \ \ e \ \ T(-1,\ 2,\ -1) = (2,\ -4).$$

b) *Encontrar* $u \in \mathbb{R}^3$*, tal que* $T(u) = (1,\ 1)$.

5.52 *Considere a transformação linear* $T : \mathbb{R}^2 \to \mathbb{R}^2$*, definida por:*

$$u = (u_1,\ u_2) \to T(u) = (u_1 + 2u_2,\ 2u_1 + 4u_2).$$

Quais dos seguintes vetores:

a) $(5,\ 0)$,

b) $(4,\ 8)$,

c) $(-1,\ -2)$,

pertencem a $Im(T)$*?*

5.53 *Considere a transformação linear do Exercício 5.52. Quais dos seguintes vetores:*

a) $(-2,\ 1)$,

b) $(2,\ 4)$,

c) $(6,\ -3)$,

pertencem a $Ker(T)$*?*

5.54 *Considere a transformação linear* $T : \mathbb{R}^2 \to \mathbb{R}^2$*, definida por:*

$$u = (u_1,\ u_2) \to T(u) = (-3u_1 + u_2,\ 3u_1 - u_2).$$

Determinar:

a) *a* $Im(T)$,

b) *o* $Ker(T)$.

5.55 *Considere a transformação linear* $T : \mathbb{R}^3 \to \mathbb{R}^3$, *definida por:*

$$u = (u_1,\ u_2,\ u_3) \to T(u) = (u_1 + 3u_2 + u_3,\ u_1 + 2u_2 - u_3,\ u_2 + 2u_3).$$

Determinar:

a) *a* $Im(T)$,

b) *o* $Ker(T)$.

5.56 *Considere a transformação linear* $T : \mathbb{R}^2 \to \mathbb{R}^2$, *definida por:*

$$u = (u_1,\ u_2) \to T(u) = (u_1 + u_2,\ u_1 - u_2).$$

Considere ainda:

$$B = \{(1,\ 1), (0,\ 1)\} \quad e \quad B' = \{(-1,\ 0), (0,\ -1)\}$$

bases do $\mathbb{R}^2$. *Determinar a matriz* A.

5.57 *Considere a transformação linear e a base* B *do Exercício* 5.56 *e seja* B' *a base canônica do* $\mathbb{R}^2$.

a) *Determinar a matriz* A.

b) *Se* $u = (3,\ 2)$ *com coordenadas na base canônica do* $\mathbb{R}^2$, *determinar* $T(u)$ *na base* B' *usando a matriz encontrada no item* **a)**.

5.58 *Considere a transformação linear* $T : \mathbb{R}^3 \to \mathbb{R}^3$, *definida por:*

$$u = (u_1,\ u_2,\ u_3) \to T(u) = (u_1,\ u_1 - u_2,\ 2u_3).$$

Considere ainda:

$$B = \{(-1,\ 0,\ 1), (0,\ -1,\ 0), (0,\ 0,\ 1)\} \quad e \quad B' = \{(1,\ 1,\ 0), (0,\ 1,\ 1), (0,\ 0,\ 1)\}$$

bases do $\mathbb{R}^3$. *Determinar a matriz* A.

5.59 *Considere a transformação linear* $T : \mathbb{R}^2 \to \mathbb{R}^3$, *definida por:*

$$u = (u_1,\ u_2) \to T(u) = \left(\frac{u_1 - u_2}{2},\ \frac{u_1 - u_2}{2},\ 2u_1 + u_2\right).$$

Considere ainda:

$$B = \{(1,\ -1), (0,\ 2)\} \quad e \quad B' = \{(1,\ 0,\ -1), (0,\ 1,\ 2), (1,\ 2,\ 0)\}$$

bases do $\mathbb{R}^2$ *e* $\mathbb{R}^3$, *respectivamente. Determinar a matriz* A.

5.60 *Considere a transformação linear* $T : \mathbb{R}^2 \to \mathbb{R}^3$. *Considere ainda:*

$$B = \{(0,\ 2), (2,\ -1)\} \quad e \quad B' = \{(1,\ 1,\ 0), (0,\ 0,\ -1), (1,\ 0,\ 1)\}$$

bases do $\mathbb{R}^2$ *e* $\mathbb{R}^3$, *respectivamente. Seja*

$$A = \begin{pmatrix} 2 & 0 \\ 4 & 0 \\ 0 & -4 \end{pmatrix}.$$

Determinar a transformação linear T.

5.61 *Considere a transformação linear* $T : \mathbb{R}^2 \to \mathbb{R}^2$ *e seja*

$$A = \begin{pmatrix} -1 & -2 \\ 2 & 3 \end{pmatrix}.$$

Determinar vetores u e v tais que:

a) $T(u) = -u$,

b) $T(v) = v$.

5.62 *Considere a transformação linear* $T : \mathbb{R}^3 \to \mathbb{R}^2$. *Considere ainda:*

$$B = \{(1,\ 1,\ 1), (0,\ 1,\ 1), (0,\ 0,\ 1)\} \quad e \quad B' = \{(1,\ 0), (0,\ 1)\}$$

bases do $\mathbb{R}^3$ *e* $\mathbb{R}^2$, *respectivamente. Seja*

$$A = \begin{pmatrix} 2 & 0 & 1 \\ 2 & -1 & -2 \end{pmatrix}.$$

Determinar a transformação linear T.

5.63 *Considere a transformação linear* $T : \mathbb{R}^3 \to \mathbb{R}^2$. *Considere ainda:*

$$B = \{(1,\ -1,\ 1), (0,\ 1,\ 0), (0,\ 1,\ 1)\} \quad e \quad B' = \{(1,\ 1), (0,\ 1)\}$$

bases do $\mathbb{R}^3$ *e* $\mathbb{R}^2$, *respectivamente. Seja*

$$A = \begin{pmatrix} 0 & 0 & -1 \\ -2 & 2 & 3 \end{pmatrix}.$$

Determinar a transformação linear T.

5.64 *Seja* $T : \mathbb{R}^2 \to \mathbb{R}^2$ *uma transformação linear.*

a) *Determinar* T *sabendo que ela corresponde a uma* **reflexão em torno da reta** $y = -x$.

b) *Escrever a transformação linear obtida, usando notação matricial.*

5.65 *Seja* $T : \mathbb{R}^2 \to \mathbb{R}^2$ *uma transformação linear.*

a) *Determinar* T *sabendo que ela corresponde a um* **cisalhamento na direção do eixo** y.

b) *Escrever a transformação linear obtida, usando notação matricial.*

5.66 *Considere a Figura 5.36, que corresponde a um retângulo da base* 1 *e altura* 2, *no plano xy.*

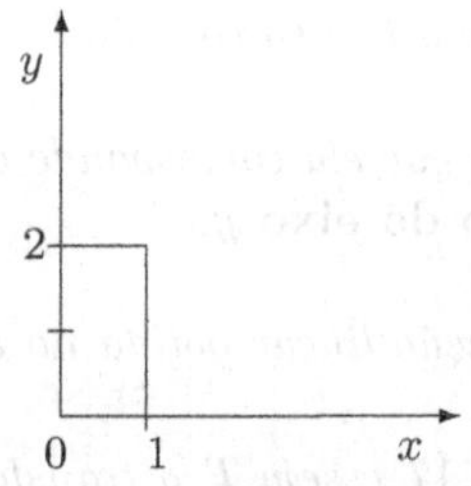

Figura 5.36

Seja $T : \mathbb{R}^2 \to \mathbb{R}^2$ uma transformação linear, definida por:

$$u = (u_1,\ u_2) \to T(u) = (u_1 + 2u_2,\ u_2).$$

Usando a transformação linear dada, determinar geometricamente a imagem da Figura 5.36.

5.67 *Considere a Figura 5.36 e a transformação linear $T : \mathbb{R}^2 \to \mathbb{R}^2$, definida por:*

$$u = (u_1,\ u_2) \to T(u) = (-u_1,\ -u_2).$$

Usando a transformação linear dada, determinar geometricamente a imagem da Figura 5.36.

5.68 *Considere a Figura 5.36 e a transformação linear $T : \mathbb{R}^2 \to \mathbb{R}^2$, definida por:*

$$u = (u_1,\ u_2) \to T(u) = \left(u_1 + u_2,\ \frac{-u_1 + u_2}{2} \right).$$

Usando a transformação linear dada, determinar:

a) *a matriz da transformação linear,*

b) *a imagem da Figura 5.36 usando a transformação linear dada.*

5.69 *Seja $T : \mathbb{R}^3 \to \mathbb{R}^3$ uma transformação linear.*

a) *Determinar T sabendo que ela corresponde a uma* **reflexão em torno do eixo** y.

b) *Escrever a transformação linear obtida no item* **a)** *usando notação matricial.*

5.70 *Seja $T : \mathbb{R}^3 \to \mathbb{R}^3$ uma transformação linear.*

a) *Determinar T sabendo que ela corresponde a uma* **reflexão sobre o plano** yz.

b) *Escrever a transformação linear obtida no item* **a)** *usando notação matricial.*

5.71 *Seja $T : \mathbb{R}^3 \to \mathbb{R}^3$ uma transformação linear.*

a) *Determinar T sabendo que ela corresponde a uma* **rotação, no sentido horário, de um ângulo φ em torno do eixo y,**

b) *Escrever a transformação linear obtida no item* **a)** *usando notação matricial.*

5.72 *Considere a Figura 5.17 e seja T a transformação linear do $\mathbb{R}^2 \to \mathbb{R}^2$ que corresponde a uma reflexão em torno da reta $y = x$. Determinar a imagem da Figura 5.17 usando T.*

5.73 *Seja $T : \mathbb{R}^3 \to \mathbb{R}^3$ uma translação.*

a) *Determinar T sabendo que ela corresponde a um deslocamento de duas unidades na direção do eixo x.*

b) *Determinar T sabendo que ela corresponde a um deslocamento de duas unidades na direção do eixo z.*

c) *Escrever as transformações lineares obtidas nos itens* **a)** *e* **b)** *usando notação matricial.*

5.74 *Considere a transformação linear $T : \mathbb{R}^3 \to \mathbb{R}^3$, definida por:*

$$u = (u_1,\ u_2,\ u_3) \to T(u) = (u_1 cos\varphi - u_2 sen\varphi,\ u_1 sen\varphi + u_2 cos\varphi,\ u_3),$$

que corresponde a uma rotação, no sentido anti-horário, de um ângulo φ em torno do eixo z. Considere duas rotações de ângulos $\varphi_1 = 60°$ e $\varphi_2 = 30°$ em torno do eixo z, aplicadas sucessivamente.

a) *Escrever a matriz que representa a aplicação composta.*

b) *Se $u = (1,\ 2,\ 3)$, calcular $T(u)$ usando a matriz obtida no item* **a)**.

5.75 *Considere a Figura 5.37, que corresponde a um quadrado de lado 2, no plano yz.*

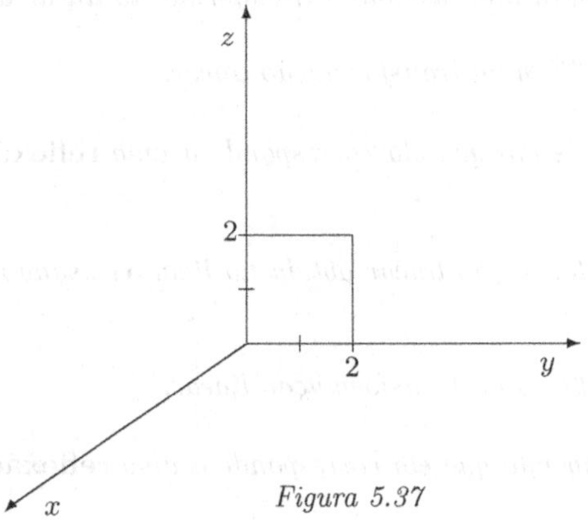

Figura 5.37

Considere ainda as transformações T_1 e T_2 do $I\!R^3 \to I\!R^3$, definidas por:

$$u = (u_1,\ u_2,\ u_3) \to \quad \begin{array}{l} T_1(u) = (u_1,\ u_2 + 2,\ u_3) \\ T_2(u) = (u_1,\ u_2,\ u_3 + 1). \end{array}$$

Determinar:

a) *a matriz da transformação composta T_2 o T_1,*

b) *a matriz obtida no item* **a)** *aplicada à Figura 5.37,*

c) *a imagem da Figura 5.37 usando a matriz obtida no item* **b)**.

5.76 *Considere a Figura 5.37 e a transformação linear $T : I\!R^3 \to I\!R^3$, definida por:*

$$u = (u_1,\ u_2,\ u_3) \to T(u) = (u_1 cos90^o + u_2 sen90^o,\ -u_1 sen90^o + u_2 cos90^o,\ u_3).$$

Determinar a imagem da Figura 5.37 usando a transformação linear dada.

5.77 *Considere a Figura 5.38, que corresponde a um triângulo com um vértice na origem e os outros vértices no 2, no plano xy.*

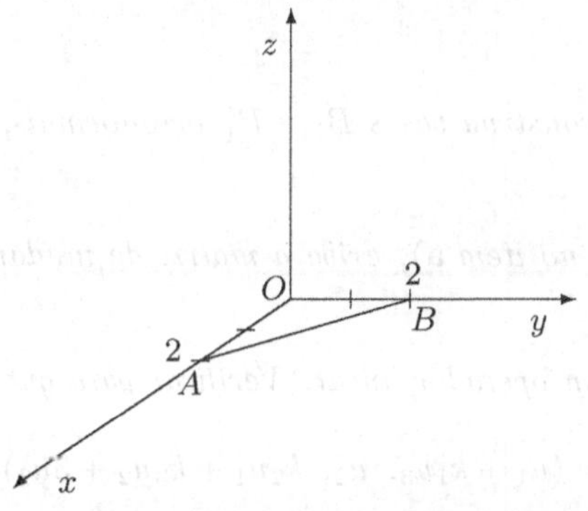

Figura 5.38

Seja $T : I\!R^3 \to I\!R^3$, definida por:

$$u = (u_1,\ u_2,\ u_3) \to T(u) = (u_1 + 2u_2,\ -u_1 + u_2,\ u_3).$$

Determinar a imagem da Figura 5.38 usando a transformação linear dada.

5.78 *Seja $T : I\!R^3 \to I\!R^3$ um operador linear. Verificar se:*

$$T(u) = (u_1 - u_3,\ 2u_1 + u_2,\ 2u_2 + u_3)$$

é um operador inversível. Em caso afirmativo, determinar T^{-1}.

5.79 *Seja $T : I\!R^3 \to I\!R^3$ um operador linear. Verificar quais dos seguintes operadores:*

a) $T(u) = (u_1,\ u_2 - u_3,\ u_3)$,

b) $T(u) = (-u_3,\ -u_2,\ -u_1)$,

c) $T(u) = (u_1,\ u_2 cos60^o + u_3 sen60^o,\ -u_2 sen60^o + u_3 cos60^o)$,

são ortogonais.

5.80 *Verificar quais das seguintes matrizes:*

$$A = \begin{pmatrix} 1 & 0 & 1 \\ 0 & 1 & 0 \\ 1 & 1 & 1 \end{pmatrix},\quad B = \begin{pmatrix} -1/\sqrt{5} & 2/\sqrt{5} \\ 2/\sqrt{5} & 1/\sqrt{5} \end{pmatrix} \quad e \quad C = \begin{pmatrix} 1/3 & 2/3 & 2/3 \\ 2/3 & 1/3 & -2/3 \\ 2/3 & -2/3 & 1/3 \end{pmatrix}$$

são ortogonais.

5.81 *Considere a matriz:*

$$A = \begin{pmatrix} x & y \\ -1 & 0 \end{pmatrix}.$$

Determine valores para x e y tais que a matriz A seja uma matriz ortogonal.

5.82 *Considere:*

$$B = \{(1,1),\ (2,\ 0)\} \quad e \quad B' = \{(-1,0),\ (2,\ 1)\}$$

bases do $I\!R^2$.

a) *A partir de B e B', construa bases B_1 e B_1' ortonormais, usando o processo de Gram-Schmidt.*

b) *Com as bases obtidas no item* **a)**, *exiba a matriz de mudança de base e verifique que ela é ortogonal.*

5.83 *Seja $T : I\!R^3 \to I\!R^3$ um operador linear. Verificar para que valores de k_1, k_2 e k_3 o operador*

$$T(u) = (u_1 + k_1 u_3,\ u_2,\ k_2 u_1 + k_3 u_2 + 3u_3)$$

é simétrico.

5.11 Respostas dos Exercícios

5.1 É transformação linear.

5.2 É transformação linear.

5.3 Não é transformação linear, pois $T(u + v) \neq T(u) + T(v)$.

5.4 É transformação linear.

5.5 $T(2,\ 1,\ -1) = (3,\ -3)$.

5.6 a) Não é possível calcular $T_1 + 2T_2$, pois $T_1 : I\!R^2 \to I\!R^3$ e $T_2 : I\!R^3 \to I\!R^2$,

b) $3T_1 + 2T_3 = (5u_1 - 2u_2 + 2u_3,\ 5u_1 - 7u_2 - 2u_3,\ 6u_1 + 8u_2 - 2u_3)$.

5.7 a) $T_1 \text{ o } T_2 = (u_1,\ u_1 - u_2,\ 2u_1 + 2u_2)$,

b) $T_2 \text{ o } T_3 = (u_1 - u_2 + u_3,\ u_1 - 2u_2 - u_3)$,

c) Não é possível calcular $T_3 \text{ o } T_1$, pois T_3 e T_1 levam o $I\!R^2$ no $I\!R^3$,

d) $T_3 \text{ o } T_2 = (u_1 - u_2 + u_3,\ u_1 - 2u_2 - u_3,\ u_2 - u_3)$,

e) $T_1 \text{ o } (3T_2) = (3u_1,\ 3u_1 - 3u_2,\ 6u_1 + 6u_2)$.

5.8 $T(u_1,\ u_2,\ u_3) = (u_1 + u_2,\ u_2 + u_3)$.

5.9 a) $T(u_1,\ u_2) = (u_1 + u_2,\ u_1 - 2u_2,\ 3u_2)$,

b) $u = (2,\ 3)$.

5.10 $Im(T) = \{(v_1,\ v_2,\ v_3) \in I\!R^3 / v_1 + v_3 = 0\}$.

5.11 $Im(T) = I\!R^2$.

5.12 $Ker(T) = \{(u_1,\ u_2,\ u_3)/u_1 = u_3, u_2 = 2u_3, \forall u_3 \in I\!R\}$.

5.13 $Ker(T) = \{(u_1,\ u_2,\ u_3)/u_1 = u_3 = 0\} =$ eixo y.

5.14 $A = \begin{pmatrix} -1 & -1 & 0 \\ -1 & -3 & -1 \\ 3 & 4 & 1 \end{pmatrix}$.

5.15 $A = \begin{pmatrix} 1 & 0 & 0 \\ 2 & 1 & 0 \\ 3 & 4 & 1 \end{pmatrix}$.

5.16 a) $A = \begin{pmatrix} -2 & -2 & -7 \\ 2 & 1 & 4 \end{pmatrix}$.

b) $u = (-19,\ 12)$.

5.17 a) $A_1 = \begin{pmatrix} 1 & 0 & -1 \\ 2 & 1 & 0 \\ 0 & 2 & 1 \end{pmatrix}$,

b) $A_2 = \begin{pmatrix} 1 & 1 & 0 \\ 1 & 1 & -1 \end{pmatrix}$,

c) $T_2 \text{ o } T_1 = \begin{pmatrix} 3 & 1 & -1 \\ 3 & -1 & -2 \end{pmatrix} = A_2 A_1 =$ **d)**.

5.18 $T(u_1,\ u_2,\ u_3) = (u_1 + u_2,\ u_1 + 2u_2,\ 3u_3)$.

5.19 a) $(u_1,\ u_2) \to T(u_1,\ u_2) = (-u_1,\ u_2)$.

b) $\begin{pmatrix} u_1 \\ u_2 \end{pmatrix} \to \begin{pmatrix} -u_1 \\ u_2 \end{pmatrix}$ ou $\begin{pmatrix} u_1 \\ u_2 \end{pmatrix} \to \begin{pmatrix} -1 & 0 \\ 0 & 1 \end{pmatrix} \begin{pmatrix} u_1 \\ u_2 \end{pmatrix}$.

5.20 a) $(u_1,\ u_1) \to T(u_1,\ u_2) = (u_1,\ ku_2), \forall k \in \mathbb{R}$.

b) $\begin{pmatrix} u_1 \\ u_2 \end{pmatrix} \to \begin{pmatrix} u_1 \\ ku_2 \end{pmatrix}$ ou $\begin{pmatrix} u_1 \\ u_2 \end{pmatrix} \to \begin{pmatrix} 1 & 0 \\ 0 & k \end{pmatrix} \begin{pmatrix} u_1 \\ u_2 \end{pmatrix}$.

c) Sim, T é a projeção ortogonal do plano sobre o eixo x.

5.21 a) $A = \begin{pmatrix} -1/2 & 0 \\ 0 & -1/2 \end{pmatrix}$,

b)

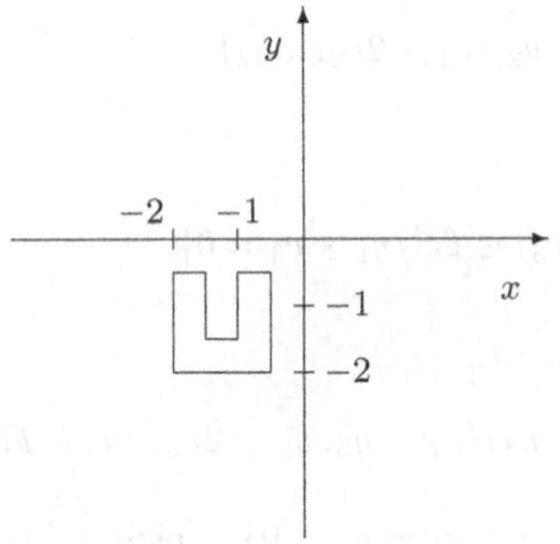

Figura 5.39

5.22

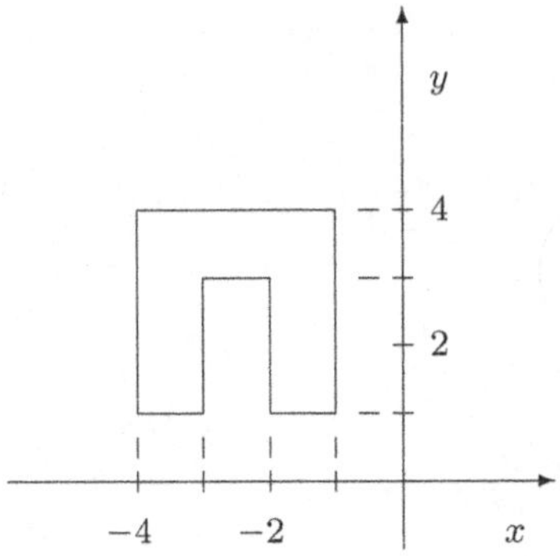

Figura 5.40

5.23 a) $u = (u_1,\ u_2,\ u_3) \to T(u) = (u_1,\ -u_2,\ -u_3)$,

b) $\begin{pmatrix} u_1 \\ u_2 \\ u_3 \end{pmatrix} \to \begin{pmatrix} 1 & 0 & 0 \\ 0 & -1 & 0 \\ 0 & 0 & -1 \end{pmatrix} \begin{pmatrix} u_1 \\ u_2 \\ u_3 \end{pmatrix}$.

5.24 a) $u = (u_1,\ u_2,\ u_3) \rightarrow T(u) = (u_1,\ -u_2,\ u_3)$.

b) $\begin{pmatrix} u_1 \\ u_2 \\ u_3 \end{pmatrix} \rightarrow \begin{pmatrix} 1 & 0 & 0 \\ 0 & -1 & 0 \\ 0 & 0 & 1 \end{pmatrix} \begin{pmatrix} u_1 \\ u_2 \\ u_3 \end{pmatrix}$.

5.25 a) $u = (u_1,\ u_2,\ u_3) \rightarrow T(u) = (u_1 cos\varphi + u_3 sen\varphi,\ u_2,\ -u_1 sen\varphi + u_3 cos\varphi)$,

b) $\begin{pmatrix} u_1 \\ u_2 \\ u_3 \end{pmatrix} \rightarrow \begin{pmatrix} cos\varphi & 0 & sen\varphi \\ 0 & 1 & 0 \\ -sen\varphi & 0 & cos\varphi \end{pmatrix} \begin{pmatrix} u_1 \\ u_2 \\ u_3 \end{pmatrix}$.

5.26 $A = A_2 A_1 = \begin{pmatrix} cos(\varphi_1 + \varphi_2) & -sen(\varphi_1 + \varphi_2) & 0 \\ sen(\varphi_1 + \varphi_2) & cos(\varphi_1 + \varphi_2) & 0 \\ 0 & 0 & 1 \end{pmatrix}$.

5.27

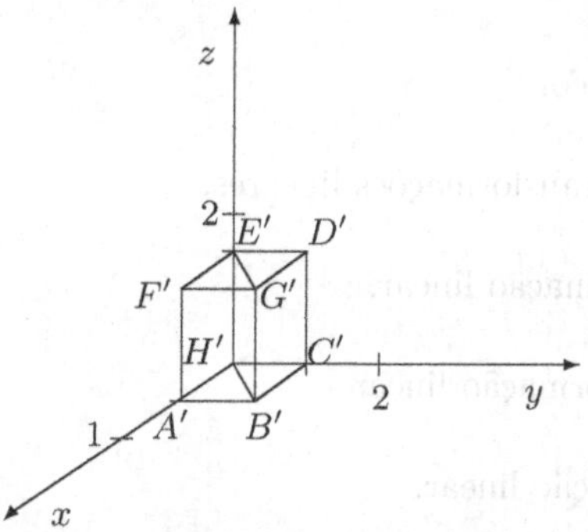

Figura 5.41

5.28

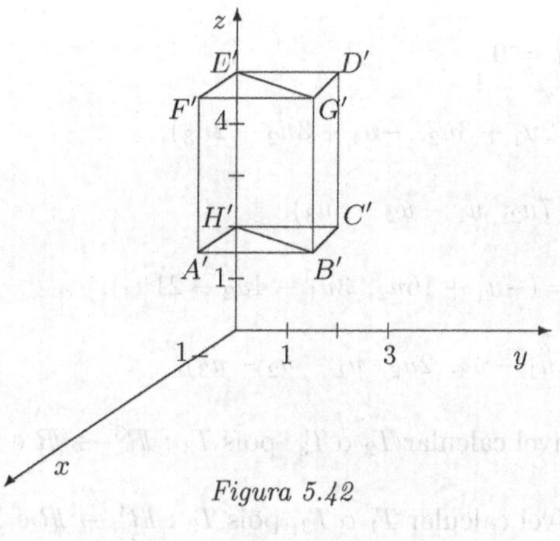

Figura 5.42

5.29 a) $T^{-1} = (-u_1,\ u_2)$,

b) $T^{-1} = \Big(\dfrac{-2u_1 - 3u_2}{7},\ \dfrac{-3u_1 - u_2}{7}\Big)$,

c) Não é inversível.

5.30 a) $T^{-1} = (-u_1,\ -u_2,\ -u_3)$,

b) Não é inversível,

c) $T^{-1} = (u_1 - u_2 + u_3,\ u_2 - u_3,\ u_3)$.

5.31 Os operadores em **a)** e **c)** são ortogonais.

5.32 Os operadores em **a)** e **b)** são ortogonais.

5.34 a) $k_1 = 2$ e $k_2 = 1$.

b) $k_1 = -2$ e $k_2 = -1$.

5.35 Não é simétrico.

5.36 a) e **b)** são transformações lineares.

5.37 b) é transformação linear.

5.38 Não é transformação linear.

5.39 É transformação linear.

5.40 a) é transformação linear.

5.41 Não é transformação linear.

5.43 É linear para $k = 0$.

5.44 a) $T_1 + T_2 = (2u_1 + 3u_2,\ -u_1 + 3u_2 + 2u_3)$,

b) $T_1 - T_2 = (7u_2,\ u_1 - u_2 - 8u_3)$,

c) $2T_1 - 3T_2 = (-u_1 + 16u_2,\ 3u_1 - 4u_2 - 21u_3)$.

5.45 a) $T_1 \text{ o } T_2 = (u_1 - u_3,\ 2u_2,\ u_1 - u_2 - u_3)$,

b) Não é possível calcular T_2 o T_3, pois $T_3 : \mathbb{R}^3 \to \mathbb{R}$ e $T_2 : \mathbb{R}^3 \to \mathbb{R}^3$,

c) Não é possível calcular T_1 o T_3, pois $T_3 : \mathbb{R}^3 \to \mathbb{R}$ e $T_1 : \mathbb{R}^3 \to \mathbb{R}^3$,

d) $T_3 \text{ o } T_2 = u_1 + 2u_2$,

e) $T_3 \text{ o } (3T_1) = 6u_1 + 9u_2$.

5.46 $T(u) = (u_1 + u_2 - 2u_3,\ u_1 - 2u_2 + u_3)$.

5.47 $T(u) = (2u_1 + u_2,\ u_2,\ u_1 - 3u_2)$.

5.48 $T(u) = (u_1 + 5u_2,\ 3u_1 - 2u_2)$.

5.49 $T(a_0 + a_1x + a_2x^2) = a_1 + (a_0 - a_2)x + (a_1 + 2a_2)x^2$.

5.50 a) $T(u) = (u_1 - 3u_2,\ u_1,\ u_1 + u_2)$.

b) $u = (1,\ 2)$.

5.51 a) $T(u) = (u_1 + u_2 - u_3,\ u_1 - u_2 + u_3)$.

b) $u = (1,\ u_3,\ u_3), \forall u_3 \in \mathbb{R}$.

5.52 b) e **c)**.

5.53 a) e **c)**.

5.54 a) $Im(T) = \{(v_1,\ v_2) \in \mathbb{R}^2\ /\ v_1 = -v_2\}$,

b) $Ker(T) = \{(u_1,\ u_2) \in \mathbb{R}^2\ /u_2 = 3u_1\}$.

5.55 a) $Im(T) = \{(v_1,\ v_2,\ v_3) \in \mathbb{R}^3\ /\ -v_1 + v_2 + v_3 = 0\}$,

b) $Ker(T) = \{(u_1,\ u_2,\ u_3) \in \mathbb{R}^3\ /\ u_1 = 5u_3 \text{ e } u_2 = -2u_3\}$.

5.56 $A = \begin{pmatrix} -2 & -1 \\ 0 & 1 \end{pmatrix}$.

5.57 a) $A = \begin{pmatrix} 2 & 1 \\ 0 & -1 \end{pmatrix}$.

b) $v = (5,\ 1)$.

5.58 $A = \begin{pmatrix} -1 & 0 & 0 \\ 0 & 1 & 0 \\ 2 & -1 & 2 \end{pmatrix}$.

5.59 $A = \begin{pmatrix} 1 & 0 \\ 1 & 1 \\ 0 & -1 \end{pmatrix}$.

5.60 $T(u) = \left(-\frac{3}{2}u_1 + u_2,\ \frac{u_1}{2} + u_2,\ -3u_1 - 2u_2\right)$.

5.61 a) $u = (0,\ 0)$, **b)** $v = (v_1,\ -v_1)$.

5.62 $T(u) = (2u_1 - u_2 + u_3,\ 3u_1 + u_2 - 2u_3)$.

5.63 $T(u) = (u_1 - u_3,\ 2u_2)$.

5.64 a) $(u_1,\ u_1)\ \rightarrow\ T(u_1,\ u_2) = (-u_2,\ -u_1)$.

b) $\begin{pmatrix} u_1 \\ u_2 \end{pmatrix} \rightarrow \begin{pmatrix} -u_2 \\ -u_1 \end{pmatrix}$ ou $\begin{pmatrix} u_1 \\ u_2 \end{pmatrix} \rightarrow \begin{pmatrix} 0 & -1 \\ -1 & 0 \end{pmatrix}\begin{pmatrix} u_1 \\ u_2 \end{pmatrix}$.

5.65 a) $(u_1,\ u_1)\ \rightarrow\ T(u_1,\ u_2) = (u_1,\ u_2 + ku_1)$.

b) $\begin{pmatrix} u_1 \\ u_2 \end{pmatrix} \rightarrow \begin{pmatrix} u_1 \\ u_2 + ku_1 \end{pmatrix}$ ou $\begin{pmatrix} u_1 \\ u_2 \end{pmatrix} \rightarrow \begin{pmatrix} 1 & 0 \\ k & 1 \end{pmatrix}\begin{pmatrix} u_1 \\ u_2 \end{pmatrix}$.

5.66

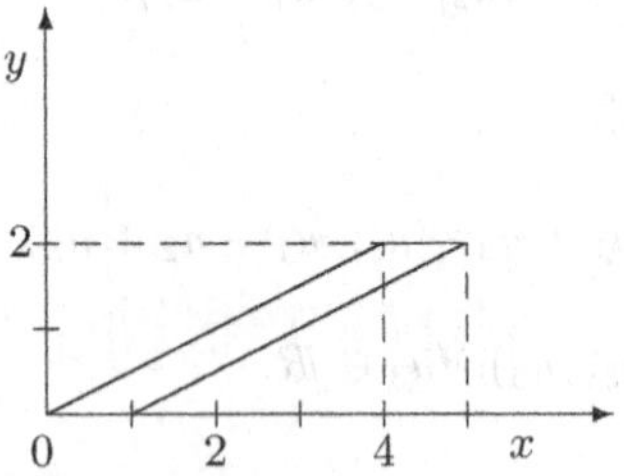

Figura 5.43

5.67

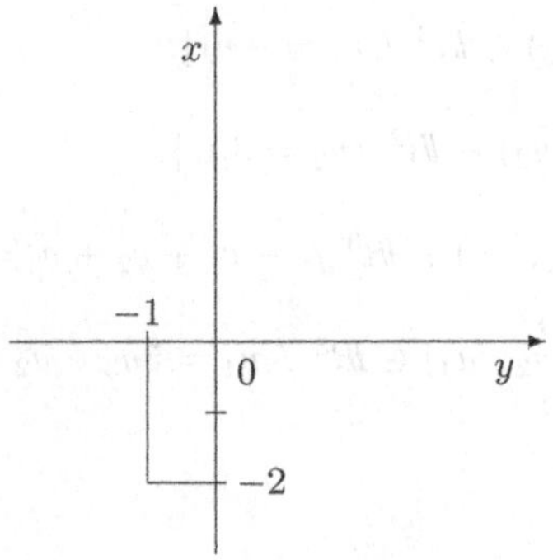

Figura 5.44

5.68 a) $A = \begin{pmatrix} 1 & 1 \\ -1/2 & 1/2 \end{pmatrix}$.

b)

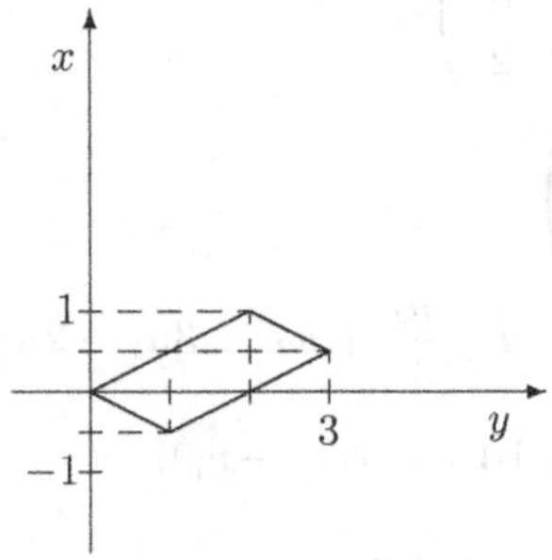

Figura 5.45

5.69 a) $u = (u_1,\ u_2,\ u_3) \to T(u) = (-u_1,\ u_2,\ -u_3)$.

b) $\begin{pmatrix} u_1 \\ u_2 \\ u_3 \end{pmatrix} \to \begin{pmatrix} -1 & 0 & 0 \\ 0 & 1 & 0 \\ 0 & 0 & -1 \end{pmatrix} \begin{pmatrix} u_1 \\ u_2 \\ u_3 \end{pmatrix}$.

5.70 a) $u = (u_1,\ u_2,\ u_3) \to T(u) = (-u_1,\ u_2,\ u_3)$.

b) $\begin{pmatrix} u_1 \\ u_2 \\ u_3 \end{pmatrix} \to \begin{pmatrix} -1 & 0 & 0 \\ 0 & 1 & 0 \\ 0 & 0 & 1 \end{pmatrix} \begin{pmatrix} u_1 \\ u_2 \\ u_3 \end{pmatrix}$.

5.71 a) $u = (u_1,\ u_2,\ u_3) \to T(u) = (u_1 cos\varphi + u_3 sen\varphi,\ u_2,\ u_1 sen\varphi + u_3 cos\varphi)$.

b) $\begin{pmatrix} u_1 \\ u_2 \\ u_3 \end{pmatrix} \to \begin{pmatrix} cos\varphi & 0 & sen\varphi \\ 0 & 1 & 0 \\ -sen\varphi & 0 & cos\varphi \end{pmatrix} \begin{pmatrix} u_1 \\ u_2 \\ u_3 \end{pmatrix}$.

5.72

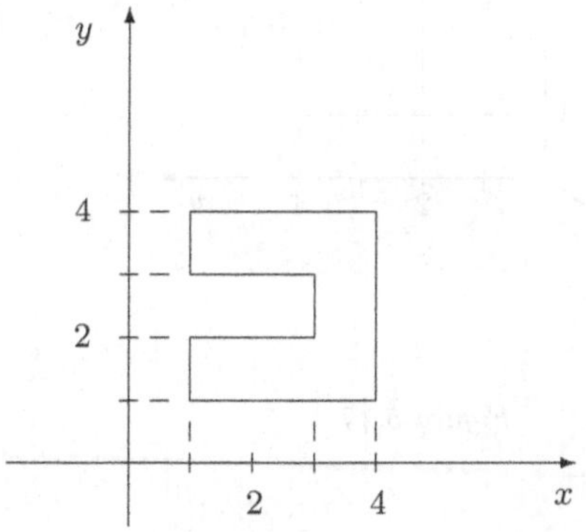

Figura 5.46

5.73 a) $T(u) = (u_1 + 2,\ u_2,\ u_3)$.

b) $T(u) = (u_1,\ u_2,\ u_3 + 2)$.

c) $\begin{pmatrix} u_1 \\ u_2 \\ u_3 \\ 1 \end{pmatrix} \to \begin{pmatrix} 1 & 0 & 0 & 2 \\ 0 & 1 & 0 & 0 \\ 0 & 0 & 1 & 0 \\ 0 & 0 & 0 & 1 \end{pmatrix} \begin{pmatrix} u_1 \\ u_2 \\ u_3 \\ 1 \end{pmatrix}$,

$\begin{pmatrix} u_1 \\ u_2 \\ u_3 \\ 1 \end{pmatrix} \to \begin{pmatrix} 1 & 0 & 0 & 0 \\ 0 & 1 & 0 & 0 \\ 0 & 0 & 1 & 2 \\ 0 & 0 & 0 & 1 \end{pmatrix} \begin{pmatrix} u_1 \\ u_2 \\ u_3 \\ 1 \end{pmatrix}$.

5.74 a) $A = \begin{pmatrix} cos\ 90^o & -sen\ 90^o & 0 \\ sen\ 90^o & cos\ 90^o & 0 \\ 0 & 0 & 1 \end{pmatrix}$.

b) $T(u) = (-2,\ 1,\ 3)$.

5.75 a) $A = \begin{pmatrix} 1 & 0 & 0 & 0 \\ 0 & 1 & 0 & 2 \\ 0 & 0 & 1 & 1 \\ 0 & 0 & 0 & 1 \end{pmatrix}$,

b) $A = \begin{pmatrix} 0 & 0 & 0 & 0 \\ 2 & 4 & 4 & 2 \\ 1 & 1 & 3 & 3 \\ 1 & 1 & 1 & 1 \end{pmatrix}$,

c)

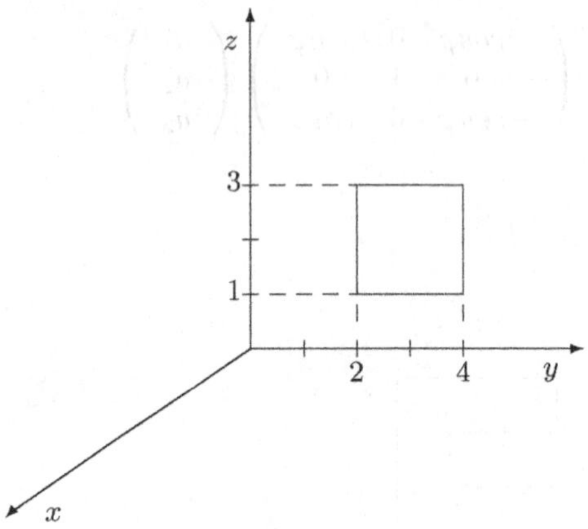

Figura 5.47

5.76

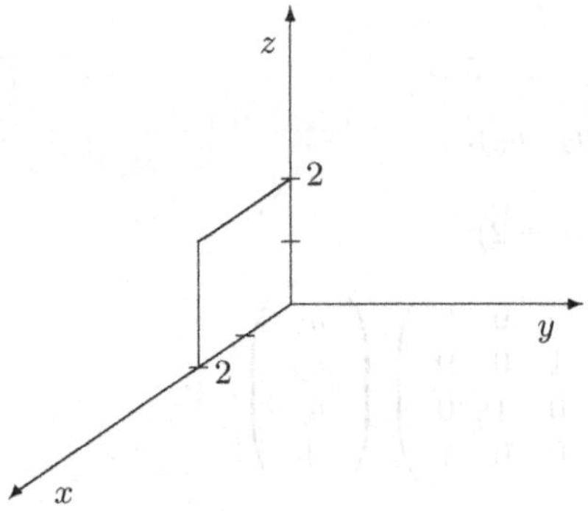

Figura 5.48

5.77

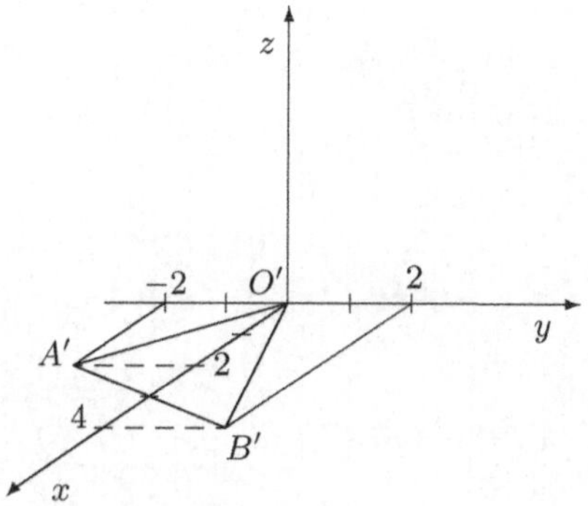

Figura 5.49

5.78 $T^{-1} = \left(\frac{-u_1 + 2u_2 - u_3}{3}, \frac{2u_1 - u_2 + 2u_3}{3}, \frac{-4u_1 + 2u_2 - u_3}{3} \right).$

5.79 Os operadores em **b)** e **c)** são ortogonais.

5.80 As matrizes B e C são ortogonais.

5.81 $x = 0$ e $y = \pm 1$.

5.82 a) $B_1 = \left\{ \left(\frac{\sqrt{2}}{2}, \frac{\sqrt{2}}{2} \right), \left(\frac{\sqrt{2}}{2}, -\frac{\sqrt{2}}{2} \right) \right\}$ e $B_1' = \{(-1,\ 0), (0,\ 1)\}$.

b) $A = \begin{pmatrix} -\sqrt{2}/2 & -\sqrt{2}/2 \\ \sqrt{2}/2 & -\sqrt{2}/2 \end{pmatrix}$.

5.83 $\forall k_1 = k_2 \in I\!R$ e $k_3 = 0$.

Autovalores e Autovetores

6

6.1 Introdução

Neste capítulo, investigaremos a teoria de um operador linear T em um K-espaço vetorial V de dimensão finita, onde ($K = \mathbb{R}$ ou $K = \mathcal{C}$). Também associaremos um polinômio ao operador T: seu polinômio característico. Esse polinômio e suas raízes desempenham papel proeminente na investigação de T, visto que as raízes do polinômio característico são os autovalores associados ao operador T.

Autovalores e autovetores estão presentes em diferentes ramos da matemática, incluindo formas quadráticas, sistemas diferenciais, problemas de otimização não linear, e podem ser usados para resolver problemas de diversos campos, como economia, teoria da informação, análise estrutural, eletrônica, teoria de controle e muitos outros.

Vimos no capítulo anterior que, se $T : U \to V$ e $U = V$, então T é um **operador linear**.

Definição 6.1 *Um escalar $\lambda \in K$ é um* **autovalor** *de T se existe um vetor* **não nulo** *$v \in V$ tal que:*

$$T(v) = \lambda\, v.$$

Todo vetor v satisfazendo essa relação é um **autovetor** *de T correspondente ao autovalor λ.*

Observações:

1) Se λ é um autovalor de T, então o operador linear pode apenas variar o módulo e o sentido do vetor, nunca sua direção.

2) Os termos valor característico e vetor característico (ou valor próprio e vetor próprio) são frequentemente usados ao invés de autovalor e autovetor.

Teorema 6.1 *Se v é autovetor associado a λ, então qualquer vetor w paralelo a v também é autovetor associado a λ.*

Prova: Se v é autovetor de T correspondente ao autovalor λ, então $T(v) = \lambda v$. Agora, se w é um vetor paralelo a v, então $w = \alpha v$, com $\alpha \neq 0$.

Devemos mostrar que $T(w) = \lambda w$. De fato:

$$T(w) = T(\alpha v) = \alpha T(v) = \alpha(\lambda v) = \lambda(\alpha v) = \lambda w.$$

Daremos, a seguir, alguns exemplos.

Exemplo 6.1 *Seja $I : V \to V$ o operador identidade, onde $V = I\!R^n$. Determinar seus autovalores e autovetores.*

Solução: Para cada $v \in V$, temos:

$$I(v) \;=\; v \;=\; 1 \cdot v \;= \lambda v.$$

Portanto, **1** é autovalor de I, e todo vetor não nulo em V é um autovetor correspondente ao autovalor **1**.

Exemplo 6.2 *Seja $D : V \to V$ o operador diferencial, onde V é o espaço vetorial das funções diferenciáveis. Determinar um autovalor de D e seu correspondente autovetor.*

Solução: Temos que $e^{kt} \in V$ e sabemos que:

$$D\left(e^{kt}\right) = k\, e^{kt} \;= \lambda\, e^{kt}.$$

Logo, k é um autovalor de D, e e^{kt} é autovetor de D correspondente ao autovalor k.

Exemplo 6.3 *Seja $T : I\!R^2 \to I\!R^2$ o operador linear que gira, no sentido horário, cada vetor $v \in I\!R^2$ de um ângulo ψ. Determinar os autovalores e correspondentes autovetores nos seguintes casos:*

a) $\psi = 2n\pi$, **b)** $\psi = (2n+1)\pi$, **c)** $\psi = \left(\dfrac{2n+1}{2}\right)\pi$.

Solução: O operador linear em $V = I\!R^2$ que gira, no sentido horário, cada vetor de um ângulo ψ, é dado por:

$$T(u_1,\; u_2) = (u_1 cos\varphi + u_2 sen\varphi,\; -u_1 sen\varphi + u_2 cos\varphi)$$

e a matriz canônica de T é dada por:

$$A = \begin{pmatrix} cos\;\psi & sen\;\psi \\ -sen\;\psi & cos\;\psi \end{pmatrix}.$$

Seja $v \in I\!R^2$, então $v = (v_1,\; v_2)$. Podemos considerar, nos três casos, $n = 1$, visto que, para valores maiores de n, teremos apenas um número maior de rotações. Assim, para:

a) $\psi \;=\; 2\pi$, temos:

$$\begin{pmatrix} cos\;2\pi & sen\;2\pi \\ -sen\;2\pi & cos\;2\pi \end{pmatrix} \begin{pmatrix} v_1 \\ v_2 \end{pmatrix} = \begin{pmatrix} v_1 \\ v_2 \end{pmatrix} = 1\;\begin{pmatrix} v_1 \\ v_2 \end{pmatrix},$$

b) $\psi \;=\; 3\pi$, temos:

$$\begin{pmatrix} cos\;3\pi & sen\;3\pi \\ -sen\;3\pi & cos\;3\pi \end{pmatrix} \begin{pmatrix} v_1 \\ v_2 \end{pmatrix} = \begin{pmatrix} -v_1 \\ -v_2 \end{pmatrix} = -1\;\begin{pmatrix} v_1 \\ v_2 \end{pmatrix},$$

c) $\psi = \frac{3\pi}{2}$, temos:

$$\begin{pmatrix} cos\ \frac{3\pi}{2} & sen\ \frac{3\pi}{2} \\ -sen\ \frac{3\pi}{2} & cos\ \frac{3\pi}{2} \end{pmatrix} \begin{pmatrix} v_1 \\ v_2 \end{pmatrix} = \begin{pmatrix} -v_2 \\ v_1 \end{pmatrix} \neq \lambda \begin{pmatrix} v_1 \\ v_2 \end{pmatrix}.$$

Logo, os autovalores de T são:

$$\mathbf{1} \text{ se } \psi = 2n\pi, \quad \mathbf{-1} \text{ se } \psi = (2n+1)\pi,$$

e em ambos os casos todo vetor não nulo do $I\!R^2$ é autovetor de T.

Se $\psi = \left(\frac{2n+1}{2}\right)\pi$, T não tem autovalores e, portanto, T não tem autovetores. Observe que, neste caso, o operador linear está variando a direção do vetor.

No Exemplo 6.3, foi razoavelmente fácil determinar os autovalores e autovetores de T, pois apenas multiplicamos a matriz canônica do operador linear por um vetor do $I\!R^2$ e verificamos se existia um escalar λ que satisfazia a equação $Av = \lambda v$. Para matrizes quaisquer não é tão imediato assim, como pode ser verificado a seguir.

6.2 Determinação dos Autovalores e Autovetores de uma Matriz A

Se A é uma matriz quadrada $n \times n$ sobre K, então um autovalor de A significa um autovalor de A encarado como operador em K^n, isto é, $\lambda \in K$ é um autovalor de A se, para algum vetor (coluna) não nulo $v \in K^n$, $Av = \lambda v$. Neste caso, v é um autovetor de A correspondente ao autovalor λ.

Assim, para determinar os autovalores de uma matriz A de ordem n, devemos procurar um escalar $\lambda \in K$ e um vetor não nulo $v = (v_1, v_2, \ldots, v_n) \in K^n$, tais que:

$$Av = \lambda v.$$

A equação acima é equivalente à equação:

$$(A - \lambda I)v = \theta, \tag{6.1}$$

onde I é a matriz identidade e θ é o vetor nulo.

Como pode ser observado, a equação (6.1) representa um sistema linear homogêneo de ordem n. Para que este sistema admita soluções não triviais, pois o autovetor deve ser diferente do vetor nulo, devemos impor que o determinante da matriz dos coeficientes seja igual a zero. O resultado do determinante será um polinômio de grau n em λ cujas raízes são os autovalores procurados. Para obter um autovetor associado ao autovalor λ, basta substituir o valor de λ na equação (6.1) e resolver o sistema linear homogêneo resultante.

Daremos, a seguir, exemplos de como determinar os autovalores e autovetores apenas para matrizes de ordens 2 e 3. Apesar do mesmo processo poder ser utilizado para matrizes de ordem maior do que 3, a determinação dos autovalores e autovetores para matrizes de ordem elevada fica inviável, devido ao cálculo do determinante. Contudo, nosso objetivo aqui é fazer com que o leitor aprenda os conceitos envolvidos no estudo de autovalores e autovetores.

Exemplo 6.4 *Considere o operador linear $T : \mathbb{R}^2 \to \mathbb{R}^2$, definido por:*

$$(u_1,\ u_1) \to T(u) = (3u_1 + 4u_2,\ 2u_1 + u_2).$$

Determine os autovalores e correspondentes autovetores de T.

Solução: Temos que a matriz canônica de T é dada por:

$$A = \begin{pmatrix} 3 & 4 \\ 2 & 1 \end{pmatrix}.$$

Procuramos um escalar λ e um vetor não nulo $v = (v_1,\ v_2)$, tais que $Av = \lambda v$. Assim:

$$\begin{pmatrix} 3 & 4 \\ 2 & 1 \end{pmatrix} \begin{pmatrix} v_1 \\ v_2 \end{pmatrix} = \lambda \begin{pmatrix} v_1 \\ v_2 \end{pmatrix}.$$

A equação matricial acima é equivalente ao sistema linear:

$$\begin{cases} 3v_1 + 4v_2 = \lambda v_1 \\ 2v_1 + v_2 = \lambda v_2 \end{cases}$$

Agrupando os termos semelhantes, obtemos o sistema linear homogêneo:

$$\begin{cases} (3-\lambda)v_1 + 4v_2 = 0 \\ 2v_1 + (1-\lambda)v_2 = 0 \end{cases} \tag{6.2}$$

Como dissemos, para que o sistema linear homogêneo tenha solução não nula, o determinante da matriz dos coeficientes deve ser igual a zero. Logo:

$$\begin{vmatrix} (3-\lambda) & 4 \\ 2 & (1-\lambda) \end{vmatrix} = \lambda^2 - 4\lambda - 5 = 0 \Rightarrow (\lambda - 5)(\lambda + 1) = 0.$$

Assim, λ é um autovalor de A se e somente se $\lambda = 5$ ou $\lambda = -1$.

Fazendo $\lambda_1 = 5$ em (6.2), obtemos o sistema linear homogêneo:

$$\begin{cases} -2v_1 + 4v_2 = 0 \\ 2v_1 - 4v_2 = 0 \end{cases}$$

ou, simplesmente, $v_1 - 2v_2 = 0 \Rightarrow v_1 = 2v_2$, onde v_2 é uma variável livre. Assim, $v = (2v_2,\ v_2)$ é o autovetor correspondente ao autovalor $\lambda_1 = 5$. Qualquer outro autovetor correspondente a $\lambda_1 = 5$ é um múltiplo de v.

Tomando $v_2 = 1$, obtemos que $v = (2,\ 1)$ é um autovetor correspondente ao autovalor $\lambda_1 = 5$.

Fazendo $\lambda_2 = -1$ em (6.2), obtemos o sistema linear homogêneo:

$$\begin{cases} 4v_1 + 4v_2 = 0 \\ 2v_1 + 2v_2 = 0 \end{cases}$$

ou, simplesmente, $v_1 + v_2 = 0 \Rightarrow v_1 = -v_2$, onde v_2 é uma variável livre. Assim, $v = (-v_2,\ v_2)$ é o autovetor correspondente ao autovalor $\lambda_2 = -1$ e, novamente, qualquer outro autovetor correspondente a $\lambda_2 = -1$ é um múltiplo de v.

Tomando $v_2 = 1$, obtemos que $v = (-1,\ 1)$ é um autovetor correspondente ao autovalor $\lambda_2 = -1$.

Exemplo 6.5 *Considere a matriz:*

$$A = \begin{pmatrix} 1 & -1 & 3 \\ -1 & 1 & 3 \\ 3 & -3 & 9 \end{pmatrix}.$$

Determine os autovalores e correspondentes autovetores de A.

Solução: Procuramos um escalar λ e um vetor não nulo $v = (v_1,\ v_2,\ v_3)$, tais que $Av = \lambda v$. Assim:

$$\begin{pmatrix} 1 & -1 & 3 \\ -1 & 1 & 3 \\ 3 & -3 & 9 \end{pmatrix} \begin{pmatrix} v_1 \\ v_2 \\ v_3 \end{pmatrix} = \lambda \begin{pmatrix} v_1 \\ v_2 \\ v_3 \end{pmatrix}.$$

A equação matricial acima é equivalente ao sistema linear:

$$\begin{cases} v_1 - v_2 + 3v_3 = \lambda v_1 \\ -v_1 + v_2 + 3v_3 = \lambda v_2 \\ 3v_1 - 3v_2 + 9v_3 = \lambda v_3 \end{cases}$$

Agrupando os termos semelhantes, obtemos o sistema linear homogêneo:

$$\begin{cases} (1-\lambda)v_1 - v_2 + 3v_3 = 0 \\ -v_1 + (1-\lambda)v_2 + 3v_3 = 0 \\ 3v_1 - 3v_2 + (9-\lambda)v_3 = 0 \end{cases} \tag{6.3}$$

Do mesmo modo que no exemplo 6.4, o determinante da matriz dos coeficientes deve ser igual a zero. Logo:

$$\begin{vmatrix} (1-\lambda) & -1 & 3 \\ -1 & (1-\lambda) & 3 \\ 3 & -3 & (9-\lambda) \end{vmatrix} = -\lambda^3 + 11\lambda^2 - 18\lambda = 0 \Rightarrow -\lambda(\lambda-2)(\lambda-9) = 0.$$

Assim, λ é um autovalor de A se e somente se $\lambda = 0$ ou $\lambda = 2$ ou $\lambda = 9$.

Fazendo $\lambda_1 = 0$ em (6.3), obtemos o sistema linear homogêneo:

$$\begin{cases} v_1 - v_2 + 3v_3 = 0 \\ -v_1 + v_2 + 3v_3 = 0 \\ 3v_1 - 3v_2 + 9v_3 = 0 \end{cases}$$

cuja solução é: $v_1 = v_2$ e $v_3 = 0$, onde v_2 é uma variável livre. Assim, $v = (v_2,\ v_2,\ 0)$ é o autovetor correspondente ao autovalor $\lambda_1 = 0$. Qualquer outro autovetor correspondente a $\lambda_1 = 0$ é um múltiplo de v.

Tomando $v_2 = 1$, obtemos que $v = (1,\ 1,\ 0)$ é um autovetor correspondente ao autovalor $\lambda_1 = 0$.

Fazendo $\lambda_2 = 2$ em (6.3), obtemos o sistema linear homogêneo:

$$\begin{cases} -v_1 & - & v_2 & + & 3v_3 & = & 0 \\ -v_1 & - & v_2 & + & 3v_3 & = & 0 \\ 3v_1 & - & 3v_2 & + & 7v_3 & = & 0 \end{cases}$$

cuja solução é: $v_1 = \dfrac{v_3}{3}$, $v_2 = \dfrac{8v_3}{3}$ e v_3 é uma variável livre. Assim, $v = \left(\dfrac{v_3}{3},\ \dfrac{8v_3}{3},\ v_3\right)$ é o autovetor correspondente ao autovalor $\lambda_2 = 2$, e qualquer outro autovetor correspondente a $\lambda_2 = 2$ é um múltiplo de v.

Tomando $v_3 = 1$, obtemos que $v = \left(\dfrac{1}{3},\dfrac{8}{3},\ 1\right)$ é um autovetor correspondente ao autovalor $\lambda_2 = 2$.

Fazendo $\lambda_3 = 9$ em (6.3), obtemos o sistema linear homogêneo:

$$\begin{cases} -8v_1 & - & v_2 & + & 3v_3 & = & 0 \\ -v_1 & - & 8v_2 & + & 3v_3 & = & 0 \\ 3v_1 & - & 3v_2 & & & = & 0 \end{cases}$$

cuja solução é: $v_1 = \dfrac{v_3}{3}$, $v_2 = \dfrac{v_3}{3}$ e v_3 é uma variável livre. Assim, $v = \left(\dfrac{v_3}{3},\ \dfrac{v_3}{3},\ v_3\right)$ é o autovetor correspondente ao autovalor $\lambda_3 = 9$. Qualquer outro autovetor correspondente a $\lambda_3 = 9$ é um múltiplo de v.

Tomando $v_3 = 1$, segue que: $v = \left(\dfrac{1}{3},\ \dfrac{1}{3},\ 1\right)$ é um autovetor correspondente ao autovalor $\lambda_3 = 9$.

Exemplo 6.6 *Determine os autovalores e correspondentes autovetores da matriz:*

$$A = \begin{pmatrix} -8 & 5 \\ -8 & 4 \end{pmatrix}.$$

Solução: Procuramos um escalar λ e um vetor não nulo $v = (v_1,\ v_2)$, tais que $Av = \lambda v$. Assim:

$$\begin{pmatrix} -8 & 5 \\ -8 & 4 \end{pmatrix}\begin{pmatrix} v_1 \\ v_2 \end{pmatrix} = \lambda\begin{pmatrix} v_1 \\ v_2 \end{pmatrix}.$$

A equação matricial acima é equivalente ao sistema linear:

$$\begin{cases} -8v_1 & + & 5v_2 & = & \lambda v_1 \\ -8v_1 & + & 4v_2 & = & \lambda v_2 \end{cases}$$

Agrupando os termos semelhantes, obtemos o sistema linear homogêneo:

$$\begin{cases} (-8-\lambda)v_1 & + & 5v_2 & = & 0 \\ -8v_1 & + & (4-\lambda)v_2 & = & 0 \end{cases} \tag{6.4}$$

Fazendo o determinante da matriz dos coeficientes igual a zero, segue que:

$$\begin{vmatrix} (-8-\lambda) & 5 \\ -8 & (4-\lambda) \end{vmatrix} = \lambda^2 + 4\lambda + 8 = 0 \Rightarrow (\lambda - (-2+2i))(\lambda - (-2-2i)) = 0.$$

Assim, λ é um autovalor de A se e somente se $\lambda = -2+2i$ ou $\lambda = -2-2i$.

Observe que, se estivéssemos trabalhando apenas com números reais, a matriz A não teria autovalores e, por conseguinte, não teria autovetores. Entretanto, os autovalores de uma matriz podem ser números complexos e, neste caso, os autovetores terão coordenadas complexas. De fato: fazendo $\lambda_1 = -2+2i$ em (6.4), obtemos o sistema linear homogêneo:

$$\begin{cases} (-6-2i)v_1 & + & 5v_2 & = & 0 \\ -8v_1 & + & (6-2i)v_2 & = & 0 \end{cases}$$

cuja solução é: $v_2 = \dfrac{6+2i}{5}v_1$, onde v_1 é uma variável livre. Assim, $v = \left(v_1,\ \dfrac{6+2i}{5}v_1\right)$ é o autovetor correspondente ao autovalor $\lambda_1 = -2+2i$. Qualquer outro autovetor correspondente a $\lambda_1 = -2+2i$ é um múltiplo de v.

Tomando $v_1 = 1$, obtemos que $v = \left(1,\ \dfrac{6+2i}{5}\right)$ é um autovetor correspondente ao autovalor $\lambda_1 = -2+2i$.

Fazendo $\lambda_2 = -2-2i$ em (6.4), obtemos o sistema linear homogêneo:

$$\begin{cases} (-6+2i)v_1 & + & 5v_2 & = & 0 \\ -8v_1 & + & (6+2i)v_2 & = & 0 \end{cases}$$

cuja solução é: $v_2 = \dfrac{6-2i}{5}v_1$, onde v_1 é uma variável livre. Assim, $v = \left(v_1,\ \dfrac{6-2i}{5}v_1\right)$ é o autovetor correspondente ao autovalor $\lambda_2 = -2-2i$ e, novamente, qualquer outro autovetor correspondente a $\lambda_2 = -2-2i$ é um múltiplo de v.

Tomando $v_1 = 1$, obtemos que $v = \left(1,\ \dfrac{6-2i}{5}\right)$ é um autovetor correspondente ao autovalor $\lambda_2 = -2-2i$.

Exercícios

6.1 *Dada a matriz:*

$$A = \begin{pmatrix} 1 & 3 \\ -1 & 5 \end{pmatrix},$$

calcular seus autovalores e correspondentes autovetores.

6.2 *Considere o operador linear $T : I\!R^3 \to I\!R^3$, definido por:*

$$(u_1,\ u_2,\ u_3) \to T(u) = (3u_1 + 3u_2 - 3u_3,\ -u_1 + 9u_2 + u_3,\ 6u_1 + 3u_2 - 6u_3).$$

Determinar os autovalores e correspondentes autovetores de T.

6.2.1 Polinômio Característico

Formalizamos agora os conceitos a respeito da determinação dos autovalores e autovetores de matrizes.

Definição 6.2 *Dada uma matriz quadrada $A, n \times n$, a matriz:*

$$A - \lambda I = \begin{pmatrix} a_{11} - \lambda & a_{12} & \dots & a_{1n} \\ a_{21} & a_{22} - \lambda & \dots & a_{2n} \\ \dots & \dots & \dots & \dots \\ a_{n1} & a_{n2} & \dots & a_{nn} - \lambda \end{pmatrix},$$

onde I é a matriz identidade de ordem n e λ é um parâmetro, é chamada **matriz característica** *de A.*

Seu determinante, $det(A - \lambda I)$, é um polinômio de grau n em λ, denotado por $P(\lambda)$, e é chamado **polinômio característico** *de A.*

A equação $P(\lambda) = 0$ é chamada **equação característica** *de A.*

Exemplo 6.7 *Seja $A = \begin{pmatrix} 1 & 2 \\ 3 & 4 \end{pmatrix}$. Determinar seu polinômio característico.*

Solução: Para calcular o polinômio característico de A, basta calcular o determinante de $A - \lambda I$. Assim:

$$det(A - \lambda I) = \begin{vmatrix} 1 - \lambda & 2 \\ 3 & 4 - \lambda \end{vmatrix} = \underbrace{\lambda^2 - 5\lambda - 2}_{\text{polinômio característico}}.$$

Exercícios

6.3 *Considere o operador linear $T : I\!R^2 \to I\!R^2$, definido por:*

$$(u_1,\ u_2) \to T(u) = (4u_1 + 5u_2,\ -2u_1 + u_2).$$

Determinar o polinômio característico de T.

6.4 *Determine o polinômio característico da matriz:*

$$A = \begin{pmatrix} 1 & 1 & 0 \\ 0 & 1 & 1 \\ 0 & -2 & -1 \end{pmatrix}.$$

Com o descrito até agora, fica fácil deduzir a veracidade do seguinte teorema.

Teorema 6.2 *Um escalar $\lambda \in K$ é um autovalor de A se e somente se λ é um zero (ou raiz) do seu polinômio característico.*

Prova: Temos que λ é um autovalor de A se e somente se $(A - \lambda I)$ é singular. Agora, $(A - \lambda I)$ é singular se e somente se $det(A - \lambda I) = 0$. Mas $det(A - \lambda I) = P(\lambda) = 0$. Logo, λ é raiz de $P(\lambda)$.

Teorema 6.3 *Seja A uma matriz de ordem n. Então:*

a) *Existe no mínimo um autovetor correspondente a cada autovalor.*

b) *Os autovetores correspondentes a cada autovalor formam um espaço vetorial.*

Prova: a) Seja λ um autovalor de A. Para determinar um autovetor correspondente ao autovalor λ, devemos resolver o sistema linear homogêneo:

$$(A - \lambda I)v = 0.$$

Desde que $det(A - \lambda I) = 0$ (isto é, o conjunto de n equações homogêneas em n incógnitas), a matriz dos coeficientes tem posto menor do que n. Portanto, a solução não nula existe, e esta solução é o autovetor procurado. Isso prova **a)**.

b) Sejam u e v dois autovetores correspondentes ao autovalor λ. Então, temos que:

$$Au = \lambda u \text{ e } Av = \lambda v.$$

Assim:

$$\begin{aligned} A(\alpha u + \beta v) &= \alpha A u + \beta A v \\ &= \alpha \lambda u + \beta \lambda v \\ &= \lambda(\alpha u + \beta v). \end{aligned}$$

Portanto, $\alpha u + \beta v$ é também autovetor de A correspondente ao autovalor λ, e isso prova **b)**.

Teorema 6.4 *Seja A uma matriz de ordem n. Então:*

a) *Os autovetores correspondentes a autovalores distintos são* **LI**.

b) *Se A tem n autovalores distintos, então existem exatamente n autovetores; um associado a cada autovalor.*

Prova: a) Suponhamos que $u_1, u_2, \ldots, u_s$ sejam os autovetores correspondentes aos autovalores distintos $\lambda_1, \lambda_2, \ldots, \lambda_s$.

Suponhamos, também, que os autovetores sejam linearmente dependentes, e que s é o menor inteiro para os quais isso é verdadeiro. Então:

$$\alpha_1 u_1 + \alpha_2 u_2 + \ldots + \alpha_s u_s = \theta \text{ (vetor nulo)}, \tag{6.5}$$

onde os α_i não são todos nulos (desde que s é o menor inteiro para os quais os vetores u_i são **LD**).

Multiplicando a equação (6.5) por A, obtemos:

$$\begin{aligned} & \alpha_1 A u_1 + \alpha_2 A u_2 + \ldots + \alpha_s A u_s = \theta, \\ \Rightarrow \quad & \alpha_1 \lambda_1 u_1 + \alpha_2 \lambda_2 u_2 + \ldots + \alpha_s \lambda_s u_s = \theta, \end{aligned} \tag{6.6}$$

desde que $Au_i = \lambda_i u_i, i = 1, 2, \ldots, s$.

Se um dos $\lambda_i = 0$, a equação (6.6) fornece a relação de dependência entre $s-1$ autovetores, o que é impossível pela definição de s. Se todos os $\lambda_i \neq 0$, então multiplicando a equação (6.5) por λ_1 e subtraindo o resultado da equação (6.6), obtemos:

$$\alpha_2(\lambda_2 - \lambda_1)u_2 + \ldots + \alpha_s(\lambda_s - \lambda_1)u_s = \theta.$$

Desde que $(\lambda_i - \lambda_1) \neq 0, i = 2, 3, \ldots, s$, isso significa que, novamente, obtemos uma relação de dependência linear entre $s-1$ autovetores, o que contradiz a definição de s. Logo, os autovetores correspondentes a autovalores distintos são **LI**.

b) Pelo Teorema 6.3, sabemos que existem n autovetores $u_1, u_2, \ldots, u_n$ correspondentes aos autovalores $\lambda_1, \lambda_2, \ldots, \lambda_n$. Seja u um outro autovetor correspondente ao autovalor λ_i. Como $u_1, u_2, \ldots, u_n$ são **LI**, então:

$$u = \alpha_1 u_1 + \alpha_2 u_2 + \ldots + \alpha_n u_n. \quad (6.7)$$

Multiplicando a equação (6.7) por A, obtemos;

$$Au = \alpha_1 Au_1 + \alpha_2 Au_2 + \ldots + \alpha_n Au_n$$
$$\Rightarrow \quad \lambda_i u = \alpha_1 \lambda_1 u_1 + \alpha_2 \lambda_2 u_2 + \ldots + \alpha_s \lambda_n u_n. \quad (6.8)$$

Agora, multiplicando a equação (6.7) por λ_i, e subtraindo o resultado da equação (6.8), obtemos:

$$\theta = \alpha_1(\lambda_1 - \lambda_i)u_1 + \alpha_2(\lambda_2 - \lambda_i)u_2 + \ldots + \alpha_s(\lambda_n - \lambda_i)u_n.$$

Como $u_1, u_2, \ldots, u_n$ são **LI**, então $\alpha_j = 0, j = 1, 2, \ldots, n, j \neq i$.

Assim, pela equação (6.7), temos que: $u = \alpha_i u_i$. Logo u e u_i são **LD** e isso prova a parte **b)**.

Observe que o Teorema 6.4 garante que autovalores distintos possuem autovetores **LI**. Entretanto, autovalores iguais podem ou não ter autovetores **LI**, como mostrado nos Exemplos 6.8 e 6.9.

Nos próximos exemplos, iniciaremos sua solução a partir do sistema linear homogêneo que se obtém após a imposição de que $Av = \lambda v$. Além disso, chamamos a atenção para o seguinte fato: após fixado um valor para as variáveis no autovetor v correspondente a um autovalor λ, qualquer outro autovetor é um múltiplo de v.

Exemplo 6.8 *Determine os autovalores e correspondentes autovetores do operador linear $T : I\!R^3 \to I\!R^3$, definido por:*

$$(u_1,\ u_2,\ u_3) \ \to \ T(u) = (u_1 - 3u_2 + 3u_3,\ 3u_1 - 5u_2 + 3u_3,\ 6u_1 - 6u_2 + 4u_3).$$

Solução: A matriz canônica do operador T é dada por:

$$A = \begin{pmatrix} 1 & -3 & 3 \\ 3 & -5 & 3 \\ 6 & -6 & 4 \end{pmatrix}.$$

Devemos determinar os autovalores da matriz A que representa o operador linear dado.

Temos que, neste caso, o sistema linear homogêneo é dado por:

$$\left\{\begin{array}{rcrcrcl} (1-\lambda)v_1 & - & 3v_2 & + & 3v_3 & = & 0 \\ 3v_1 & + & (-5-\lambda)v_2 & + & 3v_3 & = & 0 \\ 6v_1 & - & 6v_2 & + & (4-\lambda)v_3 & = & 0 \end{array}\right. \quad (6.9)$$

Do mesmo modo que nos exemplos anteriores, o determinante da matriz dos coeficientes deve ser igual a zero. Logo:

$$\begin{vmatrix} (1-\lambda) & -3 & 3 \\ 3 & (-5-\lambda) & 3 \\ 6 & -6 & (4-\lambda) \end{vmatrix} = -\lambda^3 + 12\lambda + 16 = 0 \Rightarrow \lambda^3 - 12\lambda - 16 = 0.$$

Como o leitor deve saber, as soluções inteiras deste polinômio devem ser divisores do termo independente -16. Procurando entre os divisores de -16, encontramos que $\lambda = -2$ é uma solução inteira de $\lambda^3 - 12\lambda - 16 = 0$.

Dividindo o polinômio $P(\lambda) = \lambda^3 - 12\lambda - 16 = 0$ por $(\lambda + 2)$, obtemos que:

$$\begin{aligned} P(\lambda) &= (\lambda+2)(\lambda^2 - 2\lambda - 8) = 0 \\ &= (\lambda+2)^2(\lambda - 4) = 0. \end{aligned}$$

Assim, λ é um autovalor de A se e somente se $\lambda = -2$ (de multiplicidade 2) ou $\lambda = 4$.

Fazendo $\lambda_1 = \lambda_2 = -2$ em (6.9), obtemos o sistema linear homogêneo:

$$\left\{\begin{array}{rcrcrcl} 3v_1 & - & 3v_2 & + & 3v_3 & = & 0 \\ 3v_1 & - & 3v_2 & + & 3v_3 & = & 0 \\ 6v_1 & - & 6v_2 & + & 6v_3 & = & 0 \end{array}\right.$$

cuja solução é: $v_1 = v_2 - v_3$ e $v_2 = v_3$ e, neste caso, temos duas variáveis livres: v_2 e v_3. Assim, $v = (v_2 - v_3,\ v_2,\ v_3)$ é o autovetor correspondente ao autovalor $\lambda_1 = \lambda_2 = -2$.

Tomando $v_2 = 0$ e $v_3 = 1$, obtemos que $v = (-1,\ 0,\ 1)$ é um autovetor correspondente ao autovalor $\lambda_1 = -2$.

Por outro lado, tomando $v_2 = 1$ e $v_3 = 0$, obtemos que $v = (1,\ 1,\ 0)$ é também um autovetor correspondente ao autovalor $\lambda_1 = -2$.

É fácil verificar que os vetores $(-1,\ 0,\ 1)$ e $(1,\ 1,\ 0)$ são **LI**.

Fazendo $\lambda_3 = 4$ em (6.9), obtemos o sistema linear homogêneo:

$$\left\{\begin{array}{rcrcrcl} -3v_1 & - & 3v_2 & + & 3v_3 & = & 0 \\ 3v_1 & - & 9v_2 & + & 3v_3 & = & 0 \\ 6v_1 & - & 6v_2 & & & = & 0 \end{array}\right.$$

cuja solução é: $v_1 = \dfrac{v_3}{2}, v_2 = \dfrac{v_3}{2}$ e v_3 é variável livre. Assim, $v = \left(\dfrac{v_3}{2},\ \dfrac{v_3}{2},\ v_3\right)$ é o autovetor correspondente ao autovalor $\lambda_3 = 4$.

Tomando $v_3 = 1$, obtemos que $v = \left(\frac{1}{2}, \frac{1}{2}, 1\right)$ é um autovetor correspondente ao autovalor $\lambda_3 = 4$.

Logo, os autovetores de T são: $(-1, 0, 1)$, $(1, 1, 0)$ e $\left(\frac{1}{2}, \frac{1}{2}, 1\right)$.

Assim, concluímos que autovalores iguais podem ter autovetores **LI**.

Exemplo 6.9 *Determine os autovalores e correspondentes autovetores da matriz:*

$$A = \begin{pmatrix} -3 & 1 & -1 \\ -7 & 5 & -1 \\ -6 & 6 & -2 \end{pmatrix}.$$

Solução: Temos que o sistema linear homogêneo é dado por:

$$\begin{cases} (-3-\lambda)v_1 & + & v_2 - & v_3 & = & 0 \\ -7v_1 & + & (5-\lambda)v_2 & - & v_3 & = & 0 \\ -6v_1 & + & 6v_2 - & (2+\lambda)v_3 & = & 0 \end{cases} \tag{6.10}$$

Fazendo o determinante da matriz dos coeficientes igual a zero, segue que:

$$\begin{vmatrix} (-3-\lambda) & 1 & -1 \\ -7 & (5-\lambda) & -1 \\ -6 & 6 & -(2+\lambda) \end{vmatrix} = -\lambda^3 + 12\lambda + 16\lambda = 0.$$

Obtemos, assim, o mesmo polinômio característico do Exemplo 6.8 e, portanto, λ é um autovalor de A se e somente se $\lambda = -2$ (de multiplicidade 2) ou $\lambda = 4$.

Fazendo $\lambda_1 = \lambda_2 = -2$ em (6.10), obtemos o sistema linear homogêneo:

$$\begin{cases} v_1 & + & v_2 & - & v_3 & = & 0 \\ -7v_1 & + & 7v_2 & - & v_3 & = & 0 \\ -6v_1 & + & 6v_2 & & & = & 0 \end{cases}$$

cuja solução é: $v_1 = v_2$ e $v_3 = 0$, onde v_2 é uma variável livre. Observe que, neste caso, temos apenas uma variável livre. Assim, $v = (v_2, v_2, 0)$ é o autovetor correspondente ao autovalor $\lambda_1 = \lambda_2 = -2$.

Tomando $v_2 = 1$, obtemos que $v = (1, 1, 0)$ é um autovetor correspondente ao autovalor $\lambda_1 = \lambda_2 = -2$.

Fazendo $\lambda_3 = 4$ em (6.10), obtemos o sistema linear homogêneo:

$$\begin{cases} -7v_1 & + & v_2 & - & v_3 & = & 0 \\ -7v_1 & + & v_2 & - & v_3 & = & 0 \\ -6v_1 & + & 6v_2 & - & 6v_3 & = & 0 \end{cases}$$

cuja solução é: $v_1 = 0, v_2 = v_3$. Assim, $v = (0, v_3, v_3)$ é o autovetor correspondente ao autovalor $\lambda_3 = 4$.

Tomando $v_3 = 1$, obtemos que $v = (0, 1, 1)$ é um autovetor correspondente ao autovalor $\lambda_3 = 4$.

Observe que conseguimos apenas um autovetor correspondente aos autovalores $\lambda_1 = \lambda_2 = -2$. Logo, seus correspondentes autovetores são **LD**.

Exercícios

6.5 *Considere a matriz:*

$$A = \begin{pmatrix} 1 & -2 & -2 \\ 0 & 1 & 0 \\ 0 & 2 & 3 \end{pmatrix}.$$

a) *Determine seus autovalores e correspondentes autovetores.*

b) *Os autovetores são* **LI***?*

6.6 *Considere o operador linear* $T : I\!R^3 \to I\!R^3$*, definido por:*

$$(u_1,\ u_2,\ u_3) \ \to \ T(u) = (3u_1 + 3u_2 - 2u_3,\ -u_2,\ 8u_1 + 6u_2 - 5u_3).$$

a) *Determine seus autovalores e correspondentes autovetores.*

b) *Os autovetores são* **LI***?*

Corolário 6.1 *Se uma matriz* A *de ordem* n *possui* n *autovalores distintos, então o conjunto* $\{v_1,\ v_2, \ldots,\ v_n\}$ *formado pelos correspondentes autovetores é uma base do* $I\!R^n$ *(ou do* $\mathcal{C}^n$*).*

Prova: A prova é imediata pelo Teorema 6.4. De fato, se os autovalores são distintos, então os autovetores são **LI**. Como temos n autovetores **LI**, eles constituem uma base para o $I\!R^n$ (ou $\mathcal{C}^n$).

Exemplo 6.10 *Considere o operador linear* $T : I\!R^2 \to I\!R^2$*, definido por:*

$$(u_1,\ u_2) \ \to \ T(u) = T(u_1,\ u_2) = (2u_1 + 3u_2,\ 3u_1 + 2u_2).$$

Determine:

a) *Os autovalores e correspondentes autovetores de* T.

b) *Uma base para o* $I\!R^2$.

Solução: a) A matriz canônica de T é dada por:

$$A = \begin{pmatrix} 2 & 3 \\ 3 & 2 \end{pmatrix}.$$

Temos que o sistema linear homogêneo é dado por:

$$\left\{ \begin{array}{rcrcl} (2-\lambda)v_1 & + & 3v_2 & = & 0 \\ 3v_1 & + & (2-\lambda)v_2 & = & 0 \end{array} \right. \qquad (6.11)$$

Fazendo o determinante da matriz dos coeficientes igual a zero, obtemos:

$$\begin{vmatrix} (2-\lambda) & 3 \\ 3 & (2-\lambda) \end{vmatrix} = \lambda^2 - 4\lambda - 5 = 0 \ \Rightarrow \ (\lambda - 5)(\lambda + 1) \ = \ 0.$$

Assim, λ é um autovalor de A se e somente se $\lambda = -1$ ou $\lambda = 5$.

Fazendo $\lambda_1 = -1$ em (6.11), obtemos o sistema linear homogêneo:

$$\begin{cases} 3v_1 & + & 3v_2 & = & 0 \\ 3v_1 & + & 3v_2 & = & 0 \end{cases}$$

ou, simplesmente, $v_1 = -v_2$, onde v_2 é uma variável livre. Assim, $v = (-v_2,\ v_2)$ é o autovetor correspondente ao autovalor $\lambda_1 = -1$.

Tomando $v_2 = 1$, obtemos que $v = (-1,\ 1)$ é um autovetor correspondente ao autovalor $\lambda_1 = -1$.

Fazendo $\lambda_2 = 5$ em (6.11), obtemos o sistema linear homogêneo:

$$\begin{cases} -3v_1 & + & 3v_2 & = & 0 \\ 3v_1 & - & 3v_2 & = & 0 \end{cases}$$

ou, simplesmente, $v_1 = v_2$, onde v_2 é uma variável livre. Assim, $v = (v_2,\ v_2)$ é o autovetor correspondente ao autovalor $\lambda_2 = 5$.

Tomando $v_2 = 1$, obtemos que $v = (1,\ 1)$ é um autovetor correspondente ao autovalor $\lambda_2 = 5$.

b) Uma base do $\mathbb{R}^2$ é formada pelos autovetores correspondentes aos autovalores $\lambda_1 = -1$ e $\lambda_2 = 5$ de A. Assim, $\{(-1,\ 1),\ (1,\ 1)\}$ é uma base do $\mathbb{R}^2$.

Exemplo 6.11 *Considere o operador linear* $T : \mathbb{R}^3 \to \mathbb{R}^3$, *definido por:*

$$(u_1,\ u_2,\ u_3) \to T(u) = (u_1 - u_2,\ 2u_1 + 3u_2 + 2u_3,\ u_1 + u_2 + 2u_3).$$

Determine:

a) *Os autovalores e correspondentes autovetores de* T.

b) *Uma base para o* $\mathbb{R}^3$.

Solução: a) A matriz canônica de T é dada por:

$$A = \begin{pmatrix} 1 & -1 & 0 \\ 2 & 3 & 2 \\ 1 & 1 & 2 \end{pmatrix}.$$

Temos que o sistema linear homogêneo é dado por:

$$\begin{cases} (1-\lambda)v_1 & - & v_2 & & & = & 0 \\ 2v_1 & + & (3-\lambda)v_2 & + & 2v_3 & = & 0 \\ v_1 & + & v_2 & + & (2-\lambda)v_3 & = & 0 \end{cases} \qquad (6.12)$$

Fazendo o determinante da matriz dos coeficientes igual a zero, obtemos:

$$\begin{vmatrix} (1-\lambda) & -1 & 0 \\ 2 & (3-\lambda) & 2 \\ 1 & 1 & (2-\lambda) \end{vmatrix} = \lambda^3 - 6\lambda^2 + 11\lambda - 6 = 0.$$

É fácil ver que $\lambda = 1$ é uma raiz de $P(\lambda)$. Dividindo $P(\lambda) = \lambda^3 - 6\lambda^2 + 11\lambda - 6 = 0$ por $(\lambda - 1)$, obtemos:

$$\begin{aligned} P(\lambda) &= (\lambda - 1)(\lambda^2 - 5\lambda + 6) = 0 \\ &= \lambda - 1)(\lambda - 2)(\lambda - 3) = 0. \end{aligned}$$

Assim, λ é um autovalor de A se e somente se $\lambda = 1$ ou $\lambda = 2$ ou $\lambda = 3$.

Fazendo $\lambda_1 = 1$ em (6.12), obtemos o sistema linear homogêneo:

$$\begin{cases} \quad - v_2 \quad = 0 \\ 2v_1 + 2v_2 + 2v_3 = 0 \\ v_1 + v_2 + v_3 = 0 \end{cases}$$

ou, simplesmente, $v_2 = 0$ e $v_3 = -v_1$, onde v_1 é uma variável livre. Assim, $v = (v_1,\ 0,\ -v_1)$ é o autovetor correspondente ao autovalor $\lambda_1 = 1$.

Tomando $v_1 = 1$, obtemos que $v = (1,\ 0,\ -1)$ é um autovetor correspondente ao autovalor $\lambda_1 = 1$.

Fazendo $\lambda_2 = 2$ em (6.12), obtemos o sistema linear homogêneo:

$$\begin{cases} -v_1 - v_2 \quad = 0 \\ 2v_1 + v_2 + 2v_3 = 0 \\ v_1 + v_2 \quad = 0 \end{cases}$$

cuja solução é: $v_1 = -v_2$ e $v_3 = \dfrac{1}{2}v_2$, onde v_2 é uma variável livre.

Assim, $v = \left(-v_2,\ v_2,\ \dfrac{1}{2}v_2\right)$ é o autovetor correspondente ao autovalor $\lambda_2 = 2$.

Tomando $v_2 = 1$, obtemos que $v = \left(-1,\ 1,\ \dfrac{1}{2}\right)$ é um autovetor correspondente ao autovalor $\lambda_2 = 2$.

Fazendo $\lambda_3 = 3$ em (6.12), obtemos o sistema linear homogêneo:

$$\begin{cases} -2v_1 - v_2 \quad = 0 \\ 2v_1 \quad + 2v_3 = 0 \\ v_1 + v_2 - v_3 = 0 \end{cases}$$

cuja solução é: $v_1 = -v_3$ e $v_2 = 2v_3$, onde v_3 é uma variável livre.

Assim, $v = (-v_3,\ 2v_3,\ v_3)$ é o autovetor correspondente ao autovalor $\lambda_3 = 3$.

Tomando $v_3 = 1$, obtemos que $v = (-1,\ 2,\ 1)$ é um autovetor correspondente ao autovalor $\lambda_3 = 3$.

b) Uma base do $I\!R^2$ é formada pelos autovetores correspondentes aos autovalores $\lambda_1 = 1$, $\lambda_2 = 2$ e $\lambda_3 = 3$ de A. Assim, $\left\{(1,\ 0,\ -1),\ \left(-1,\ 1,\ \dfrac{1}{2}\right),\ (-1,\ 2,\ 1)\right\}$ é uma base do $I\!R^3$.

Exercícios

6.7 *Considere o operador linear* $T : \mathbb{R}^2 \to \mathbb{R}^2$*, definido por:*

$$u = (u_1,\ u_2) \to T(u) = (u_1 - u_2,\ 2u_1 + 4u_2).$$

Determine:

a) *Os autovalores e correspondentes autovetores de* T.

b) *Uma base para o* $\mathbb{R}^2$.

6.8 *Considere a matriz:*

$$A = \begin{pmatrix} 3 & 1 & 1 \\ 2 & 4 & 2 \\ 1 & 1 & 3 \end{pmatrix}.$$

Determine:

a) *Os autovalores e correspondentes autovetores de* A.

b) *Uma base para o* $\mathbb{R}^3$.

Observe que, se tivermos uma base formada pelos autovetores e conhecermos os autovalores associados, podemos determinar o respectivo operador linear, como mostrado nos Exemplos 6.12 e 6.13.

Exemplo 6.12 *Considere o operador linear* $T : \mathbb{R}^2 \to \mathbb{R}^2$. *Sabendo que* $\lambda_1 = -1$ *e* $\lambda_2 = 5$ *são autovalores de* T, $v_1 = (-1,\ 1)$ *e* $v_2 = (1,\ 1)$ *são seus respectivos autovetores, determine* T.

Solução: Desde que $T(v) = \lambda v$, então:

$$\begin{aligned} T(-1,\ 1) &= -1(-1,\ 1) = (1,\ -1), \\ T(1,\ 1) &= 5(1,\ 1) = (5,\ 5). \end{aligned}$$

Devemos escrever, inicialmente, $u = (u_1,\ u_2)$ na base: $\{(-1,\ 1), (1,\ 1)\}$. Assim:

$$\begin{aligned} (u_1,\ u_2) &= \alpha(-1,\ 1) + \beta(1,\ 1) \\ &= (-\alpha + \beta,\ \alpha + \beta). \end{aligned}$$

Igualando as coordenadas de mesma posição, obtemos o sistema linear:

$$\begin{cases} -\alpha + \beta = u_1 \\ \alpha + \beta = u_2 \end{cases}$$

cuja solução é: $\alpha = \left(\dfrac{-u_1 + u_2}{2}\right)$ e $\beta = \left(\dfrac{u_1 + u_2}{2}\right)$.

Assim:

$$(u_1,\ u_2) = \left(\frac{-u_1 + u_2}{2}\right)(-1,\ 1) + \left(\frac{u_1 + u_2}{2}\right)(1,\ 1).$$

Aplicando o operador linear T em ambos os membros da igualdade anterior, segue que:

$$\begin{aligned} T(u_1,\ u_2) &= T\left(\left(\frac{-u_1+u_2}{2}\right)(-1,\ 1)+\left(\frac{u_1+u_2}{2}\right)(1,\ 1)\right) \\ &= \left(\frac{-u_1+u_2}{2}\right)T(-1,\ 1)+\left(\frac{u_1+u_2}{2}\right)T(1,\ 1) \\ &= \left(\frac{-u_1+u_2}{2}\right)(1,\ 1)+\left(\frac{u_1+u_2}{2}\right)(5,\ 5) \\ &= (2u_1+3u_2,\ 3u_1+2u_2). \end{aligned}$$

Logo, $T(u_1,\ u_2) = (2u_1+3u_2,\ 3u_1+2u_2)$.

Compare o resultado com o operador linear dado no Exemplo 6.10.

Exemplo 6.13 *Considere o operador linear* $T : \mathbb{R}^3 \to \mathbb{R}^3$. *Sabendo que* $\lambda_1 = 1, \lambda_2 = 2$ *e* $\lambda_3 = 3$ *são autovalores de* T, $v_1 = (1,\ 0,\ -1), v_2 = \left(-1,\ 1,\ \frac{1}{2}\right)$ *e* $v_3 = (-1,\ 2,\ 1)$ *são seus respectivos autovetores, determine* T.

Solução: Desde que $T(v) = \lambda v$, então:

$$\begin{aligned} T(1,\ 0,\ -1) &= 1(1,\ 0,\ -1) = (1,\ 0,\ -1), \\ T\left(-1,\ 1,\ \frac{1}{2}\right) &= 2\left(-1,\ 1,\ \frac{1}{2}\right) = (-2,\ 2,\ 1), \\ T(-1,\ 2,\ 1) &= 3(-1,\ 2,\ 1) = (-3,\ 6,\ 3). \end{aligned}$$

Devemos escrever, inicialmente, $u = (u_1,\ u_2,\ u_3)$ na base:

$$\left\{(1,\ 0,\ -1),\ \left(-1,\ 1,\ \frac{1}{2}\right),\ (-1,\ 2,\ 1)\right\}.$$

Assim:

$$\begin{aligned} (u_1,\ u_2,\ u_3) &= \alpha(1,\ 0,\ -1)+\beta\left(-1,\ 1,\ \frac{1}{2}\right)+\gamma(-1,\ 2,\ 1) \\ &= \left(\alpha-\beta-\gamma,\ \beta+2\gamma,\ -\alpha+\frac{1}{2}\beta+\gamma\right). \end{aligned}$$

Igualando as coordenadas de mesma posição, obtemos o sistema linear:

$$\begin{cases} \alpha - \beta - \gamma = u_1 \\ \beta + 2\gamma = u_2 \\ -\alpha + \frac{1}{2}\beta + \gamma = u_3 \end{cases}$$

cuja solução é: $\alpha = \left(\frac{u_2}{2} - u_3\right)$, $\beta = -2u_1 - 2u_3$ e $\gamma = \left(u_1 + \frac{u_2}{2} + u_3\right)$.

Assim:

$$\begin{aligned}(u_1,\ u_2,\ u_3) &= \left(\frac{u_2}{2}-u_3\right)(1,\ 0,\ -1)+(-2u_1-2u_3)\left(-1,\ 1,\ \frac{1}{2}\right)\\ &+ \left(u_1+\frac{u_2}{2}+u_3\right)(-1,\ 2,\ 1).\end{aligned}$$

Aplicando o operador linear T em ambos os membros da igualdade anterior, segue que:

$$\begin{aligned}T(u_1,\ u_2) &= T\left(\left(\frac{u_2}{2}-u_3\right)(1,\ 0,\ -1)+(-2u_1-2u_3)\left(-1,\ 1,\ \frac{1}{2}\right)\right.\\ &+ \left.\left(u_1+\frac{u_2}{2}+u_3\right)(-1,\ 2,\ 1)\right)\\ &= \left(\frac{u_2}{2}-u_3\right)T(1,\ 0,\ -1)+(-2u_1-2u_3)T\left(-1,\ 1,\ \frac{1}{2}\right)\\ &+ \left(u_1+\frac{u_2}{2}+u_3\right)T(-1,\ 2,\ 1)\\ &= \left(\frac{u_2}{2}-u_3\right)(1,\ 0,\ -1)+(-2u_1-2u_3)(-2,\ 2,\ 1)\\ &+ \left(u_1+\frac{u_2}{2}+u_3\right)(-3,\ 6,\ 3)\\ &= (u_1-u_2,\ 2u_1+3u_2+2u_3,\ u_1+u_2+2u_3).\end{aligned}$$

Logo, $T(u_1,\ u_2,\ u_3)=(u_1-u_2,\ 2u_1+3u_2+2u_3,\ u_1+u_2+2u_3)$.

Compare o resultado com o operador linear dado no Exemplo 6.11.

Exercícios

6.9 *Considere o operador linear $T: \mathbb{R}^2 \to \mathbb{R}^2$. Sabendo que $\lambda_1 = 2$ e $\lambda_2 = 4$ são autovalores de T, $v_1 = (3,\ 1)$ e $v_2 = (1,\ 1)$ são seus respectivos autovetores, determinar T.*

6.10 *Considere o operador linear $T: \mathbb{R}^3 \to \mathbb{R}^3$. Sabendo que $\lambda_1 = -1$, $\lambda_2 = 2$ e $\lambda_3 = 3$ são autovalores de T, $v_1 = (1,\ 1,\ 1)$, $v_2 = (1,\ 1,\ 0)$ e $v_3 = (1,\ 0,\ 0)$ são seus respectivos autovetores, determinar T.*

Teorema 6.5 *Os autovalores de matrizes simétricas são números reais.*

Prova: Seja A uma matriz simétrica de ordem n. Então, vale o seguinte produto escalar (Ver Teorema 5.8.):

$$(Av, v) = (v, Av).$$

Seja λ um autovalor de A, então, da igualdade anterior, podemos escrever:

$$(\lambda v, v) = (v, \lambda v).$$

Usando a propriedade de produto escalar, segue que:

$$\lambda(v, v) = \bar{\lambda}(v, v),$$

onde $\bar{\lambda}$ é o complexo conjugado de λ. Mas, da igualdade anterior, concluímos que $\lambda = \bar{\lambda}$.

Logo, λ é um número real.

Daremos, a seguir, alguns exemplos.

Exemplo 6.14 *Determine os autovalores da matriz:*

$$A = \begin{pmatrix} 1 & 3 \\ 3 & 1 \end{pmatrix}.$$

Solução: Temos que o sistema linear homogêneo é dado por:

$$\begin{cases} (1-\lambda)v_1 & + & 3v_2 & = & 0 \\ 3v_1 & + & (1-\lambda)v_2 & = & 0 \end{cases} \tag{6.13}$$

Sabemos que o determinante da matriz dos coeficientes deve ser igual a zero. Logo:

$$\begin{vmatrix} (1-\lambda) & 3 \\ 3 & (1-\lambda) \end{vmatrix} = \lambda^2 - 2\lambda + 8 = 0.$$

É fácil verificar que $\lambda = -2$ e $\lambda = 4$ são autovalores de A.

Logo, os autovalores de A são números reais.

Exemplo 6.15 *Considere a matriz:*

$$A = \begin{pmatrix} 1 & 1 & 2 \\ 1 & 2 & 1 \\ 2 & 1 & 1 \end{pmatrix}.$$

Determine seus autovalores e correspondentes autovetores.

Solução: Temos que o sistema linear homogêneo é dado por:

$$\begin{cases} (1-\lambda)v_1 + & v_2 & + & 2v_3 & = & 0 \\ v_1 & + & (2-\lambda)v_2 & + & v_3 & = & 0 \\ 2v_1 & + & v_2 & + & (1-\lambda)v_3 & = & 0 \end{cases} \tag{6.14}$$

Sabemos que o determinante da matriz dos coeficientes deve ser igual a zero. Logo:

$$\begin{vmatrix} (1-\lambda) & 1 & 2 \\ 1 & (2-\lambda) & 1 \\ 2 & 1 & (1-\lambda) \end{vmatrix} = -\lambda^3 + 4\lambda^2 + \lambda - 4 = 0.$$

É fácil verificar que: $\lambda = 1$ é uma raiz do polinômio característico. Assim, dividindo $P(\lambda) = -\lambda^3 + 4\lambda^2 + \lambda - 4$ por $(\lambda - 1)$, obtemos:

$$\begin{aligned} P(\lambda) &= (\lambda - 1)(-\lambda^2 + 3\lambda + 4) = 0 \\ &= (\lambda + 1)(\lambda - 1)(\lambda - 4) = 0. \end{aligned}$$

Assim, λ é um autovalor de A se e somente se $\lambda = -1$ ou $\lambda = 1$ ou $\lambda = 4$. Logo, todos os autovalores de A são números reais.

Fazendo $\lambda_1 = -1$ em (6.14), obtemos o sistema linear homogêneo:

$$\begin{cases} 2v_1 + v_2 + 2v_3 = 0 \\ v_1 + 3v_2 + v_3 = 0 \\ 2v_1 + v_2 + 2v_3 = 0 \end{cases}$$

cuja solução é: $v_1 = -v_3$ e $v_2 = 0$, onde v_3 é uma variável livre. Assim, $v = (-v_3,\ 0,\ v_3)$ é o autovetor correspondente ao autovalor $\lambda_1 = -1$.

Tomando $v_3 = 1$, obtemos que $v = (-1,\ 0,\ 1)$ é um autovetor correspondente ao autovalor $\lambda_1 = -1$.

Fazendo $\lambda_2 = 1$ em (6.14), obtemos o sistema linear homogêneo:

$$\begin{cases} v_2 + 2v_3 = 0 \\ v_1 + v_2 + v_3 = 0 \\ 2v_1 + v_2 = 0 \end{cases}$$

cuja solução é: $v_1 = v_3$ e $v_2 = -2v_3$, onde v_3 é uma variável livre.

Assim, $v = (v_3,\ -2v_3,\ v_3)$ é o autovetor correspondente ao autovalor $\lambda_2 = 1$.

Tomando $v_3 = 1$, obtemos que $v = (1,\ -2,\ 1)$ é um autovetor correspondente ao autovalor $\lambda_2 = 1$.

Fazendo $\lambda_3 = 4$ em (6.14), obtemos o sistema linear homogêneo:

$$\begin{cases} -3v_1 + v_2 + 2v_3 = 0 \\ v_1 - 2v_2 + v_3 = 0 \\ 2v_1 + v_2 - 3v_3 = 0 \end{cases}$$

cuja solução é: $v_1 = v_3$ e $v_2 = v_3$, onde v_3 é uma variável livre. Assim, $v = (v_3,\ v_3,\ v_3)$ é o autovetor correspondente ao autovalor $\lambda_3 = 4$.

Tomando $v_3 = 1$, obtemos que $v = (1,\ 1,\ 1)$ é um autovetor correspondente ao autovalor $\lambda_3 = 4$.

Exercícios

6.11 *Considere o operador linear $T : I\!R^2 \to I\!R^2$, definido por:*

$$u = (u_1,\ u_2) \Rightarrow T(u) = (u_1 + 2u_2,\ 2u_1 + 4u_2).$$

Determinar seus autovalores e correspondentes autovetores.

6.12 *Considere a matriz:*

$$A = \begin{pmatrix} 3 & -2 & 0 \\ -2 & 3 & 0 \\ 0 & 0 & 5 \end{pmatrix}.$$

Determinar seus autovalores e correspondentes autovetores.

Teorema 6.6 *Se A é uma matriz de ordem n triangular superior (ou inferior), então os autovalores de A são seus elementos diagonais.*

Prova: Se A é uma matriz triangular superior (ou inferior), então a matriz $A - \lambda I$ continua sendo uma matriz triangular superior (ou inferior). Além disso, o determinante de uma matriz triangular superior (ou inferior) é igual ao produto dos elementos da diagonal principal. (Ver Propriedade 1.6.) Logo,

$$|A - \lambda I| = (a_{11} - \lambda)(a_{22} - \lambda)\dots(a_{nn} - \lambda),$$

que é o polinômio característico de A na forma fatorada. Portanto, os autovalores de A são: $a_{11}, a_{22}, \dots, a_{nn}$.

Observe que o Teorema 6.6 continua válido se A é uma matriz diagonal.

Daremos, a seguir, alguns exemplos.

Exemplo 6.16 *Seja $T : \mathbb{R}^2 \to \mathbb{R}^2$, definido por:*

$$T(u_1,\ u_2) = (3u_1 + 5u_2,\ 3u_2).$$

Determine os autovalores e correspondentes autovetores de T.

Solução: A matriz canônica do operador linear T é dada por:

$$A = \begin{pmatrix} 3 & 5 \\ 0 & 3 \end{pmatrix}.$$

Assim, devemos determinar os autovalores da matriz A que representa a transformação linear dada.

Temos que o sistema linear homogêneo é dado por:

$$\begin{cases} (3-\lambda)v_1 & + & 5v_2 & = & 0 \\ & & (3-\lambda)v_2 & = & 0 \end{cases} \tag{6.15}$$

Como A é uma matriz triangular superior, o determinante da matriz dos coeficientes é igual ao produto dos elementos da diagonal principal, isto é:

$$\begin{vmatrix} (3-\lambda) & 5 \\ 0 & (3-\lambda) \end{vmatrix} = (3-\lambda)^2 = 0.$$

Assim, λ é um autovalor de A se e somente se $\lambda = 3$ (de multiplicidade 2).

Fazendo $\lambda = 3$ em (6.15), obtemos o sistema linear homogêneo:

$$\begin{cases} 0v_1 & + & 5v_2 & = & 0 \\ 0v_1 & + & 0v_2 & = & 0 \end{cases}$$

cuja solução é: $v_2 = 0$ e v_1 é uma variável livre. Assim, $v = (v_1,\ 0)$ é o autovetor correspondente ao autovalor $\lambda = 3$.

Tomando $v_1 = 1$, obtemos que $v = (1,\ 0)$ é um autovetor correspondente ao autovalor $\lambda = 3$.

Observe que conseguimos apenas um autovetor correspondente aos autovalores $\lambda_1 = \lambda_2 = 3$. Logo, seus correspondentes autovetores são **LD**.

Exemplo 6.17 *Considere a matriz:*

$$A = \begin{pmatrix} 2 & 4 & 1 \\ 0 & 2 & 2 \\ 0 & 0 & 3 \end{pmatrix}.$$

Determine seus autovalores e correspondentes autovetores.

Solução: Temos que o sistema linear homogêneo é dado por:

$$\left\{ \begin{array}{rcrcrcl} (2-\lambda)v_1 & + & 4v_2 & + & v_3 & = & 0 \\ & & (2-\lambda)v_2 & + & 2v_3 & = & 0 \\ & & & & (3-\lambda)v_3 & = & 0 \end{array} \right. \tag{6.16}$$

Como A é uma matriz triangular superior, o determinante da matriz dos coeficientes é igual ao produto dos elementos da diagonal principal, isto é:

$$\begin{vmatrix} (2-\lambda) & 4 & 1 \\ 0 & (2-\lambda) & 2 \\ 0 & 0 & (3-\lambda) \end{vmatrix} = (2-\lambda)^2(3-\lambda) = 0.$$

Portanto, λ é um autovalor de A se e somente se $\lambda = 2$ (de multiplicidade 2) ou $\lambda = 3$.

Fazendo $\lambda_1 = \lambda_2 = 2$ em (6.16), obtemos o sistema linear homogêneo:

$$\left\{ \begin{array}{rcrcl} 4v_2 & + & v_3 & = & 0 \\ & + & 2v_3 & = & 0 \\ & & v_3 & = & 0 \end{array} \right.$$

cuja solução é: $v_2 = v_3 = 0$ e v_1 é uma variável livre. Assim, $v = (v_1,\ 0,\ 0)$ é o autovetor correspondente ao autovalor $\lambda_1 = \lambda_2 = 2$.

Tomando $v_1 = 1$, obtemos que $v = (1,\ 0,\ 0)$ é um autovetor correspondente ao autovalor $\lambda_1 = \lambda_2 = 2$. Observe que conseguimos apenas um autovetor correspondente ao autovalor $\lambda_1 = \lambda_2 = 2$.

Fazendo $\lambda_2 = 3$ em (6.16), obtemos o sistema linear homogêneo:

$$\left\{ \begin{array}{rcrcrcl} -v_1 & + & 4v_2 & + & v_3 & = & 0 \\ & & -v_2 & + & 2v_3 & = & 0 \end{array} \right.$$

cuja solução é: $v_1 = 9v_3$, $v_2 = 2v_3$ e v_3 é uma variável livre. Assim, $v = (9v_3,\ 2v_3,\ v_3)$ é o autovetor correspondente ao autovalor $\lambda_2 = 1$.

Tomando $v_3 = 1$, obtemos que $v = (9,\ 2,\ 1)$ é um autovetor correspondente ao autovalor $\lambda_2 = 1$.

Exercícios

6.13 *Considere as matrizes:*

$$A = \begin{pmatrix} 1 & 2 & 1 \\ 0 & -1 & 1 \\ 0 & 0 & -1 \end{pmatrix} \quad e \quad B = \begin{pmatrix} 1 & 3 & 1 \\ 0 & 2 & 0 \\ 0 & 0 & 3 \end{pmatrix}.$$

Determinar seus autovalores e seus correspondentes autovetores.

6.14 *Considere as matrizes A e B do Exercício 6.13.*

a) *Calcular AB e BA e verificar que os produtos são diferentes.*

b) *Determinar os autovalores e seus correspondentes autovetores de AB e os de BA. O que você pode concluir?*

6.2.2 Propriedades dos Autovalores

Daremos nesta seção algumas propriedades que os autovalores satisfazem. Consideremos que A seja uma matriz de ordem n e que k seja um escalar qualquer. Então, são válidas as seguintes propriedades:

Propriedade 6.1 *Se λ é um autovalor de A, então λ é autovalor de A^t.*

Propriedade 6.2 *Se λ é um autovalor de A, então $k\lambda$ é autovalor de kA.*

Propriedade 6.3 *Se λ é um autovalor de A, então λ^k é autovalor de A^k.*

Propriedade 6.4 *Se λ é um autovalor de A, e A é não singular, então λ^{-1} é autovalor de A^{-1}.*

Propriedade 6.5 *Se λ é um autovalor de A, então $\lambda + k$ é autovalor de $A + kI$, onde I é a matriz identidade.*

Propriedade 6.6 *$\lambda = 0$ é autovalor de A se e somente se A é singular.*

Prova: Provaremos apenas as Propriedades 6.1 e 6.4, as demais ficam como exercício.

Para provar a Propriedade 6.1, lembremos que:

$$(A - \lambda I)^t = A^t - \lambda I^t = A^t - \lambda I.$$

Agora, desde que uma matriz e sua transposta possuem o mesmo determinante (ver Propriedade 1.9), obtemos:

$$det(A - \lambda I) = det(A - \lambda I)^t = det(A^t - \lambda I).$$

Assim, A e A^t possuem o mesmo polinômio característico. Logo, possuem os mesmos autovalores.

Para provar a Propriedade 6.4, lembremos que, se A é não singular, então A é inversível. Aplicando A^{-1} em ambos os membros da igualdade $Av = \lambda v$, obtemos:

$$\begin{aligned}
A^{-1}Av &= A^{-1}\lambda v \\
\Rightarrow Iv &= \lambda A^{-1}v \\
\Rightarrow \frac{1}{\lambda}v &= A^{-1}v \\
\Rightarrow A^{-1}v &= \lambda^{-1}v.
\end{aligned}$$

Teorema 6.7 *Sejam A e B matrizes similares (ver Definição 1.21). Então:*

a) *A e B possuem os mesmos autovalores.*

b) *Se v é autovetor de A associado a λ, então $C^{-1}v$ é autovetor de $B = C^{-1}AC$ associado a λ.*

Prova: Seja $B = C^{-1}AC$, e suponha que λ é autovalor de A e v seu correspondente autovetor. Então, $det(A - \lambda I)$ é o polinômio característico de A.

a) Temos:

$$\begin{aligned} det(B - \lambda I) &= det(C^{-1}AC - \lambda I) = det(C^{-1}(A - \lambda I)C) \\ &= detC^{-1}\ det(A - \lambda I)\ detC = det(A - \lambda I)\ det(\underbrace{C^{-1}C}_{=I}) \\ &= det(A - \lambda I). \end{aligned}$$

Portanto, A e B possuem o mesmo polinômio característico. Logo, λ é autovalor de B.

b) Temos: $Av = \lambda v$ e, desde que:

$$B = C^{-1}AC \Rightarrow A = CBC^{-1},$$

segue que: $CBC^{-1}v = \lambda v$. Assim:

$$BC^{-1}v = C^{-1}\lambda v = \lambda C^{-1}v.$$

Portanto, $B(C^{-1}v) = \lambda(C^{-1}v)$. Assim, $C^{-1}v$ é autovetor de B associado ao autovalor λ.

Exercícios

6.15 *Considere a matriz:*

$$A = \begin{pmatrix} 3 & 0 & 1 \\ 2 & 2 & 2 \\ 4 & 2 & 5 \end{pmatrix}.$$

Determinar:

a) *seus autovalores e correspondentes autovetores,*

b) *os autovalores de $A - 5I$,*

c) *os autovalores de A^{-1}.*

6.16 *Provar as propriedades dos autovalores.*

6.17 *Considere a matriz:*

$$A = \begin{pmatrix} 1 & 2 \\ 3 & 2 \end{pmatrix}.$$

Determinar os autovalores de A, A^2 e A^3.

6.2.3 Polinômio de Matrizes

Definiremos agora o que significa polinômio de uma matriz e, a seguir, um teorema que relaciona uma matriz com um polinômio.

Definição 6.3 *Seja:*

$$P(t) = a_0\, t^n + a_1\, t^{n-1} + \ldots + a_{n-1}\, t + a_n$$

um polinômio de grau n, onde os a_i, $i = 1, 2, \ldots, n$, são reais. Se A é uma matriz quadrada real, então definimos:

$$P(A) = a_0\, A^n + a_1\, A^{n-1} + \ldots + a_{n-1}\, A + a_n\, I \qquad (6.17)$$

como sendo o **polinômio da matriz A**. *Na expressão (6.17), I é a matriz identidade.*

Em particular, se $P(A) = \Theta$ (matriz nula), dizemos que A é um zero (ou raiz) de $P(t)$.

Exemplo 6.18 *Considere a matriz:*

$$A = \begin{pmatrix} 1 & 2 \\ 3 & 4 \end{pmatrix}.$$

Calcular $P(A)$ e $Q(A)$, sabendo que: $P(t) = 2t^2 - 3t + 7$ e $Q(t) = t^2 - 5t - 2$.

Solução: Temos:

$$P(A) = 2\begin{pmatrix} 7 & 10 \\ 15 & 22 \end{pmatrix} - 3\begin{pmatrix} 1 & 2 \\ 3 & 4 \end{pmatrix} + 7\begin{pmatrix} 1 & 0 \\ 0 & 1 \end{pmatrix} = \begin{pmatrix} 18 & 14 \\ 21 & 39 \end{pmatrix}$$

e

$$Q(A) = \begin{pmatrix} 7 & 10 \\ 15 & 22 \end{pmatrix} - 5\begin{pmatrix} 1 & 2 \\ 3 & 4 \end{pmatrix} - 2\begin{pmatrix} 1 & 0 \\ 0 & 1 \end{pmatrix} = \begin{pmatrix} 0 & 0 \\ 0 & 0 \end{pmatrix}.$$

Assim, A é um zero de $Q(t)$.

Note que $Q(t)$ é o polinômio característico de A.

Teorema 6.8 *(Teorema de Cayley-Hamilton) Toda matriz é um zero do seu polinômio característico, isto é, se $P(\lambda) = a_0\lambda^n + a_1\lambda^{n-1} + \ldots + a_n$ é o polinômio característico de A, então $P(A) = \Theta$.*

Prova: Dado:

$$P(t) = a_0 t^n + a_1 t^{n-1} + \ldots + a_n,$$

pela Definição 6.3, segue que:

$$P(A) = a_0 A^n + a_1 A^{n-1} + \ldots + a_n I.$$

Agora, se v_i é tal que $A^j v_i = \lambda_i^j v_i$, $j = 1, 2, \ldots, n$ (ver Propriedade 6.3), então podemos escrever:

$$\begin{aligned} P(A)v_i &= a_0 A^n v_i + a_1 A^{n-1} v_i + \ldots + a_n v_i \\ &= a_0 \lambda_i^n v_i + a_{n-1}\lambda^{n-1} v_i + \ldots + a_n v_i, \end{aligned}$$

mostrando que os autovalores e os autovetores de $P(A)$ são, respectivamente, λ_i e v_i.

Note que, se λ_i é raiz de $P(\lambda)$, então o argumento precedente mostra que $P(A)v_i = \Theta$.

Em particular, se $P(\lambda)$ é o polinômio característico de A, isto é, se:

$$P(\lambda) = det(A - \lambda I) = 0, \text{ então } P(A) = \Theta.$$

Exercícios

6.18 *Dada a matriz:*

$$A = \begin{pmatrix} 1 & 2 \\ 2 & -1 \end{pmatrix}.$$

Calcular $P(A)$ *e* $Q(A)$, *sabendo que:* $P(t) = t^2 - 5$ *e* $Q(t) = 2t^2 - 3t + 7$.

6.19 *Dada a matriz:*

$$A = \begin{pmatrix} 1 & 2 & 0 \\ 0 & -1 & 3 \\ 2 & 0 & 1 \end{pmatrix}.$$

Calcular $P(A)$ *e* $Q(A)$, *sabendo que:* $P(t) = t^3 + 2t^2 - t - 10$ *e* $Q(t) = -t^3 + t^2 + t + 11$.

6.3 Diagonalização

Veremos agora em que condições uma matriz A de ordem n pode ser escrita na forma de uma matriz diagonal.

Teorema 6.9 *Uma matriz A de ordem n tem um conjunto de n autovetores* **LI** *se e somente se existe uma matriz P de ordem n, não singular, tal que:*

$$P^{-1}AP = D \text{ ou } A = PDP^{-1},$$

onde D é matriz diagonal de ordem n.

Dito de outro modo: *Uma matriz A tem n autovetores* **LI** $\Leftrightarrow$ *A é diagonalizável.*

Prova: Sejam $\lambda_1, \lambda_2, \ldots, \lambda_n$ autovalores de A e sejam $v_1, v_2, \ldots, v_n$ seus correspondentes autovetores, os quais vamos supor que sejam **LI**.

Desde que $Av_i = \lambda_i v_i, i = 1, 2, \ldots, n$, podemos montar uma matriz P da seguinte forma:

$$P = [v_1 \mid v_2 \mid \ldots \mid v_n],$$

onde v_i representa a i-ésima coluna de P e é formada pelo i-ésimo autovetor de A. Assim, podemos escrever:

$$\begin{aligned} AP &= A[\, v_1 | \, v_2 \mid \ldots \mid v_n] \\ &= [\, Av_1 | \, Av_2 | \, \ldots \mid Av_n] \\ &= [\, \lambda_1 v_1 | \, \lambda_2 v_2 | \, \ldots \mid \lambda_n v_n] = PD, \end{aligned}$$

onde

$$D = \begin{pmatrix} \lambda_1 & & & \\ & \lambda_2 & & \\ & & \ddots & \\ & & & \lambda_n \end{pmatrix}.$$

Observe que os autovalores da matriz A encontram-se na diagonal da matriz D.

Exemplo 6.19 *Diagonalize a matriz do Exemplo 6.4.*

Solução: Do Exemplo 6.4, temos que:

$$A = \begin{pmatrix} 3 & 4 \\ 2 & 1 \end{pmatrix},$$

e seus autovalores e correspondentes autovetores são:

$$\begin{aligned} \lambda_1 &= 5 \quad \text{e} \quad v_1 = (2,\ 1), \\ \lambda_2 &= -1 \quad \text{e} \quad v_2 = (-1,\ 1). \end{aligned}$$

Como os autovalores são distintos, o conjunto formado pelos autovetores v_1 e v_2 constitui uma base para o $I\!R^2$ e, portanto, a matriz P formada pelos autovetores (em coluna), isto é,

$$P = \begin{pmatrix} 2 & -1 \\ 1 & 1 \end{pmatrix},$$

diagonaliza A.

Calculando a inversa da matriz P, obtemos:

$$P^{-1} = \begin{pmatrix} 1/3 & 1/3 \\ -1/3 & 2/3 \end{pmatrix}.$$

Assim, o produto $P^{-1}AP$ fornece uma matriz diagonal. De fato:

$$\begin{aligned} P^{-1}AP &= \begin{pmatrix} 1/3 & 1/3 \\ -1/3 & 2/3 \end{pmatrix} \begin{pmatrix} 3 & 4 \\ 2 & 1 \end{pmatrix} \begin{pmatrix} 2 & -1 \\ 1 & 1 \end{pmatrix} \\ &= \begin{pmatrix} 1/3 & 1/3 \\ -1/3 & 2/3 \end{pmatrix} \begin{pmatrix} 10 & 1 \\ 5 & -1 \end{pmatrix} \\ &= \begin{pmatrix} 5 & 0 \\ 0 & -1 \end{pmatrix} = D. \end{aligned}$$

Exemplo 6.20 *Diagonalize a matriz do Exemplo 6.5.*

Solução: Do Exemplo 6.5, temos que:

$$A = \begin{pmatrix} 1 & -1 & 3 \\ -1 & 1 & 3 \\ 3 & -3 & 9 \end{pmatrix},$$

e seus autovalores e correspondentes autovetores são:

$$\begin{aligned}
\lambda_1 &= 0 \ \text{ e } \ v_1 = (1,\, 1,\, 0),\\
\lambda_2 &= 2 \ \text{ e } \ v_2 = \left(\frac{1}{3},\, \frac{8}{3},\, 1\right),\\
\lambda_3 &= 9 \ \text{ e } \ v_3 = \left(\frac{1}{3},\, \frac{1}{3},\, 1\right).
\end{aligned}$$

Como os autovalores são distintos, o conjunto formado pelos autovetores v_1, v_2 e v_3 constitui uma base para o $I\!R^3$ e, portanto, a matriz P formada pelos autovetores (em coluna), isto é,

$$P = \begin{pmatrix} 1 & 1/3 & 1/3 \\ 1 & 8/3 & 1/3 \\ 0 & 1 & 1 \end{pmatrix},$$

diagonaliza A.

Calculando a inversa da matriz P, obtemos:

$$P^{-1} = \begin{pmatrix} 1 & 0 & -1/3 \\ -3/7 & 3/7 & 0 \\ 3/7 & -3/7 & 1 \end{pmatrix}.$$

Assim, o produto $P^{-1}AP$ fornece uma matriz diagonal. De fato:

$$\begin{aligned}
P^{-1}AP &= \begin{pmatrix} 1 & 0 & -1/3 \\ -3/7 & 3/7 & 0 \\ 3/7 & -3/7 & 1 \end{pmatrix} \begin{pmatrix} 1 & -1 & 3 \\ -1 & 1 & 3 \\ 3 & -3 & 9 \end{pmatrix} \begin{pmatrix} 1 & 1/3 & 1/3 \\ 1 & 8/3 & 1/3 \\ 0 & 1 & 1 \end{pmatrix}\\
&= \begin{pmatrix} 1 & 0 & -1/3 \\ -3/7 & 3/7 & 0 \\ 3/7 & -3/7 & 1 \end{pmatrix} \begin{pmatrix} 0 & 2/3 & 3 \\ 0 & 16/3 & 3 \\ 0 & 2 & 9 \end{pmatrix}\\
&= \begin{pmatrix} 0 & 0 & 0 \\ 0 & 2 & 0 \\ 0 & 0 & 9 \end{pmatrix} = D.
\end{aligned}$$

Observe que, se trocarmos a posição dos autovetores na matriz P, isto é, se tomarmos:

$$P = \begin{pmatrix} 1/3 & 1 & 1/3 \\ 8/3 & 1 & 1/3 \\ 1 & 0 & 1 \end{pmatrix},$$

então:

$$P^{-1} = \begin{pmatrix} -3/7 & 3/7 & 0 \\ 1 & 0 & -1/3 \\ 3/7 & -3/7 & 1 \end{pmatrix}.$$

O produto $P^{-1}AP$ fornece uma outra matriz diagonal D que contém os autovalores de A na posição dos correspondentes autovetores. Assim,

$$\begin{aligned}
P^{-1}AP &= \begin{pmatrix} -3/7 & 3/7 & 0 \\ 1 & 0 & -1/3 \\ 3/7 & -3/7 & 1 \end{pmatrix} \begin{pmatrix} 1 & -1 & 3 \\ -1 & 1 & 3 \\ 3 & -3 & 9 \end{pmatrix} \begin{pmatrix} 1/3 & 1 & 1/3 \\ 8/3 & 1 & 1/3 \\ 1 & 0 & 1 \end{pmatrix} \\
&= \begin{pmatrix} -3/7 & 3/7 & 0 \\ 1 & 0 & -1/3 \\ 3/7 & -3/7 & 1 \end{pmatrix} \begin{pmatrix} 2/3 & 0 & 3 \\ 16/3 & 0 & 3 \\ 2 & 0 & 9 \end{pmatrix} \\
&= \begin{pmatrix} 2 & 0 & 0 \\ 0 & 0 & 0 \\ 0 & 0 & 9 \end{pmatrix} = D.
\end{aligned}$$

Exemplo 6.21 *Diagonalize a matriz canônica do operador T dado no Exemplo 6.8.*

Solução: Do Exemplo 6.8, temos que:

$$A = \begin{pmatrix} 1 & -3 & 3 \\ 3 & -5 & 3 \\ 6 & -6 & 4 \end{pmatrix},$$

e seus autovalores e correspondentes autovetores são:

$$\begin{aligned}
\lambda_1 = \lambda_2 = -2 \qquad & \text{e} \quad v_1 = (-1,\ 0,\ 1), \\
& \text{ou} \quad v_2 = (1,\ 1,\ 0), \\
\lambda_3 = 4 \qquad & \text{e} \quad v_3 = \left(\frac{1}{2},\ \frac{1}{2},\ 1\right).
\end{aligned}$$

Apesar dos autovalores não serem distintos, o conjunto formado pelos autovetores constitui uma base para o $I\!R^3$ e, portanto, a matriz P formada pelos autovetores (em coluna), isto é,

$$P = \begin{pmatrix} -1 & 1 & 1/2 \\ 0 & 1 & 1/2 \\ 1 & 0 & 1 \end{pmatrix},$$

diagonaliza A.

Calculando a inversa da matriz P, obtemos:

$$P^{-1} = \begin{pmatrix} -1 & 1 & 0 \\ -1/2 & 3/2 & -1/2 \\ 1 & -1 & 1 \end{pmatrix}.$$

Assim, o produto $P^{-1}AP$ fornece uma matriz diagonal. De fato:

$$
\begin{aligned}
P^{-1}AP &= \begin{pmatrix} -1 & 1 & 0 \\ -1/2 & 3/2 & -1/2 \\ 1 & -1 & 1 \end{pmatrix} \begin{pmatrix} 1 & -3 & 3 \\ 3 & -5 & 3 \\ 6 & -6 & 4 \end{pmatrix} \begin{pmatrix} -1 & 1 & 1/2 \\ 0 & 1 & 1/2 \\ 1 & 0 & 1 \end{pmatrix} \\
&= \begin{pmatrix} -1 & 1 & 0 \\ -1/2 & 3/2 & -1/2 \\ 1 & -1 & 1 \end{pmatrix} \begin{pmatrix} 2 & -2 & 2 \\ 0 & -2 & 2 \\ -2 & 0 & 4 \end{pmatrix} \\
&= \begin{pmatrix} -2 & 0 & 0 \\ 0 & -2 & 0 \\ 0 & 0 & 4 \end{pmatrix} = D.
\end{aligned}
$$

Exemplo 6.22 *Diagonalize a matriz dada no Exemplo 6.9.*

Solução: Do Exemplo 6.9, temos que:

$$
A = \begin{pmatrix} -3 & 1 & -1 \\ -7 & 5 & -1 \\ -6 & 6 & -2 \end{pmatrix},
$$

e seus autovalores e correspondentes autovetores são:

$$
\begin{aligned}
\lambda_1 = \lambda_2 = -2 \quad &\text{e} \quad v_1 = (1,\ 1,\ 0) = v_2, \\
\lambda_3 = 4 \quad &\text{e} \quad v_3 = (0,\ 1,\ 1).
\end{aligned}
$$

Assim, não é possível diagonalizar a matriz A, pois os autovetores, por serem **LD**, não constituem uma base para o $I\!R^3$.

Além disso, a matriz P montada com os autovetores é singular e, portanto, não admite inversa. Logo, o produto $P^{-1}AP$ não existe.

Teorema 6.10 *Se A é uma matriz simétrica de ordem n com autovalores distintos, então seus autovetores são dois a dois ortogonais.*

Prova: Sejam $\lambda_1, \lambda_2, \ldots, \lambda_n$ autovalores distintos de A e sejam $v_1, v_2, \ldots, v_n$ seus correspondentes autovetores, isto é,

$$
Av_k = \lambda_k v_k, \; k = 1, 2, \ldots, n.
$$

Sejam λ_i e λ_j dois autovalores quaisquer de A. Como A é simétrica, então:

$$
\begin{aligned}
& (Av_i, v_j) = (v_i, Av_j) \\
\Rightarrow \quad & (\lambda_i v_i, v_j) = (v_i, \lambda_j v_j) \\
\Rightarrow \quad & \lambda_i (v_i, v_j) = \lambda_j (v_i, v_j),
\end{aligned}
$$

desde que os autovalores de matrizes simétricas são números reais (ver Teorema 6.5). Da expressão anterior, podemos escrever:

$$
(\lambda_i - \lambda_j)(v_i, v_j) = 0.
$$

Como $\lambda_i \neq \lambda_j$, então $(v_i, v_j) = 0$. Logo, pela Definição 4.10, v_i e v_j são ortogonais.

Portanto, a matriz P formada pelos autovetores de A será uma base ortogonal.

Daremos, a seguir, alguns exemplos.

Exemplo 6.23 *Diagonalize a matriz:*

$$A = \begin{pmatrix} 7 & 2 \\ 2 & 7 \end{pmatrix}.$$

Solução: Temos que o sistema linear homogêneo é dado por:

$$\begin{cases} (7-\lambda)v_1 & + & 2v_2 & = & 0 \\ 2v_1 & + & (7-\lambda)v_2 & = & 0 \end{cases} \tag{6.18}$$

Fazendo o determinante da matriz dos coeficientes igual a zero, obtemos:

$$\begin{vmatrix} (7-\lambda) & 2 \\ 2 & (7-\lambda) \end{vmatrix} = \lambda^2 - 14\lambda + 45 = 0 \Rightarrow (\lambda-5)(\lambda-9) = 0.$$

Assim, λ é um autovalor de A se e somente se $\lambda = 5$ ou $\lambda = 9$.

Fazendo $\lambda_1 = 5$ em (6.18), obtemos o sistema linear homogêneo:

$$\begin{cases} 2v_1 & + & 2v_2 & = & 0 \\ 2v_1 & + & 2v_2 & = & 0 \end{cases}$$

ou, simplesmente, $v_1 = -v_2$. Assim, $v = (-v_2,\ v_2)$ é o autovetor correspondente ao autovalor $\lambda_1 = 5$.

Tomando $v_2 = -1$, obtemos que $v = (1,\ -1)$ é um autovetor correspondente ao autovalor $\lambda_1 = 5$.

Fazendo $\lambda_2 = 9$ em (6.18), obtemos o sistema linear homogêneo:

$$\begin{cases} -2v_1 & + & 2v_2 & = & 0 \\ 2v_1 & - & 2v_2 & = & 0 \end{cases}$$

ou, simplesmente, $v_1 = v_2$. Assim, $v = (v_2,\ v_2)$ é o autovetor correspondente ao autovalor $\lambda_2 = 9$.

Tomando $v_2 = 1$, obtemos que $v = (1,\ 1)$ é um autovetor correspondente ao autovalor $\lambda_2 = 9$.

É fácil verificar que os autovetores são ortogonais. Assim, a matriz P é dada por:

$$P = \begin{pmatrix} 1 & 1 \\ -1 & 1 \end{pmatrix}.$$

Calculando a inversa de P, obtemos:

$$P^{-1} = \begin{pmatrix} 1/2 & -1/2 \\ 1/2 & 1/2 \end{pmatrix}.$$

O produto $P^{-1}AP$ fornece uma matriz diagonal. De fato:

$$\begin{aligned} P^{-1}AP &= \begin{pmatrix} 1/2 & -1/2 \\ 1/2 & 1/2 \end{pmatrix} \begin{pmatrix} 7 & 2 \\ 2 & 7 \end{pmatrix} \begin{pmatrix} 1 & 1 \\ -1 & 1 \end{pmatrix} \\ &= \begin{pmatrix} 1/2 & -1/2 \\ 1/2 & 1/2 \end{pmatrix} \begin{pmatrix} 5 & 9 \\ -5 & 9 \end{pmatrix} \\ &= \begin{pmatrix} 5 & 0 \\ 0 & 9 \end{pmatrix} = D \end{aligned}$$

Exemplo 6.24 *Diagonalize a matriz:*

$$A = \begin{pmatrix} 1 & -1 & 0 \\ -1 & 2 & 1 \\ 0 & 1 & 1 \end{pmatrix}.$$

Solução: Temos que o sistema linear homogêneo é dado por:

$$\begin{cases} (1-\lambda)v_1 & - & v_2 & & & = & 0 \\ -v_1 & + & (2-\lambda)v_2 & + & v_3 & = & 0 \\ & & v_2 & + & (1-\lambda)v_3 & = & 0 \end{cases} \tag{6.19}$$

Fazendo o determinante da matriz dos coeficientes igual a zero, obtemos:

$$\begin{vmatrix} (1-\lambda) & -1 & 0 \\ -1 & (2-\lambda) & 1 \\ 0 & 1 & (1-\lambda) \end{vmatrix} = -\lambda^3 + 4\lambda^2 - 3\lambda = 0.$$

Portanto,

$$\begin{aligned} P(\lambda) &= -\lambda(\lambda^2 - 4\lambda + 3) = 0 \\ &= -\lambda(\lambda - 1)(\lambda - 3) = 0. \end{aligned}$$

Assim, λ é um autovalor de A se e somente se $\lambda = 0$ ou $\lambda = 1$ ou $\lambda = 3$.

Fazendo $\lambda_1 = 0$ em (6.19), obtemos o sistema linear homogêneo:

$$\begin{cases} v_1 & - & v_2 & & & = & 0 \\ -v_1 & + & 2v_2 & + & v_3 & = & 0 \\ & & v_2 & + & v_3 & = & 0 \end{cases}$$

cuja solução é: $v_1 = v_2 = -v_3$ e v_3 é uma variável livre. Assim, $v = (-v_3,\ -v_3,\ v_3)$ é o autovetor correspondente ao autovalor $\lambda_1 = 0$.

Tomando $v_3 = 1$, obtemos que $v = (-1,\ -1,\ 1)$ é um autovetor correspondente ao autovalor $\lambda_1 = 0$.

Fazendo $\lambda_2 = 1$ em (6.19), obtemos o sistema linear homogêneo:

$$\begin{cases} & - & v_2 & & & = & 0 \\ -v_1 & + & v_2 & + & v_3 & = & 0 \\ & & v_2 & + & & = & 0 \end{cases}$$

cuja solução é: $v_1 = v_3$, $v_2 = 0$ e v_3 é uma variável livre. Assim, $v = (v_3,\ 0,\ v_3)$ é o autovetor correspondente ao autovalor $\lambda_2 = 1$.

Tomando $v_3 = 1$, obtemos que $v = (1,\ 0,\ 1)$ é um autovetor correspondente ao autovalor $\lambda_2 = 1$.

Fazendo $\lambda_3 = 3$ em (6.19), obtemos o sistema linear homogêneo:

$$\begin{cases} -2v_1 & - & v_2 & & & = & 0 \\ -v_1 & - & v_2 & + & v_3 & = & 0 \\ & & v_2 & - & 2v_3 & = & 0 \end{cases}$$

cuja solução é: $v_1 = -v_3, v_2 = 2v_3$ e v_3 é uma variável livre. Assim, $v = (-v_3,\ 2v_3,\ v_3)$ é um autovetor correspondente ao autovalor $\lambda_3 = 3$.

Tomando $v_3 = 1$, obtemos que $v = (-1,\ 2,\ 1)$ é um autovetor correspondente ao autovalor $\lambda_3 = 3$.

Novamente, é fácil verificar que os autovetores são dois a dois ortogonais. A matriz P é dada por:

$$P = \begin{pmatrix} -1 & 1 & -1 \\ -1 & 0 & 2 \\ 1 & 1 & 1 \end{pmatrix}.$$

Calculando a inversa de P, obtemos:

$$P^{-1} = \begin{pmatrix} -1/3 & -1/3 & 1/3 \\ 1/2 & 0 & 1/2 \\ -1/6 & 1/3 & 1/6 \end{pmatrix}.$$

O produto $P^{-1}AP$ fornece uma matriz diagonal. De fato:

$$\begin{aligned} P^{-1}AP &= \begin{pmatrix} -1/3 & -1/3 & 1/3 \\ 1/2 & 0 & 1/2 \\ -1/6 & 1/3 & 1/6 \end{pmatrix} \begin{pmatrix} 1 & -1 & 0 \\ -1 & 2 & 1 \\ 0 & 1 & 1 \end{pmatrix} \begin{pmatrix} -1 & 1 & -1 \\ -1 & 0 & 2 \\ 1 & 1 & 1 \end{pmatrix} \\ &= \begin{pmatrix} -1/3 & -1/3 & 1/3 \\ 1/2 & 0 & 1/2 \\ -1/6 & 1/3 & 1/6 \end{pmatrix} \begin{pmatrix} 0 & 1 & -3 \\ 0 & 0 & 6 \\ 0 & 1 & 3 \end{pmatrix} \\ &= \begin{pmatrix} 0 & 0 & 0 \\ 0 & 1 & 0 \\ 0 & 0 & 3 \end{pmatrix} = D. \end{aligned}$$

Observações:

1) Se as colunas de P, além de ortogonais são ortonormais, então P será uma matriz ortogonal. (Ver Propriedade 5.7.)

2) Para obter uma base ortonormal, basta calcular:

$$v_i^* = \frac{v_i}{\| v_i \|}, i = 1, 2, \ldots, n,$$

desde que os $v_i,\ i = 1, 2, \ldots, n$ sejam ortogonais.

3) As colunas (ou linhas) de P formadas pelos vetores ortonormais constituem uma base ortonormal.

4) Se a base é ortonormal, então, pela Propriedade 5.4, $P^{-1} = P^t$ e, portanto, $D = P^tAP$. Dizemos, neste caso, que P **diagonaliza** A **ortogonalmente.**

Exemplo 6.25 *Considere a matriz A dada no exemplo 6.24. Determine uma matriz P que diagonaliza A ortogonalmente.*

Solução: Do exemplo 6.24, temos que os autovalores e correspondentes autovetores de A são:

$$\begin{aligned} \lambda_1 = 0 \quad &\text{e} \quad v_1 = (-1,\ -1,\ 1), \\ \lambda_2 = 1 \quad &\text{e} \quad v_2 = (1,\ 0,\ 1), \\ \lambda_3 = 4 \quad &\text{e} \quad v_3 = (-1,\ 2,\ 1). \end{aligned}$$

Ortonormalizando os vetores $v_1,\ v_2$ e v_3, obtemos:

$$\begin{aligned} v_1^* &= \frac{v_1}{\| v_1 \|} = \left(-\frac{\sqrt{3}}{3},\ -\frac{\sqrt{3}}{3},\ \frac{\sqrt{3}}{3} \right), \\ v_2^* &= \frac{v_2}{\| v_2 \|} = \left(\frac{\sqrt{2}}{2},\ 0,\ \frac{\sqrt{2}}{2} \right), \\ v_3^* &= \frac{v_3}{\| v_3 \|} = \left(-\frac{\sqrt{6}}{6},\ \frac{\sqrt{6}}{3},\ \frac{\sqrt{6}}{6} \right). \end{aligned}$$

Portanto,

$$P = \begin{pmatrix} -\sqrt{3}/3 & \sqrt{2}/2 & -\sqrt{6}/6 \\ -\sqrt{3}/3 & 0 & \sqrt{6}/3 \\ \sqrt{3}/3 & \sqrt{2}/2 & \sqrt{6}/6 \end{pmatrix}$$

diagonaliza A ortogonalmente.

Observe que as colunas (ou linhas) de P são vetores ortonormais.

Exemplo 6.26 *Considere a matriz:*

$$A = \begin{pmatrix} 3 & -1 & 1 \\ -1 & 5 & -1 \\ 1 & -1 & 3 \end{pmatrix}.$$

a) *Determine uma matriz P que diagonaliza A ortogonalmente.*

b) *Determine uma matriz diagonal D.*

Solução: Temos que o sistema linear homogêneo é dado por:

$$\begin{cases} (3-\lambda)v_1 & - & v_2 & + & v_3 & = & 0 \\ -v_1 & + & (5-\lambda)v_2 & - & v_3 & = & 0 \\ v_1 & - & v_2 & + & (3-\lambda)v_3 & = & 0 \end{cases} \tag{6.20}$$

Fazendo o determinante da matriz dos coeficientes igual a zero, obtemos:

$$\begin{vmatrix} (3-\lambda) & -1 & 1 \\ -1 & (5-\lambda) & -1 \\ 1 & -1 & (3-\lambda) \end{vmatrix} = -\lambda^3 + 11\lambda^2 - 36\lambda + 36 = 0.$$

É fácil ver que $\lambda = 2$ é uma raiz de $P(\lambda)$. Dividindo $P(\lambda) = -\lambda^3 + 11\lambda^2 - 36\lambda + 36 = 0$ por $\lambda - 2$, obtemos:

$$\begin{aligned} P(\lambda) &= (\lambda - 2)(\lambda^2 - 9\lambda + 18) \\ &= (\lambda - 2)(\lambda - 3)(\lambda - 6) = 0. \end{aligned}$$

Assim, λ é um autovalor de A se e somente se $\lambda = 2$ ou $\lambda = 3$ ou $\lambda = 6$.

Fazendo, $\lambda_1 = 2$ em (6.20), obtemos o sistema linear homogêneo:

$$\begin{cases} v_1 - v_2 + v_3 = 0 \\ -v_1 + 3v_2 - v_3 = 0 \\ v_1 - v_2 + v_3 = 0 \end{cases}$$

cuja solução é: $v_2 = 0, v_1 = -v_3$ e v_3 é uma variável livre. Assim, $v = (-v_3,\ 0,\ v_3)$ é o autovetor correspondente ao autovalor $\lambda_1 = 0$.

Tomando $v_3 = 1$, obtemos que: $v = (-1,\ 0,\ 1)$ é um autovetor correspondente ao autovalor $\lambda_1 = 2$.

Fazendo $\lambda_2 = 3$ em (6.20), obtemos o sistema linear homogêneo:

$$\begin{cases} \quad - v_2 + v_3 = 0 \\ -v_1 + 2v_2 - v_3 = 0 \\ v_1 - v_2 \quad = 0 \end{cases}$$

cuja solução é: $v_1 = v_2 = v_3$ e v_3 é uma variável livre. Assim, $v = (v_3,\ v_3,\ v_3)$ é o autovetor correspondente ao autovalor $\lambda_2 = 3$.

Tomando $v_3 = 1$, obtemos que $v = (1,\ 1,\ 1)$ é um autovetor correspondente ao autovalor $\lambda_2 = 3$.

Fazendo $\lambda_3 = 6$ em (6.20), obtemos o sistema linear homogêneo:

$$\begin{cases} -3v_1 - v_2 + v_3 = 0 \\ -v_1 - v_2 - v_3 = 0 \\ v_1 - v_2 - 3v_3 = 0 \end{cases}$$

cuja solução é: $v_1 = v_3, v_2 = -2v_3$ e v_3 é uma variável livre. Assim, $v = (v_3,\ -2v_3,\ v_3)$ é o autovetor correspondente ao autovalor $\lambda_3 = 6$.

Tomando $v_3 = 1$, obtemos que $v = (1,\ -2,\ 1)$ é um autovetor correspondente ao autovalor $\lambda_3 = 6$.

Temos que os autovalores de A e seus correspondentes autovetores são:

$$\begin{aligned} \lambda_1 = 2 \quad &\text{e} \quad v_1 = (-1,\ 0,\ 1), \\ \lambda_2 = 3 \quad &\text{e} \quad v_2 = (1,\ 1,\ 1), \\ \lambda_3 = 6 \quad &\text{e} \quad v_3 = (1,\ -2,\ 1). \end{aligned}$$

Vamos agora ortonormalizar os autovetores v_1, v_2 e v_3. Assim:

$$u_1^* = \frac{u_1}{\| u_1 \|} = \left(\frac{\sqrt{2}}{2}, 0, \frac{\sqrt{2}}{2}\right),$$

$$u_2^* = \frac{u_2}{\| u_2 \|} = \left(\frac{\sqrt{3}}{3}, \frac{\sqrt{3}}{3}, \frac{\sqrt{3}}{3}\right),$$

$$u_3^* = \frac{u_3}{\| u_3 \|} = \left(\frac{\sqrt{6}}{6}, -\frac{\sqrt{6}}{3}, \frac{\sqrt{6}}{6}\right).$$

Portanto, a matriz P é dada por:

$$P = \begin{pmatrix} -\sqrt{2}/2 & \sqrt{3}/3 & \sqrt{6}/6 \\ 0 & \sqrt{3}/3 & -\sqrt{6}/3 \\ \sqrt{2}/2 & \sqrt{3}/3 & \sqrt{6}/6 \end{pmatrix}.$$

Observe que as colunas (ou linhas) da matriz P são vetores ortonormais. Logo, P é uma matriz ortogonal. Assim,

$$P^{-1} = P^t = \begin{pmatrix} -\sqrt{2}/2 & 0 & \sqrt{2}/2 \\ \sqrt{3}/3 & \sqrt{3}/3 & \sqrt{3}/3 \\ \sqrt{6}/6 & -\sqrt{6}/3 & \sqrt{6}/6 \end{pmatrix}.$$

O produto P^tAP fornece uma matriz diagonal. De fato:

$$\begin{aligned} P^tAP &= \begin{pmatrix} -\sqrt{2}/2 & 0 & \sqrt{2}/2 \\ \sqrt{3}/3 & \sqrt{3}/3 & \sqrt{3}/3 \\ \sqrt{6}/6 & -\sqrt{6}/3 & \sqrt{6}/6 \end{pmatrix} \begin{pmatrix} 3 & -1 & 1 \\ -1 & 5 & -1 \\ 1 & -1 & 3 \end{pmatrix} \begin{pmatrix} -\sqrt{2}/2 & \sqrt{3}/3 & \surd \\ 0 & \sqrt{3}/3 & -\surd \\ \sqrt{2}/2 & \sqrt{3}/3 & \surd \end{pmatrix} \\ &= \begin{pmatrix} -\sqrt{2}/2 & 0 & \sqrt{2}/2 \\ \sqrt{3}/3 & \sqrt{3}/3 & \sqrt{3}/3 \\ \sqrt{6}/6 & -\sqrt{6}/3 & \sqrt{6}/6 \end{pmatrix} \begin{pmatrix} -\sqrt{2} & \sqrt{3} & \sqrt{6} \\ 0 & \sqrt{3} & -2\sqrt{6} \\ \sqrt{2} & \sqrt{3} & \sqrt{6} \end{pmatrix} \\ &= \begin{pmatrix} 2 & 0 & 0 \\ 0 & 3 & 0 \\ 0 & 0 & 6 \end{pmatrix} = D. \end{aligned}$$

Exercícios

6.20 *Diagonalizar as seguintes matrizes:*

$$\textbf{a)}\ A = \begin{pmatrix} -3 & 4 \\ -1 & 2 \end{pmatrix} \quad e \quad \textbf{b)}\ A = \begin{pmatrix} 1 & 0 & 0 \\ 0 & 1 & 0 \\ 0 & 1 & 2 \end{pmatrix}.$$

6.21 *Diagonalizar as seguintes matrizes:*

$$\textbf{a)}\ A = \begin{pmatrix} 5 & 2 \\ 2 & 5 \end{pmatrix} \quad e \quad \textbf{b)}\ A = \begin{pmatrix} 0 & 0 & 4 \\ 0 & -2 & 0 \\ 4 & 0 & 0 \end{pmatrix}$$

ortogonalmente.

6.4 Exercícios Complementares

6.22 *Determine o polinômio característico das matrizes:*

$$\text{a) } A = \begin{pmatrix} 1 & 3 & -1 \\ 0 & 0 & 2 \\ -1 & 1 & 0 \end{pmatrix} \quad e \quad \text{b) } A = \begin{pmatrix} 1 & 0 & 2 \\ 0 & 3 & 1 \\ 2 & 1 & 2 \end{pmatrix}.$$

6.23 *Considere as seguintes matrizes:*

$$\text{a) } A = \begin{pmatrix} -2 & 3 \\ -1 & 2 \end{pmatrix}, \quad \text{b) } A = \begin{pmatrix} 2 & 0 & 1 \\ 2 & 1 & 2 \\ 4 & 2 & 4 \end{pmatrix},$$

$$\text{c) } A = \begin{pmatrix} 1 & 1 \\ 2 & 1 \end{pmatrix} \quad e \quad \text{d) } A = \begin{pmatrix} 1 & -1 & 2 \\ -1 & 1 & 2 \\ 2 & -2 & 8 \end{pmatrix}.$$

Para cada matriz dada, determine:

i) *seu polinômio característico,*

ii) *seus autovalores,*

iii) *seus correspondentes autovetores.*

6.24 *Determinar os autovalores e correspondentes autovetores dos seguintes operadores lineares:*

a) $(u_1,\ u_2) \rightarrow T(u) = (2u_1 + u_2,\ 2u_1 + 3u_2)$.

b) $(u_1,\ u_2,\ u_3) \rightarrow T(u) = (5u_1 + u_3,\ u_2,\ 5u_1 + u_3)$.

c) $(u_1,\ u_2,\ u_3) \rightarrow T(u) = (3u_1 + u_2 + 2u_3,\ u_1 + 3u_2 + 2u_3,\ u_1 + 2u_2 + 3u_3)$.

d) $(u_1,\ u_1,\ u_3) \rightarrow T(u) = (u_1 + u_2 - u_3,\ u_3,\ -u_1 + u_2)$.

e) $(u_1,\ u_1,\ u_3) \rightarrow T(u) = (u_1,\ 2u_2,\ 3u_3)$.

6.25 *Determinar os autovalores e correspondentes autovetores das seguintes matrizes:*

$$\text{a) } A = \begin{pmatrix} 1 & 2 \\ -1 & 1 \end{pmatrix}, \quad \text{b) } A = \begin{pmatrix} 1 & 0 & 0 \\ 1 & 1 & -2 \\ 0 & 1 & -1 \end{pmatrix},$$

$$\text{c) } A = \begin{pmatrix} -1 & -2 & 0 \\ 0 & -1 & 1 \\ 1 & 0 & 0 \end{pmatrix}, \quad \text{d) } A = \begin{pmatrix} 8 & -6 & -4 \\ -6 & 9 & 2 \\ -4 & 2 & 4 \end{pmatrix},$$

$$\text{e) } A = \begin{pmatrix} 2 & 4 & 1 \\ 0 & 3 & 2 \\ 0 & 0 & 5 \end{pmatrix} \quad e \quad \text{f) } A = \begin{pmatrix} -2 & 0 & 0 \\ 1 & 4 & 0 \\ 1 & 2 & 5 \end{pmatrix}.$$

6.26 *Matrizes do tipo:*

$$\begin{pmatrix} x_0 & x_1 & x_2 \\ x_2 & x_0 & x_1 \\ x_1 & x_2 & x_0 \end{pmatrix}$$

são chamadas **matrizes circulantes**. *Determine os autovalores da matriz circulante onde* $x_0 = 1, x_1 = 0$ *e* $x_2 = -1$.

6.27 *Considere a matriz:*

$$A = \begin{pmatrix} a & 0 & 0 \\ 0 & b & c \\ 0 & c & b \end{pmatrix}.$$

Verifique que os autovalores de A *são:* $\lambda_1 = a, \lambda_2 = b + c, \lambda_3 = b - c$.

6.28 *Sabendo que uma matriz de ordem 3 tem como autovalores* $\lambda_1 = -1$, $\lambda_2 = 2$, $\lambda_3 = 3$, *responda:*

a) *Qual é o polinômio característico de* A*?*

b) *Quais são os autovalores de* A^{-1}*?*

c) *A matriz* A *é uma matriz singular? Por quê?*

6.29 *Considere a matriz:*

$$A = \begin{pmatrix} 1 & 0 \\ 1 & -3 \end{pmatrix}.$$

Calcular os autovalores de A, A^2, A^3 *e* A^{-1}.

6.30 *Dada a matriz:*

$$A = \begin{pmatrix} 1 & 3 \\ 2 & 5 \end{pmatrix},$$

calcular $P(A)$ *e* $Q(A)$, *sabendo que:* $P(t) = t^2 - t - 5$ *e* $Q(t) = t^2 - 6t - 1$.

6.31 *Dada a matriz:*

$$A = \begin{pmatrix} 2 & 1 & 1 \\ 0 & 1 & 2 \\ 1 & 0 & -1 \end{pmatrix},$$

calcular $P(A)$ *e* $Q(A)$, *sabendo que:* $P(t) = -t^3 + 2t^2 + 2t - 1$ *e* $Q(t) = t^3 + t^2 - 2t + 1$.

6.32 *Para cada uma das matrizes:*

$$\textbf{a)}\ A = \begin{pmatrix} -2 & 5 \\ 1 & -3 \end{pmatrix} \quad e \quad \textbf{b)}\ A = \begin{pmatrix} 1 & 4 & 3 \\ 0 & 3 & 1 \\ 0 & 2 & -1 \end{pmatrix},$$

encontrar um polinômio que tenha a matriz como raiz.

6.33 *Seja* A *uma matriz quadrada de ordem* n *e sejam* $\lambda_1 = 1, \lambda_2 = 2, \cdots, \lambda_n = n$ *seus autovalores. Quais são os autovalores de* $A - 2I$*?*

6.34 *Mostre que: se v é autovetor de A e de B, então v é autovetor de $\alpha A+\beta B$, onde α e β são escalares quaisquer.*

6.35 *Considere o operador linear $T : I\!R^2 \to I\!R^2$, definido por:*

$$u = (u_1,\ u_2)\ \Rightarrow T(u) = (5u_1 + 3u_2,\ 6u_1 + 2u_2).$$

Determinar:

a) *uma base do $I\!R^2$ em relação à qual a matriz do operador T é diagonal,*

b) *a matriz de T na base encontrada no item* **a)**.

6.36 *Considere o operador linear $T : I\!R^2 \to I\!R^2$, cuja matriz em relação à base canônica é dada por:*

$$A = \begin{pmatrix} 2 & 0 \\ 2 & 4 \end{pmatrix}.$$

a) *Determine seus autovalores e correspondentes autovetores.*

b) *Exiba uma base ortonormal para o $I\!R^2$.*

6.37 *Considere a matriz:*

$$A = \begin{pmatrix} 1 & 0 & 0 \\ 1 & 2 & 2 \\ 1 & 1 & 3 \end{pmatrix}.$$

Determine:

a) *Os autovalores e correspondentes autovetores de A.*

b) *Uma base para o $I\!R^3$.*

6.38 *Considere o operador linear $T : I\!R^2 \to I\!R^2$. Sabendo que os autovalores de T são $\lambda_1 = -2$ e $\lambda_2 = 3$ e que seus respectivos autovetores são $(3v_2,\ v_2)$ e $(-2v_2,\ v_2)$, determine T.*

6.39 *Considere o operador linear $T : I\!R^2 \to I\!R^2$. Sabendo que $\lambda_1 = 2$ e $\lambda_2 = 4$ são autovalores de T, $v_1 = (3,\ 1)$ e $v_2 = (1,\ 1)$ são os correspondentes autovetores.*

Determinar:

a) *o operador linear T,*

b) *a imagem do vetor $2v_1 + v_2$.*

6.40 *Considere o operador linear $T : I\!R^2 \to I\!R^2$. Sabendo que os autovalores de T são $\lambda_1 = 1$ e $\lambda_2 = -1$ e que seus respectivos autovetores são $(1,\ 0)$ e $(-1,\ 1)$, determine T.*

6.41 *Considere o operador linear $T : I\!R^3 \to I\!R^3$. Sabendo que $\lambda_1 = 1$, $\lambda_2 = -1$ e $\lambda_3 = 3$ são autovalores de T, $v_1 = (-1,\ 1,\ 0)$, $v_2 = (1,\ 2,\ -1)$ e $v_3 = (1,\ 0,\ 1)$ são seus respectivos autovetores, determinar T.*

6.42 *Considere o operador linear* $T : \mathbb{R}^3 \to \mathbb{R}^3$. *Sabendo que* $\lambda_1 = \lambda_2 = -3$ *e* $\lambda_3 = 9$ *são autovalores de* T, $v = (2v_2 - 7v_3,\ v_2,\ v_3)$ *é o autovetor associado ao autovalor* -3 *e* $v = (v_1,\ v_1,\ v_1)$ *é o autovetor associado ao autovalor* 9, *determinar* T.

6.43 *Verificar se as seguintes matrizes são diagonalizáveis. Em caso afirmativo, determinar:*

i) *uma matriz* P *que diagonaliza* A,

ii) *a matriz* P^{-1},

iii) $P^{-1}AP$.

a) $A = \begin{pmatrix} 2 & 1 \\ 1 & 2 \end{pmatrix}$, **b)** $A = \begin{pmatrix} 1 & 0 & 0 \\ 1 & 2 & 2 \\ 1 & 1 & 3 \end{pmatrix}$,

c) $A = \begin{pmatrix} 1 & 2 \\ 3 & 2 \end{pmatrix}$, **d)** $A = \begin{pmatrix} 2 & 1 & 0 \\ 0 & 1 & -1 \\ 0 & 2 & 4 \end{pmatrix}$,

e) $A = \begin{pmatrix} 5 & -1 \\ 1 & 3 \end{pmatrix}$, **f)** $A = \begin{pmatrix} 1 & -3 & 3 \\ 3 & -5 & 3 \\ 6 & -6 & 4 \end{pmatrix}$,

g) $A = \begin{pmatrix} 4 & 2 \\ 3 & 3 \end{pmatrix}$ *e* **h)** $A = \begin{pmatrix} -3 & 1 & -1 \\ -7 & 5 & -1 \\ -6 & 6 & -2 \end{pmatrix}$.

6.44 *Para cada uma das seguintes matrizes simétricas, determinar:*

i) *uma matriz* P *que diagonaliza* A *ortogonalmente,*

ii) P^tAP.

a) $A = \begin{pmatrix} 1 & -1 \\ -1 & 1 \end{pmatrix}$, **b)** $A = \begin{pmatrix} 3 & -2 & 0 \\ -2 & 3 & 0 \\ 0 & 0 & 5 \end{pmatrix}$,

c) $A = \begin{pmatrix} 2 & 2 \\ 2 & 2 \end{pmatrix}$, **d)** $A = \begin{pmatrix} 4 & 2 & 2 \\ 2 & 4 & 2 \\ 2 & 2 & 4 \end{pmatrix}$,

e) $A = \begin{pmatrix} 2 & 2 \\ 2 & 5 \end{pmatrix}$ *e* **f)** $A = \begin{pmatrix} 7 & -2 & 0 \\ -2 & 6 & -2 \\ 0 & -2 & 5 \end{pmatrix}$.

6.5 Respostas dos Exercícios

6.1 $\lambda = 2$ ou $\lambda = 4$. Para $\lambda = 2 \rightarrow v = (3v_2,\ v_2)$. Para $\lambda = 4 \rightarrow v = (v_2,\ v_2)$.

6.2 $\lambda = 0$ ou $\lambda = -3$ ou $\lambda = 9$. Para $\lambda = 0 \rightarrow v = (v_3,\ 0,\ v_3)$, para $\lambda = -3 \rightarrow v = (-13v_2,\ v_2,\ -25v_2)$ e para $\lambda = 9 \rightarrow v = (v_3,\ 3v_3,\ v_3)$.

6.3 $P(\lambda) = \lambda^2 - 5\lambda + 14$.

6.4 $P(\lambda) = -\lambda^3 + \lambda^2 - \lambda + 1$.

6.5 a) $\lambda = 1$ (de multiplicidade 2) e $\lambda = 3$. Para $\lambda = 1 \rightarrow v = (v_1,\ -v_3,\ v_3)$. Portanto, duas variáveis livres. Assim, $v_1 = (1,\ -1,\ 1)$ e $v_2 = (1,\ 0,\ 0)$ são autovetores correspondentes aos autovalores $\lambda = 1$. Para $\lambda = 3 \rightarrow v = (v_1,\ 0,\ -v_1) \rightarrow v_3 = (1,\ 0,\ -1)$.

b) Sim, os autovetores são **LI**.

6.6 a) $\lambda = -1$ (de multiplicidade 3). Para $\lambda = -1 \rightarrow v = \left(\dfrac{-3v_2 + 2v_3}{4},\ v_2,\ v_3\right)$. Portanto, duas variáveis livres. Assim, $v_1 = \left(-\dfrac{1}{4},\ 1,\ 1\right)$ e $v_2 = \left(\dfrac{5}{4},\ -1,\ 1\right)$.

b) Não, os autovetores são **LD**.

6.7 a) $\lambda = 2$ ou $\lambda = 3$. Para $\lambda = 2 \rightarrow v = (-v_2,\ v_2)$ e para $\lambda = 3 \rightarrow v = (v_1,\ -2v_1)$.

b) Base para o $I\!R^2$: $\{(-1,\ 1),\ (1,\ -2)\}$.

6.8 a) $\lambda = 2$ (de multiplicidade 2) ou $\lambda = 6$. Para $\lambda = 2 \rightarrow v = (-v_2 - v_3,\ v_2,\ v_3)$ e para $\lambda = 6 \rightarrow v = (v_3,\ 2v_3,\ v_3)$.

b) Base para o $I\!R^3$: $\{(-1,\ 1,\ 0),\ (-1,\ 0,\ 1),\ (1,\ 2,\ 1)\}$.

6.9 $T(u) = (u_1 + 3u_2,\ -u_1 + 5u_2)$.

6.10 $T(u) = (3u_1 - u_2 - 3u_3,\ 2u_2 - 3u_3,\ -u_3)$.

6.11 $\lambda = 0$ ou $\lambda = 5$. Para $\lambda = 0 \rightarrow v = (-2v_2,\ v_2)$ e para $\lambda = 5 \rightarrow v = (v_1,\ 2v_1)$.

6.12 $\lambda = 1$ ou $\lambda = 5$ (de multiplicidade 2). Para $\lambda = 1 \rightarrow v = (v_2,\ v_2,\ 0)$ e para $\lambda = 5 \rightarrow v = (-v_2,\ v_2,\ v_3)$.

6.13 Para a matriz A, $\lambda = -1$ (de multiplicidade 2) ou $\lambda = 1$. Para $\lambda = -1 \rightarrow v = (-v_2,\ v_2,\ 0)$ e para $\lambda = 1 \rightarrow v = (v_1,\ 0,\ 0)$.

Para a matriz B, $\lambda = 1$ ou $\lambda = 2$ ou $\lambda = 3$. Para $\lambda = 1 \rightarrow v = (v_1,\ 0,\ 0)$, para $\lambda = 2 \rightarrow v = (3v_2,\ v_2,\ 0)$ e para $\lambda = 3 \rightarrow v = \left(\dfrac{v_3}{2},\ 0,\ v_3\right)$.

6.14 a) $AB = \begin{pmatrix} 1 & 7 & 4 \\ 0 & -2 & 3 \\ 0 & 0 & -3 \end{pmatrix}$ e $BA = \begin{pmatrix} 1 & -1 & 3 \\ 0 & -2 & 2 \\ 0 & 0 & -3 \end{pmatrix}$.

b) Os autovalores de AB e de BA são $\lambda = 1$ ou $\lambda = -2$ ou $\lambda = -3$. Assim, os autovalores são iguais. Entretanto, os autovetores são diferentes.

Para a matriz AB, temos: $\lambda = 1 \rightarrow v = (v_1,\ 0,\ 0)$ para $\lambda = -2 \rightarrow v = \left(-\dfrac{7v_2}{3},\ v_2,\ 0\right)$ e para $\lambda = -3 \rightarrow v = \left(-\dfrac{17v_3}{4},\ -3v_3,\ v_3\right)$.

Para a matriz BA, temos: $\lambda = 1 \rightarrow v = (v_1,\ 0,\ 0)$, para $\lambda = -2 \rightarrow v = \left(\dfrac{v_2}{3},\ v_2,\ 0\right)$ e para $\lambda = -3 \rightarrow v = \left(-\dfrac{5v_3}{4},\ -2v_3,\ v_3\right)$.

6.15 a) $\lambda = 1$ ou $\lambda = 2$ ou $\lambda = 7$. Para $\lambda = 1 \rightarrow v = \left(-\dfrac{1}{2}v_3,\ -v_3,\ v_3\right)$, para $\lambda = 2 \rightarrow v = \left(-v_3,\ \dfrac{1}{2}v_3,\ v_3\right)$ e para $\lambda = 7 \rightarrow v = \left(\dfrac{1}{4}v_3,\ \dfrac{1}{2}v_3,\ v_3\right)$,

b) $\lambda = -4$ ou $\lambda = -3$ ou $\lambda = 2$,

c) $\lambda = 1$ ou $\lambda = \dfrac{1}{2}$ ou $\lambda = \dfrac{1}{7}$.

6.17 Os autovalores de A são: 4 ou -1, de A^2 são: 16 ou 1 e de A^3 são: 64 ou -1.

6.18 $P(A) = \Theta$ e $Q(A) = \begin{pmatrix} 14 & -6 \\ -6 & 20 \end{pmatrix}$.

6.19 $P(A) = \begin{pmatrix} 4 & 0 & 18 \\ 18 & 4 & 0 \\ 12 & 12 & 4 \end{pmatrix}$ e $Q(A) = \Theta$.

6.20 a) $P = \begin{pmatrix} 1 & 4 \\ 1 & 1 \end{pmatrix}$, $P^{-1} = \begin{pmatrix} -1/3 & 4/3 \\ 1/3 & -1/3 \end{pmatrix}$ e $D = \begin{pmatrix} 1 & 0 \\ 0 & -2 \end{pmatrix}$,

b) $P = \begin{pmatrix} 1 & 0 & 0 \\ -1 & -1 & 0 \\ 1 & 1 & 1 \end{pmatrix}$, $P^{-1} = \begin{pmatrix} 1 & 0 & 0 \\ -1 & -1 & 0 \\ 0 & 1 & 1 \end{pmatrix}$ e $D = \begin{pmatrix} 1 & 0 & 0 \\ 0 & 1 & 0 \\ 0 & 0 & 2 \end{pmatrix}$.

6.21 a) $P = \begin{pmatrix} -\sqrt{2}/2 & \sqrt{2}/2 \\ \sqrt{2}/2 & \sqrt{2}/2 \end{pmatrix} = P^t$ e $D = \begin{pmatrix} 3 & 0 \\ 0 & 7 \end{pmatrix}$,

b) $P = \begin{pmatrix} -\sqrt{2}/2 & 0 & \sqrt{2}/2 \\ 0 & 1 & 0 \\ \sqrt{2}/2 & 0 & \sqrt{2}/2 \end{pmatrix} = P^t$ e $D = \begin{pmatrix} -4 & 0 & 0 \\ 0 & -2 & 0 \\ 0 & 0 & 4 \end{pmatrix}$.

6.22 a) $P(\lambda) = -\lambda^3 + \lambda^2 + 3\lambda - 8$,

b) $P(\lambda) = -\lambda^3 + 6\lambda^2 - 6\lambda - 7$.

6.23 a) i) $P(\lambda) = \lambda^2 - 1$,

ii) $\lambda - 1$ ou $\lambda = 1$,

iii) Para $\lambda = -1 \to v = (3v_2,\ v_2)$ e para $\lambda = 1 \to v \simeq (v_2,\ v_2)$.

b) i) $P(\lambda) = -\lambda^3 + 7\lambda - 6$,

ii) $\lambda = 0$ ou $\lambda = 1$ ou $\lambda = 6$,

iii) Para $\lambda = 0 \to v = \left(\frac{v_3}{2},\ -v_3,\ v_3\right)$, para $\lambda = 1 \to v = \left(-v_3,\ \frac{v_3}{2},\ v_3\right)$ e para $\lambda = 6 \to v = \left(\frac{v_3}{4},\ \frac{v_3}{2},\ v_3\right)$.

c) i) $P(\lambda) = \lambda^2 - 2\lambda - 1$,

ii) $\lambda = 1 + \sqrt{2}$ ou $\lambda = 1 - \sqrt{2}$,

iii) Para $\lambda = 1 + \sqrt{2} \to v = (v_1,\ \sqrt{2}v_1)$ e para $\lambda = 1 - \sqrt{2} \to v = (v_1,\ -\sqrt{2}v_1)$.

d) i) $P(\lambda) = (-1)^3(\lambda^3 - 10\lambda^2 + 16\lambda)$,

ii) $\lambda = 0$ ou $\lambda = 2$ ou $\lambda = 8$,

iii) Para $\lambda = 0 \to v = (v_2,\ v_2,\ 0)$, para $\lambda = 2 \to v = \left(-\frac{v_3}{2},\ \frac{5v_3}{2},\ v_3\right)$ e para $\lambda = 8 \to v = \left(\frac{v_3}{4},\ \frac{v_3}{4},\ v_3\right)$.

6.24 a) $\lambda = 1$ ou $\lambda = 4$. Para $\lambda = 1 \to v = (-v_2,\ v_2)$ e para $\lambda = 4 \to v = (v_1,\ 2v_1)$.

b) $\lambda = 0$ ou $\lambda = 1$ ou $\lambda = 6$. Para $\lambda = 0 \to v = \left(-\frac{v_3}{5},\ 0,\ v_3\right)$, para $\lambda = 1 \to v = (0,\ v_2,\ 0)$ e para $\lambda = 6 \to v = (v_3,\ 0,\ v_3)$.

c) $\lambda = 1$ ou $\lambda = 2$ ou $\lambda = 6$. Para $\lambda = 1 \to v = \left(-\frac{2v_3}{3},\ -\frac{2v_3}{3},\ v_3\right)$, $\lambda = 2 \to v = (-3v_3,\ v_3,\ v_3)$ e para $\lambda = 6 \to v = (v_3,\ v_3,\ v_3)$.

d) $\lambda = 1$ ou $\lambda = -\sqrt{2}$ ou $\lambda = \sqrt{2}$. Para $\lambda = 1 \to v = (0,\ v_2,\ v_2)$, para $\lambda = -\sqrt{2} \to v = (-v_2,\ v_2,\ -\sqrt{2}v_2)$ e para $\lambda = \sqrt{2} \to v = (-v_2,\ v_2,\ \sqrt{2}v_2)$.

e) $\lambda = 1$ ou $\lambda = 2$ ou $\lambda = 3$. Para $\lambda = 1 \to v = (v_1,\ 0,\ 0)$, para $\lambda = 2 \to v = (0,\ v_2,\ 0)$ e para $\lambda = 3 \to v = (0,\ 0,\ v_3)$.

6.25 a) $\lambda = 1 - \sqrt{2}i$ ou $\lambda = 1 + \sqrt{2}i$. Para $\lambda = 1 - \sqrt{2}i \to v = \left(v_1,\ \frac{\sqrt{2}i}{2}v_1\right)$ e para $\lambda = 1 + \sqrt{2}i \to v = \left(v_1,\ -\frac{\sqrt{2}i}{2}v_1\right)$.

b) $\lambda = 1$ ou $\lambda = -i$ ou $\lambda = i$. Para $\lambda = 1 \rightarrow v = (2v_3,\ 2v_3,\ v_3)$, para $\lambda = -i \rightarrow v = \left(0,\ v_2,\ \frac{1+i}{2}v_2\right)$ e para $\lambda = i \rightarrow v = \left(0,\ v_2,\ \frac{1-i}{2}v_2\right)$.

c) $\lambda = -2$ ou $\lambda = -i$ ou $\lambda = i$. Para $\lambda = 1 \rightarrow v = (2v_1,\ v_1,\ -v_1)$, para $\lambda = -i \rightarrow v = ((-1-i)v_2,\ v_2,\ (1-i)v_2)$ e para $\lambda = i \rightarrow v = ((-1+i)v_2,\ v_2,\ (1+i)v_2)$.

d) $\lambda = 1$ ou $\lambda = 4$ ou $\lambda = 16$. Para $\lambda = 1 \rightarrow v = \left(v_3,\ \frac{v_3}{2},\ v_3\right)$, para $\lambda = 4 \rightarrow v = \left(\frac{v_2}{2},\ v_2,\ -v_2\right)$ e para $\lambda = 16 \rightarrow v = \left(-v_2,\ v_2,\ \frac{v_2}{2}\right)$.

e) $\lambda = 2$ ou $\lambda = 3$ ou $\lambda = 5$. Para $\lambda = 2 \rightarrow v = (v_1,\ 0,\ 0)$, para $\lambda = 3 \rightarrow v = (4v_2,\ v_2,\ 0)$ e para $\lambda = 5 \rightarrow v = \left(\frac{5}{3}v_3,\ v_3,\ v_3\right)$.

f) $\lambda = -2$ ou $\lambda = 4$ ou $\lambda = 5$. Para $\lambda = -2 \rightarrow v = \left(v_1,\ -\frac{1}{6}v_1,\ -\frac{2}{21}v_1\right)$, para $\lambda = 4 \rightarrow v = (0,\ v_2,\ -2v_2)$ e para $\lambda = 5 \rightarrow v = (0,\ 0,\ v_3)$.

6.26 $\lambda = 0$ ou $\lambda = \frac{3-\sqrt{3}i}{2}$ ou $\lambda = \frac{3+\sqrt{3}i}{2}$.

6.28 **a)** $P(\lambda) = -\lambda^3 + 4\lambda^2 - \lambda - 6$.

b) $\lambda = -1$ ou $\lambda = \frac{1}{2}$ ou $\lambda = \frac{1}{3}$.

c) Não, pois não existe autovalor igual a zero.

6.29 Para a matriz $A, \lambda = 1$ ou $\lambda = -3$. Para a matriz $A^2, \lambda = 1$ ou $\lambda = 9$. Para a matriz $A^3, \lambda = 1$ ou $\lambda = -27$ e para a matriz $A^{-1}, \lambda = 1$ ou $\lambda = -\frac{1}{3}$.

6.30 $P(A) = \begin{pmatrix} 1 & 15 \\ 10 & 21 \end{pmatrix}$ e $Q(A) = \Theta$.

6.31 $P(A) = \Theta$ e $Q(A) = \begin{pmatrix} 15 & 9 & 9 \\ 6 & 3 & 0 \\ 3 & 3 & 6 \end{pmatrix}$.

6.32 **a)** $P(t) = t^2 + 5t + 1$,

b) $P(t) = -t^3 + 3t^2 + 3t - 5$.

6.33 $\lambda = -1,\ \lambda = 0,\ \ldots,\ \lambda = n-2$.

6.35 **a)** $\{(1,\ -2), (1,\ 1)\}$,

b) $\begin{pmatrix} -1 & 0 \\ 0 & 8 \end{pmatrix}$.

6.36 **a)** $\lambda = 2$ ou $\lambda = 4$. Para $\lambda = 2 \rightarrow v = (-v_2,\ v_2)$ e para $\lambda = 4 \rightarrow v = (0,\ v_2)$.

b) $\left\{\left(-\frac{\sqrt{2}}{2}, \frac{\sqrt{2}}{2}\right), \left(\frac{\sqrt{2}}{2}, \frac{\sqrt{2}}{2}\right)\right\}$.

6.37 **a)** $\lambda_1 = 1$ (de multiplicidade 2) ou $\lambda = 4$. Para $\lambda = 1$, $v = (-v_2 - 2v_3,\ v_2,\ v_3)$ e para $\lambda = 4$, $v = (0,\ v_3,\ v_3)$.

b) Base para o $\mathbb{R}^3$: $\{(-1,\ 1,\ 0),\ (-2,\ 0,\ 1),\ (0,\ 1,\ 1)\}$.

6.38 $T(u) = (-6u_2,\ -u_1 + u_2)$.

6.39 **a)** $T(u) = (u_1 + 3u_2,\ -u_1 + 5u_2)$,

b) $T(2v_1 + v_2) = (16,\ 8)$.

6.40 $T(u) = (u_1 + 2u_2,\ -u_2)$.

6.41 $T(u) = (u_1 + 2u_3,\ -u_1 + u_3,\ u_1 + u_2 + 2u_3)$.

6.42 $T(u) = (-u_1 - 4u_2 + 14u_3,\ 2u_1 - 7u_2 + 14u_3,\ 2u_1 - 4u_2 + 11u_3)$.

6.43 **a)** **i)** $P = \begin{pmatrix} -1 & 1 \\ 1 & 1 \end{pmatrix}$,

ii) $P^{-1} = \begin{pmatrix} -1/2 & 1/2 \\ 1/2 & 1/2 \end{pmatrix}$,

iii) $P^{-1}AP = \begin{pmatrix} 1 & 0 \\ 0 & 3 \end{pmatrix}$.

b) **i)** $P = \begin{pmatrix} -1 & -2 & 0 \\ 1 & 0 & 1 \\ 0 & 1 & 1 \end{pmatrix}$,

ii) $P^{-1} = \begin{pmatrix} -1/3 & 2/3 & -2/3 \\ -1/3 & -1/3 & 1/3 \\ 1/3 & 1/3 & 2/3 \end{pmatrix}$,

iii) $P^{-1}AP = \begin{pmatrix} 1 & 0 & 0 \\ 0 & 1 & 0 \\ 0 & 0 & 4 \end{pmatrix}$.

c) **i)** $P = \begin{pmatrix} 1 & 2 \\ -1 & 3 \end{pmatrix}$,

ii) $P^{-1} = \begin{pmatrix} 3/5 & -2/5 \\ 1/5 & 1/5 \end{pmatrix}$,

iii) $P^{-1}AP = \begin{pmatrix} -1 & 0 \\ 0 & 4 \end{pmatrix}$.

d) e **e)** não são diagonalizáveis.

f) **i)** $P = \begin{pmatrix} 1 & 1 & 1 \\ 1 & 0 & 1 \\ 0 & -1 & 2 \end{pmatrix}$,

ii) $P^{-1} = \begin{pmatrix} -1/2 & 3/2 & -1/2 \\ 1 & -1 & 0 \\ 1/2 & -1/2 & 1/2 \end{pmatrix}$,

iii) $P^{-1}AP = \begin{pmatrix} -2 & 0 & 0 \\ 0 & -2 & 0 \\ 0 & 0 & 4 \end{pmatrix}$.

g) i) $P = \begin{pmatrix} 2 & 1 \\ -3 & 1 \end{pmatrix}$,

ii) $P^{-1} = \begin{pmatrix} 1/5 & -1/5 \\ 3/5 & 2/5 \end{pmatrix}$,

iii) $P^{-1}AP = \begin{pmatrix} 1 & 0 \\ 0 & 6 \end{pmatrix}$.

h) Não diagonalizável.

6.44 a) i) $P = \begin{pmatrix} \sqrt{2}/2 & \sqrt{2}/2 \\ \sqrt{2}/2 & -\sqrt{2}/2 \end{pmatrix}$, ii) $P^tAP = \begin{pmatrix} 0 & 0 \\ 0 & 2 \end{pmatrix}$.

b) i) $P = \begin{pmatrix} \sqrt{2}/2 & -\sqrt{2}/2 & 0 \\ \sqrt{2}/2 & \sqrt{2}/2 & 0 \\ 0 & 0 & 1 \end{pmatrix}$, ii) $P^tAP = \begin{pmatrix} 1 & 0 & 0 \\ 0 & 5 & 0 \\ 0 & 0 & 5 \end{pmatrix}$.

c) i) $P = \begin{pmatrix} -\sqrt{2}/2 & \sqrt{2}/2 \\ \sqrt{2}/2 & \sqrt{2}/2 \end{pmatrix}$, ii) $P^tAP = \begin{pmatrix} 0 & 0 \\ 0 & 4 \end{pmatrix}$.

d) i) $P = \begin{pmatrix} -\sqrt{2}/2 & -\sqrt{6}/6 & \sqrt{3}/3 \\ \sqrt{2}/2 & -\sqrt{6}/6 & \sqrt{3}/3 \\ 0 & \sqrt{6}/3 & \sqrt{3}/3 \end{pmatrix}$, ii) $P^tAP = \begin{pmatrix} 2 & 0 & 0 \\ 0 & -2 & 0 \\ 0 & 0 & 8 \end{pmatrix}$.

e) i) $P = \begin{pmatrix} -2\sqrt{5}/5 & \sqrt{5}/5 \\ \sqrt{5}/5 & 2\sqrt{5}/5 \end{pmatrix}$, ii) $P^tAP = \begin{pmatrix} 1 & 0 \\ 0 & 6 \end{pmatrix}$.

f) i) $P = \begin{pmatrix} 1/3 & 2/3 & -2/3 \\ 2/3 & 1/3 & 2/3 \\ 2/3 & -2/3 & -1/3 \end{pmatrix}$, ii) $P^tAP = \begin{pmatrix} 3 & 0 & 0 \\ 0 & 6 & 0 \\ 0 & 0 & 9 \end{pmatrix}$.

Referências Bibliográficas

[1] ANTON, H. *Álgebra Linear.* Rio de Janeiro: Campus, 1982.

[2] ANTON, H.; RORRES, C. *Álgebra Linear com Aplicações.* Porto Alegre: Bookman, 2001.

[3] BARNETT, S. *Matrices-Methods and Applications.* New York: Clarendon Press, 1990.

[4] BARROS, I. Q. *Métodos Numéricos I - Álgebra Linear.* Campinas: IMECC, 1970.

[5] BEZERRA, M. J.; PUTNOKI "JOTA", J. C. *Matemática: 2º Grau.* Volume Único. São Paulo: Scipione, 1996.

[6] BOLDRINI, J. L.; COSTA, S. I. R.; FIGUEIREDO, V. L.; WETZLER, H. G. *Álgebra Linear.* São Paulo: Harper & Row, 1980.

[7] CALLIOLI, C. A.; DOMINGUES, H. H.; COSTA, R. C. F. *Álgebra Linear e Aplicações.* São Paulo: Atual, 1978.

[8] ESPINOSA, I. C. O. N.; BISCOLLA, L. M. C. C. O.; BARBIERI FILHO, P. *Álgebra Linear para Computação.* Rio de Janeiro: Livros Técnicos e Científicos, 2007.

[9] FADDEV, D. K.; FADDEEVA, V. N. *Computational Methods of Linear Algebra.* San Francisco: W. H. Freeman, 1963.

[10] FORSYTHE, G. E.; MOLER, C. B. *Computer Solution of Linear Algebraic Systems.* Englewood Cliffs: Prentice-Hall, 1967.

[11] FOX, L. M. A. *An Introduction to Numerical Linear Algebra.* Oxford: Clarendon Press, 1964.

[12] GELFAND, I. M. *Lectures on Linear Algebra.* New York: Interscience, 1961.

[13] GOURLAY, A. R.; WATSON, G. A. *Computational Methods for Matrix Eigenproblems.* Londres: John Wiley, 1973.

[14] IEZZI, G.; HAZZAN, S. *Fundamentos de Matemática Elementar.* v. 4. São Paulo: Atual, 2004.

[15] KNOPP, P. J. *Linear Algebra: an Introduction.* Santa Barbara: Hamilton, 1974.

[16] LANG, S. *Álgebra Linear.* São Paulo: Edgard Blucher, 1971.

[17] LIPSCHUTZ, S. *Theory and Problems of Linear Algebra.* USA: McGraw-Hill, 1968 (Coleção Schaum).

[18] SCHOOL MATHEMATICS STUDY GROUP. *Mathematics for High School-Introduction to Matrix Algebra.* New Haven, USA: Yale University Press, 1961.

[19] STEINBRUCH, A.; WINTERLE, P. *Álgebra Linear.* São Paulo: McGraw-Hill, 1987.

[20] WILKINSON, J. H. *The Algebraic Eigenvalue Problem.* Oxford: Clarendon Press, 1965.

Índice Remissivo

Índice Remissivo